编委会

主 编：陈 淳

编 委：（按姓氏笔画为序）

王 荣 吕 静 朱顺龙

刘朝晖 杜晓帆 陆建松

陈 刚 陈 淳 郑 奕

编辑助理：俞 蕙

复旦大学文化遗产研究

复旦大学博物馆
复旦大学文物与博物馆学系 编

复旦大学出版社

目　录

· 特稿 ·

交叉融合　开拓创新
　　——科技考古研究院建立三年回顾……………… 袁　靖　1

· 思想与方法 ·

考古学阐释与历史重建
　　——《史前研究的方法》导读 ……………………陈　淳　23
释"能动性理论"
　　——与理性选择理论的比较研究……………………张　萌　37
科技考古与范式变迁的思考……………………………董宁宁　55

· 艺术史与文物学 ·

浙江青瓷兴盛原因略论稿………………………………郑建明　67
历代印谱形制演变及动因探析……………张学津　陈　刚　85
秦时期地方县政下漆事运营的考察……………………黄祎晨　108
汉代乐浪郡彩绘漆箧的工艺与图案探析………………施宇莉　126
先秦时期的研和砚………………………………………黄家豪　142

· 博物馆研究 ·

试论上海中小学生"博物馆研学旅行"中的家校
  参与 ……………………………………… 周婧景 153
文化"走出去"视角下的政府主导型对外展览研究
  ——以"华夏瑰宝展"为例 …………… 江明圆 孔 达 161
地方博物馆公共服务的优化对策研究
  ——以重庆主城区博物馆为例…………… 姜 璐 182
博物馆理事会制度社会治理创新……………… 罗兰舟 205
纪念类博物馆对实施学生爱国主义教育作用的
  思考 ………………………………………… 李 存 219
复旦大学博物馆学本科专业文物学课程的早期
  实践 ………………………………………… 刘守柔 231

· 科技与保护 ·

新石器时代转型影响下的东亚父系遗传结构……… 文少卿 241
新疆奇台石城子汉代城址出土建筑材料的植物
  考古研究…………………………………… 生膨菲 255
中国瑞香科皮料手工造纸现状………………… 赵汝轩 268

· 探索与发现 ·

关于甲骨著录的新课题
  ——以复旦大学所藏甲骨的整理出版为例……… 吕 静 285
写在《中国初期国家形成的考古学研究——陶器
  研究的新视角》出版之后 ………………… 秦小丽 295
四大早期文明记数符号异同的比较

………………………… Olesia Volkova(阿列霞) 303

中国艺术品鉴定的现状及相关思考………………………… 顾小颖 320

· 遗产论坛 ·

上海中心城区江南文化的挖掘和保护传承：以普
　陀区为例的探索………………………… 钟经纬 334
修复技艺类"非遗"项目的保护现状及相关问题的
　思考………………………………………… 俞 蕙 347
乡村·遗产·阐释
　——多学科融合的视角…………………… 赵晓梅 366

· 特稿 ·

交叉融合　开拓创新
——科技考古研究院建立三年回顾

袁　靖

复旦大学科技考古研究院自2017年9月成立至今,已经有三年多的历史了。认真回顾建设科技考古研究院的初衷及这几年的历程,有助于我们进一步明确前进的方向,在今后的岁月里把科技考古研究院建设得更好。

进入21世纪以来,从世界范围看,考古学已经逐渐成为一门以人文社会科学研究为目的、广泛采用自然科学相关学科的研究方法和技术的学科。能否在考古学研究中更加广泛、更加有效地运用多种自然科学相关学科的方法和技术,已经成为21世纪衡量一个国家考古学研究水平的极为重要的标尺。为适应国内外考古学发展的需要,复旦大学于2017年9月成立科技考古研究院。在过去的三年多时光里,我们在人才建设、学科建设、科研成果等方面取得了一系列成果,这里分别介绍如下。

一、人才建设和学科建设

2017年筹建科技考古研究院时,文物与博物馆学系的陆建松主任和陈淳教授发挥了极为重要的指导作用。当时实际运作的老师除我之外，只有两位，一位是从事植物考古研究的潘艳副教授，还有一位是从事同位素分析的董惟妙博士。另外，经过对在英国剑桥大学取得博士学位后回国的董宁宁博士的面试，系里已经决定将她作为人才引进，因此她也和我们一起做好筹建科技考古研究院的工作。我们四人就是当时实际筹建科技考古研究院的基本队伍。一个科研机构的兴起，人才是最为关键的因素，没有多位领军人物和科研骨干组成的研究团队，是无法推动科技考古研究院向前发展的。经过多方接洽，浙江省文物考古研究所的沈岳明和郑建明两位研究员、甘肃省文物考古研究所的王辉所长、广东省博物馆的魏峻馆长、江苏省考古研究所的林留根所长、中国科学院大学的胡耀武教授、远在日本金泽大学的秦小丽教授先后调入科技考古研究院，我们还引进了在国内外著名大学完成博士后或取得博士学位的文少卿、张萌作为青年副研究员，利用招聘博士后的机会，吸收生膨菲、司徒克（Michael Storozum，美国籍）、戴玲玲、鲍怡来做博士后。另外，还聘请生命科学学院的熊建雪博士加入研究团队，招募了在美国波士顿大学攻读学位的薛轶宁同学做科研助理。经过近三年的招兵买马，我们组建了19人的研究队伍。

现在，我们的研究领域包括由袁靖、胡耀武、潘艳、文少卿、董宁宁、董惟妙、生膨菲、戴玲玲、熊建雪和薛轶宁参与的生物考古，由秦小丽、沈岳明、郑建明和鲍怡参与的陶瓷考古，由王辉、魏峻和林留根参与的"一带一路"考古，由张萌参与的考古学理论，由司徒克参与的环境考古等五个方面，在每个方面都有考古学界普遍认可的优秀学科带头人和青年才俊。"一带一路考古"和"陶瓷考古学"均被列入复旦大学双一流重点建设学科。我们于2020年建立了生物考古平台。这是我们继科技考古研究院成立以来实现的第二次飞跃。新组建的生物考古平台包括动物考古实验室、植物考古实验室、同位素分析实验室、古DNA研究实验室，并与生命科学学院人类遗传与人类学系合作，共同建设人骨考古实验室。生物考古平台将作为高质量研究成果的科研高地、优秀人才的孵化基地、国际交流的前沿阵地、合作共享理念的实践场地,在国内生物考古研究中发挥重要作用,在国际学术界努力打造生物考古研究的复旦大学品牌。

回顾这三年多来在人才建设和学科建设方面的进展,可以说我们都取得了优异的成绩。

二、研究成果

这里分为生物考古、陶瓷考古、"一带一路"考古、环境考古等四个方面分别阐述我们的成果。

(一) 生物考古

主要包括人骨考古、动物考古、植物考古、古 DNA 研究和同位素分析的内容。

1. 人骨考古

熊建雪博士生通过对甘肃敦煌佛爷庙湾墓地和张掖黑水国墓地出土的人骨开展系统全面的研究,详细记录每块骨骼的特征和测量数据,用于统计学分析。在研究中使用 X 光检查探讨、确认病理现象及病变的形成过程,使用手持扫描仪和计算机断层扫描技术获取 3D 数据,进一步研究个体的体质特征、病理特征及行为模式对骨骼的影响,探讨群体及个体的特征及行为模式[①]。

熊建雪博士生等通过对 2018 年上海柘林遗址良渚文化墓地出土的人骨材料进行研究,发现柘林遗址良渚人群在大类上属于亚洲蒙古人种。其中女性人群肢骨发育良好,其身高平均值高于以蒋庄遗址和广富林遗址为代表的良渚文化女性人群,但明显低于以姜家梁遗址、牛河梁遗址和五庄果墚遗址为代表的北方人群。当时的一些古人在下肢上存在特殊的骨骼改变,可能与某种习惯性姿势有关[②]。

2. 动物考古

董宁宁博士通过对位于良渚文化分布北缘的江苏兴化蒋庄遗址(2015 年全国十大考古新发现)出土的动物遗存进行整理,发现动物种类包括鹿、狗、猪等哺乳动物和鸟类及龟鳖,鹿类动物占大多数,远高于猪的出土比例,与良渚中心遗址以家猪为主的饲养模式对比鲜明,显示了良渚文化内部动物资源利用的差异③。

董宁宁博士等通过对浙江宁波大榭遗址出土的动物遗存开展研究,发现大榭先民采用渔猎方式获取鲻鱼、棘鲷属、硬头海鲶以及一部分软骨鱼等近海鱼类和各种鹿类动物、野猪、猕猴等野生动物,可能存在饲养猪的行为,确认当地先民的生计以"渔猎为主、饲养为辅",体现了沿海地区古人因地制宜的生计策略④。

董宁宁博士等通过对新疆奇台石城子遗址出土动物骨骼的初步研究,发现两汉时期石城子的动物资源以家养的羊、牛、马等食草动物居多。其中,羊的年龄结构显示了当时存在利用羊毛、羊奶等次级产品的行为⑤。

戴玲玲博士通过对位于淮河流域的安徽蚌埠双墩遗址和禹会遗址出土的动物遗存进行研究,发现作为区域中心的双墩遗址出土的动物骨骼数量及种类均多于禹会遗址,反映出双墩文化时期生业活动的区域化和多样化⑥。

戴玲玲博士认为,动物的驯化是一个长期而复杂的过程,仅以家养或野生为标准分类,不足以说明动物在驯化过程中的特征。通过对安徽定远侯家寨遗址出土的猪骨为研究对象,以稳定同位素(C、N)分析为基础,结合几何形态测量数据,揭示出该遗址猪群结构的多元化和复杂化特征⑦。

袁靖教授等通过对良渚文化出土的动植物遗存的研究,确认良渚文化中心区的先进生业方式是构成良渚文化辉煌的经济基础,但是整个良渚文化分布区域内的生业状况明显存在发展不平衡的现象,没有全面发展生产力,为人口增长奠定经济基础,不能形成由多个中心相互促进的局面,缺乏与其他文化的交流和竞争,良渚文化晚期的统治集团过分渲染原始宗教,逐渐趋于僵化,最终无法应对自然灾害引发的多种社会矛盾,走向消亡⑧。

袁靖教授等在国内外首次系统阐述了中国各个地区新石器时代

至青铜时代的生业内涵及特征,并将其与环境背景及变迁、社会的发展进程等结合到一起进行探讨。中原地区最终能够形成早期国家并得以持续发展,是以其得天独厚的自然环境和一直持续发展的生业经济为基础的。其他地区新石器时代的生业发展尽管有些起步较晚,有些没有在整体上表现出明显的持续性,但是进入青铜时代后期,则呈现出后来居上的势头,这是古代中国经历多国争霸,直至走向秦统一六国的不可或缺的经济基础。北方地区在新石器时代以采集、渔猎、栽培和饲养等多种方式获取食物资源,到青铜时代中后期逐渐形成以牧业或游牧为主的生业特色,并在此基础上构建上层建筑,由此开启了中国古代长期存在的农业人群与游牧人群互动的历史[9]。

3. 植物考古

潘艳副教授等将考古学关注的农业起源问题与生物学的分子遗传技术相结合,从人类生态位构建的全新理论视角探索亚洲栽培稻的驯化起源与籼-粳遗传分化问题,从两个方面入手了解亚洲栽培稻驯化过程中的人类生态位构建:一是通过研究栽培稻的落粒性,发现驯化程度是影响小穗基盘粗糙率(NSBP)最主要的因素,随着驯化程度的加强,水稻种群落粒性会趋于减弱,小穗基盘粗糙率相应升高,因此小穗基盘形态可以用来指示水稻种群的驯化程度,基于实验建立了判断水稻驯化程度的量化指标;二是在对栽培稻籼-粳遗传分化的研究中,应用 InDel 分子标记法从长江下游地区距今 7 000~6 000 年的田螺山遗址出土古稻中提取 DNA,并找到了相应的等位基因,检测表明它们很可能是中间类型的栽培稻,基本上还未发生明确的籼-粳分化。因此,该证据支持亚洲栽培稻单次驯化起源的理论[10]。

生膨菲博士通过对黄土高原北部地区新石器时代晚期至青铜时代早期 26 处遗址点出土的植物和动物骨骼开展植物考古和 C、N 稳定同位素分析,发现农作物的组合结构发生了由以黍为主向以粟为主的转变,农作物的营养水平由相对较高下降至较低水平,家养动物的营养水平也出现了下降趋势,当地新石器时代晚期至青铜时代早期的农业经济以粗放化的发展模式为主,这个特征到青铜时代早期愈加明显[11]。

生膨菲博士通过对新疆奇台石城子遗址提取的土壤样品进行大植物遗存浮选、鉴定和植硅体分析工作,发现农作物遗存包括青稞、小麦、黍和粟,以青稞占据多数,这些可能是当时人的主要食物;植物遗存中还包括属于茜草科和藜科的杂草种子。植硅体以指示环境相对干冷的类型为主,也有少量显示环境相对暖湿的类型。通过分析其比例变化,推测处于两汉之际的石城子在筑城和屯田之时,气候环境较之前相对适宜,而之后该地区的气候环境始终干冷[12]。

薛轶宁博士生等认为,广义的"周原"是先周至西周时期周人活动的重要区域,也是西周王朝的核心之所在。为了更加全面地了解大周原地区新石器时代晚期至商周时期的农业发展情况,对该地区不同等级的若干遗址进行了系统的采样和浮选。从已经完成的大植物遗存分析结果来看,大周原地区从新石器时代晚期至商周时期始终都保持了以粟为主的农作物组合。其他农作物包括:黍、大豆、小麦和极少量的大麦。小麦的引入一直是学界所关注的问题,作为非本地起源的农作物,该地区的碳化小麦遗存最早出现在龙山时期。然而定量分析的结果显示,这种新的农作物在引进后的很长一段时间里,并没有改变粟作为当地最主要作物的农业生产模式和日常饮食结构。结合相关历史文献可以进一步推断,小麦在关中地区真正开始大规模种植至少要在汉代以后[13]。

4. 古 DNA 研究

文少卿博士通过对属于仰韶中期庙底沟文化的陕西西安杨官寨遗址墓地出土的 85 例人骨进行古 DNA 分析,发现其中母系来源的多样性极高,父系遗传结构稳定,初步认为当时社会是以父系亲缘关系为纽带,显示距今 5 000 多年的杨官寨遗址已出现男性为主导的社会组织关系;再从墓葬分布情况来看,墓圹之间距离近的,基因的亲缘关系也较近,当时可能是按照亲缘关系的远近来划定墓葬位置的[14]。

　　文少卿博士通过对浙江宁波大榭遗址相当于良渚文化晚期的人骨开展古 DNA 研究,发现大榭古人的母系遗传类型不见于已发表的古代各个考古学文化人骨的线粒体数据中,通过与现代各语系人群的谱系比较,发现大榭古人可能与现在侗台语人群的祖先有关,这个结论在一定程度上与部分良渚古人可能沿海岸线南下的说法相关[15]。

　　文少卿博士通过对河南安阳殷墟大司空遗址出土人骨开展了初步研究,基于二代测序技术同时检测了 55 例人骨的性别、母系线粒体和父系 Y 染色体,发现父系和母系遗传谱系均为东亚常见类型,没有发现以前报道的殷墟存在西欧亚人群基因的证据。其次,在父系和母系遗传谱系中没有找到主体类型,暗示大司空遗址的人群来源多样,似乎与其他地方的人群存在比较频繁的基因交流,这个结果与体质人类学分析的颅面部形态变异程度较高的特征一致。再有,发现属于殷墟四期的一例殉人和一例疑似腰斩的人骨的母系遗传类型完全一致[16]。

　　文少卿博士通过对陕西凤翔雍山血池秦汉祭祀遗址的 7 号长坑中 26 匹幼马马骨的古 DNA 分析,发现其母系来源的多样性极高、马匹中雄性略多、枣色马占绝对主体、马匹的爆发力和灵活度一般。这些似乎显示出当时马匹的来源地不止一处,对祭祀用马的性别要求并不严格,但对同一坑中马的毛色有较为明确的规定。这些发现丰富了关于秦汉时期皇家祭祀用马方式的认识[17]。

5. 同位素分析

　　胡耀武教授等参与组织了《继往开来的舌尖考古——稳定同位素分析学术会议》,同时参与起草了《中国稳定同位素考古发展倡议》,经与会代表充分讨论后通过,将正式发表。该倡议指出,稳定同位素考古必须以考古学的研究目标为指引,以稳定同位素地球化学和稳定同位素生态学的理论和分析技术为基础,结合生理学和营养学等理论,完善稳定同位素研究的分析方法和技术,始终聚焦考古学等相关学科的科学问题,杜绝对稳定同位素数据诠释简单化和过度化的倾向,要在考古学等学科的情境和范畴内,讲好中国特色的考古故事[18]。

胡耀武教授等通过对新石器时代的四川成都高山古城、陕西华阴兴乐坊和北京延庆汉魏时期西屯村墓地等遗址出土的人骨和动物骨骼进行C、N稳定同位素分析,认识古代先民的个体及群体的生活方式特征及饲养动物的行为[19]。

胡耀武教授等对安徽萧县隋唐时期欧盘窑址M1出土的人骨进行多组织和多稳定同位素分析、人骨病理现象观察和AMS-14C测年等综合分析,结合考古背景资料,揭开了隐藏在隋唐时期安徽欧盘窑陶工骨骼中的颠沛流离的个体生活史之谜[20]。

胡耀武教授等通过对出土于陕西西安唐代崔氏墓中的驴骨进行了综合分析(形态测量、测年、同位素分析和显微CT),首次为唐代驴鞫的历史记载提供了可靠的考古证据,深化了人们对于驴在古代中国社会中作用和功能的认识[21]。

董惟妙博士通过对属于青铜时代的新疆哈密柳树沟遗址的居址和墓地出土的人骨和动物骨骼进行C、N稳定同位素分析,发现柳树沟先民的植物性食物几乎全部来源于C_3植物,这个结果与该遗址植物考古中仅见大麦的结果高度吻合。这一发现不同于先前研究所认为的天山东部地区青铜时代人群的食谱中普遍既有粟、黍,又有麦类作物的认识,丰富了对天山地区青铜时代先民生业模式多样化的认识[22]。

董惟妙博士系统采集了新疆地区多个史前遗址出土的骨骼样品,通过碳氮稳定同位素分析,追踪各遗址人群的食物构成。初步结果显示在东西方文化交流的初期——青铜时代,不同地域人群食物构成多样且变化幅度较大,显示该时期多元的经济形态并存,而到了铁器时代,随着交流的深化和游牧经济在亚洲内陆干旱草原的兴起,新疆地区古代人群的食谱构成与周边其他地区趋向统一,且变化幅度缩小,暗示当时的生业模式发生了巨大转变。根据以往对新疆和中亚地区晚全新世环境背景的研究,该地区青铜时代晚期至铁器时代并没有出现剧烈的气候变化事件,由此可以推知是当地的先民在文化交流的过程中主动改变当地的生产和生活方式,从而引发该地区人群食物结构的变革[23]。

生膨菲博士通过对陕西榆林杨界沙遗址出土的 54 例草兔进行 C、N 稳定同位素分析,发现在距今 5 000 年前,当地的先民可能已经与野兔建立起了共生关系[24]。

(二)陶瓷考古

分为陶器考古、原始瓷研究和瓷器研究三个方面。

1. 陶器考古

秦小丽教授以上海地区的福泉山遗址、广富林遗址和马桥遗址作为主要分析对象,在传统的陶器研究的基础上,以科技分析与实验考古学的手段,对陶器做以下两个方面的分析:一是识别遗址内陶器制作和烧制过程中的残次品以及废弃场所,在没有发现陶窑的情况下认定与陶器制作生产相关的遗迹现象;二是应用生化学的分析方法,通过陶器残留物分析对陶器功能进行研究。同时建立与陶器生产以及功能相关的遗物和遗迹分析数据库。然后再对从良渚文化晚期、广富林文化到马桥文化的陶器制作体系及其演变进行分析,同时关注与墓葬随葬陶器的比较,追寻这一地区历时性的陶器消费与流通状况。进而对上海地区从新石器时代晚期至早期青铜时代的陶器生产体制、陶器功能与利用及其演变进行综合研究,强调陶器产品具有的社会性意义——技术、生产组织、产品流通与消费体系等[25]。

秦小丽教授等通过对陕西临潼康家遗址与甘肃天水师赵村遗址出土的陶器进行研究,发现仰韶文化晚期存在局部集中的陶器生产经营模式,而到了客省庄二期文化阶段,显示出以村落中家户为单位进行陶器生产的经营模式。她们还发现良渚文化的葬俗存在太湖南部和东部两种类型,南部葬俗较为稳定,而东部、东南部逐渐产生各自的模式,是社会进一步复杂化的体现。到了二里头文化时期,除了墓葬随葬陶器的固定礼仪化之外,大型或者特殊遗址中也出现较为固定的白陶和礼仪性陶器组合,相比良渚文化阶段,礼仪性陶器有了稳固且统一的组合形式,并出现白陶和青铜等特殊材质制作礼仪器的体制,显示出礼制社会已经初步成形[26]。

2. 原始瓷研究

郑建明教授和鲍怡博士在继续推进对南方重要窑址出土原始瓷标本的测试与整理研究、建立相对完整的先秦时期原始瓷成分数据库的基础上,应用 PIXE、XRF、SEM、CT、XRD 和岩相学等科学手段,对北方地区重要遗址与墓葬出土原始瓷进行检测,开展包括理化检测在内的多学科研究,从而探讨其烧制技术和确定其产地。这对于推动先秦时期区域文化的互动、社会的分层与权力设置、南北文化的交通路线等研究具有重要的意义[27]。

3. 瓷器研究

沈岳明和郑建明两位教授与湖南省文物考古研究所合作,继续开展醴陵窑发掘工作,发现保存基本完整的窑炉、作坊遗迹及大量清代至民国的瓷器标本,为当地的考古遗址公园建设提供了坚实的基础。他们还与河南省考古研究院合作发掘汝州张公巷窑址,出土了一批高质量的青瓷器,对于探索宋代官窑问题、张公巷窑址的性质等陶瓷史上的悬案有重要意义[28]。

龙泉窑黑胎青瓷的面貌与性质是龙泉窑研究中的重要学术问题,黑胎青瓷其相对较小的器形、规整的造型和接近南宋官窑的胎釉特点以及多仿古礼器造型的审美取向,表明其与其他大宗产品使用对象和功用的不同,因而对这类产品的性质争论颇多。沈岳明教授通过研究,发现其器物紫口铁足、粉青为上、釉开片等特征与古代文献中描述的哥窑特征完全相同,故龙泉黑胎青瓷就是古代文献中记载的哥窑。龙泉黑胎青瓷经历了从薄釉到厚釉、从开片到不开片的发展过程,年代上从南宋早期开始,到元代尚在生产。其部分产品也可以从官窑产品中分离出来。另外,宋代黑胎青瓷除了涉及龙泉窑和南宋官窑等几大名窑外,在南宋初期的越窑也有少量生产,并有多次上釉工艺,为南宋官窑的生产打下了坚实的基础,而从白胎到黑胎的转变是南北、官民两大窑业系统交流、融合的结果。宋代黑胎青瓷研究就是要解决宋代南方著名窑场和青瓷窑场之间的关系及宋人审美意识的变化等问题[28]。

沈岳明教授通过追溯龙泉窑粉青厚釉产品的历史背景,对龙泉窑白胎、黑胎类粉青厚釉产品的纪年材料分别进行考证,并以其他窑口的窑业技术为间接证据,综合推定粉青厚釉瓷器的始烧年代应不晚于南宋早期,不同于以往学界普遍认为始于南宋中晚期的观点[29]。

沈岳明教授等通过对浙江丽水保定村区域内的十二处窑址进行调查及整理工作,采集到大量具有龙泉窑系风格的瓷器,理清了窑址群的烧造年代,建立了更加系统的器物发展序列,明晰了窑业生产由村外向村内区域移动的时空规律以及浙南地区瓷窑业的技术交流及互动的格局等重要内容,可作为旁证进一步勾勒元代"天下龙泉"的贸易面貌[30]。

郑建明教授带领研究生参与了浙江杭州李家塘遗址与黄家河墓葬群的实习发掘工作。李家塘遗址出土了数以吨计的瓷片标本,年代主要集中在东晋南朝至初唐时期,以德清窑为主,亦有越窑、洪州窑、岳州窑、瓯窑等著名窑口。该遗址的发掘反映了这一时期全国窑业的基本发展面貌,尤其突出了这一时期德清窑的重要地位。为探索晚唐之前杭州的位置及其发展面貌,提供了重要的考古学材料[31]。

(三)"一带一路"考古

这里除了与"一带一路"直接相关的考古调查、发掘和研究之外,还包括其他考古学研究。

1. "一带一路"考古

甘肃省天水市师赵村遗址较为完整地记录了渭河上游地区史前文化发展演进的基本脉络,同时还保存有历史时期的遗迹和遗物,是研究西北地区长时段人类文化发展的重要遗址。2019年7月至11月,以王辉教授为队长的复旦大学文物与博物馆学系、科技考古研究院考古队配合平凉至绵阳国家高速公路建设,对师赵村遗址进行抢救性考古发掘,发掘面积为3 400平方米。此次发现的史前文化遗存主要以仰韶文化晚期为主,也有少量常山下层-齐家文化的遗存,共发现灰坑、房址、陶窑、墓葬、灰沟和灶等各类遗迹约400处。发现各类可修复的陶器超过200余件,各类装饰品和工具等约400余件。从事科技考古的考古研究人员全程参与了考古发掘,为全面、科学地提取标本,现场认知标本的出土背景提供了有力保证。考古队将在原始创新和集成创新的基础上,对师赵村遗址及所反映的渭河上游地区古代先民的文化演进、人地关系、生业模式、族属、健康状况、早期东西方文化交流及西戎文化等重要课题开展深入研究[33]。

王辉教授参与主持了和甘肃省文物考古研究所合作,对甘肃省礼县四角坪遗址进行发掘,发掘面积650平方米。从钻探及发掘结果看,四角坪遗址可能是战国晚期-秦的礼制性建筑遗址,整个遗址面积约1.8万平方米,其核心是中部隆起的高台或建筑以及四周围绕的双排长条形建筑。这个遗址的文化内涵较为单纯。地层基本可分为三层,一层为耕土层,二层为扰土层,三层为文化层,其下为夯土或生土。三层出土遗物几乎全为瓦当、板瓦、筒瓦等建筑材料,呈堆积状,且为同一时代,应是建筑顶部坍塌所致。其中F1约为正方形,墙角有柱础洞,内部地面铺有素面青砖,四面有墙,墙上有成排分布的铁钉,没有发现散水。F5约为长方形,有散水围绕,散水周围有回纹铺地砖,内部为夯土地面,无铺地砖,东部有门道。四角坪遗址的发掘,对于我们认识战国晚期-秦的礼制性建筑的规模和布局具有重要意义[34]。

王辉教授等通过对河西走廊发现的一系列与早期铜冶金活动相关遗址的研究,发现河西走廊地区的冶金活动开始于约距今4 100~4 000年的马厂文化晚期;至距今4 000~3 700年左右的西城驿文化时期,冶金活动达到鼎盛,形成"西城驿-齐家冶金共同体"。冶炼所用矿石主要来自河西走廊北部的北山地区,主要为铜的氧化矿或含砷、铅、锑等合金元素的铜矿石。以冶炼红铜为主,砷青铜次之,还有锡青铜和锑青铜。存在先冶炼纯铜,后来炼制青铜合金的技术。当时的冶金格局是采矿和冶炼相分离,相关聚落都可以从事冶炼红铜、添加合金元素矿冶炼合金和器物生产的全过程,形成了与辽西、中原迥然不同的早期冶金格局。近年来发现的早期铜器均为小型器物,器类主要为工具和饰品,有锥、刀、钻、短剑、戈、斧、指环、管、泡、铜镜、耳环、月牙形项饰和臂钏等。甘青地区的早期铜器技术至少在马厂类型时期还看不出和欧亚草原的文化有直接的关系,有着自身的冶金传统,直到距今约3 700年左右,欧亚草原的文化影响开始出现在四坝文化的铜器中,进而扩展到洮河上游的齐家文化之中[35]。

沈岳明和郑建明两位教授与广西壮族自治区文物考古研究所、防城港市博物馆一起调查了防城港市的港口遗址,采集到包括龙泉窑、建窑及各种越南陶瓷器在内的丰富标本,这是首次在中国国内的遗址中出土大量的海外烧造瓷器,改变了以往海上丝绸之路中只有中国陶瓷向外单方面输出的认识。以此为线索,沈岳明和郑建明两位教授于2019年10月对越南北部的窑址进行了调查,发现了烧造与中国防城港遗址出土的陶器、青花与龙泉窑系青瓷非常接近的窑址群,基本可以确定防城港遗址出土的大量陶瓷器为越南烧造。他们还与越南相关机构初步达成了对越南昇龙皇城遗址出土的瓷器开展合作研究及在越南合作发掘相关窑址的意向[36]。

魏峻教授认为,相较于陆上丝绸之路考古的发现和研究的亮点纷呈,海上丝绸之路(以下简称"海丝")的学术成果更多来自于对文献资料的分析及对具体文物的研究。迄今为止的海丝考古研究大体包含三方面内容:一是单个或者单类文物的研究,如外销陶瓷器等;二是相关遗址的发掘与研究,包括港口、造船、手工业作坊、贸易集市和沉船遗址等;三是断代或者跨代的考古综合研究,涉及贸易体系演替、造船与航海技术,文化和人员交流等。可以预见,在未来相当长的时间内,对这三方面的探索仍将是海丝考古研究的主要方向。然而值得注意的是,当前我国海丝考古仍然存在两大明显短板:首先是现代科技运用和多学科协作程度较低,信息提取量不足,研究成果的产出过多依赖传统的考古方法和技术;其次是对于国内外海丝考古的关注度严重不平衡,虽然近年已有肯尼亚拉穆群岛考古、斯里兰卡"海丝史迹"调查、沙特塞林港遗址考古等中外合作项目的开展,但在走出国门、丰富海丝考古成果、拓展研究途径方面的工作仍然数量零星且缺乏整体规划。聚焦主体方向、扩展全新研究领域和弥补现有短板是高校、科研机构未来拓展海上丝绸之路考古的广度和深度上面临的共同任务[37]。

2. 其他考古学研究

张萌博士和陈淳教授认为,1985年中美旧石器时代考古合作失败的原因是两国学者在认识论和范式上的巨大差异。他们强调旧石器时代考古要在做好科学发掘的前提下,重视材料的分析和归纳,提出明晰的研究问题并寻求解决问题的办法,然后根据埋藏学和动物考古学,排除遗址形成过程中的自然改造因素,提炼人类行为的信息,并依靠民族考古学类比的参考框架,最终达到重建文化历史、人类生存方式和文化变迁的三大目标[38]。

张萌博士认为,在冰河时代末期,东北亚最显著的文化变化之一是史前狩猎采集者用细石叶技术来应对末次盛冰期期间及之后气候恶化带来的挑战。随着更新世到全新世的过渡,华北地区的觅食者呈现出一系列的行为调整和文化变迁,包括采用食物生产、用定居取代高度流动性,以及在冰后期生态位填充过程中形成崭新的社会组织[39]。

(四)环境考古

司徒克(Michael Storozum)博士通过与河南省文物考古研究所和河南省地质研究所的研究人员合作,在中原地区展开调查,结果显示,黄河的泛滥与黄河中下游地区社会复杂化的进程有着密切联系。结合河南省内黄县三阳庄和大长龙村的考古证据和相关历史文献可知,中国古代社会对中原地区的洪水采取了不同的处理方式,主要通过技术投入和增加流动性来应对自然灾害[40]。

司徒克博士与开封市文物考古研究所和河南地理研究所的研究人员合作,对1642年和1841年那两次对整个开封城形成重大危害的洪水遗迹开展研究。研究团队利用环境考古和水力学方法初步重建了两次黄河大洪水的动态过程。沉积证据表明,1841年的那次洪水中,开封的城墙成功地阻止了大部分洪水进入城区。然而,在1642年,城墙却抵挡不住黄河的洪水,那次洪水冲垮了部分城墙,大量涌入城内,残存的城墙又阻止了洪水的退去,造成了泥沙和城市垃圾的大量混合,摧毁了内城,破坏极大。环境考古要根据黄河洪水的规模和持续时间、建筑遗存及当时的社会和政治因素来揭示开封城市的恢复能力[41]。

司徒克博士等采用电感耦合等离子体质谱(ICP-MS)和局部富集因子分析(LEF)技术,分析了河南三杨庄、岸上和西大城300多个土壤和沉积物中的化学成分,并比较了开封城内外古土壤2000年以来的地球化学数据,发现青铜时代(约距今4 000~3 000年)以降农村的古代土壤中砷、钡、锌和铅的含量较城市相对更高,距今1 000年以后大多数土壤却并未出现显著的金属富集;开封城市遗址区古土壤的重金属含量(锌、铅)比农村遗址区高出一个数量级。研究表明,人工干预过的古土壤虽包含古代污染的相关信息,但必须将其置于局部地球化学背景之下,才能更好理解其化学特征。人工干预过的古土壤因含有人类利用土地的地球化学特征,是界定人类世早期古代人类土地利用的地理范围和疏密分布的一个有价值的替代指标[42]。

三、其 他

(一) 以文会友

我们建立了复旦科技考古文库,已经出版了《中国科技考古导论》《中国科技考古纵论》《中国科技考古讲义》《中国新石器时代考古讲义》《中国新石器时代至青铜时代生业研究》《中国初期国家形成的考古学研究——陶器研究的新视点》《中国早期玉器科技考古与保护研究》等7本专著、教材和论文集。这些书的封面设计都是一个方程式垫底，上面放置一件考古发掘出土的精美器物，显示出我们用科技考古的方法开展考古学研究的初衷。除复旦科技考古文库外，沈岳明和郑建明两位教授还出版了多部陶瓷考古报告和专著。我们的这些著作在学术界产生了积极的影响。

我们作为第一作者或通讯作者，在《考古》《故宫博物院院刊》《考古与文物》《江汉考古》《东南文化》《人类学学报》《第四纪研究》《文物天地》及《中国文物报》等报刊上发表论文和相关文章60余篇，特别值得一提的是2020年在SCI/SSCI等收录的国际刊物上发表英文论文15篇，尤其是在 Antiquity 上连续发表了5篇，一年时间内在国际一流刊物上发表15篇论文，这在国内的考古研究和教学机构中是名列前茅的。此外，我们还用日文发表文章6篇。尽管由于疫情的原因，今年我们的国际合作和交流没有能够很好地开展起来，但是我们努力通过发表英文文章，在国际学术界以文会友，为在国际学术界树立复旦大学考古学科的品牌，为中国考古学走向世界做出了独特的贡献。

（二）教书育人

我们开设有20余门考古学或与考古学密切相关的课程。本科生的课程有"考古概论""考古学思想史""东亚史前考古""夏商周考古""汉唐考古""科技考古导论""水下考古学导论""海上丝绸之路""陶瓷考古""地学考古""动物考古学""植物考古学""文物绘图"等；研究生的课程有"考古学理论""考古学方法论""丝绸之路考古概要""海上丝绸之路考古""陶瓷考古理论与实践""古代陶瓷研究""陶器的生产与利用""瓷器起源研究""中国古代制瓷技术研究""生物考古概论""农业起源研究""动物考古的方法与实践""同位素食谱分析""专业外语"等。我们认真培养研究生，现有博士生12名，硕士生15名。三年来，研究生的人数呈现出明显的增长趋势，这是一个可喜的现象。

（三）申请课题

我们三年来获得了国家自然科学基金一般课题、国家社会科学基金重大课题、重点课题、冷门绝学课题、一般课题、青年课题及上海市哲学社会科学规划课题等省部级以上课题共 13 项，还在多个国家社会科学基金重大课题和国家科技部国家重大研发计划重点专项中承担了重要任务，努力用课题制的方式促进我们的研究。

（四）国际交流

我们积极开展中外学术交流。2019 年，由复旦大学高等学术研究院资助，分别邀请英国利物浦大学考古系的 Keith Dobney 教授和美国加利福尼亚大学河滨分校人类学系的 Elizabeth Berger 博士到科技考古研究院做为期 1 个月的访问学者。三年多来，美国、加拿大、日本、以色列等国的多位学者访问过科技考古研究院，并做学术讲演。我们的多位老师和博士后分别到美国、加拿大、爱尔兰、德国、意大利和日本等国参加学术会议。这样的中外学术交流对于促进科技考古研究院的发展是十分有益的。

（五）获奖

袁靖著的《中国动物考古学》获教育部第八届优秀科研成果三等奖（人文社会科学）。袁靖主编的《中国科技考古讲义》荣获中国文物学会、《中国文物报》评选的 2019 年全国文化遗产十佳图书奖。

四、四点认识

回顾三年多来取得的各类成果和收获，我们有以下四点认识。

（一）符合学科发展的需要

进入 21 世纪以来，科技考古在考古学各个研究领域中的作用日益突出。重视科技考古，强化科技考古，成为国内外考古学家的共识。我们顺应学科发展的潮流，组建科技考古研究院，强调依据考古学的研究思路，更加广泛、更加有效地运用多种自然科学相关学科的方法和技术，开展有针对性的研究，进一步拓宽了考古学研究的视角和领域，获取到更多、更丰富的古代信息，对诸多学术问题提出自己有学术影响力的见解。顺应学科发展的潮流，是我们取得诸多成果的重要前提。

（二）找准关键点切入

我们在研究中时刻注意聚焦带有前瞻性、基础性、代表性和重要学术价值的科学问题，如服务国家"一带一路"建设战略和配合基本建设工作的考古发掘、人骨的全方位研究、具体遗址的动植物考古及与生业相关的探讨、在南方地区的遗址中推广同位素分析和古 DNA 研究、同位素分析和古 DNA 研究要提升到探讨社会问题的高度、探讨陶器的社会作用、原始瓷的研究、龙泉窑的研究、考古理论问题的探讨、古代洪水研究等。找准关键点切入，有助于深化考古学研究的内容，提升研究成果的学术价值。

（三）坚持交叉融合

我们依据国际学术前沿的重要研究方向，结合复旦大学学科门类齐全的特点，有意识地引进相关人才和开展合作研究。如引进人骨考古、动植物考古、同位素分析和古 DNA 研究的人才，为搭建"五位一体"的生物考古平台奠定了坚实的基础。组建由一流的陶瓷考古专家和从事材料科学研究的人员相结合的团队，对陶瓷器开展多角度的研究。与医学院的研究人员合作，围绕古代人骨中存在的疾病进行探讨。在交叉融合的过程中，推出创新性成果。

（四）科技考古要融入考古学研究之中

我们始终以考古学研究的总体目标为指导，紧密围绕考古学的重要问题进行探讨。在研究中加强与田野考古人员的密切合作，既坚持研究过程的科学性，也充分认识到考古出土对象在形成过程中的复杂性，尤其做到认真观察和分辨研究对象的出土背景。真正做到以考古学的研究思路为指导，开展相关研究，取得诸多有原创性价值的成果。科技考古正在全方位地探讨考古问题的过程中，逐步融入考古学研究之中。

三年多来，复旦大学科技考古研究院的老师们在学校、文物与博物馆学系各级领导的正确指导下，在全系各位老师的大力支持下，在全国多家考古研究机构研究人员的鼎力相助下,大家努力发挥积极作用,顺应国内外考古学发展的潮流,彰显科技考古的特色,立足田野考古,坚持融合创新,取得的诸多成果是令人欣喜的。在今后的岁月里,我们要更加努力突显科技考古研究院文科、理科和医科相互交融的学科特色,认真教书育人,积极参加到"考古中国"和"中华文明探源工程"的研究之中,继续为中国考古学的发展贡献自己的全部力量,为在国内外学术界扩大复旦大学考古学科的影响做出新的成绩。

---

① 复旦大学科技考古研究院:《长风破浪会有时》,《中国文物报》,2019年12月20日。

② 熊建雪、郑秀文、黄翔、文少卿、任晓莹、李辉:《上海柘林遗址良渚文化墓地人骨初步研究》,《南方文物》,2020年第6期。

③ Dong, N. and Yuan, J., Rethinking pig domestication in China: Regional trajectories in central China and the Lower Yangtze Valley, *Antiquity*, 2020, 94 (376): 864-879.

④ 董宁宁、朱旭初、雷少:《宁波北仑大榭遗址的动物遗存研究》,《南方文物》,2020年第6期。

⑤ 董宁宁:《新疆奇台石城子遗址的动物资源利用》,《西域研究》,待刊。

⑥ a. 戴玲玲:《安徽省蚌埠双墩遗址2014年—2015年度发掘出土猪骨的相关研究》,《南方文物》,2020年第2期。

　　b. 同①。

⑦ Dai, L., Kan, X. and Zhang, X., An investigation into the strategy of pig husbandry combining zooarchaeological and stable isotopic approaches at Neolithic Houjiazhai, China, *International Journal of Osteoarchaeolgy*, 2019, 29 (5): 772-785.

⑧ 袁靖、潘艳、董宁宁、司徒克:《良渚文化的生业经济与社会兴衰》,《考古》,2020年第2期。

⑨ 袁靖主编:《中国新石器时代至青铜时代生业研究》,复旦大学出版

社,2019 年。

⑩ 复旦大学科技考古研究院:《而今迈步从头越》,《中国文物报》,2019年1月11日。

⑪ 生膨菲:《黄土高原北部新石器时代晚期至青铜时代早期农业经济研究》,复旦大学博士后出站报告,2020 年。

⑫ Sheng, P., Storozum, M., Tian, X. and Wu, Y., Foodways on the Han dynasty's western frontier: Archeobotanical and isotopic investigations at Shichengzi, Xinjiang, China, *The Holocene*, 2020, 30 (08): 1174-1185.

⑬ 同⑩。

⑭ 同⑩。

⑮ 文少卿、雷少、孙畅、杜盼新、熊建雪、王凌翔:《浙江宁波大榭遗址一期人骨的古 DNA 研究》,《南方文物》,2020 年第 6 期。

⑯ 同①。

⑰ 文少卿、俞雪儿、孙畅、田亚岐、胡松梅、杨苗苗、袁靖:《雍山血池秦汉祭祀遗址北斗坊 7 号坑马骨的古 DNA 研究》,《考古与文物》,2020 年第 6 期。

⑱ 郭怡、贺雨飞、蒋璐、胡耀武:《继往开来的中国舌尖考古——稳定同位素分析学术会议顺利召开》,《人类学学报》,2020 年第 2 期。

⑲ a. 易冰、刘祥宇、原海兵、胡耀武、陈剑、周志清:《四川大邑县高山古城遗址宝墩文化先民牙本质序列的碳氮稳定同位素分析》,《四川文物》,2020 年第 1 期。

b. 胡耀武、张昕煜、王婷婷、杨岐黄、胡松梅:《陕西华阴兴乐坊遗址家养动物的饲养模式及对先民肉食资源的贡献》,《第四纪研究》,2020 年第 2 期。

c. 朱思媚、周亚威、朱泓、丁利娜、胡耀武:《华北民族融合进程中人群生存方式及对健康的影响——以北京延庆西屯村墓地为例》,《人类学学报》,2020年第 1 期。

⑳ Yi, B., Zhang, J., Cai, B., Zhang, Z. and Hu, Y., Osteobiography of a seventh-century potter at the Oupan kiln, China by osteological and multi-isotope approach, *Scientific Reports*, 2019, 9(1): 12475-12486.

㉑ Hu, S., Hu, Y., Yang, J., Yang, M., Wei, P., Hou, Y. and Marshall, F., From pack animals to polo: Donkeys from the ninth-century Tang tomb of an elite lady in Xi'an, China, *Antiquity*, 2020, 94 (374): 455-472.

㉒ Dong, W., An, C., Wang, Y., Hu, W. and Zhang, J., Bone collagen stable isotope analysis of a Bronze Age site of Liushugou and its implication for subsistence strategy in arid northwest China, *The Holocene*, 2020, (accepted).

㉓ 同⑩。

㉔ Sheng, P., Hu, Y., Sun, Z., Yang, L., Hu, S., Fuller, B. and Shang, X., Early commensal interaction between humans and hares in Neolithic northern China, *Antiquity*, 2020, 94(375): 622-636.

㉕ 同⑩。

㉖ 复旦大学科技考古研究院:《直挂云帆济沧海》,《中国文物报》,2020年12月18日。

㉗ a. 同⑩。
b. 同①。

㉘ 同①。

㉙ a. 沈岳明:《龙泉窑遗址的考古与收获》,故宫博物院、浙江省博物馆、丽水市人民政府编:《天下龙泉——龙泉青瓷与全球化》,故宫出版社,2019年。
b. 沈岳明:《龙泉窑的发掘与研究》,东洋美术史学会编:《东洋美术史学》第10辑,2020年(韩文)。

㉚ 沈岳明:《龙泉窑厚釉技术和粉青釉瓷器的烧造》,《故宫博物院院刊》,2020年第5期。

㉛ 同㉖。

㉜ 同㉖。

㉝ 同①。

㉞ 同㉖。

㉟ 同⑩。

㊱ 同①。

㊲ 同①。

㊳ 张萌、陈淳:《宾福德的周口店埋藏学研究与旧石器考古学理论建构》,《人类学学报》,2019年第4期。

㊴ Zhang, M., Microblade-based societies in North China at the end of the Ice Age, *Quaternary*, 2020, 3 (3): 20; https://doi.org/10.3390/quat3030020.

㊵ Storozum, M. J. (司徒克)、秦臻、刘海旺、Kidder, T.R.(齐德淳):《河南省内黄县的河流地质考古》,《第四纪研究》,2020年第2期。

㊶ Storozum, M., Lu, P., Wang, S., Qin, Z., Wang, H. and Park, E.,

Geoarchaeological evidence of the Yellow River flood that destroyed China's former dynastic capital, Kaifeng, in AD 1642, *Scientific Reports*, 2020, 10 (3765): 1-12.

㊷ Storozum, M., Qin, Z., Wang, Y. and Liu, H., Buried soils as archives of paleo-pollution in the North China Plain, *Anthropocene*, 2020, 31(100251).

(作者:袁靖,复旦大学科技考古研究院,院长)

· 思想与方法 ·

考古学阐释与历史重建

——《史前研究的方法》导读

陈 淳

加拿大考古学家布鲁斯·特里格《史前研究的方法》(Beyond History: The Methods of Prehistory)一书的中译本将由中国人民大学出版社出版,之前人大出版社还出版了特里格教授的《考古学思想史》(第二版)、《时间与传统》(重译本)和《柴尔德:考古学的革命》。1968年出版的《史前研究的方法》是作为一本考古学教材而撰写的,距今已经有53年了。但是,这本书对于当下我国考古研究的借鉴意义仍然没有过时。这本书的写作时间正是欧美考古学完成了从文化历史学向过程考古学的范式过渡之际,其中的内容同时涉及文化历史考古学和过程考古学的阐释问题。由于我国考古学目前主要采用的仍是文化历史学的范式,考古专业的基本训练和课程还是集中在田野发掘和材料整理上,对于至关重要的材料解释并没有系统的方法论训练和适当的教材。所以,这本书的出版对于我国考古学课程补上材料阐释的专业训练还是很有帮助的。

虽然柴尔德被誉为"考古学界非常罕见的伟大综述者"[①],但欧美考古学界对材料解释的重视要到1960年代才开始发展起来。柴尔德在1956年出版的《历史的重建:考古材料的阐释》一书中指出,在各种考古学著作中,对考古技术的介绍可谓具体而详细,而对于考古材料中信息的提取,在理论和方法上还缺乏综合性和系统性的研究。结果,考古学家在解释甚至判断其基本材料时,难免做出鲜有明证的奇特假设[②]。特里格也指出,考古研究和历史重建存在一个非同寻常的空白,即没有专门讨论史前考古材料阐释问题的专著。应对材料阐释的技巧构成了有别于考古学材料处理的技能和方法,而这种阐释和历史重建要比我们在意和承认的更加困难。他指出,考古学家对材料所能做出的各种不同解释并不挂怀。而对于各种解释难以把握的这样一门学科而言,完善这种另类解释是至关重要的[③]。而《史前研究的方法》一书的宗旨,正是试图厘清考古材料解释中所涉及的各种基本问题,为考古学解释的训练提供一种科学的方法。

一、考古学与史前学

1950年代,英国考古学界倾向于将史前考古材料的采集和解释加以两分。材料的收集和初步分析被看作田野考古学家的工作,但是对材料的解释和综述则是史前学家的任务。尽管同意考古材料的整合与综述是两种不同类型的操作,但是美国学界在两者之间并没有明确的划分,而是将材料采集和解释看作理论、方法和实践的一体化过程[④]。柴尔德被看作史前学家的杰出代表,他在《回顾》一文中提到,他对史前学最富原创性和最为有用的贡献不是出色的发掘,不是从博物馆藏品中发现新的材料,也不是构建精密的年代学框架或提出富有创见的文化定义,而是阐释性的概念和解释的方法[⑤]。像美国和其他许多国家一样,我国在这两者之间并无区分,史前研究都是由考古学家自己进行的。1983年由西安半坡博物馆创办的《史前研究》杂志可以被看作在考古材料阐释上做出先驱性努力的一种尝试。当下考古学的发展越来越强调田野工作要有明确的目的,要回答有关过去的特定问题,这构成了考古学理论、方法和材料三个方面密切相关的学科动态本质[⑥]。

今天,中国考古学大抵还是一门侧重于发掘和器物分类的技术,以准确和规范的发掘、精确的记录和样本采集以及精致的类型学分析和描述为特点的学科。长期以来,专业杂志要求研究报告只介绍具体发现,不提倡任何科学的解释,这使得考古研究成了照章办事的刻板操作。撰写的成果也流于形式,成为罗列出土标本的目录单。还有人认为,考古学是提供材料的学科,如何进行解释是其他人的事情。甚至还有学者认为,考古学是客观的学科,考古学家不应该对材料随意做出主观的解释,应该让材料自己说话。结果,大部分考古学家所做的工作只是"干考古"的技术活而已。考古材料解释的缺位,使得我们的考古工作成为一种物质材料的积累,并未相应增进我们对过去人群、社会和文化的深入了解。

现在我们明白,考古材料的收集整理与历史解释属于不同的研究层次。考古学的田野工作涉及发现和提取各种物质遗存的相关技术和方法,在材料的分类整理和时空定位之后便需要进入解释的层面,解释的技巧和材料处理的方法有很大区别,而且难度要大得多。而较高层次的解释在我国学界被认为主观性太强,不值得提倡。由于这种历史重建的解释难度很大,于是我们便以强调研究的客观性来加以回避。如果缺乏阐释上的技能训练,考古材料的解释就只是一种个人想当然的看法,难以做到历史的重建。

当代考古学的发展不再是用一套技术去寻找和发掘古代遗存和历史遗迹,它还包括一批科学概念、理论模型和分析手段。从某种意义上说,理论方法要比考古发现更重要,因为只有不断提高研究水平,拓宽研究方法,这门学科才能更好地破译文物中所含的古代社会文化信息,让无言的文物活起来,才能增进我们对历史的了解。

然而,考古材料的阐释并非易事,而是一种真正的挑战。在为路易斯·宾福德《追寻人类的过去:解释考古材料》一书所写的序言中,科林·伦福儒说,考古学最吸引人的地方就是邂逅重要发现时的兴奋,它给人以难以忘怀的愉悦。但是,这不是考古事业中最重要和最有趣的部分,真正的挑战是把考古材料以一种相互关联和合理方式掇合起来,从中寻找意义并做出解释。考古学实践中兴奋与沮丧是一对矛盾,丰富的材料令人兴奋,而难以得出可靠的结论却令人沮丧⑦。

考古学阐释和历史重建的难度在于结论的不确定性和其他另类的可能性解释。这是因为物质文化的多样性有无数的原因,考古学文化除了可能反映族群不同外,也可能反映时间上的差异,或环境背景、可获资源、当地手工业生产和装饰传统、贸易方式、地位竞争、性别身份、群体间通婚方式以及宗教信仰的不同。今天,考古学文化虽然是考古分析有用的概念,但是它日益被视为对物质文化时空差异分布方式的一种总结,而这种差异是由各种不同因素造成的。因此,用考古学文化来构建史前时空的框架不再被看作一种解释,而是要求考古学家义不容辞对特定案例做出解释的现象⑧。

二、概念、术语与模型

解释是指在观察的基础上进行思考,合理地说明事物变化的原因、事物之间的联系,或是事物发展的规律。考古学解释是由个人做出的,有时这种解释只能被看作个人的见解,只是立足于学者本人的经验直觉或知识背景,或者使用的概念和方法与其他学者并不相同。科学阐释是建立知识体系的工作,由科学家团体乃至公众参与,需要有一套学界共同遵循的概念、原理和方法。没有统一标准的随意解释会引起混乱,因为没有对术语和概念的统一理解,学者们就不可能构建一种科学的知识体系⑨。虽然个人观点在科学阐释中发挥着必不可少的作用,但是个人的观点会有所不同,必须加以控制,不至于成为十足的猜想。防止观点失控或鸡同鸭讲的一个关键,就是要用恰当的名字称呼事物。于是,赋予关键术语和概念以统一和准确的定义是理解的第一步⑩。有学者强调,概念是学术研究的起点。它将我们从日常生活的名词中解放出来,进入到形而上的"概念"层面。抽象化是艰难的工作,没有概念就意味着无法摆脱常识,也就意味着没有学术。如果学术研究连概念层面都上不去,就更不要考虑理论创新了,因为它将什么都不是[11]。

我国考古学阐释中普遍存在的一个严重问题就是概念不清,对讨论对象的本质没有共识或统一的科学定义。比如,有学者不愿采用欧美学界流行的"酋邦"概念,而偏好用古国或方国的术语来取而代之。但是,古国或方国这类术语并没有像酋邦那样从平等社会向国家社会过渡的世袭等级社会来予以定义,所以它们并非理论层面的抽象概念,仍然是来自古代文献的一个通俗用语。还有,在我国文明与早期国家探源中,"文明""国家"和"城市"这几个关键术语并未见有很好的讨论,在科学定义上也并无共识。虽然三者之间没有必然的对应关系,但是在讨论文明和早期国家中,这三个术语的概念往往可以彼此互换,或用某个术语来论证另一术语的真实性。特里格指出,这三个概念的本质是有区别的,文明一般是指文化、技术和艺术的发展层次,城市是一种聚落形态,而国家是一种政治体制[12]。在概念类比的分析中,我们常用考古学文化来对应族属甚至国家与疆域。比如,二里头文化与夏文化、夏民族、夏国、一批有特色的器物分布、夏朝的疆域等。实际上,这种类比并非以实证为基础的逻辑推理,而是一种猜测。因为我们没有办法以一批器物类型,特别是陶器作为前提,依次推导出夏族、夏国以及夏代疆域等结论来。因为这些概念所指对象的性质不同,彼此无法对应与契合。

在考古学阐释中,文化与社会是采用最多的术语,而且在讨论中也经常互换。以物质遗存构建的考古学文化是范围极为有限的人类行为之产物,在重建过去的社会时只能提供非常有限的证据。史前学家一般会将考古学文化等同于特定的"部落"或"人群",比如柴尔德就认为,文化是一种社会遗产,它对应于享有共同传统、共同社会机构以及共同生活方式的一个社群。这群人可以顺理成章地被称为某人群[13]。

然而,特里格指出,有些考古学家,特别是对民族志材料不甚了解的考古学家会认为,在文化形态和社会系统之间很容易找到对应关系。比如，许多人认为，可以将某考古学组合对应于某社群，将某个考古学文化对应于某部落，一批相似的考古学文化则对应于一个文化区。但同样明显的是，没有一个社会或政治单位总是与单一形态的物质文化相对应。考古学文化无法以任何机械的方式与社会群体如部落、游群或民族相对应。其原因并非技术问题，比如材料的不充分，而是因为物质文化的分布未必与社会和政治结构吻合。在对物质文化的历史意义讨论中，特里格列举了各种民族志中所见到的社群与文化关系的复杂性，凸显了根据不同器物组合之间式样异同的比较来定义文化和解释历史的局限性，并强调在对这种文化异同进行比较时，需要对它们在不同社会中所发挥的功能有充分的了解[14]。

虽然对某个议题的讨论或解释会有不同的观点，但是学者应该对他们采用的术语或概念有统一的定义或共识。在借鉴国外的术语和概念时，也应该准确了解这些术语和概念的定义以及它们的历史发展，不了解这些术语或概念的定义往往会造成误导和混乱。比如，对"酋邦"这一术语产生的争论在很大程度上是没有完全理解其定义以及新进化论的来龙去脉背景所造成的。同样，望文生义地来理解戈登·威利的聚落形态研究，则使得我们对聚落考古的实践和讨论与威利的聚落概念大相径庭。

由于考古学不是一门实验性学科，所以考古学家对材料的解释也具有一定的试错成分，就是对以前的解释需要不断用新研究和新发现来检验。有时，新发现可能完全推翻过去的解释，而新技术的运用和学科交叉的发展可以为材料解释提供更广阔的视野，并且可能获得始料未及的结果。所以，考古学家倾向于将自己的解释视为比较接近真相，但这种真相会随时修改，甚至推倒重来。对考古材料的解释需要提出一个框架，特里格将其称为"模型"。不同的解释框架构成了各种解释的"模型"。科林·伦福儒认为，模型被用来揭示考古材料中的某种规则，并用来解释这种规则的内在机制[15]。比如，有些模型从文化的历史序列来进行解释，以构建年表和文化关系；有些模型则从文化生态学来进行解释,以构建文化的适应系统和人地关系的互动;而其他一些模型则可以从技术、经济、社会乃至意识形态来进行解释。构建阐释模型的重要之处,在于它有助于考古学家对文化的性质提出明确的设想,这是对材料和证据进行解释的基础。由于史前考古学解释所能利用的证据往往是不完整的和有限的,因此采用不同模型进行解释并相互补充,史前史的重建就能以一种累进的方式得到不断提高和完善。

三、传播迁移论

在文化历史考古学范式中,传播迁移论是解释文化演变最为流行的方法,这就是追溯文化的起源、传播与迁移。比如,最近三星堆又有新发现后,大家普遍的一个反应就是,它是从哪里来的?是来自中原人群的迁移,还是来自西亚和其他地区的文化传播?在《史前研究的方法》中,特里格对文化变迁的传播论阐释进行了详尽的讨论,提出了这种解释需要注意的许多问题。

他指出,大部分发明和创新就像生物学的突变一样是微不足道的,而且很难用考古材料来追溯。一种发明能够被社会采纳需要一定的社会背景,许多发明只有在盈利后才能普及,有些发明往往因为开发代价过高而滞后开发,甚至胎死腹中[36]。而有的重要发明则是专为贵族阶层服务的,会不惜一切代价来开发。有的发明并非单一的创新,而是由许多小发明积累的产物,而有些发明可以是不同人在不知道各自工作的情况下独立完成的。

传播是指意识的扩散,如果发明与突变之间有相似之处,那么传播可以被视为一种选择过程。文化特征的传播很少会将所有属性一起带过去,而且新的意识传播到了其他社会之后,因社会条件不同所发挥的作用也会不同。比如,中国发明的火药是用来放烟火的,但是传到欧洲后就被用来制造枪炮。大部分的传播是一种刺激传播,就是一种新发明的原理从一个文化传给了另一个文化,并没有附带所有技术甚至概念上的属性。比如,考古学文化概念是从欧洲传到中国的。但是,柴尔德为考古学文化分析提出的一些属性,如年代、分布和功能分析,以及构建时空框架的镶嵌模式等并没有得到同步引进,这使得苏秉琦重新发明区系文化类型来加以补充。

迁移是指人口的移动,这个概念常常并未明确与传播区分开来。实际情况要比传播迁移的两分更加复杂,比如,人群在地理上的扩散可以没有文化传播而发生(维京人在新大陆的栖居),人口迁移是文化传播的重要因素(欧洲人到达美洲),文化可以在没有人口移动情况下传播(拉丁文化扩散到整个西部罗马帝国),还有人口迁移而没有文化的传播(移民的整体同化)。因此,在历史重建的解释中,最好从概念上将传播与迁移区分开来。

然而,证据确凿的传播与迁移在考古记录中是罕见的。为了判断不同文化之间传播迁移或共同起源,首先要排除这些器物或文化特征是趋同发展的结果。比如,极端传播论者提出的金字塔、木乃伊技术、陶器都是来自同一起源中心的说法,现在都被否定了。对于判断不同文化之间的历史关系,特里格借鉴了民族学家格雷伯纳的三项标准。第一项是质量标准,如果一种文化特征愈复杂、愈相似,那么其共同起源的可能性就愈大。而且,被比较的特征必须是非功能性的。因为,许多功能性器物如刀、斧、箭镞和碾磨工具因为用途和制作材料的限制,很容易造成趋同。第二项是数量标准,即两个文化或地区之间质量上相似的数量愈多,它们之间存在历史关系的可能性也愈大。这需要从统计学来进行文化特征的比较,而不是单凭个别器物和特征来下结论。第三项标准是两个区域之间文化交流的容易程度,要证明地理位置相隔遥远地区之间相似文化特征是传播迁移的结果,那么需要在其中间地带找到连续分布的迹象,而且在年代序列上表现出早晚与先后的轨迹。

虽然传播迁移论是文化历史考古学范式中最为流行的一种阐释理论,柴尔德就是凭借这种理论来构建欧洲的史前史,但是,他也批评了滥用这种理论的危险。他说,对外来移民或"影响"的盲目借助纯粹是掩饰懒惰的遮羞布。像格雷伯纳一样,他也提出了这种解释需要注意的或然性问题,强调要从分布、定量和定性等标准来加以判断。在分布标准上,某器物类型的出土地点越近,独立发明的机会就越低。如果它们在两个相距遥远的遗址出土,就需要在中间地区寻找证据。在定量标准上,两个遗址或文化之间所共有的类型愈多,它们之间的关系就越密切。在定性的标准上,一种类型越难制造,其独立发明的可能性就越小。他还指出,虽然传播可以建立文化之间的关系,但是传播机制则需要从其他考古遗存来加以推断,这种机制可能是商贸、入侵、传教、征服、联姻、殖民等[17]。

伦福儒和保罗·巴恩在回顾传播论时指出,传播迁移在过去确实发生过,但是能从考古学上加以论证的机会很少,而且在用它来解释文化变迁时被用得过头。文化与社会变迁单从传播迁移论来解释是不够的,而且这种传统解释建立在今天很易受挑战的设想之上[18]。到1960年代,过程考古学的发展使得考古学家更加重视用内部的因素来解释文化的变迁。

四、历史的重建

史前考古学家的解释工作包括两个方面,一是要解释和重建古人的生活方式,二是要解释社会和文化的变迁。对于考古材料的解释来说,有三个困难的梯度,即研究技术和生计比较容易,研究社会结构比较困难,研究宗教信仰和意识形态最为困难[19]。这个困难梯度是由材料的性质所决定的,因为人类生计活动留下来的工具和动植物遗存可以用实证的办法进行比较可靠的分析和解释。比如我们从古人的工具可以了解他们的技术水平,从遗留的动植物可以知道他们吃什么。社会结构的变异范围比较大,与物质文化没有可靠的对应关系,即使有民族志的类比,仍然有很大的不确定性。比如器物特征相近的同一类考古学文化并不一定代表同一批人群。而宗教信仰根本无法从物质材料中提取,是最难解释的内容。

重建史前期的生活方式涉及何人、何地、何时、何物等问题,属于技术和生计的范畴,采用实证方法相对容易解决。而社会变迁涉及如何及为何的问题,解释难度很大,这需要从考古材料上来间接推断社会结构。特里格认为,跨文化的民族志类比能够为考古材料的解释提供参照,这需要对民族学研究的成果有比较充分的了解,在这方面,美国人类学家乔治·默多克的《社会结构》一书极具参考价值,该书提供了全球250个土著社会结构的跨文化比较案例,其中70个社会来自北美,65个来自非洲,60个来自大洋洲,34个来自欧亚,21个来自南美[20]。在美洲和澳大利亚,考古材料与现生土著人群的文化之间有直接的联系,为解释古代的社会结构提供了比较可靠的依据,在没有古今传承的背景下利用民族志的跨文化类比则需更加谨慎。重建社会结构和历时变迁的另一办法就是聚落考古,其代表是戈登·威利所著《聚落与历史重建:秘鲁维鲁河谷的史前聚落形态》[21]。

社会变迁的解释涉及社会复杂化的研究,这是和农业起源和文明国家起源密切相关的议题。在农业起源的解释方面,特里格提到了当时比较流行的、由柴尔德和魏特夫分别倡导的绿洲理论和灌溉理论,他认为这些是带有生态决定论色彩的单因论解释。在国家和文明起源理论方面,他提到了朱利安·斯图尔特的理论。该理论认为,随着大河流域人口的增长,对水源供应实施控制变得必须,宗教约束开始发挥作用,导致神权贵族国家的产生。当人口压力继续增加,各个国家开始为土地而争斗,这逐渐使军事阶级崭露头角[22]。他也介绍了美国考古学家罗伯特·亚当斯对美索不达米亚文明起源的解释,认为经济上各部分的发展导致了社会的日益分层和国家与文明的发展[23]。

特里格还介绍了有关国家起源动力的两种理论,一种是有机理论(organic theory),将技术和经济因素看作文明起源背后的驱动力,认为某些早期国家兴起的机制是对经济日益复杂化的反应,是不同社会经济日益相互依赖的结果。由于有机国家是应对经济需求而形成的,所以它们立国的基础比较稳固,不会大起大落。另一种是单方理论(unilateral theory),将政治看作某些早期国家形成的主因,可以在经济比较简单的条件下发展起来。这种国家通常是征服型或掠夺型国家,通过地域扩张将社会变成一个组织良好的国家,其例子之一就是祖鲁王国。征服型国家可以迅速崛起,并席卷大片地区,比如蒙古帝国在一代人的时间里就从中国扩张到东欧。然而,当武力威胁的纽带失效时,这种征服型国家也会迅速解体。但是,这两类国家之间的分野也并非绝对,内部分化迅速和外贸体量巨大的单方国家,会发展出很像有机国家的经济基础。特里格认为,墨西哥、美索不达米亚和古希腊看来是在有机背景里发展起来的,后来靠征服而扩张。而古埃及比较像单方国家,法老被尊奉为神,拥有绝对的权力并一直下达基层。埃及起初是作为一系列小型的城邦国家发展起来的,后来融合成一个民族国家[24]。

在晚年著作的讨论中,特里格借鉴柴尔德对下美索不达米亚和埃及文明起源的比较研究,将早期国家分为城邦国家(city states)和地域国家(territorial states)(有人译为"广域"或"广幅"国家)。城邦国家是指一些小型政体,每个城邦由一个城市中心和环绕城市周围的小型农业聚落构成,比如古希腊、文艺复兴时期的意大利和古代西南亚部分地区的早期国家。而地域国家则是由地域广袤的多层级行省组成,比如埃及和中国一般被看作地域国家。这两类国家的区分也并非绝对,比如美索不达米亚和墨西哥的国家发展就体现了城邦国家向地域国家的转变[25]。

五、小 结

在《史前研究的方法》的序言中,特里格开宗明义地指出,随着1960年代美国考古学自我意识的不断发展,一股审视本学科基本前提的方法论思潮产生了。这本教材正是在新考古学方兴未艾的背景中撰写的,反映了作者对文化历史考古学传统范式的反思,以及用过程论来解释文化变迁的尝试。1973年,英国考古学家戴维·克拉克在《考古学纯洁性的丧失》一文中提到了考古学从"意识"到"自我意识"再到"批判性自我意识"的发展过程㉖。有"意识"的考古学主要依赖经验,凭借彼此的默契和个人的直觉对材料和现象做出判断和解释。有"自我意识"的考古学认为,必须有明确的理论和方法来处理材料。对讨论的各种术语抽象化,上升到概念的层次,并赋予明确的科学定义,并加以一定程度的量化。由于考古学解释的复杂性,历史重建应该提出材料解释的各种模型,并通过不同理论的互补和新材料的检验而不断完善。否则考古学解释将永远停留在个人观点的表述上,难以构建考古学科的知识体系,并无法做到真正的历史重建。这种自我意识是在过程考古学的发展中体现出来的,它有力地促进了理论和方法的发展,使得考古学从单一的类型学方法和考古学文化概念转向多学科的交叉研究,摆脱传播论的简单思维,从功能论、系统论和过程论来解释社会文化的变迁。"批判性自我意识"是在 1970 到 1990 年代与后过程考古学一起发展起来的,它对考古学解释的主观性和社会偏见有了更加深刻的认识。

我国考古学的发展已经走过了百年的历程。在相当长时间里,它与国际学术主流处于隔绝状态,加上过分强调民族特色的学术取向,使得我们的学术思维还未完成从"意识"向"自我意识"的转变。虽然近年来科技手段和学科交叉蓬勃发展,但是考古学的理论建设和阐释层次仍然亟待提高。我们应该努力从过去主要以材料积累和证经补史的学术定位,转向以问题为导向的科学探索和历史重建。而《史前研究的方法》这本书可以为我们的这种学术转向和提升提供一个便捷的入门。

---

① Braidwood, R. J., Vere Gordon Childe, 1892 – 1957, *American Anthropologist*, 1958, 60: 733.

② [英] 戈登·柴尔德:《历史的重建:考古材料的阐释》,方辉、方堃杨译,上海三联书店,2008 年,第 1 页。

③ Trigger, B.G., *Beyond History: The Methods of Prehistory*, New York: Holt, Rinehart and Winston, 1968, p.xi.

④ [加] 布鲁斯·特里格：《考古学思想史》（第二版），陈淳译，中国人民大学出版社，2010年，第234页。

⑤ [英] 戈登·柴尔德：《回顾》，沈辛成译，陈淳校，《历史的重建：考古材料的阐释》，方辉、方堃杨译，上海三联书店，2008年，第217页。

⑥ [英] 科林·伦福儒、[美] 保罗·巴恩：《考古学：理论、方法与实践》（中文第二版），陈淳译，上海古籍出版社，2015年，第3页。

⑦ [英] 科林·伦福儒：《序》，[美] 路易斯·宾福德：《追寻人类的过去：解释考古材料》，陈胜前译，上海三联书店，2009年，第1页。

⑧ [加] 布鲁斯·特里格：《考古学思想史》（第二版），陈淳译，中国人民大学出版社，2010年，第23页。

⑨ Watson, P. J., LeBlanc, S. A. and Redman, C. L., *Explanation in Archaeology: An Explicitly Scientific Approach*, New York: Columbia University Press, 1971, p.viii.

⑩ [美] 肯尼斯·赫文、[美] 托德·多纳：《社会科学研究：从思维开始》，李涤非、潘磊译，重庆大学出版社，2013年，第13页。

⑪ 胡翼青：《对于学术，概念意味着什么》，2020年9月16日在南京大学新闻传播学院明经学堂所做的报告。《再建巴别塔》，"明经学堂"公众号，2020年11月16日。

⑫ Trigger, B.G., *Beyond History: The Methods of Prehistory*, New York: Holt, Rinehart and Winston, 1968, p.52.

⑬ Childe, V. G., Races, peoples and cultures in prehistoric Europe, *History*, 1933, 18: 198-199.

⑭ Trigger, B.G., *Beyond History: The Methods of Prehistory*, New York: Holt, Rinehart and Winston, 1968, p.19.

⑮ [英] 科林·伦福儒：《对考古学解释的反思》，中国历史博物馆考古部编《当代国外考古学理论与方法》，三秦出版社，1992年，第335页。

⑯ [英] 斯普特拉：《发明过程分析》，陈力子等译，陈淳校，《南方文物》，2013年第4期，第133—140页。

⑰ [英] 戈登·柴尔德：《历史的重建：考古材料的阐释》，方辉、方堃杨译，上海三联书店，2008年，第120—123页。

⑱ [英]科林·伦福儒、[美]保罗·巴恩:《考古学:理论、方法与实践》(中文第二版),陈淳译,上海古籍出版社,2015年,第446—447页。

⑲ Hawkes, C.F., Archaeological theory and method: Some suggestions from the Old World, *American Anthropologist*, 1964, 56: 161-162.

⑳ Murdock, G.P., *Social Structure*, New York: The Macmillan Company, 1949.

㉑ [美]戈登·威利:《聚落与历史重建:秘鲁维鲁河谷的史前聚落形态》,谢银玲等译,陈淳校,上海古籍出版社,2018年。

㉒ Steward, J.H., *Theory of Cultural Change*, Urbana: University of Illinois Press, 1955, pp.178-209.

㉓ Adams, R.M., Early civilization, subsistence and environment, In Kracling C.H. and Adams, R, M. eds., *City Invincible*, Chicago: University of Chicago Press, 1960, pp.269-295.

㉔ Trigger, B.G., *Beyond History: The Methods of Prehistory*, New York: Holt, Rinehart and Winston, 1968, pp.55-57.

㉕ Trigger, B.G., *Understanding Early Civilizations*, Cambridge: Cambridge University Press, 2003, pp.92-94.

㉖ [英]戴维·克拉克:《考古学纯洁性的丧失》,中国历史博物馆考古部编:《当代国外考古学理论与方法》,三秦出版社,1992年,第130—132页。

(作者:陈淳,复旦大学文物与博物馆学系,教授)

释"能动性理论"

——与理性选择理论的比较研究

张 萌

虽然"能动性"(agency)是当代世界考古研究的热点,但在中国考古学界却极少提及这个术语。陈胜前在《当代西方考古学研究范式述评》一文中简要介绍了《考古学理论手册》(*Handbook of Archaeological Theories*, 2008)所确立的八大范式,能动性研究位列其中[①]。他指出能动性并不神秘,能动性研究关注的是人之所以为人,区别于其他物种的原因,即人类在运用语言、物质文化进行生活实践的同时也生产了与之相应的社会关系和意识,也就是包括制度、组织形态和行为规范的结构。在能动性研究中,物质文化既是人行动的方式,也是人表达的途径。早在2008年,陈淳曾在《中国文物报》发文向国内学界介绍"能动性"这个概念,把它看作后过程考古学之后出现的新趋势,受到了社会科学后现代主义思潮的影响,既对以往追求普遍性决定论解释进行反思,也拓展和补充了现存的考古研究领域[②]。他将能动性研究的背景设在过程考古学中,从1980年代开始,学界认识到将人类物质文化全部视为环境适应的产物是有问题的,因为人类的思想意识同样会对文化产生影响。早在1970年代,法国学者皮埃尔·布尔迪厄(Pierre Bourdieu)和英国学者安东尼·吉登斯(Anthony Giddens)就倡导个人在社会发展中的作用,不再把人看成社会规则和传统的被动实践者,而是看成主动的创造者。陈淳认为,在能动性的概念体系中,许多文化现象既非适应的产物,也非社会规范和文化传统的产物,而是作为社会组织成分的个人合力的产物。在文章中,他介绍了新墨西哥大学人类学系帕特丽夏·克朗(Patricia Crown)教授对美国西南部霍霍坎(Hohokam)和明布勒斯(Mimbres)两个陶器传统中制陶技术授受方式的不同对文化发展影响的研究。得出的结论是:"两种不同陶器的授受方式,很可能是两类陶器技术发展轨迹不同的原因。霍霍坎的陶器在式样和设计上表现为在一种稳定技术基础上的延续,发展比较缓慢。而明布勒斯的陶器序列显示了技术和设计变化显著的特点。克朗认为,这是两个传统儿童参与制陶生产过程的明显不同而造成的。霍霍坎的传统的学习过程比较严格,不允许儿童在学习中出错,使得陶器的传统显示了稳定的持续性。而明布勒斯传统鼓励儿童自由发挥和探索,允许犯错误,于是导致陶器传统表现为更大的变异和多样性。"

本文旨在向国内学者继续介绍"能动性理论"及其在考古学中的应用,在论述过程中,也会将之置于 1960 年代过程考古学兴起后的考古学理论洪流之中,尤其考察能动性理论与理性选择理论之间的区别与联系。随后,本文将介绍一个个案,即蒂莫西·波克泰(Timothy Pauketat)对密西西比土墩建造的研究,论述作为社会组织成分的个人是如何遵循所谓的传统或"惯习"丧失权力的。文章结束处将思考能动性理论和研究对中国考古学的启示。

一、能动性理论的要义

能动性是考古学中最难定义的概念之一,因为它的定义在哲学、社会学的原始语境中差别很大。《考古学中的能动性》是世界考古学界关于能动性在考古学应用的最早的论文集[③],我们可以在这本书中找到各位学者对"能动性"的定义(表 1)。与其画蛇添足再归纳一个定义,不如从中找出一些要义来。它们包括文化行动、个人或集体的行动、个体的主观性、社会中的创造行动、主体间的参与、表达行动、关于技术的知识和技能、对目标有计划讲策略的行动,以及特定文化建构起来的观念,除了以上术语外,最关键的恐怕就是权力。简而言之,能动性理论与倡导科学研究的理性主义相比,核心词汇包括个人、行动、主观性、权力和知识。如果我们将其中的一些词放到相对概念组成的二元词对中,并与理性主义的词汇进行比照,就会出现如下的对子:"行动:行为""主观性:客观性""个人:社会"(犹如电影《黑客帝国》中的 cell:matrix)。约翰·罗布(John Robb)是倡导能动性研究的主要考古学家之一,他列出了能动性理论的四个核心要素:人们通过生活实践来维持生存和建立社会关系;实践是在物质条件下发生的,物质文化是践行的介质;实践是在历史环境中发生,而历史环境从过去继承下来的,包括文化信仰、态度和习惯,因此价值规范既有助于行动者,同时也约束了他们的行动;人们在行动中不是简单地生产物质、意义的内在结构与历史意识,而是在不断改变、重释与重新定义它们④⑤。

表1　1980—1990年对能动性的定义

(依多贝尔与罗布的论文⑥,译文来自陈胜前的翻译⑦)

定　义	观点提出者与援引文献
无意识认知结构的复制	皮埃尔·布尔迪厄⑧
通过文化行动社会权力关系的再生产	安东尼奥·葛兰西⑨、路易·皮埃尔·阿尔都塞⑩、蒂莫西·波克泰⑪
通过直接或间接的方式,个人或集体行动对社会权力结构的拒绝与挑战	罗伯特·查普曼⑫、保罗·沙克尔⑬
通过分散权力关系构成的个体主观性	米歇尔·福柯⑭、马克·莱昂内⑮
由作为心理学存在的个体构成	乔治·考吉尔⑯
个体在创造自身生命过程中的行动经验	伊安·霍德⑰、马修·约翰逊⑱

续 表

定 义	观点提出者与援引文献
通过社会创造活动对物质的改造形式	马丁·沃布斯特[19]、肯尼思·萨斯萨曼[20]、安东尼·辛克莱[21]、约翰·巴雷特[22]
与物质和社会世界发生作用的主体间的关联过程	约翰·巴雷特[23][24]、马西娅-安妮·多贝尔[25]、朱利安·托马斯[26]
通过表达活动对形式与社会区分的创造	克里斯托弗·卡尔与吉尔·奈策尔[27]、约翰·克拉克[28]、阿瑟·乔伊斯[29]、威廉·沃克与莉萨·卢塞罗[30]
推论与非推论的技术知识和能力的成功展开	马西娅-安妮·多贝尔[31][32][33]、安东尼·辛克莱[34]
对目标有计划、讲策略的行动	乔治·考吉尔[35]、约翰·克拉克[36]、威廉·沃克与莉萨·卢塞罗[37]
与某个特定文化的个人观念、阶级、宇宙观相辅相成的有计划、有策略的行动	马修·约翰逊[38]、保罗·沙克尔[39]、阿瑟·乔伊斯[40]

在 1980 年代上半叶,布尔迪厄、吉登斯、福柯、萨林斯、奥特勒,尤其是巴雷特的研究开始影响考古学[41]。能动性理论有两大关键概念,即能动性和惯习(habitus),这两个词分别是由安东尼·吉登斯[42][43][44]和皮埃尔·布尔迪厄[45][46]提出来的。将能动性理论引入考古学与伊安·霍德(Ian Hodder)领导的后过程运动紧密相连。从《考古学中的能动性》一书的作者名录中我们可以找到能动性的主要倡导者。安德鲁·加德纳(Andrew Gardner)[47]根据研究重心的不同,将能动性的研究归为两个阵营:对个体的研究和对个体间关系的研究。詹姆斯·贝尔(James Bell)[48]和伊安·霍德[49]属于第一个阵营,而朱利安·托马斯(Julion Thomas)[50][51][52]、兰道尔·麦圭尔(Randall McGuire)[53]、约翰·巴雷特(John Barret)[54][55][56]、阿瑟·乔伊斯(Arthur Joyce)[57]、安德鲁·加德纳、蒂莫西·波克泰[58]、马修·约翰逊

（Mathew Johnson）[60]、林恩·梅斯克尔（Lynn Meskell）[61]等人则属于第二个阵营。能动性理论的倡导者们采取了两个截然不同的研究方法：一个来自美国的过程考古学传统，将社会变化解释为富有野心政客的策略；另一个则来自马克思的"实践"思想（idea of "praxis"），欧洲考古学家主要秉持这个观点[62]。依据这个差异也可以将研究者们分成两个阵营。为了与下文所讨论的理性选择理论进行比较，本文将两个阵营的思想统称为"能动性理论"或能动性/实践研究，并会在后面详细阐述不同的立场（更为侧重能动性还是更为侧重"传统"或实践）对考古学研究方法选择的影响。

二、能动性理论与理性选择理论之间的矛盾

理性思维（rationalist thinking）或者理性选择理论（rational choice theories）倡导用科学方法探究人类行为背后的生物学原理，强调的是个体和群体根据资源状况做出的理性选择，它根植于从受达尔文思想影响的斯宾塞文化进化论中衍生出来的文化生态学。之后，过程考古学采用了这种思想，并且在倡导达尔文进化论的考古学家那里发扬光大。例如，路易斯·宾福德虽然反对将个体作为理性人的假设[63]，但他用民族考古学的方法研究努纳缪特爱斯基摩人的时候，仍然预设当地人做出了"理性"的选择，尤其是在食物资源的获取方面[64]。

若比较能动性理论和理性选择理论之间的异同，我们很有必要把两种思维方式放在考古学思想中进行考查。在考古学发展之初就有理性主义和浪漫主义的相互纠缠[65]，一方是从早期的（文化）进化考古学发展成为过程考古学，另一方则是从文化历史学发展成为后过程考古学。"能动性：结构"之争可以从更广阔的视角，即"人文：科学"分野中进行研究。安德鲁·加德纳回顾了能动性研究的历史[66]。早在希腊古典时代，哲学家就开始争辩自由意志（自由选择）和确定性（被决定的行动）的关系。经历罗马帝国的崩溃和中世纪

的终结后,人文主义在文艺复兴中得以发展,而二元论在启蒙运动中起源,产生了一系列概念对,成为当代后过程考古学的理论来源。在19世纪末和20世纪初,尼采和弗洛伊德强调个人主义,成为能动性/实践理论的思想来源。同时,由斯宾塞、涂尔干和塔尔科特·帕森斯(Talcott Parsons)倡导的功能主义/系统论思想成为新进化论和过程考古的理论源头。宾福德在2001年发表了论文《考古学的研究问题从何而来》,认识到过程考古学者和其他考古学者的差别深深根植于人文和科学的分野之中[67]。

考古学强调能动性部分来自于对过程考古学及后期分支(进化生态学、行为考古和达尔文进化考古)的理性预设的批判性思考。能动性理论和它们的联系和差别可以归纳为以下三个方面。

(一)理论各自的最佳适用范围

特里格在他的《考古学思想史》中勾勒出了考古学的起源过程[68]。尽管他没有详细追溯考古学思想的不同来源,按照考古年代学框架,三种考古学各自都有与之紧密联系的学科背景。本文把考古学所见的社会分为简单、中程与复杂社会,三者形成了具有地区差异的进化连续体。旧石器时代考古学根植于地质学的研究,并与人类古老性的建立密切相关[69],在文化生态学(之后的进化生态学)和中程理论(之后的参考框架)的协助下,它发展成为对以狩猎采集者为主体的简单社会的研究。中程社会一般是指社会分层水平较低的社会,在欧亚大陆包括新石器时代、青铜时代和铁器时代社会,在北美则是那些土墩建造者和普韦布洛社会。美国西南部的材料可以利用直接历史学法进行考古学解释。这些研究在行为考古(人类行为与遗址形成过程)和达尔文进化考古学(考古材料特征的演变)的帮助下发展壮大,在园圃农业和粗放农业维持的平等社会研究尤其适合用上述考古学理论进行解释,由于人群的流动性不大,社会分层不明显,遗存的差异更适合用类似物种差别与演化的思路解释。历史考古学脱胎于古典考古学,将国家层次的复杂社会作为研究中心。后过程考古学和能动性/实践理论在此方面可以比理性研究得到更好的应用,因为历史文献和考古遗存相结合可以提供关于个体和集体行动的信息,政治决策与政客的能动性直接相关。虽然理性思维可以提供长时段的社会变化研究,但历史时期由于较确切的年代数据可以分成很多短时段,这样考古学家可以致力于以个体为中心的物质文化研究。

在当代考古学理论发展的洪流之中,虽然不同学派之间互相交叉,但我们可以看出随着社会发展程度的提高,20世纪后半叶表现了理论解释功效递减的态势:过程考古学侧重于简单社会的研究,后过程考古学三大后期分支则侧重于中程社会,而能动性/实践理论在复杂社会的研究中更有优势(表2)。

表2 当代考古学理论框架的核心思想与最佳适用范围

考古学理论	主要观点	主要理论来源	关键词	最适合研究的社会类型
过程考古学(理性研究)	强调社会系统的运行和文化过程	人类学、生态学	适应	简单社会
过程考古学后期三大分支(理性研究):进化生态学、行为考古、达尔文考古	强调分析单位的划分、因素之间的联系、行为及其后果	生物学、生态学	行为	中程社会
能动性/实践理论	强调个人与社会结构的作用	人类学、社会学	行动	复杂社会

(二) 车之双轮

表面看来,理性研究与能动性/实践理论有所抵牾,但二者其实有着充分的契合空间。在达尔文进化考古学中,功能和风格是二元对立的:人群的适应会影响器物功能(如陶器的大小),而风格只受制于随机过程,因为它与人群的适应基本无关(如陶器装饰)[20]。在这个框架中,自然选择是器物功能的演化机制,而人为选择主导着风格的变化,因此能动性能提供一个有力的工具来解决随机选择理论无法回答的问题(参考内恩曼的研究[71])。时尚的变化可以用能动性理论在对个体的人工选择来理解[72][73][74]。

作为进化生态学的一部分,行为生态学在文献中经常等同于"最佳觅食理论"("Optimal Foraging Theory",简称OFT)[75]。需要注意的是,最佳觅食理论最适用于狩猎采集社会的研究[76]。它的基本假设是,通过增加营养的摄入或较快达到摄入瓶颈将养分吸收的速度最大化,进而提高适应度,这样人类就有空余时间来做其他与适应度相关的事情[77]。这个假设认为,在解释考古学材料所体现的形态时,理性是核心要素,这意味着人类知道如何提高他们适应能力的机制,较为偏向拉马克式的观点。所以这个理论与达尔文的选择论思想略有不同。能动性/实践理论走得更远,特别强调人类行动在解决问题时的关键作用。它也解释了人们为何可以利用优势和规避劣势,因为后代可以继承并践行这样的传统[78],在行动中创造了人类自身。另外,最佳觅食理论虽然为生计广谱化、强化和对栽培的采用等问题提供了一个理想框架[79][80][81][82],然而,积累剩余产品行为和炫耀现象在这个框架下未能得到令人信服的解释,它只能提供一些推论,比如成功的猎人可以获取社会认同,得到更多的配偶,从而获得繁衍更多后代的机会[83]。理性研究中对个体思想和行动的漠视正好是能动性理论的出发点。波克泰采用了布尔迪厄"惯习"的概念,声称有些行动仅仅是由"传统"导致的[84][85]。正如奶牛场主特维在音乐剧《屋顶上的小提琴手》(Fiddler on the Roof)所言:"我们是怎样保持平衡的呢?我可以用一个词告诉你答案,那就是'传统'!"

(三)困难梯度与考古推理

霍克斯(Christopher Hawkes)提出的考古学研究的三个困难梯度说明了考古推理的差异,推断人地关系要比推断意识形态容易得多[86]。按照宾福德的观点[87],物质文化可以放到过程考古框架中的三个功能子系统之中:技术规范、社会技术和意识技术。这三个方面随后发展成为三个研究领域:生计策略研究、社会考古和认知考古。

生计研究位于阶梯的底层,考古推理最为有效,它建立在理性研究基础之上。一些研究者的研究集中在人类行为的社会和意识形态方面,如伦福儒[88][89]、肯特·弗兰纳利(Kent Flannery)和乔伊斯·马库斯夫妇[90]。然而从逻辑上而言,遵从归纳—假设—演绎的科学研究标准来检验过去人们的思想是没有意义的,因为思想意识的问题不是实证研究可以解决的,所以宾福德将风格放在了横贯三个功能子系统的位置[91]。相比之下,能动性/实践研究策略作为后过程考古学或"过程加"考古学(processual-plus archaeology)的一部分[92],不再将考古材料视为客观的事实,而是看作有意义的人类行动的产物,有助于自上而下地理解社会组织和意识形态。这样,考古学家不再把社会生活和意识形态解释成子系统,而是理解为实践和能动性的产物。希弗(Michael Schiffer)所倡导的废弃过程也为研究能动性和行动的物质化提供了基础[93],考古材料也成为具有思想意义的载体(meaning-laden)。对礼仪材料的研究就是用能动性理论来研究意识的组织形式的例子,这些研究就是在行为考古学的框架下进行的[94][95][96]。

三、能动性理论应用实例

能动性理论并非源自过程考古学,它的目标不是重建人类行为和探索文化过程,所以"如何用能动性理论进行科学的考古推理"是一个伪命题。它来自于后现代世界中的人文主义,倡导能动性理论的考古学家探索十分多样化的主题。"过程加"考古学的倡导者米歇尔·海葛蒙(Michelle Hegmon)声称"能动性无处不在"[97],这意味着能动性理论在研究考古材料时可以有高度多元化的主题,理论、视角与方法也可以多样化。她也注意到北美考古学者在研究领导权和社会不平等方面,对能动性的讨论最为清晰。

蒂莫西·波克泰的论文《平民的悲剧》就是能动性理论在考古研究中一个很好的例子[98]。他主要的研究方向是密西西比河流域土墩的兴建和社会等级制度的构建。在这篇论文中他关注的是平民和正在形成中权贵的实践所起的作用。波克泰注意到,个人(尤其是平民)对传统的理解是不平衡、不完整的,"由于意愿的不同和由此产生的偏差,实践的结果……可能会发生相当程度的差异"。借鉴吉登斯的观点[92],波克泰提出的问题是,如何理解前哥伦布时期在密西西比河谷平台土墩的修建过程。根据文化进化论的说法,萨林斯(Marshall Sahlins)的"酋邦"社会已经出现平民和权贵的分层[100]。波克泰借鉴"实践"理论,以了解土墩是如何和为何逐步建造的。他将平民和权贵视为两个行动体,而非两个组份。通过对一首类似"土墩建造号子"的 Choctaw 歌曲的研究,波克泰论声称,劳动者(平民)可能构建了一个地区"社群"的身份,将自己与权贵区分开来,最终导致了社会不平等的形成。这个案例显示,即使没有理性主义者解释社会变迁所倡导的资源压力,社会不平等和统治依然可以形成,只因人们遵从了他们亲手工作、用心建造伟大土墩的"传统"。布尔迪厄[101]称这些日常经验和互动为"惯习"。权贵的形成与平民放弃自身的利益同步,最终导致一些人滥用权力和聚敛资源。

波克泰对能动性和实践之间的界限进行了区分,为我们提供了能动性理论用于考古学分析的个案。由于这个案例侧重于平民与权贵之间的辩证关系和社会实践,没有用政治—进化模型占主体的过程考古研究范式解释社会复杂化的进程,故可以归到能动性/实践研究中。在全球考古学的范围内,对纪念性建筑的研究,如玛雅的金字塔、美国西南古典期霍霍坎地区平台土墩和良渚土墩墓与石峁遗址的石构建筑,都可以采用能动性/实践的阐释框架。与科学研究范式不同,能动性/实践理论所提出的问题可以来自社会问题(参考宾福德的观点[102]),比如社会不平等和一些人(行动者)的历史角色。这种研究有的把注意力放在历史和文化的连续性上,即"因素 X"("X-factor"),与社会发展阶段相对[103][104],有的放在个人(权贵)和集体(平民)的行动上。换言之,能动性理论关注的材料不再是社会政治系统运作的产物,而是人类在历史中有意或无意留下的有意义的材料。

四、能动性理论对中国考古学的启示

虽然能动性理论在历史时期考古中更易于应用,但作为考古学研究中的一个范式,可以解决各种社会类型中的考古学问题,例如欧洲旧石器时代的社会[20]。上面介绍了能动性理论的基本要点,以及它和理性选择理论的区别与联系,并举了美国密西西比河流域史前土墩建造者的例子来介绍能动性理论在考古学中的应用。除了陈淳向国内学者介绍美国西南陶器技术授受的例子时进行的思考外,能动性理论对中国考古学还有以下启示:

首先,考古学文化在类型学分析的基础上,可以探讨器物类型、考古学文化谱系和物质文化地理差异背后的原因。有些差异是功能性的,可以了解人群对当地环境的适应,而有的风格差异则是制造者创造力和社会传统的反映。不可否认,陶器生产受到社会结构的影响,但每件器物都可视为某个陶工的产品,尤其是手制的陶器,印纹硬陶上的陶拍印纹也具有很强的个体意义,代表了陶工反复的姿势。陶器类型可以视作社会成员个人合力的产物,考古学文化谱系可以视作物质文化个人技艺的传承。文化历史考古学作为主要的范式在欧美已经结束,但之后兴起的考古学理论和方法可以帮助考古学者深入探索陶器形制或风格的内涵,借鉴能动性理论有助于我们充分发掘陶器所蕴含的信息。

其次,可以开发适合的方法论来研究考古遗迹。比如我们可以比较良渚文化和密西西比河流域史前土墩的建造。这种比较研究不在于二者形制和年代的差别,因为对这种趋同现象,任何文化历史学的解释,包括独立发明和传播论都没有意义。我们可以探究这种现象内在的社会机制,虽然环境、资源、人口和文化传统存在根本的差别,但这种活动所需的劳动力和社会组织则存在某种相似之处。波克泰认为平民放弃自身权力而服从传统的驱策增强了社会复杂化的程度,资源日益集中到少数人手中,这种看法对中国良渚文化的土墩建造很有启发。我们也可以将良渚文化玉琮上的人像装饰和安第斯地区西潘(Sipán)文化(约公元 750—1375 年)中的人像纹饰做比较,它们均有固定的风格,而且在各种器物上反复出现。厄尔尼诺引起的长期旱涝最终摧毁了西潘人群固定形态的信仰,人像装饰消失,取而代之的是简单的装饰,如当地的动植物。同样,良渚文化崩溃之后是文化面貌朴素的马桥文化,我们也可以从两者的比较研究中找到启示。

由于中国考古学仍未充分涉足能动性理论的应用,本文仅根据国际学者的成果介绍了可供借鉴的思路,包括对遗物和遗迹的研究。从三十年的研究实践中,能动性研究被证实是行之有效和成果斐然的一种范式,对于物质文化丰富、历史考古学时代久远的中国考古学而言尤其助益良多。不过我们还有很长的路要走,需要的不仅仅是理解古人的行动,也需要解释古人的行为,所以我们不仅仅需要引进后过程考古学,更要引进更科学、更人类学的过程考古学,将考古推理建立在逻辑与事实的基础上。

(致谢:陈淳教授对本文中文初稿提出了有益的修改意见,在此表示感谢。)

---

① 陈胜前:《当代西方考古学研究范式述评》,《考古》,2011 年第 10 期。

② 陈淳:《能动性:当今考古研究的热点》,《中国文物报》,2008 年 2 月 15 日第 7 版。此个案在另一篇论文中得到了充分展示,见陈虹、陈冉:《个人行为与社会变迁:考古学中的能动性研究》,《东南文化》,2016 年第 3 期。

③ Dobres, M.-A. and Robb, J. E. eds., *Agency in Archaeology*, London: Routledge, 2000.

④ Robb, J., Agency, in *Archaeology: The Key Concepts*, Renfrew, C. and Bahn, P., eds., London: Routledge, 2005, pp.3-7.

⑤ 译文引自[英]伦福儒、巴恩主编:《考古学:关键的概念》,陈胜前译,中国人民大学出版社,2011 年,第 4 页。

⑥ Dobres, M.-A. and Robb, J. E., Agency in archaeology: Paradigm or platitude?, in *Agency in Archaeology*, Dobres, M.-A. and Robb, J. E., eds., London: Routledge, 2000. 此处引用的文章中的是 Table 1.1。
⑦ 陈胜前对能动性概念的译注,同⑤。
⑧ Bourdieu, P., *Outline of a Theory of Practice*, Cambridge: Cambridge University Press, 1977.
⑨ Grasci, A., *Selections from the Prison Notebooks*, New York: International Publishers, 1971.
⑩ Althusser, L., *For Marx*, London: Verso, 1990.
⑪ Pauketat, T. R., The tragedy of the commoners, in *Agency in Archaeology*, Dobres, M.-A. and Robb, J. E., eds., pp. 113-129, London: Routledge, 2000.
⑫ Chapman, J., Tension at funerals: Social practices and the subversion of community structure in later Hungarian prehistory, in *Agency in Archaeology*, Dobres, M.-A. and Robb, J. E., eds., London: Routledge, 2000, pp. 169-195.
⑬ Shackel, P. A., Craft to wage labor: Agency and resistance in American historical archaeology, in *Agency in Archaeology*, Dobres, M.-A. and Robb, J. E., eds., London: Routledge, 2000, pp. 232-246.
⑭ Foucault, M., Two lectures, in *Culture/Power/History*, Dirks, N., Eley, G. and Ortner, S. B., eds., Princeton: Princeton University Press, 1994, pp. 200-221.
⑮ Leone, M. P., A historical archaeology of capitalism, in *American Anthropologist*, 1995, 97: 251-268.
⑯ Cowgill, G. L., "Rationality" and contexts in agency theory, in *Agency in Archaeology*, Dobres, M.-A. and Robb, J., eds., London: Routledge, 2000, pp. 51-60.
⑰ Hodder, I., Agency and individuals in long-term processes, in *Agency in Archaeology*, Dobres, M.-A. and Robb, J. E., eds., London: Routledge, 2000, pp. 21-33.
⑱ Johnson, M., Self-made men and the staging of agency, in *Agency in Archaeology*, Dobres, M.-A. and Robb, J. E., eds., London: Routledge, 2000, pp. 213-231.
⑲ Wobst, H. M., Agency in (spite of) material culture, in *Agency in Archaeology*, edited by Dobres, M.-A. and Robb, J. E., London: Routledge, 2000, pp. 113-129.

㉠ Sassaman, K. E., Agents of change in hunter-gatherer technology, in *Agency in Archaeology*, Dobres, M.-A. and Robb, J., eds., London: Routledge, 2000, pp. 148-168.

㉑ Sinclair, A., Constellations of knowledge: Human agency and material affordance in lithic technology, in *Agency in Archaeology*, Dobres, M.-A. and Robb, J. E., eds., London: Routledge, 2000, pp. 196-212.

㉒ Barret, J. C., A thesis on agency, in *Agency in Archaeology*, Dobres, M.-A. and Robb, J. E., eds., London: Routledge, 2000, pp. 61-68.

㉓ Barret, J. C., *Fragments from Antiquity: An Archaeology of Social Life in Britain, 2900-1200 BC*, Oxford: Blackwell, 1994.

㉔ 同㉒。

㉕ Dobres, M.-A., *Technology and Social Agency: Outlining a Practice Framework for Archaeology*, Malden, Mass.: Blackwell, 2000.

㉖ Thomas, J., *Time, Culture and Identity*, London: Routledge, 1996.

㉗ Carr, C. and Neitzel, J. E., eds., *Style, Society and Person: Archaeological and Ethnological Perspective*, New York: Plenum, 1995.

㉘ Clark, J. E., Towards a better explanation of hereditary inequality: A critical assessment of natural and historic human agents, in *Agency in Archaeology*, Dobres, M.-A. and Robb, J. E., eds., London: Routledge, 2000, pp. 92-112.

㉙ Joyce, A. A., The founding of Monte Albán: Scared propositions and social practice, in *Agency in Archaeology*, Dobres, M.-A. and Robb, J. E., eds., London: Routledge, 2000, pp. 71-91.

㉚ Walker, W. H. and Lucero, L. J., The depositional history of ritual and power, in *Agency in Archaeology*, Dobres, M.-A. and Robb, J. E., eds., London: Routledge, 2000, pp. 130-147.

㉛ Dobres, M.-A., Gender and Prehistoric technology: On the social agency of technical strategies, *World Archaeology*, 1995, 27(1): 45-49.

㉜ Dobres, M.-A., Technology's links and chaînes: The processual unfolding of technique and technician, in *The Social Dynamics of Technology: Practice, Politics, and World Views*, Dobres, M.-A. and Hoffman, C. R., eds., Washington, D.C.: Smithsonian Institution Press, 1999, pp. 124-46.

㉝ 同㉕。

㉞ 同㉑。
㉟ 同⑯。
㊱ 同㉘。
㊲ 同㉚。
㊳ 同⑱。
㊴ 同⑬。
㊵ 同㉙。
㊶ 同④。
㊷ Giddens, A., *Central Problems in Social Theory: Action, Structure, and Contradiction in Social Analysis*, Hound mills, UK: Macmillan, 1979.
㊸ Giddens, A., *The Constitution of Society: Outline of the Theory of Structuration*, Cambridge: Polity, 1984.
㊹ Giddens, A., *New Rules of Sociological Method: A Positive Critique of Interpretative Sociologies*, Standford: Standford University Press, 2013.
㊺ 同⑧。
㊻ Bourdieu, P., *The Logic of Practice*, Cambridge: Polity, 1993.
㊼ Gardner, A., Agency, in *Handbook of Archaeological Theories*, Bentley, R. A., Maschner, H. D. G. and Chippindale, C., eds., Lanham, MD: AltaMira Press, 2008, pp. 95-108.
㊽ Bell, J., On capturing agency in theories about prehistory, in *Representations in Archaeology*, Gardin, J-C. and Peebles, C. S., eds., Bloomington: Indiana University Press, 1992, pp. 30-55.
㊾ 同⑰。
㊿ 同㉖。
51 Thomas, J., Reconfiguring the social, reconfiguring the material, in Schiffer, M. B. ed., *Social Theory in Archaeology*, Salt Lake City: University of Utah Press, 2000, pp.143-155.
52 Thomas, J., *Archaeology and Modernity*, London: Routledge, 2004.
53 McGuire, R. H., *A Marxist Archaeology*, Clinton Corners, NY: Percheron, 2002.
54 同㉓。
55 同㉒。

㊾ Barret, J. C., Agency, the duality of structure, and the problem of the archaeological record, in Hodder, I., ed., *Archaeological Theory Today*, Cambridge: Polity, 2001, pp. 141-164.

㊼ 同㉙。

㊽ Gardner, A., Social identity and the duality of structure in late Roman period Britain, *Journal of Social Archaeology*, 2002, 2(3): 323-351.

㊾ 同⑪。

㊿ 同⑱。

㉑ Meskell, L., *Archaeologies of Social Life*, Oxford: Blackwell, 1999.

㉒ 同④,关于"实践"思想,"按照马克思的观点,人类行动既有外在的自然结果,同时还会规范行动者:工厂的工人不仅生产经济产品,而且也形成工人的意识状态"。译文引自[英]伦福儒、巴恩主编:《考古学:关键的概念》,陈胜前译,中国人民大学出版社,2011年,第5页。

㉓ Stone, N. M. and Paddayya, K., eds., *Teaching Archaeology: Lewis R. Binford in the Classroom*, New Delhi: Aryan Books International, 2020.

㉔ Binford, L. R., *Nunamiut Ethnoarchaeology*, New York: Academic Press, 1978, p.453.

㉕ Trigger, B. G., *A History of Archaeological Thought* (second edition), Cambridge: Cambridge University Press, 2006.

㉖ 同㊷。

㉗ Binford, L. R., Where do research problems come from?, *American Antiquity*, 2001, 66(4): 669-678.

㉘ 同㉕, Chapters 2-4。

㉙ Grayson, D. K., *The Establishment of Human Antiquity*, New York: Academic Press, 1983.

㉚ Dunnell, R. C., Style and function: A fundamental dichotomy, *American Antiquity*, 1978, 43(2): 192-202.

㉛ Neiman, F., Stylistic Variation in Evolutionary Perspective, *American Antiquity*, 1995, 60(1): 7-36.

㉜ Cannon, A., The Cultural and Historical Contexts of Fashion, in *Consuming Fashion: Adorning the Transnational Body*, Brydon, A. and Niessen, S., eds., Oxford and New York: Berg Publishers, 1998, pp.23-38.

⑦ Cannon, A., Gender and agency in mortuary fashion, in *Interacting with the Dead*, Rakita, G. F. M., Buikstra, J. E., Beck, Lane A. and Williams, S. R., eds., Gainesville: University Press of Florida, 2005, pp.41-65.

⑭ 同㉘。

⑮ Bird, D. W. and O'Connell, J. F., Behavioral ecology and archaeology, in *Journal of Archaeological Research*, 2006, 14(2): 143-188.

⑯ Schiffer, M. B., Behavioral archaeology: Some clarifications, *American Antiquity*, 1999, 64(1): 167.

⑰ 同⑮, p.146。

⑱ 同④。

⑲ Stiner, M. C., Munro, N. D., and Surovell, T. A., The tortoise and the hare: Small-game use, the broad-spectrum revolution, and paleolithic demography, *Current Anthropology*, 2000, 41(1): 39-73.

⑳ Broughton, J. M., Late Holocene resource intensification in the Sacramento Valley, California, the vertebrate evidence, *Journal of Archaeological Science*, 1994, 21(4): 501-514.

㉑ Zeder, M. A., The Broad Spectrum Revolution at 40: Resource diversity, intensification, and an alternative to optimal foraging explanations, *Journal of Anthropological Archaeology*, 2012, 31(3): 241-264.

㉒ Kennett, D. J. and Winterhalder, B., eds., *Behavioral Ecology and the Transition to Agriculture*, Berkeley and Los Angeles: University of California Press, 2006.

㉓ Smith, E. A., Bird, R. B., and Bird, D. W., The benefits of costly signaling: Meriam turtle hunters, *Behavioral Ecology*, 2003, 14(1): 116-126.

㉔ 同⑪。

㉕ Pauketat, T. R., *Chiefdoms and Other Archaeological Delusions*, Lanham, MD.: AltaMira Press, 2007.

㉖ Hawkes, C., Archaeological theory and method: Some suggestions from the Old World, *American Anthropologist*, 1954, 56(2): 155-168.

㉗ Binford, L. R., Archaeology as anthropology, *American Antiquity*, 1962, 28(2): 217-225.

㉘ Renfrew, A. C., *The Emergence of Civilisation: The Cyclades and the Aegean* in the Third Millennium BC, London: Methuen, 1972.

(89) Renfrew, A. C., Wessex as a social question, *Antiquity*, 1973, 47(187): 221-225.

(90) Flannery, K. V. and Marcus, J., Cognitive archaeology, *Cambridge Archaeological Journal*, 1993, 3: 260-270.

(91) 同(87)。

(92) Hegmon, M., Setting theoretical egos aside: issues and theory in North American archaeology, *American Antiquity*, 2003, 68(2): 213-243.

(93) Schiffer, M. B., *Formation Processes of the Archaeological Record*, Albuquerque: University of New Mexico Press, 1987.

(94) Walker, W. H., Stratigraphy and practical reason, *American Anthropologist*, 2002, 104(1): 159-177.

(95) 同㉚。

(96) Crown, P. L. and Wills, W. H., Modifying pottery and kivas at Chaco: Pentimento, restoration, or renewal?, *American Antiquity*, 2003, 68(3): 511-532.

(97) 同(92)。

(98) 同⑪。

(99) 同㊷。

(100) Sahlins, M. D., The segmentary lineage: An organization of predatory expansion, *American anthropologist*, 1961, 63(2): 322-345.

(101) 同㊻。

(102) 同(67)。

(103) Phillips, P., Ford, J. A., and Griffin, J. B., Archaeological Survey in the Lower Mississippi Alluvial Valley, 1940-1947, Papers of the Peabody Museum of Archaeology and Ethnology, Cambridge, MA: Harvard University, 1951, vol. 25.

(104) 同(85)。

(105) Gamble, C., *The Palaeolithic Societies of Europe*, Cambridge: Cambridge University Press, 1999.

（作者：张萌，复旦大学文物与博物馆学系/科技考古研究院，青年副研究员）

科技考古与范式变迁的思考

董宁宁

考古学作为一门现代学科在中国已有百年的发展历史。尤其是改革开放以来,随着中国的学术讨论逐步融入世界进程,考古学的研究视野、研究模式、研究方法都有了长足的发展,而科技考古在其中一马当先,在一定程度上率先跻身于世界性的对话中,受到日益增多的关注。不同类型的科技考古研究成果百花齐放,然而"乱花渐欲迷人眼",科技考古与考古及其他相关学科的关系盘根错节,却鲜少被讨论。这一方面是由于中国考古理论建构传统向来薄弱,另一方面也和科技考古发展脉络的自身侧重有关。在这一背景下,本文试图联系"范式"的概念,结合作者自身的积累和经验,对科技考古的发展状况、学科定位尤其是它和考古学的关系,及其未来的可能性提出思考。

一、科学革命与考古学范式

美国科学哲学家托马斯·库恩(Thomas Kuhn)在1964年出版的《科学革命的结构》中提出"范式"(paradigm),并创造了以"范式"为核心统领的科学史研究术语体系。库恩使用"范式"一词是为了提出"某些实际科学实践的公认范例——它们包括定律、理论、应用和仪器在一起——为特定的连贯的科学研究的传统提供模型"[①],它具体的定义通常被解读为"科学共同体的一切共有信念",是科学家共同体对本体论、知识论和方法论的基本承诺,也是他们共同接受的假设、理论、准则和方法等的总和[②]。库恩的研究开启了科学哲学研究历史主义的先河,在此之后,"范式"及"范式"变迁便经常被用于科学史的讨论中,而这些"科学"也仅限于一般认为的"自然科学",鲜少涉及社会科学或人文学科。那么沿用"范式"及其相关的思考框架来讨论考古学的发展是否合适?首先需要思考的问题就是考古是否是科学。

考古是否科学?这是自 20 世纪中叶过程考古兴起之初就持续争论的问题。尽管过程考古的旗手路易斯·宾福德(Lewis Binford)始终致力于让考古学成为一门"科学"[③],但过程考古向来为人诟病的便是,考古的背景始终是社会人文的,而诞生于这一社会人文背景中的考古材料如何能提取出"科学"的信息[④]?即使宾福德所提出的考古学的"科学"更接近于地质学,而不是物理学那样更硬核的自然科学。通读《科学革命的结构》一书不难发现,库恩对范式的讨论其实有明确的群体限定,他讨论的"科学家"团体,与工程师、医生、"社会科学家"泾渭分明。与致力于"解答一种社会重要性"(比如种族歧视)而选择研究课题的社会科学家不同,自然科学家组成的科学共同体有一种与社会的隔离,这种隔离使他们能把注意力集中到他们坚信能够解决的问题上[⑤]。这在根本上似乎和考古学以研究人类社会为目标的初衷背道而驰。

考古学真的不能用"范式"讨论吗?对考古学"范式"的讨论并非全无。陈淳曾试图用"范式变更"反思中国考古学存在的问题[⑥],陈胜前也对中国考古学研究的范式变迁有过综合性的考察[⑦]。而在全球范围内,考古学对在"范式"术语体系下讨论的接纳亦有一个过渡的过程,从"发展阶段"[⑧]到"流派类型"[⑨],直到 2008 年出版的《考古学理论手册》(Handbook of Archaeological Theories)[⑩]才明确使用"范式"来划分考古学理论的发展。陈胜前指出,范式在考古学中的应用可以把考古学理论、方法和实践充分地结合在一起,规避了定义的模糊并提升了理论高度,为探讨考古学发展提供一个合适的视角[11]。

除了上述谈到的理论清晰性和概念的整合性之外,"范式"体系下对考古学发展的讨论还涉及另一个重要的概念,那就是"常规科学"。按照库恩的定义,"常规科学"是"坚实地建立在一种或多种过去科学成就基础上的研究,这些科学成就为某个科学共同体在一段时期内公认为是进一步实践的基础"[12]。科学革命经历和循环着"前学科——常规科学——科学危机——科学革命——新的常规科学"的结构,也就是说范式的讨论和学科的建立捆绑着,要讨论考古学的范式也就说明考古学已经成为一门"常规科学(或至少是常规学科)",有作为一门现代学科的完整、独立和成熟的体系。从这一点来看,考古学无论是在学理构架还是学科建制上,在国内外都是一门公认的独立学科,在这一背景下,对其范式的讨论便显得合适且必要。

考古学的范式变迁和发生在自然科学中颠覆性的科学革命不同,更接近于一种累积式的、潜移默化的变迁。不同的范式互相影响、此消彼长,从而造就了今天考古学研究的一个普遍趋势,即一种更加包容、更加综合的研究态度。回顾考古学的历史,20世纪后半叶分别形成了影响深远的两种范式,其中之一便是过程考古。过程考古也被称为新考古学,受到了1950年代以后整个北美哲学思潮变迁和社会变革的共同影响,形成了严格的实证主义论调,强调实验-检验的方法论,鼓励多种科学方法(科技的检测手段、实验检测和定量分析)在考古研究中的应用。戴维·克拉克(David Clarke)1972年发表的《考古学纯洁性的丧失》一文[13],更是宣称对多种科学理念和方法在考古学中融入的必然性。虽然新考古学诸多涉及"科学"的倾向和对"科学"的过分强调,在过去的半个多世纪中受到了诸多的争议和挑战,但没有人能否定它的影响,以至于今天的很多研究,我们虽然不会刻意提起它属于典型的"新考古学范式",但新考古学所提倡的很多研究概念和方法,已然成了今日考古研究的"标准配置"。比如电脑在考古学中的应用,随着电脑的普及在今天早已司空见惯;比如定量统计的方法现今也成了考古资料分析的基本手段。从这一层面上看,新考古学不再"新",广义的考古学吸纳了新考古学的优势,已经完成了一场潜移默化的范式变迁,这一范式变迁过程更接近一种吸收式的平稳过渡。科技考古的发展是随考古学范式的变迁而发展起来的,并最终服务于考古学的历史重建,根本上仍然是考古学使用方法的组成部分。

二、范式与个案

科技考古领域两位著名的考古学家唐·布罗斯维尔(Don Brothwell)和马克·波拉德(Mark Pollard)指出,科技考古的发展需从两方面受益:一是汲取营养,营养来自于新材料、新技术等应用科技的进步;二是母体的照料,母体自然指的是考古学,考古学要自身发展才能为科技考古的成长保驾护航[14]。而科技考古和考古一直被认为存在"两张皮"的问题。考古学家多强调,"科技"是手段,研究核心要以考学的问题为导向,亦即"考古为体、科技为用"[15]。近年来,随着跨学科、交叉学科等理念在科研和教学上受到越来越多的重视,"融合科学"(convergence science)作为一种基于多学科交叉来解决重大社会经济问题新范式的提出,让科技考古看到了更多的可能性。"融合科学"的突破在于它打破了学科间的壁垒,以解决重大问题为导向,同时,对于问题的解决策略并不止步于新知识的发现、新技术的发明,而是注重创新的延伸以覆盖到基础研究、经费管理、成果普及等各个环节[16]。科技考古在考古学中应当扮演这样一个角色,即催化考古学作为融合学科的转型。也就是说以科技考古为开端和桥梁,考古学要再一次失去它的"纯洁性"而汇入更宽广的学科资源池,不仅让考古学从其他科学思想和科学技术中受益,也能让其反哺其他自然科学和社会科学。

21世纪以后,科技考古正在经历日新月异的发展,新的理论、方法和实践似乎都在预示着可能的范式变迁。这样的变迁可以概括为两重前奏。前奏之一是科技考古研究日益"科学化"的趋势,越来越多高新的、精密的硬核科学技术介入考古研究。稳定同位素的考古分析从复合同位素已经提升到了单体稳定同位素的解析度(compound specific isotope),古 DNA 研究突破了母系、父系界限迈向了全基因测序的时代,动物考古也从依靠传统的形态学转而借助骨胶原指纹(collagen fingerprint)来完成种属鉴定。高新尖端的科技方法正被越来越快速和全面地应用到考古研究中。很快这种应用也会从凤毛麟角变得俯拾皆是,从量变到质变。一旦这样的实践变得普遍,势必会从根本上改变从业者的惯常操作甚至是研究理念,继而发动一场范式的变迁。

然而,考古学中范式的变迁更像一场多方力量的拉锯,并没有一个彻底取代另一个的颠覆式革命。当今范式变迁的第二重前奏恰如与"科学化"的对抗,呼喊着"人性的,太人性的"。这一股趋势关注"阐释",强调对考古背景的解读、对多样性的承认、对作为个体的人的能动性的认可。

不难发现,这两股科技考古的势力其实也是考古学肇始于上世纪末的过程考古和后过程考古的对立和纠缠。今天,考古学正在采取一种更加中庸和包容的态度。科技考古中的这两股力量绝非相互对立、无法妥协,而是在相互渗透、互为弥补。例如,后过程考古常常强调人的能动性,因此尤其关注个体的研究。而个体的生活史复原正可以借助科技考古手段解析达成个体的生活史的重现和视察,如唐代欧盘窑遗址窑工的骨骼分析和同位素分析便是其中一个出色的例子[17]。而从单个遗址的综合研究来看,土耳其的恰塔霍裕克(Çatalhöyük)同样是一个展现两股张力的绝好案例。恰塔霍裕克出土的众多有机质遗存,包括人骨、动物骨骼和植物遗存在内,都经过了人骨考古、动植物考古、同位素分析、残留物分析等科学方法的检测,其研究成果也相当引人瞩目[18]。值得注意的是,恰塔霍裕克在 1990 年代以后重启的发掘项目由后过程考古的旗手伊恩·霍德(Ian Hodder)主持。从动物考古看,遗址的动物考古主要由娜丽莎·罗素（Nerissa Russell）以及露易丝·马丁（Louis Martin）两位女性考古学家负责。一方面，遗址的动物考古研究遵循了常规的研究规程，详细记录了遗存的生物学信息，并以之为基础展开定量分析，彰显了动物考古研究的科学色彩。但研究的问题，并不局限于复原某一种关乎过去"事实"的纯粹描述，而是更近一步对过去进行"阐释"。正如罗素的代表作《社会动物考古》（Social Zooarchaeology）在书名中所表现出的"后过程"气氛，她在恰塔霍裕克的研究之一，就是关于房址内以牛角或带牛角的牛头为原材料的装饰及其所代表的象征意义，而要尝试解释这种装饰的象征内涵，她却从科学的观察和测量入手，将牛头和牛角表现出的生物性状特征与其暗示的文化内涵联结，以此讨论两者间的关系[19]。"科学"和"人性"的两股张力就此汇聚在了一个着力点上。可见，恰塔霍裕克或是一个指向今后融合范式的很好榜样。

库恩在他的研究中也提到了"范例"。这里借用"范例"的概念，旨在与"范式"这一更形而上的概念做出区分，指示在学科实践层面上更具体的理想模型。在受到上述两股张力的牵引下，科技考古的理想范例应该通过两条线索交汇串联，再由不同的研究对象缀连起来。如果必须把模型可视化想象的话，这一范例结构或许更接近类似DNA的双螺旋。

科技考古的不同研究对象（如植物遗存、动物遗存、人骨遗存、人工制品等）好比碱基，排列组合进行碱基配对从而形成不同对象和手段的交叉研究。而将不同物质间的关系串联起来的线索分别是食物链（或称能量链）和操作链（或称技术链）。简单来说，食物链是不同生物获取食物的方式构成的能量系统。从考古研究而言，人以动植物为食物，动物又以比它低一层级的动物和植物为食物，植物通过光合作用获得能量，这一能量传递的线索可由同位素分析作为其中的一种研究手段提供。与此同时，动植物被人摄入前需要进行必要的处理和加工，这一过程涉及工具和技术。对工具而言，人工制品的科技考古研究，如陶瓷的成分分析、石料的微量元素示踪，可以在这一节点介入,探讨包括原材料产地、制作过程的分析。对于技术而言,除了研究人工制品本身以获取技术的细节外(如微痕分析、实验考古等),技术的核心是人,人骨考古的相关科技分析手段也可以适时加入,从而分析技术使用遗留下的生物信息,最直观的一种就是长期重复劳作在生物体(包括人和动物)上导致的病理信息。材料和材料间的关系使这两条线索相互交错、联系、不可分割,在这层意义上双螺旋结构的勾连正好可以表明不同材料证据间的关系,以及不同研究方法的协作。

三、范式变迁的准备

科技考古范式的变迁是一个受到诸多因素影响、循序渐进的过程。从历史的角度考察,范式的变迁是历史学的、哲学的问题,而在现有范式动摇的时期,尽管不能准确预测新的范式,但我们并不是无可作为。为未来考古学范式做好充分的铺垫,或许可以体现在两个方向的准备工作中。

范式的变迁必然和教育相关。范式是由一个科学团体的所有成员共同遵循的承诺。初学者要进入团体,必须经过训练,由此可见,教育是范式变迁中的重要一环。教育的作用是给初学者提供了一种学科系统内对环境的知觉,库恩称其为"格式塔"[20]。这一转换系统像一面棱镜,初学者只有学会了透过棱镜来观察科学世界,才有可能熟悉这一视角下的科学世界中的各类实践。科学色彩浓重的自然科学和日常世界有一定的隔离,学科内的训练使他们适应了各自科学世界中的格式塔,从而在研究问题时可以较为轻易地割离日常知觉体系,而在本学科的知觉体系内自如地行动。

但考古学教育又再次面临与"科学与否"相似的问题。考古学的研究尽管可以是"科学的",但研究最终回归的问题却又是极其"日常的"。因此,研究的过程也随之变成了从"日常"到"科学"再回到"日常"的曲折过程,这一点尤其体现在研究语言中。作为一门成熟的学科,考古必须有一套属于自己的格式塔转换系统,然而它的学科本质又让这一转换体系之教育变得不那么直白。科技考古尤其如此。科技考古所要求的在科学语言、考古语言和日常语言的切换,不同格式间的转换和兼容,更加促进一套系统的、包容的教学模式的出现。因此,做好科技考古和考古的教育一方面是促成范式变迁的先决条件,另一方面又是应对范式变迁必须做好的准备。

从欧美的科技考古发展来看,教育的改变大概有两条路径。在以英国为代表的欧洲,科技考古教育的革新体现为考古系教师团队教育背景的多样化:有化学背景的专业人员加入考古系,从事有关同位素分析考古的科研和教学;在生命科学领域取得学位的研究人员专攻分子考古的研究;等等。北美的情况则南辕北辙,大部分考古学系(或人类学系的一部分)的教员都拥有纯正的人类学背景,而那些从事科技考古的人员,也是从中派出,在人类学的教育基础上学习了额外的科学[21]。这样的教育师资配置似乎带来较为鲜明的区分。近年来,欧洲的科技考古确实掀起了一股"科学主义"的浪潮,最前沿的手段层出不穷。相较而言,北美的考古整体略显方法上的保守,不在于用尖端的手段去刺探出更多的有关过去的情报,而是对可获得情报进行更多视角的阐释。需要指出的是,这里提出的科技考古在两块大陆的发展走向并没有得到详细统计数据的支持,只是基于作者个人文献阅读累积的大致勾勒。值得强调的是范式动摇时期教育的关键性。即使中国的科技考古尚未摸索出一条合适的教育之路,但一旦意识到教育的关键地位,我们必须认真去思考这一长远之计,而不能偏重科研上的碎片式成果。

范式变迁的第二点准备和对待考古数据的方式有关。我们常常将范式的重点偏颇地强调在了科研的阶段。然而范式涵盖的并不是单一、割裂的某个环节。在考古学中,它囊括着从项目设计到勘探发掘,再到科研、出版等不同阶段,同时也牵涉经费申请管理、科研伦理、公众宣传等不同方面。数据的采集和分析自然是组成范式的一个部分。

交叉学科的合作往往提倡数据共享的模式，以实现数据的开放为目标。产生考古研究数据的考古材料更具有不可逆转、不可复原以及出土偶然的特征，这就对数据的开放和共享提出了更严苛的要求。

考古材料的不可逆转性和不可复原性对过程性数据的共享提出了要求。发掘现场的记录、发掘日志和实验记录的保存、数据分析的初步结果，这些都有助于规避考古材料的不可复原、考古研究操作很难重复的固有问题，尽量保证在整个研究过程较晚阶段介入的科技考古可以接触到全流程的考古数据，准确溯源不同阶段的原始数据。

数据的共享并非简单的开放，交互融通后还需穷其可用。有鉴于考古材料的多样（不仅指的是自身物质材料的多样，也包括其出土背景的多样），如何将这些信息转换成"标准格式"进行记录，从而使得跨地域、跨时段、跨文化的比较研究成为可能，便需要追溯到数据采集和记录的源头。一套标准的、具体的、客观的记录系统显然必不可少。但在具体操作上，如何判定"标准"和"衍变"的摇摆准则，如何取舍"求精"和"求全"的两难，如何摆脱或抑制人为因素造成的主观偏差，如何兼顾考古材料唯一性的特殊性质，都不是一朝一夕可以解决的难题。

四、小　　结

考古学是一门兼具人文社会科学与自然科学性质的学科。考古学致力于重建人类历史的目标是它鲜明的人文社会科学特征，而利用多样科学手段处理不同类型材料则使得它兼具对自然科学的依赖。

考古学的这一双重特征也使得多学科交叉手段在考古学中的推广和应用成为必然。我们看到，1960年以来，北美考古学界纷纷开始利用地质学、地理学、动物学、植物学和同位素分析等科技方法尝试解决人工制品的原料和技术、动植物对人类食谱的贡献、人类生活的生态背景等一系列问题。在后过程考古所强调的人类思想之作用上,科技考古同样有了用武之地。以动物考古为例,无论是古印第安人的夸富宴、中国史前和三代的用牲制度,还是等级社会中不同阶层人群食谱的差别,这些现象背后的社会、文化、意识形态的元素,都可以通过对动物遗存的分析管窥一二。由此,北美的考古学范式逐渐转向了对聚落、生计和社会文化的探索,科技考古的作用逐步凸显。

科技考古的成果要为考古学的整体阐释和历史重建提供证据。考古学范式的变迁与科技手段之间也有着密切的相伴关系,1960年之前,地质学(地层学原理)和古生物学(提供年代学证据)尽管被用于断代,然而其他自然学科并没有参与到考古的研究之中。考古学家依然抱守着文化历史考古学的传统,聚焦于构建考古学文化的时空框架,从而忽略了对考古材料的阐释和综述。

转折点出现在1950年代末,美国考古学界罗伯特·布雷德伍德(Robert Braidwood)和理查德·麦克尼什(Richard MacNeish)领衔采取了多学科手段来探究近东和中美洲的农业起源和文明起源,由此开启了考古学中多学科交叉研究的先河。可见,多学科手段的交叉应用能够为探究人类历史上重大事件发生和变迁的原因提供一种可能的解释。由于这类文化和社会变迁背后的原因往往极其复杂,考古学的器物和文化研究对解决这些问题而言杯水车薪,多学科的通力合作的必要性由此凸显。

目前,我国科技考古方兴未艾,却仍然在许多方面与考古学的文化分析貌合神离,常常被形容为"两张皮"的状态。这似乎也暗示着,我国的文化历史考古学范式并未顺畅地向探究社会变迁的过程论范式转型。今天的考古学家如果仍然囿于对考古人工制品的分类和描述,而不去探究考古学文化时空变迁的原因,那么科技考古的成果与类型学的描述性分析之间终将造成脱节和错位。因此,从"两张皮"向"一体化"过渡,应该成为我国考古学未来的努力方向。一方面,以器物分析见长的考古学家应该在文化时空关系确立的基础上去探索社会文化变迁的问题,包括生态环境、生业经济、营养食谱、社会分化以及农业与文明起源等各层次的议题。而以科技手段见长的学者则应该了解考古学探索的问题取向,不只是关心某一学科自身想解决的那些专业问题,更要关注考古学探索的战略性课题。一旦考古学者与科技学者在探索的问题上能达成共识,那么科技考古才能真正为考古学的历史重建添砖加瓦,新的考古学新范式才能真正发挥它的作用。

---

① [美]托马斯·库恩:《科学革命的结构》,金吾伦、胡新和译,北京大学出版社,2003年,第9页。

② 黄颂杰等编:《现代西方哲学辞典》,上海辞书出版社,2007年,第450—451页。

③ Binford, L., The new archaeology, then and now, in C. Lamberg-Karlovsky ed., *Archaeological Thought in America*, Cambridge: Cambridge University Press, 1989: 50-62.

④ Clark, G. A., Paradigms in science and archaeology, *Journal of Archaeological Research*, 1993, 1 (3): 203-234.

⑤ 同①,第144页。

⑥ 陈淳:《考古学的范例变更与概念重构》,《南方文物》,2011年第2期,第78—84页。

⑦ 陈胜前:《中国考古学研究的范式与范式变迁》,《中国社会科学》,2019年第2期,第182—208页。

⑧ Willey, G. & A. Sabloff., *A History of American Archaeology*, San Francisco: W.H. Freeman and Company, 1973.

⑨ 见[加]布鲁斯·特里格:《考古学思想史》,陈淳译,中国人民大学出版社,2009年。

⑩ Bentely, R.A., Maschner, H.D.G. and Chippindale, C., eds., *Handbook of Archaeological Theories*, Lanham: AltaMira, 2009.

⑪ 陈胜前:《中国考古学研究的范式与范式变迁》,《中国社会科学》,2019年第2期,第182—208页。

⑫ 同①,第 9 页。

⑬ Clarke, D., Archaeology: The loss of innocence, *Antiquity*, 1973, 47: 6-18.

⑭ Brothwell, D. R. and A. M. Pollard, *Handbook of Archaeological Science*, Oxford: Wiley, 2001, p.xvii.

⑮ 董宁宁:《科技考古的新起点》,《东南文化》,2018 年第 2 期,第 123—126 页。

⑯ 肖小溪、甘泉、蒋芳等:《"融合科学"新范式及其对开放数据的要求》,《中国科学院院刊》,2020 年第 1 期,第 3—10 页。

⑰ Yi, B., Zhang, J., Cai, B., et al., Osteobiogarphy of a seventh-century potter at the Oupan kiln, China by osteological and multi-isotope approach, *Scientific Reports*, 2019, 9(1).

⑱ 比较综合性的生物考古研究如,Larsen, C.S. et al., Bioarchaeology of Neolithic Çatalhöyük reveals fundamental transitions in health, mobility, and lifestyle in early farmers, *Proceedings of the National Academy of Sciences of the United States*, 2019, 116: 12615。

⑲ Twiss, K. C. and Russell, N., Taking the bull by the horns: Ideology, masculinity, and cattle horns at Çatalhöyük (Turkey), *Paléorient*, 2009, 35: 19-32.

⑳ 同①,第 102 页。

㉑ Clark, G. A., Paradigms in Science and Archaeology, *Journal of Archaeological Research*, 1993, 1 (3): 203-234.

(作者:董宁宁,复旦大学文物与博物馆学系/科技考古研究院,青年副研究员)

·艺术史与文物学·

浙江青瓷兴盛原因略论稿

郑建明

浙江青瓷的繁荣是由技术的不断创新与进步、来自社会高端的需求和因地制宜的资源利用等主要因素所共同推动。

一、技术的创新与进步是浙江青瓷发展的基础

浙江青瓷的四个发展高峰：先秦原始瓷、汉六朝成熟青瓷、唐宋越窑和宋元明的龙泉窑（包括南宋官窑），分别代表了四次巨大的技术进步与创新。

1. 先秦原始瓷的技术创新与成就

陶器是指用"河谷沉积土、普通泥土等无机质做原料，采取手工或其他方法做成所需要的形状，经过800—900℃的温度焙烧，使之硬化而成的物品，……由于原料等基础因素决定，成品坯体未曾烧结，无透明性，有小孔，有吸水性"[1]。在夏商原始瓷发明之前的新石器时代以来近20 000年的历史进程中，人类生活中使用的均是陶器，虽然从最早的陶器发明到新石器时代晚期，制陶技术不断在进步，但总体上这些陶器仍旧是胎质松软、硬度较

低、吸水率高,更重要的是,直至今日,低温软陶一直无法解决渗水问题。

原始瓷是指以瓷土作胎、表面施高温钙釉、经过1 100℃以上高温烧成的器物,处于瓷器发展早期阶段,与晚期成熟瓷器相比虽然仍具有很多的原始性,但在器物的强度、吸水率等方面均较陶器有重大进步,完全解决了渗水问题,因此不仅大幅提升了器物的实用性,也代表了技术上的重大进步和飞跃,在陶瓷的发展史上具有里程碑式的意义。

原始瓷与早期的陶器相比,至少在技术上有以下四大发明与进步。首先是瓷土矿的认识与熟练运用。陶与瓷的差别,主要在于原料的选择与使用。陶土决定了其低温属性,而低温带来的是低强度、高吸水性等外在表现形式;使用瓷土作胎的器物必须经过高温才能烧结,这种高温属性,带来的是高强度与低吸水率等特征。因此原料是决定陶与瓷的最关键因素,人类在历经一万多年烧陶实践后,认识并掌握了陶土与瓷土的不同属性,为瓷器的发明奠定了必要的基础。其次是釉的发明与熟练应用。最早的瓷釉是青釉,以铁为主要着色元素,以氧化钙为主要助熔剂,经过高温还原焰烧成后,呈现深浅不一的青色,这种釉流动性大、透明度好,在器物表面形成一层均匀的玻璃质,可以有效地阻止杂质渗入器物的胎体中,便于清洗,同时也使器物更加清洁、美观、明快。瓷土的选择更多的是长期实践的一种经验积累,虽然对胎质也有所淘洗与改变,但这种改变是物理性状的变化,并没有生成新的物质。而釉则完全不同,它是一种发明创造,在经过一系列配方与烧成等复杂工序后,生成的是一种全新的化学物质。这也是人类第一次通过自身活动而获得的自然物质之外的材料。第三是高温烧造技术,原始瓷的烧造技术至少在达到1 100℃左右才能使胎釉都烧结瓷化,而一般低温陶器的胎土不能耐800℃以上的高温,因此这种高温技术是瓷器的出现所必不可少的外在因素。史前的陶窑多为平地堆烧或升焰式的馒头小窑,无法达到烧结瓷器所需的高温。

夏商时期伴随着瓷器出现的是窑炉的巨大改进，从升焰式的小馒头窑发展成了半倒焰式的龙窑，不仅装烧量提升，烧造温度也有了大幅提升，使瓷器的烧成变为可能。因此瓷器是伴随着龙窑的出现而出现的，龙窑技术的发明与使用，对于瓷器的起源具有不可或缺的重要作用。第四是支烧具的发明。由于火往上升的特性，一般窑炉底部的温度较低而易在器物底部形成生烧，严重影响产品质量。战国时期发明了大型的筒形支烧具，将器物抬离窑底20厘米以上，以避开窑底的低温部位，因此这一时期的器物质量有明显提升，一般通体火候均匀（见书后图版1）。以上四个方面的技术发明与创造，对于瓷器的发展缺一不可，在陶瓷发展史上都是具有里程碑式的重要技术发明，一直影响至今。

2. 汉六朝时期技术的跃进

进入东汉时期，原始瓷历经1500多年的发展，胎质质量的发展从量变积聚到了质变，从而演变成了成熟瓷器，并在东吴前后迎来了成熟瓷器发展史上的第一个高峰。这一时期的器物种类更加丰富多样，器型更加复杂，装饰更加华丽繁缛，制作技术更加进步，烧成难度较大的大型器物比例更加高，胎釉质量进一步提升，烧造技术更加成熟。从制作技术上来看，这一时期的快轮成型技术更加娴熟，胎体更加薄而均匀、造型规整。装饰普遍使用模印贴花、压印、戳印、刻划、捏塑等多种技法，风格更加灵动。烧造技术上，龙窑炉已经完全成熟，从早期仅窑床与火膛构成的两段式龙窑演变成包括火膛、窑床与窑尾排烟室的三段式龙窑，奠定了后世龙窑的基本结构，窑炉长度也从先秦时期的不足10米加长到16米前后，大大提高了装烧量（图版2）。同时，更为重要的是，发明了大量不同形态的间隔具，有三足钉形（图版3）、锯齿形（图版4）等，下层较大的器物使用较大的锯齿形间隔具，上层则使用较小的三足钉形间隔具，使器物的上下搭配更加合理，装烧量更大。同时，支烧具亦更为复杂，高矮粗细不一，以适应不同的器物装烧，除大型支烧具外，还大量使用承托具（图版5）。承托具按不同高低需求置于支烧具上,以调节装烧器物的位置高矮,达到窑火的最大使用效率。窑炉内装烧更加合理,窑床前端放置较矮的支烧具与较小型器物,后排放置较高大的支烧具与大型器物。胎质更细、更致密,胎色更白、更均匀,气孔与吸水率较原始瓷明显下降,也更加稳定。施釉更加均匀,原始瓷中最普遍存在的凝釉、聚釉的现象基本解决,釉层厚薄均匀,釉色更青(由于青瓷在还原气氛中烧成,氧化后则泛黄色,说明窑炉的烧造技术更加成熟),釉面更加莹润,玉质感更强,尤其是一批重点烧造的大型礼器类器物,质量更高。正是胎、釉、成型、烧造等一系列技术的创新与进步,推动了东吴前后中国成熟瓷器第一个发展高峰的到来。

3. 唐宋越窑的技术成就

进入唐宋时期,在上林湖地区形成了新的窑业中心。这一时期的窑业进步主要体现在以下几个方面。

首先是龙窑技术的巨大创新与进步。隋唐之前的龙窑仅在窑前火膛一处烧火,受火力所限,因此窑炉一般在16米之内,严重制约装烧量的扩大,同时窑尾部分由于火力不足,通常易形成大面积的生烧。禁山窑址的Y1尾部有大量的生烧器物,正是因此而形成(图版6)。隋唐时期的龙窑发明了投柴孔与窑室燃烧技术,在窑炉内每隔一两米即设一对投柴孔与燃烧室并开设窑门(图版7),而此形成了整条窑炉均燃烧,大大提高了火力,并使龙窑的加长成为可能,因此这一时期的龙窑迅速加长到了50米上下(图版8),使装烧量有了巨大的提升。

第二是窑具上出现了匣钵。纵观整个中国制瓷史,在烧造技术上,有两个里程碑式的进步:一是战国时期发明的支烧具,使器物质量有了明显提升;二是隋唐时期匣钵的发明与使用。匣钵的功能有二。一是提升装烧量。匣钵发明前,器物直接叠烧,无法叠置太高,而匣钵发明后,装烧高度明显加高,从而提升装烧量。二是提高质量,明火裸烧的器物不仅受火不均匀,且易受落渣、烟灰等影响而质量受到严重影响,同时青瓷为还原焰烧成,明火中更易氧化而泛黄,匣钵的使用可以有效地改进这些不利因素,使受火更加均匀,釉面更加干净,还原气氛更佳。隋唐时期的上林湖越窑普遍使用匣钵装烧,并形成了独具浙江特色的 M 型匣钵装烧技术,进而影响到国内许多窑场(图版9)。

第三是秘色瓷的创新与技术标本的形成。晚唐诗人陆龟蒙《秘色越器》("九秋风露越窑开,夺得千峰翠色来")、略晚徐夤《贡余秘色茶盏》("捩翠融青瑞色新,陶成先得贡吾君")都有对秘色瓷的描述,到了有宋一代,几乎众口一词地认为秘色瓷是钱氏立国以后在越州烧造、用以进献给宫廷使用的瓷器。赵令畤(1051—1134)《侯鲭录》:"今之秘色瓷器,世言钱氏有国,越州烧进,为供奉之物,臣庶不得用之,故云秘色",钱氏即指五代时期在东南地区建立吴越国的钱镠家族。宋人认为他进贡给唐王朝宫廷使用的瓷器,就是秘色瓷。秘色瓷器胎质细腻纯净,完全不见普遍青瓷上的铁锈点等杂质,气孔亦似乎不见。釉色呈天青色,施釉均匀,釉面莹润肥厚,部分器物略呈乳浊化,达到了如冰似玉的效果。器物均施满釉,部分器物底部垫烧部位在施釉后再行刮去,以方便垫烧。此类器物的外底一般较大,如玉璧底碗、枕等。唐五代时期以素面占绝大多数,以优美的造型与莹润的釉色取胜。少量器物偶见有纹饰,且多位于小盏、小盒子等较小型的非主要器型上,八棱净瓶(图版10)、罐(图版11)、盆(图版12)、碗等器物则基本为素面。部分器物发现有单字款,一般位于器物外底的一侧,均刻画相当地规整,有"二""大""六""公"等。北宋时期则流行细线划花装饰,有龙纹、凤纹、各种禽鸟、花卉以及人物等,细条流畅,构图严谨。秘色瓷主要的烧造地点是唐宋时期越窑的核心区域上林湖,尤其以后司岙一带的窑场最为重要。

秘色瓷的出现与瓷质匣钵的使用密切相关。瓷质匣钵的胎与瓷器基本一致,极细腻坚致,匣钵之间使用釉封口,以使在烧成冷却过程中形成强还原气氛而使瓷器呈现出天青色(图版13)。因此瓷质匣钵及由此带来的秘色瓷生产,当是以后司岙为代表的上林湖地区窑场的重大发明(图版14)。

器物一般主要直接放置于匣钵内，少部分在器物与匣钵之间使用垫饼垫烧，垫饼亦为瓷质，垫饼与器物之间以及垫饼与匣钵之间使用泥点间隔，泥点小而密集。瓷质匣钵主要有直筒型、钵型匣钵、筒型、喇叭型、M型等，亦有匣钵盖覆烧用匣钵圈等。

从上林湖后司岙窑址的发掘情况来看，至少在唐代的"大中"年间前后开始生产秘色瓷，在"咸通"年间前后秘色瓷占相当比例，在"中和"年间前后则达到了兴盛，这一过程一直持续到北宋早期左右，在北宋中晚期质量下降。因此秘色瓷的兴盛时期应该在晚唐—五代—北宋早期。

秘色瓷的出现及其开创的以天青色为特征的瓷器产品，不仅显示了制瓷技术的巨大飞跃，同时成了后代最高等级青瓷的代名词，影响到耀州窑、汝窑、南宋官窑、龙泉窑、高丽青瓷等一批名窑的生产以及整个社会的审美取向，奠定了最高等级青瓷生产的基本技术标本，在整个陶瓷史上具有重要的意义。

4. 宋元明龙泉窑的技术成就

龙泉窑北宋时期承接越窑技术，但真正形成特色则要进入南宋时期，并且在南宋中期至明代早期迎来了兴盛，其技术创新与成就主要体现在以下几个方面。

首先是乳浊釉尤其是乳浊厚釉的创烧成功。在南宋龙泉窑之前，包括先秦原始瓷、汉六朝成熟青瓷以及唐宋时期的越窑，都是薄的透明玻璃釉，釉层薄而玻璃质感强。而瓷器在审美上追求的是玉器效果，也即羊脂白玉的失透与莹润感。因此瓷器需要在玻璃质与失透感之间达到一个平衡。早期的青瓷从陶器中发展而来，玻璃质感的釉即为巨大进步，唐代发明的秘色瓷，即是在薄的透明釉中初步具有了一定的玉质感。但这些釉因薄而易透，无法达到理想的莹润玉质感。南宋龙泉窑的出现，完全改变了这种状态。鼎盛时期的龙泉窑，一改传统浙江青瓷薄而透明的特征，演变成失透的乳浊釉，且利用多次施釉技术，形成薄胎厚釉的特征，玉质感更强，达到了传统青瓷发展的最高峰，并形成了龙泉窑自身的特色。

其次是黑胎青瓷的发明。瓷器釉的颜色会随着胎的变化而变化,胎色浅则釉色随之变浅,胎色深则釉色随之加深。在瓷器发展过程中,以追求细腻的白胎为目标。龙泉黑胎青瓷反其道而行之,以含铁量极高的紫金土为原料,胎色乌黑,使青色更加沉稳厚重。这与南宋宫廷的特殊需求有密切关系。黑胎青瓷产品除日用器外,还有较多的尊(图版15)、簋、觚等仿青铜器的礼仪用瓷,是南宋朝廷礼器的重要来源。宋室仓皇南渡,宫廷礼器丧失殆尽,加之局势动荡,民不聊生,铸造复杂的金属礼器严重缺乏,宋室转而选择烧造相对容易的陶瓷器。《中兴礼书》卷五九《明堂祭器》:"(绍兴元年)祀天并配位用匏爵陶器,乞令太常寺具数下越州制造,仍乞依见今竹木器祭样制烧造"②;"(绍兴四年)工部言,据太常寺申,契勘今来明堂大礼,正配四位合用陶器,已降指挥下绍兴府余姚县烧造"③。《宋会要辑稿·礼二四》:"绍兴四年……昨绍兴元年明堂大礼,绍兴府烧变制造到……所有陶器,乞下绍兴府余姚县烧变。"④文献记载,南宋早期的越窑承担了宫廷礼仪用瓷的烧造重任并开始出现与传统灰白瓷青瓷有较大区别的灰胎青瓷。龙泉窑的发展历程文献无载,但从最近考古材料来看,其在南宋早期亦同样承担了宫廷用瓷的烧造并迅速形成新的青瓷门类:黑胎青瓷。其中近年来发现的小梅瓦窑路窑址时代大致可以上溯至南宋早期左右,瓷器胎色乌青,釉色沉稳,器型中有觚、尊等礼仪用瓷,是当时最高等级的品种。

第三是垫饼等新的装烧方式的发明与使用。瓷器以施满釉不露胎为佳,但在烧造过程中必须与窑具或窑床接触,而釉烧熔融再凝结的话很容易在接触处形成粘连。因此任何器物都有垫烧处,为了不让垫烧处的釉与窑具粘结,普遍的做法是不施釉,因此早期的原始瓷与汉六朝青瓷普遍外腹施釉不及底,形成大面积的露胎(图版16),影响了使用与美观。唐宋时期的越窑尤其是精品青瓷,基本施满釉,而以泥点作为与窑具之间的间隔,会在底部形成明显的泥点间隔痕,部分叠烧的器物在内底亦有明显的痕迹(图版17),严重影响美观。而龙泉窑则使用足端刮釉技术(图版18)、瓷质垫饼垫烧(图版19)、以最小的露胎面积达到最理想的垫烧效果,一匣一器,从而彻底改变了过去施釉不及底或明显泥点的弊端,使瓷器更加美观实用,达到最理想的装烧效果。

正是这种技术上的不断创新与发展,塑造了浙江青瓷一波高于一波的发展历程,历三千余年而一直居于瓷器发展的高峰,这在整个世界瓷器发展史乃至工业发展史上,均是一个奇迹。因此浙江现代青瓷的发展与壮大,同样需要这种不断开拓创新的精神,在传承古代浙江青瓷精华的同时,适应社会发展的需求,设计并烧造出与当代生活紧密相关的产品,创造出当代的浙江青瓷,而不是一味仿古,食古不化。

二、社会高端的需求是浙江青瓷发展的重要推动力

伴随浙江青瓷的四个发展高峰的,是江南地区四个政权的出现:定都绍兴的战国时期的越国、定都南京的三国时期东吴、定都杭州的五代吴越国与南宋政权。而其高质量的产品,主要出土于这三地的都城遗址与周边高等级墓葬中,是当代身份与地位的重要象征物。因此推动浙江青瓷发展的,主要是来自宫廷的需求,这种需求引领着时代风尚与技术潮流。

近年来,江浙一带陆续发现了一批战国时期越国大墓,墓葬中出土了大量的原始瓷器,不同墓葬出土的原始瓷数量与质量和墓葬的规模紧密相关,体现了墓主人的不同身份与地位。无锡鸿山越国贵族墓[5]便是其中重要的贵族墓。无锡鸿山共发掘了7座墓葬,按其规模及随葬品的等级可以划分成五个等级。

第一等级为丘承墩。

丘承墩的外形为长方形覆斗状,原封土东西向,长68.2米,宽40.6米,高3.95米。墓葬位于土墩近中部,竖穴,深坑,平面呈"中"字形,墓坑残长56.7米,分为墓道、墓室和后室三部分,墓室内

还用木板隔成主室和南、北侧室。墓道长21.2米、墓室长23.6米,后室长11.9米,坑深3米。墓道南壁有长圆形壁龛。墓道中间有排水沟,后室后有长梯形斜坡状排水沟。

丘承墩出土的随葬器物共计1 098件,可分为青瓷器、陶器、玉器、琉璃器等,其数量之多,器类之齐全,器形之复杂,为江浙一带越国贵族墓之最。

原始瓷共计581件,主要为礼器和乐器。礼器共计441件,造型多仿青铜器。器类既有仿中原的盖鼎、盖豆、盖壶等,亦有越系统的盆形鼎、盂形鼎、兽面鼎、冰酒器、温酒器、角形器、璧形器、罐、瓿、三足盘、盆、盘、匜鉴、提梁盉、提梁壶、镇等。乐器140件,有仿中原系统的甬钟、镈和磬,也有越系统的句鑃、钲、錞于、铎、器座、缶等。

陶器共计472件,有瓮、罐、盆、角形器、璧形器和盘蛇玲珑球形器等。

盘蛇玲珑球形器4件。器形相同。

玉器共计38件,其中石质3件。玉器可分为葬玉和佩玉,葬玉有覆面、带钩和石璧。佩玉有龙形璜、龙凤璜、云纹璜、双龙首璜组成的"五璜佩",以及双龙佩和环形、璧形、削形、觽形、管形、动物造型的佩饰。

第二等级为老虎墩。

长方形覆斗状封土,长56米,宽43米,墓床为平地铺木成长条形,残长8.6米,宽6.6米。随葬器物500件,其中不仅有玉器,而且有成组成套的仿铜乐器,其中既有青瓷乐器,亦有硬陶乐器。角形器和璧形器均为陶质,而仿铜礼器则均为硬陶器,生活用品为硬陶和泥质陶器。

第三等级为万家坟。

长方形覆斗状土墩,长42.6米,宽35.9米,高3.8米。墓葬为平地铺木,长16.68米,宽5.07米。随葬器物亦为500件,然未用玉器,乐器中仅有成组硬陶乐器,不见青瓷乐器,而角形器和璧形器均为陶质,仿铜礼器和生活用品均为硬陶和泥质陶器。

第四等级为曹家坟和杜家坟。

长方形覆斗状封土，墓坑长 8—9 米。曹家坟封土长 35 米，宽 26.9 米，高 3.5 米，墓坑长条形，长 8.75 米，宽 2.25 米，深 1.95 米。随葬器物 93 件，除生活用品外，还有陶质的角形器、璧形器和玉器。

杜家坟封土长 42.6 米，宽 35.9 米，高 2.9 米，墓坑长 8.05 米，宽 2.4 米，深 0.8 米。随葬器物 74 件，除生活用品外，还有陶质角形器和璧形器。

第五等级为老坟墩和邹家墩。

长圆形馒头状土土，墓葬长度 2—4 米。老坟墩封土长 24.5 米，宽 15，高 2.5 米，墓坑长 4.75 米，宽 3.25 米，深 0.2 米，随葬器物 52 件，除青瓷和陶质生活用品外，还有陶质镇。

邹家坟封土长 36.5 米，宽 23.5 米，高 1.7 米，墓坑长 3.88 米，宽 2.34 米，深 0.35 米，随葬器物 46 件，除青瓷和陶质生活用品外，还有陶质璧形器和玉器。

鸿山 7 座墓葬保存好，等级多，是研究越国墓葬等级制度的理想材料。原始瓷礼器与乐器仅见于第一与第二等级的墓葬中，而第一等级的墓葬中的原始瓷数量的种类较第二等级明显为多。第三、四、五等级的墓葬仅有少量的碗、碟类日用器，完全不见礼乐器。

由此可见，战国越国墓葬的规模越大、等级越高，其随葬品越多，其中原始瓷所占的比重就越大、数量越多，器型更丰富，质量更高。原始瓷礼器与乐器仅见于高等级的墓葬中。（图版 20）因此原始瓷是越国贵族身份与地位的重要象征，是一种显赫物品。

成熟青瓷的第一个发展高峰在东吴时期，瓷器在环太湖地区的江苏与浙江均有较大量的出土，尤其以都城南京周边与窑业的生产中心绍兴周边最为集中，但绍兴与南京地区出土的青瓷器存在着明显的区别：南京地区出土东吴时期青瓷器物种类更加丰富、质量更高，尤其是樽等大型高质量礼仪用瓷基本集中于南京周边的高等级墓葬中（图版 21），而在浙江地区几乎没有发现（图版 22）。造成此种差异的最重要原因，就在于东吴政权将青瓷生产与使用纳入其礼制中。

东汉晚期以来江南学风的发展为瓷器兴起作了必要的思想准备，而东吴政权在三国中最不具备法理性与正当性的现实，这导致了东吴对礼器的大量需求。

孙盛所谓南人学问清通简要，乃指大河以南流行的玄学；褚裒所谓北人学问渊综广博，乃指大河以北流行的汉儒经说传注。东吴的学风，与大河以北十分接近，是一种汉代以来重礼制的保守学风，与以洛阳为中心的崇尚玄远之学完全不同。汉代采取通经致仕、恪守家法的制度，经师章句之学十分发达；东汉名教治天下，所谓名教即因名立教，内容包括政治制度、职官设置、人才配合以及礼乐教化等等。最重要的是依据儒家的伦理标准选拔人才，使被选拔的人才与所居职位相配合，做到人尽其才，官称其职。当时的选举标准即所谓经明行修，尤其注重人的道德操行。而名教政治最重名声，一个人名气越大，社会政治地位越高。两汉正统官学的经学由于自身固有的弊端，日见衰微。而当汉末大乱，统一王朝解体，通经致仕的道路中断以后，经学的衰微更是无法逆转。魏晋玄学正是在两汉经学衰微的情况下出现的，它崇尚玄远，追求虚无，但仍是一种反映现实社会政治的哲学思潮。在某种意义上，魏晋玄学的形成正是开始于对东汉名教之治的研究，而又归属于魏晋时代的实际政治。

两汉经学的衰弱使过去定于一尊的儒家学说不能维持以往的尊严，儒家所主张的名教之治亦因尚名之弊趋于破产。统治阶级必须寻找新的思想武器和统治法术。在汉末大乱和统一的皇权解体的情况下，这种新的理论的出现，对于统治者来说，与其说是一个理论问题，不如说是一个追切的现实政治问题，尤其需要一个新的理论标准来选择统治阶级利益的人才，新的思潮正是在这样的政治背景下出现的。

在各派学说中，最受重视的是法家和名家。名法二家均言循名责实。曹操对于东汉以来追求虚名、朋党标榜的风气尤其深恶痛绝。他认为依据虚伪的道德行为选拔出来的人才不足以就会当时的政局,并对汉代选举中的名教标准采取轻蔑的态度,提出唯才是举的口号。

检察名实的"名"一到稍后,便转入了道家,这有两个原因。其一是理论本身的发展。就道家理论而言,凡是有名就有限制性,是器、是用,在政治上是臣道。名理学是一种政治学,各安其位各得其所的臣道是可以循名责实的,但执行循名责实的是主持者即君道却应该没有限制性和具体性,是道、是体,因此必然无名。其二是由于现实政治的发展。曹魏政治即是与初期名家相配合的名法之治,要求检察名实,裁抑大族,扩大君权。到了齐王芳时,君权削弱,门阀士族力量上升,政治趋于宽缓,皇帝徒有虚位,于是综核名实转而提倡无为。总之由于理论本身的发展,更由于现实政治的发展,名理学遂由刑名归本于道家,并最终形成玄学。经过何晏与王弼的"贵无"说、裴頠与郭象的"崇有"说,玄学发展到自然与名教完全合一,不仅在理论上而且在政治上也完成了它的任务。

正统玄学并不想破坏名教,汉魏之际,尽管名教之治的理论由于曹操执行尚才不尚德的选举政策开始动摇,但这不意味着儒家的纲常名教不再适应统治阶级的需要。在存废名教的问题上,首先要说明不废名教的理由,巧妙地将自然与名教统一起来,为名教做出新的理论论证。郭象对庄子最高境界逍遥的体会是小大各足其性,理有至分,物有定极,小大之殊,各有定分。各安本分就能自足其性,就是逍遥,否则就是不安其分,结果便不能无困。如果应用到人世政治上来,就是要人民各安其分。以此观点推及现存的制度,则伦理秩序都是自然的,非人力所能强为,因此无可非难。晓谕大家承认现有秩序,各人自足其分,又主张无为,告诫皇帝不要多管事,即任其自然,放任人人自得。所以这种理论上是为大族纵欲辩护的。

与北方地区重玄学完全不同的是,这一时期南方的孙吴政权中同时出现了三种易注,可见易学之盛。而就三种易注来看,江南所流行的乃是孟氏、京氏,都是今文说,这与时代学风相背驰,从这一点可以证明江南学风较为保守。孙吴时江南流行的学术还有天体论。我们知道汉代天体的讨论是很流行的，自《淮南子》的《天文训》开始以至刘向、扬雄、桓谭、张衡、马融、王充、郑玄这些茂名学者都曾著论这个问题。可是一到三国却只流行于江南，中原几等于绝响，这也是江南学风近于汉代之一证。

晋室东迁之后，京洛风气移到了以建康为中心的江南地区，江南名士不少接受了新学风，开始重视三玄。如《抱朴子》所言，甚至其书法、语言等也多仿北人。东晋以后的江南名士受新风气的影响自无可疑，但江南土著与渡江侨旧在学风上仍然有所区别。这只要看《世说新语》中叙述南人者大都不是虚玄之士，而一时谈士南人中可与殷浩、刘惔辈相比的更是一个都没有，便可知道玄谈还不是南士的专长。另一方面我们却可以看到南士还相当重视传统经学。一般说来，江南土著之学还是以儒家经典注释见长。《梁书·儒林传序》称梁武帝设立五经博士"以平原明山宾、吴兴沈峻、建平严植之、会稽贺瑒补博士，各主一馆"。五人中四人为南士。《晋书·贺循传》："汉世传《礼》……尤精《礼》传。"可见贺氏自汉以来家学相传不绝，礼为五朝显学，说明江南的经学直接两汉，其传授渊源长期保存在家门中。贺循之后在南朝世代以专精《礼》学著称。

这种南北学风的根本性差异导致的结果可见《三国志·贺邵传》注引虞预《晋书·贺循传》："时朝廷初建，动有疑义，宗庙制度，皆循所定，朝野谘询，为一时儒宗。"据《晋书·刁协传》及《晋书·荀崧传》，东渡礼仪为二人所定，荀崧为颍川荀氏，荀彧的玄孙，乃经学世家。刁协也是谙练故事著称，但剖析疑义却不能不征求南士贺循的意见。《晋书·礼志》称郊祀仪"其制度皆太常贺循所定，多依汉及晋初之仪"。亲耕籍田仪亦贺循等所上。此外见于《通典》的议礼之文又有数十条，可证庆氏《礼》学仅传于江南⑥。

南方这种沿袭自两汉、重经学、礼学的保守学风，为东吴大规模的礼制建设做了学术、风气等方面的准备。

另外，东吴在三国中最不具备法理性与正当性的现实，这决定了该政权对礼制建设的特别重视。曹魏占据京畿之地，据有天然的法理依据。蜀汉以皇叔幌子,以恢复刘汉为号召,具有血统上的正当性。东吴偏安江左,其政权不具有任何的法理优势。

因此东吴在三国中最不具备法理性与正当性的现实,这使他们在维护政权的正统性与合理性时,需要大量的外部表现形式,这个外部表现形式最好的方式就是礼制,这一点与句践立国后有异曲同工之妙。而江南地区保守的学风,使汉末中原地区几乎消失的礼制在江东得以保存下来,为东吴礼制的施行提供学术上与社会风气上的强力支撑。瓷器的大量礼制化与第一个高峰正是在这种情况下出现的,也就是说东吴政权对青瓷的礼制化与需求是推动三国前后制瓷业繁荣的最重要因素。

唐代秘色瓷供应的对象相当明确,就是中原宫廷与吴越国的小朝廷,而"臣庶不得用"。龙泉窑最高等级的黑胎青瓷,其制品以陈设瓷为主,可概括为薄胎、厚釉、开片、紫口铁足,其造型、釉色、制作工艺与南宋官窑相似。它与秘色瓷一样,也是专门为宫廷烧造的一个瓷器品种。

无论是秘色瓷还是龙泉黑胎青瓷,均引领并推动着越窑与龙泉的繁盛并影响着国内的众多窑业发展。

除了来自宫廷的需求与推动以外,文人的需要与设计也是推动窑业发展的重要动力。

先秦时期原始瓷的使用对象基本为越国的贵族,到东汉以后,除贵族以外,作为社会上层与文化风尚引领者的文人也是高质量瓷器的重要使用者与设计者。

东吴时期的早期越窑青瓷,除生产一大批高质量的礼制类用瓷外,还开始生产文人使用的文房用品,包括砚台(图版23)、水盂(图版24)、笔洗(图版25)等,这些器物造型小巧,设计独具匠心,制作精致,纹饰精美,是除礼器外最重要的青瓷产品。文人用瓷到了唐宋时期不断发展,除砚台、水盂、笔洗等文房用品外,还出现了茶则(图版26)、茶壶、茶盒(图版27)、茶釜、茶炉、茶碾(图版28)、茶盏(图版29)与盏托(图版30)等成系列的茶具,各种大小不一的炉(图版31、图版32）、香料盒等成套香具。即使是文房用品，种类亦更为丰富，出现了各种类型的砚滴（图版33）、笔山等新品种。制作日趋精巧、典雅，是唐宋时期青瓷中的精品。

因此，从浙江青瓷发展的社会推动力来看，来自于高质量的设计与创新是窑业发展的最重要生命力之一，当代浙江青瓷的发展，亦需要沿袭这一发展脉络，依托大专院校等单位的文化力量，设计适合青瓷特色、满足时代需求的产品。同时，加大青瓷产业从业人员的培训与文化素养的提升，提高整个从业人员的素质。在此过程中，相关的行业协会、政府部门可以发挥主导作用，与国内著名高校合作，进行定期培训，并可以建立战略合作关系，以夯实产业发展的基础。

三、因地制宜的资源利用

浙江青瓷发展的主流及四大高峰，均为极其纯粹的青瓷，几乎不见其他产品类型，这是由浙江的瓷土资源所决定的，也充分发挥了本地资源的优势。

从先秦时期开始，浙江的青瓷胎色即呈现出一种青灰色，并且延续始终，青灰色胎是使釉色衬托出翠青色的最重要条件之一。而此种青灰色胎，又是由本地的瓷土特殊成分所决定的。据现代做仿古瓷的艺人们介绍，越窑仿古瓷，必须用窑区附近的瓷土才能达到理想的效果，此种效果，任何外地的单一瓷土均无法企及。因此，本地的资源条件，特别是瓷土条件，是形成浙江青瓷之青的重要保证。

技术可以流动、可以模仿，但受到运输能力所限，古代的烧瓷原料一般均采用本地原料，在以越窑之青为美的情况下，浙江乃至全国其他同一时期的窑场，很难与越窑争一时之长。而正是在此种资源、技术的制约下，包括德清窑、婺州窑、瓯窑在内的其他省内窑场，只能另辟蹊径，以图生存，甚至力图有较大的发展而与越窑抗衡，这造就了这些窑场在青色之外独具特色的面貌特征。

由于德清地区瓷土质量较差，瓷器胎质普遍较粗，胎色不稳，既有浅灰色，也有深色的青灰、灰黑甚至紫红、黑色等，无法稳定地烧造高质量的青瓷，因此完全无法与越窑青瓷竞争。为避越窑青瓷之锋芒，德清窑另辟蹊径，开始创造性地烧造酱黑釉及酱黄釉瓷器。东汉时期越窑也烧造黑釉产品，但与青瓷相比较，其黑釉产品比例极小，处于相当次要的地位，在2007年公布的调查资料中，东汉时期窑址共54处，其中仅5处窑址兼烧黑釉产品[7]，黑釉在越窑产品中所占比例微乎其微，与德清窑占据相对主流的情况完全不同，因此黑釉是德清窑创烧的新产品[8]。

三国西晋时期是越窑发展的第一个高峰，其产品遍及国内许多省份，德清窑一方面在黄角山等窑址将其固有的黑釉技术进一步发扬光大，几纯烧黑釉瓷器。

东晋至早唐时期，越窑产品质量下滑，窑场规模迅速萎缩，进入相对衰落时期。越窑的沉寂时期却是德清窑发展的黄金时期，德清窑在东晋南朝时期迎来了其发展的鼎盛时期。这一时期的德清窑，器物种类丰富，型式各异，器型规整，造型端庄大气。由于化妆土技术的成熟运用，青釉釉面光洁匀润，釉色厚重，基本为满釉。黑釉亦以厚釉达到黑如墨、亮如漆的效果，与青釉一样，釉色厚重，成为中国陶瓷史上早期黑釉瓷器的代表[9]。隋至早唐时期，德清窑产品质量明显下降，产品种类减少，但是这一时期的窑场规模却进一步扩大[10]，这也是德清窑规模最大的时期，但已处于停烧的前夜。产品类型中，黑釉瓷器仍旧是主要的产品类型，这一特征一直延续至中唐前后停烧为方止。

婺州窑的瓷土特征与德清窑有相似之处，也较为粗与黑，含铁量较高，但其发展模式则与德清窑又不相同，开辟一条全新的窑业发展道路。从婺州窑整个发展过程来看，其面貌相当复杂，是一个技术吸收型的窑场，不同时期吸收了包括越窑、龙泉窑、建窑甚至德清窑等窑场的技术，并且青白瓷、彩绘瓷等生产技术也侵入这一地区。

从东汉一直到东晋南朝之前，它几乎紧追越窑的脚步而行，无论是在器型、装饰还是在胎釉特征等方面，两者十分相似，仅在质量上较越窑略逊一筹,釉色较深、胎质略粗。这种亦步亦趋、缺乏因创新而自成特色的技术发展过程,虽然一方面使其东晋之前的产品在与德清窑、瓯窑相比时,质量上仅次于越窑而较这两个窑场产品为佳,但同样造成了越窑在东晋南朝相对进入低谷,在德清窑、瓯窑趁机迎来较大发展的时期,它却并没有迎来大的发展。

东晋南朝时期的施妆土、浆黑釉等技术,可能与德清窑存在着交集,并不排除后者影响之可能性。

隋至初唐时期,越窑等窑场进入低谷,这一时期婺州窑可能在对外的技术吸收上处于较低的时期,产品质量虽然不高,但反而促成了自身特色的形成:大块的褐斑装饰与乳浊釉的创烧。这种乳浊釉产品在北宋时期因越窑的大扩张而受到压制,但在南宋至元代却作为其独特的产品而获得较大的发展,并成为婺州窑独具特色的产品之一。

瓯窑的瓷土状况则与婺州窑和德清窑完全相反,其胎色较浅而衬托釉色亦呈浅青色,在这种浅淡的青色上,形成了点彩与褐斑的装饰特色。东晋南朝时期,点彩装饰特别是密集的点彩装饰一度作为颇具特征的装饰技法而成为瓯窑的一大特色,在唐代又扩展成大块的褐斑装饰。在浅淡的胎釉上施以深色的点彩与斑块,确实能形成色彩强烈的对比而形成理想的装饰效果,因此虽然德清窑、婺州窑同一时期的产品上也有此类装饰,但其运用的广度与深度远远无法与瓯窑相比,这不能不说是瓯窑独具匠心之处。

小 结

浙江制瓷业始于夏商,延及明代早期,前后持续了 3 000 多年,其发展规模、技术水平一浪高过一浪,构成了中国制史、手工业史乃至中国文化发展史上波澜壮阔、独具特色的画卷。这种以青瓷为载体的文化演进,除了江南水乡独特的生态与生计条件外,来自最高层的需求、坚持不懈的技术创新,是其最基本的推动力。因此当代浙江青瓷的发展，亦需以本土的瓷土资源为依托，烧造具有本土特色的产品，而不亦过多地引进外地的瓷土资源，烧造与浙江之青大相径庭的瓷器产品，如此才能保留浙江青瓷的产业与文化特色。

---

① 冯先铭主编：《中国古陶瓷图典·陶器》，文物出版社，1998年。

② 〔宋〕赵子直等：《中兴礼书》卷五九《明堂祭器》，北京大学图书馆藏徐松辑自《永乐大典》抄本。

③ 同上。

④ 〔清〕徐松：《宋会要辑稿·礼二四》，四川大学古籍整理研究所学人校点，上海古籍出版社，2009年。

⑤ 南京博物院等：《鸿山越墓发掘报告》，文物出版社，2007年。

⑥ 以上对南北学风的梳理，引自唐长孺：《魏晋玄学之形成与发展》《读抱朴子推论南北学风的异同》等文章，见《唐长孺文集》，中华书局，2011年。

⑦ 杜伟：《上虞越窑窑址调查》，《东方博物》，第24辑。

⑧ 黑釉的出现极早，在商周原始瓷阶段，即已出现黑釉产品。在浙江西部金华、衢州一带的土墩墓中，西周晚期至春秋早期经常出土一种黑釉器物，通体施黑色釉，与青釉原始瓷相比，其釉层薄，玻璃质感不强，但无疑是有意烧造的一种产品。与原始青瓷是青瓷的前身一样，这种原始黑釉产品是黑釉瓷器的早期形态。囿于目前发现的材料等原因，这一原始黑釉技术并没有在战国原始瓷中沿袭下来，因此黑釉瓷器与原始黑釉瓷的传承关系，尚需要更多的资料进一步研究。而成熟黑釉瓷器的起源，从目前窑址调查材料来看，应该创烧于德清窑。

⑨ 〔韩〕赵胤宰：《略论韩国百济故地出土的中国陶瓷》，《故宫博物院院刊》，2006年第2期。

⑩ 隋至初唐时期瓷器产品质量的下降是一个全国性的现象，越窑尚处于复苏的前夜，其产品质量与德清窑伯仲之间，因此德清窑的产品质量虽然迅速下降，但窑场规模仍进一步扩大，以满足社会的需求。

（作者：郑建明，复旦大学文物与博物馆学系/科技考古研究院，研究员）

历代印谱形制演变及动因探析

张学津　陈　刚

　　印谱是以历代玺印与流派篆刻印蜕、边款为内容的特殊古籍，兼具艺术和学术价值。与其他古籍相比，印谱的最大特点是内容以图像为主，而非文字。因此在形制上，也与普通古籍存在明显不同。印谱在演变过程中，发展出了木刻本、钤印本、剪贴本、锌版本、石印本、影印本等多种形制，富于多样性。印谱在内容和形制上的独特性，使其比一般古籍更具有艺术价值，制作上也会使用一些独特的材料和工艺，这也导致了印谱在保存过程中可能产生其他古籍没有的问题。本文意在通过对历代印谱演变形制的分析，梳理历代印谱形制发展演变的脉络，理清印谱是如何从普通古籍中分离出来，最终成为独立的体系的，并总结印谱演变背后的原因。

　　目前印谱研究主要集中在印学、文献学、目录学等领域，把印谱作为印学研究的资料，主要是从印谱发展史、印谱出版与书目、印谱版本流变、印谱提要以及印谱所反映出的印人交往、作品风貌等角度，对印谱加以分析。一直以来，印学研究领域对印谱的研究主要集中在印谱的内容，对于印谱形制方面并未过多关注。

　　涉及印谱形制的研究，往往是从版本角度入手。孙向群《关于印谱分类问题》[①]指出，目前存在着印谱版本命名混乱的问题，提倡结合古籍版本目录学和印学分类标准，将印谱分为写钤稿本、写钤本、钤印本、刻钤本、摹钤本、刻本、翻刻本、套印刻本、翻刻套印本、钩摹本、影印本、影像制版钤印本、钩摹影印本等种类。陈谊《印谱制作与版本著录》②从印谱制作技术的角度,对印谱版本类型分为钤印本、稿本、刻本、刻朱墨套印本、双钩/描摹/摹写本/抄本、珂罗版印本、锌板印本、钤印刻本、钤印拓本、钤拓蓝印本、钤印铅印本、钤印剪贴本、钤拓剪贴本、钤拓刻本等。这些研究对印谱的分类极其详尽,本文无意进行印谱版本的研究,而是侧重于通过梳理历代印谱的形及所涉及的制作工艺,寻找出演变的规律和背后的动因。

一、宋元初创期:木刻本印谱

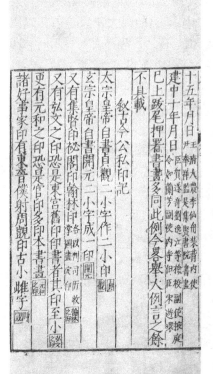

图1 《历代名画记·叙古今公私印记》

唐代张彦远撰《历代名画记》第三卷中有《叙古今公私印记》(图1)篇,记载了五十余方鉴赏印,除记录印主、印文,并对印章进行简单描述外,还采用方框加文字的形式,加以示意,使人能更清晰地了解印章文字排列方式。但《叙古今公私印记》还是采用文字描述的形式,从本质上说不能算作印谱。

印谱的初创肇始于北宋。崇宁、大观年间杨克一的《印格》,是目前已知的最早的印谱,可惜早已散佚,形式不得而知。目前能够见到的早期印谱雏形是南宋王俅所辑《啸堂集古录》(图2)。这是一部集古图录,摹刻诸多古器款识,其中收录古玺印三十七方。

历代印谱形制演变及动因探析

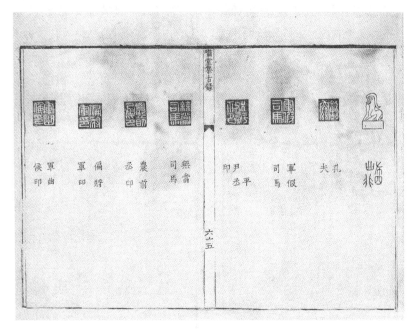

图2 《啸堂集古录》

《啸堂集古录》的著录方式是先对印章进行钩摹,再作版刻,下注释文,其中第一方印章为印钮线图。此书收录印章数量较少,仅占总量的十七分之一。只是将古玺印作为古器物的一类加以记录,并非真正意义上的印谱。《啸堂集古录》只能算作印谱的雏形,但从中可以看到印谱的制作与金石学的发展有着密不可分的关系。

南宋王厚之撰,元代吴叡、明代沈津补《汉晋印章图谱》(图3)是较早的一部印谱。"该谱初始为王厚之手摹考订的集古印谱,名《汉晋印谱》,经元代吴叡、明代沈津加以摹集扩充,于正德年间由沈津将其编入丛书《印赏编》刊刻行世,使其成为一部以单卷形式广泛传播的集古印谱。此谱首列钮制、钮式,后分列官印篆式、古人私印式、汉官仪,印下注有释文、印材、材质、钮式,间附考释与藏者。全谱总录印近二百方。成书于明万历年间。"③这本书虽然仍带有明显的金石学著作特点,但将著录对象集中于古玺印,且收录印章数量更多,是真正意义上的印谱,而不是以往的古器物图谱。

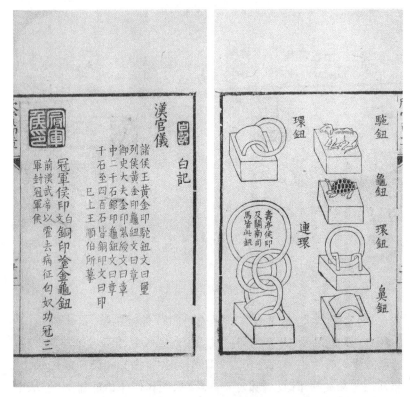

图3 《汉晋印章图谱》

除了这两部存世印谱之外,与杨克一《印格》一样见诸著录但已散佚的宋元印谱还有南宋颜叔夏《古印式》三卷、姜夔《姜氏集古印谱》四卷,元赵孟頫《印史》、(传)吾丘衍《古印式》、钱选《钱氏印谱》、吴福孙《古印史》、泰不华《复古编》十卷、杨遵《杨氏集古印谱》等。

《啸堂集古录》与《汉晋印章图谱》是目前可见的早期印谱形态,均借鉴金石学古器物图谱的著录方式,先对印章进行钩摹,再刻版印刷。这类木刻本印谱也是印谱的最初形态。由此可见,印谱的制作与金石图录的著录有密不可分的关系,印谱是从古器物图谱中衍生出来的,之后成了独立的古籍种类。木刻本是最早出现的印谱形制,随后才发展出原钤本等印谱主流形制。

二、明代发展期:原钤本印谱的出现

随着文人篆刻的兴起,明代印谱也进入了高速发展的时期,其中尤以原钤本印谱的出现为代表。原钤本印谱就是以印章蘸取印泥,直接钤印成谱的印谱。不再采用木版翻刻的形式,因此更能准确反映印章面貌,是印谱的最主要、最典型的形制。

最早的原钤印谱是明隆庆六年(1572)玺印鉴藏家顾从德辑《顾氏集古印谱》(图4)。此谱首次采用原印钤盖的形式,开创了原钤印谱的先河,对后世影响深远。《顾氏集古印谱》共计收录印章一千八百余方,规模比宋元时期的木刻本印谱更为庞大。

相比于木刻本印谱,原钤印谱更能准确反映印章本来面貌,因此备受印人推重。但由于原钤印谱制作较为复杂,需要将所收录印章一一钤盖,耗时耗力,制作难度较大,钤印数量有限,远不能满足广大印人的需求,因此原钤印谱产生之后,没有完全取代木刻本印谱,木刻本印谱依然普遍存在。如上文所述原钤本《顾氏集古印谱》,仅钤印二十部,数量稀少,许多印人求而不得。因此,顾从德除辑原钤本《顾氏集古印谱》之外,还以木版翻刻《顾氏集古印谱》成《印薮》(图5),再大量印刷出版,以满足印人的需求。

早期原钤印谱,所收录的对象以古玺印为主,著录方式有的还保留了金石学图录的影子,对印面文字进行考释,对印钮、材质加以标注。随着流派篆刻的发展,明人除制作古玺印印谱之外,也开始收录印人所刻印章,编辑成谱,印谱中除标注释文、钮制等信息外,开始标注印人姓名。印谱发展出了两种不同的体系,一类为集古印谱,多收录历代古玺印,一类为流派印谱,收录印人作品。明代篆刻家梁袠所辑《印㒞》,便是一部较早的印人自刻印谱。

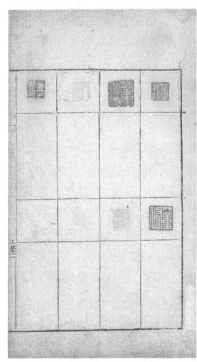 

图4 《顾氏集古印谱》　　　　图5 《印薮》

流派印谱中还有一类特殊的摹古印谱,指的是印人摹刻古代玺印或者前人的篆刻作品,然后钤印成谱的印谱。因为所载作品是后人摹刻而成,难免存在变形走样,因此价值比原钤印谱稍逊。但要比早期的木刻印谱更能体现原印风貌。比较有代表性的摹刻集古印谱,如明万历三十年(1602)程远摹刻古印《古今印则》。后世印人摹刻前代印人印作而成的摹刻印谱中,比较有代表性的如明代程朴摹刻何震印作成《忍草堂印选》。

摹刻古印或前人印作,是印人自我提升的重要途径,因此这类摹刻印作不能算作对原印的简单仿制,能够反映出印人的篆刻水平,也具有一定的艺术价值。印人在编辑印谱时,也往往存在原创印作和摹刻印作混编在一起的情况。如明万历二十四年(1596),甘旸编

《集古印正》便收录其所藏古玺印、摹刻古印及自刻印章。

无论是集古印谱、流派印谱还是摹古印谱，尽管其所钤的印章的性质不同，但都是采用钤盖的方式制作印谱，并不存在形制上的差异，因此都可以统称为原钤本印谱。如果从形制上对原钤本印谱进行进一步划分，还可以细分为钤印刻本、钤印写本、钤印本（狭义）、钤印拓本等。

如果印谱中的释文、印材、钮制等文字信息都是木刻成版，先以雕版印刷的方式印成印谱书叶，再在书叶的相应位置钤印印蜕，则可称之为钤印刻本（图6）；如果释文、印材、钮制等文字信息为手写而成，则称之为钤印写本（图7）；如果印谱中除版心文字外不

图6　钤印刻本

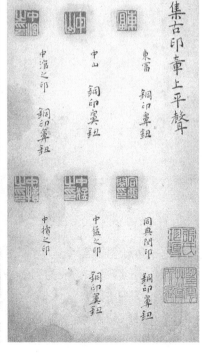

图7　钤印写本

含有释文等文字信息,则可称之为钤印本(图8),但此处的钤印本是狭义的;如果印谱中除印蜕外,还含有边款,则可称之为钤印拓本(图9)。

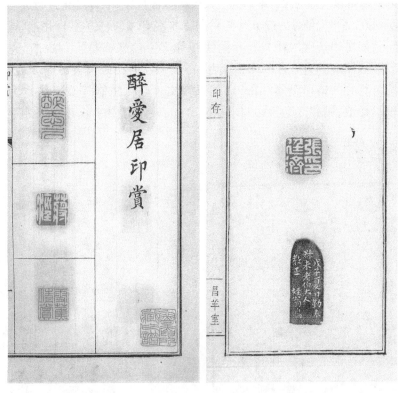

图8　钤印本　　　　　　图9　钤印拓本

原钤本印谱的出现,一方面得益于印泥等材料制作技术的进步,使原印钤盖、编辑成谱成为可能,另一方面主要是由于印谱的编著主体由金石学家向印人群体转变。金石学家著录印章,主要是关注印章文字、时代、钮制等信息,将其作为古器物的一种加以研究。而印人群体则更关注古玺印的艺术风格,进行借鉴。木刻本印谱所钩摹印章往往变形走样,丧失神韵,无法满足印人学习借鉴的需求。编辑群体的转变,导致对印谱承载信息的需求也发生变化,相应地要求印谱的形制也要发展。在这种情况下,原钤本印谱应运而生。原钤本印谱能够更好地保留印章原貌,随即受到印人的欢迎,成为印谱的主流。

三、清代成熟期:钤印拓本的出现

钤印拓本是原钤本印谱的一种,是随着明清流派篆刻的兴起、边款艺术的不断发展而产生的。与古玺印不同,明清印人所刻流派印章,往往署款。边款中不仅记载了印章创作时间、印人姓名等信息,边款本身也具有艺术价值。钤印拓本集印蜕和边款于一体,这类印谱的制作除需要钤印技术外,还涉及边款的拓印,因此相比于其他原钤本印谱,出现时间较晚,直至清嘉庆时期才产生。已知最早的附有边款的印谱是清嘉庆年间何元锡、何澍父子辑《西泠四家印谱》(图10)。但由于此印谱的印蜕、边款为剪贴而成,并不典型。真正意义上的钤印拓本,印蜕、边款均为直接钤盖、拓印于印谱纸上(图11),然后装订成谱。

钤印拓本印谱能够全面展现篆刻家的印风和边款艺术,因此这一形制产生之后,便很快成为流派印谱的主要形式。民国时期,为了丰富印谱的形式,除了墨拓边款之外,还以同样的方式墨拓印面。至此,印谱开始包含印蜕、墨拓、边款三项内容。印谱中收录印面墨拓最早出现于民国时期,1920年《簠斋集古印谱》(图12)中就含有印面墨拓。1944年葛昌楹、胡洤辑《明清名人刻印汇存》(图13),收录了印蜕、墨拓、边款三者。直到现在,篆刻家制作印谱也多收录印蜕、墨拓、边款,以全面表现篆刻艺术的风貌。

经过数百年的演变,原钤本印谱从最早的著录印蜕,发展到印蜕、边款并重,最后实现了印蜕、墨拓、边款三者共存。如果说边款的出现,是为了展现篆刻家的刻款艺术风格,那么墨拓的出现,更多的则是为了丰富印谱的形式。此时,印谱已不仅仅作为载体展示印章

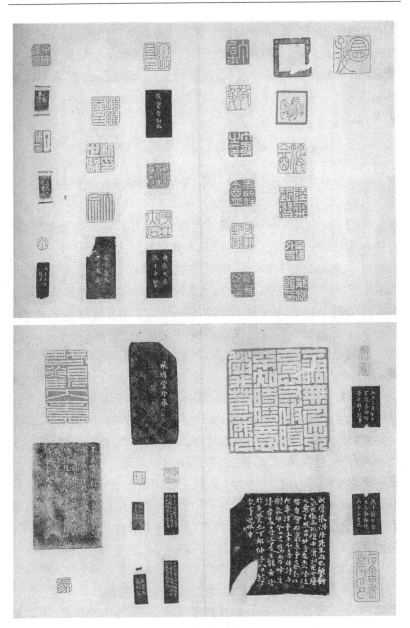

图 10 《西泠四家印谱》

历代印谱形制演变及动因探析

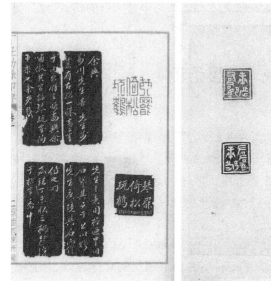

图 11 《丁丑劫馀印存》　　　　图 12 《籑斋集古印谱》

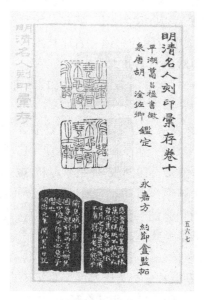

图 13 《明清名人刻印汇存》

风貌,印谱本身已经成为一种艺术品。如何丰富印谱的样式,使其更为美观,也成为印谱编辑者的考量内容之一。

四、晚清民国扩展期:印刷本印谱的产生

前面提到,早期印谱为木刻本,采用雕版印刷的方式。明代出现了原钤印谱,逐渐成为印谱的主流。晚清时期,随着西方印刷技术的传入和近代出版机构的产生,石印本、珂罗版、金属版、锌版钤印本等不同种类的印谱开始出现,极大地丰富了印谱的类型。

(一)石印本印谱

石印技术的"核心原理是利用油与水相拒的化学原理,在磨平的石版表面复制出图文部分形成亲油膜层,空白部分形成亲水膜层,并通过对版面供墨、供水,图文部分吸油抗水,空白部分吸水抗油来进行印刷"④。根据制版方式的不同,石印技术可分为手写石印和照相石印,在印谱出版中应用的是照相石印技术。最早的石印本印谱是光绪二十二年(1896)点石斋书局出版的黄璟刻印《陕州衙斋二十一咏印章》(图 14)与《潴县衙斋二十四咏印章》,这标志着近代印刷技术下印谱出版的开端。

在此基础上,又发展出了彩色照相石印技术,可以进行朱墨套印,将印蜕印刷成朱红色,这在印谱出版中应用广泛(图 15)。"这种方法虽然已经不再使用石印制版,但是原理和方法都同于照相石印,所以在民国时仍然被称为石印。自民国以来,人们长期将这种利用照相技术进行复制印刷的书籍统一称为影印本,或者石印本。"⑤商务印书馆所出印谱多为此类。

(二)珂罗版印谱

珂罗版印刷,是以玻璃版为版基的一种平面印刷方式。"其法:将阴文干片与感光性胶资玻璃版密合晒印,其感光处能吸收油墨,其

历代印谱形制演变及动因探析

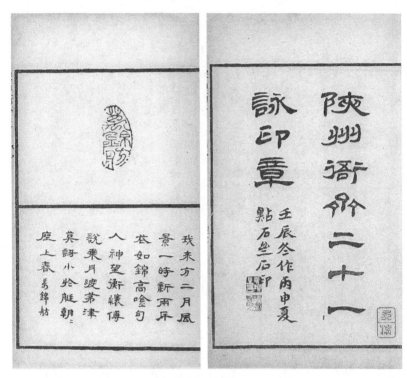

图14　石印本《陕州衙斋二十一咏印章》

余印版则吸收水性,用纸刷印,即得印样。"⑥珂罗版技术以印制颜色逼真细腻、产品精美著称。但玻璃版版基容易磨损,耐印能力较差,因此在印谱中较少使用,更多的是用于对精细度要求较高的书画复制。

（三）金属版印谱

金属版印刷技术是在石印技术的基础上演变而来的,其与石印、珂罗版一样,都属于平版印刷。"金属版直接印刷,一般均以铅版或锌版为版材,将图文落于金属版面上,制成印版进行印刷。"⑦金属版技术相比于石印更为进步,版基尺寸更大,一版可以合印数页。神州国光社所出印谱多为此类。

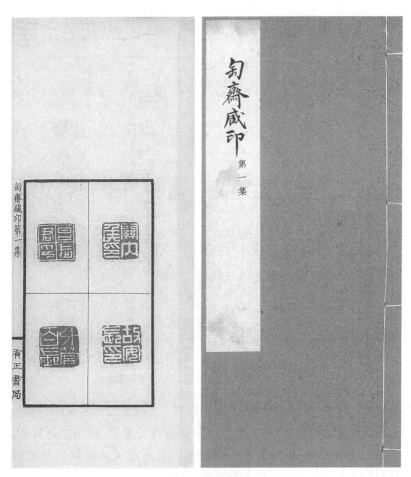

图 15　石印本《匋斋藏印》

需要指出的是,有学者将金属版技术与锌版钤印技术相混淆。其实不然,金属版印刷是平版印刷的一种,原理与石印、珂罗版相似,只是采用的版基为金属材质。这三者存在的共性问题很难体现出原钤本印谱印泥堆积的立体感,并存在印蜕失真或模糊的情况。

(四)锌版钤印本印谱

锌版钤印本印谱的制作工艺是先利用照相制版技术,将锌版用药水腐蚀,形成所需要的印面或边款的样子,然后将腐蚀好的锌版固定在形状、大小接近的木块上,形成仿造的印章(图16)。随后,再以原钤印谱的制作方法,使用仿制印章钤盖印蜕或拓印边款,以取得与原钤印谱相类似的效果。民国时期,西泠印社、有正书局等出版了大量锌版印谱(图17)。目前也常常有用锌版印谱冒充原钤印谱的情况,但仔细对比可以发现仿制的印章难免存在失真的现象,与原作还是有一定的差异。

图16 锌版仿制的印章

石印本、珂罗版、金属版、锌版钤印等借助近代印刷技术生产的印谱,可以算作是原钤印谱的补充,其具有发行量大、价格适中的优点,促进了印谱的普及,使更多印人以及篆刻爱好者能够有机会了解历代玺印风貌。尽管这类印刷本印谱比之早期木刻本印谱更能准确展示印章风貌,但在艺术欣赏价值上难以与原钤本印谱相媲美。因此说,这些印谱仅仅继承了原钤本印谱作为篆刻图像信息载体的功能,而缺乏印谱本身的艺术性。

图 17 锌版钤印本《丁黄印存合册》

五、其他形制

木刻本、原钤本、石印本等印谱都有一定的时代性,此外,还有一些印谱形制,其所具有的时代特征并不明显。

(一)描摹本印谱

描摹本印谱是指采用描摹、双钩填色、临摹等方法对原钤印谱的一种复制。这主要是由于原钤本印谱钤印数量有限，印人或篆刻爱好者在无法获得原钤印谱的情况下，采用这种方法对印谱或者印蜕进行复制，以便留存和参考。描摹本有用朱墨两种，一种直接用墨描摹，所成印稿为黑色，很容易看出为描摹本。另一种用朱砂等红色颜料描摹，如果描摹者水平高超，甚至容易与原钤本混淆，需从印蜕的笔触中加以分辨。

尽管在印谱出现之初，描摹影钞作为书籍复制的方式之一就可能用于印谱的复制，但描摹本印谱出现时间不详，"就所知见而言，描摹本印谱以《超然楼印赏描摹本》（图18）为最早本"⑧。此印谱成书于清乾隆五十七年（1792），以朱砂颜料描摹而成，描摹水平精良。

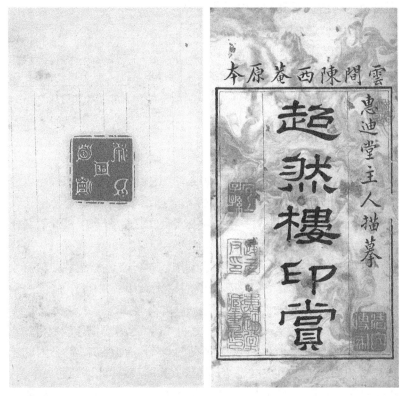

图18 《超然楼印赏描摹本》

描摹本印谱除对某部印谱进行描摹之外，也有对不同印谱中的某类印章进行描摹，其中以方介堪《古玉印汇》（图19）最具代表性。方介堪选取了《顾氏集古印谱》《范氏集古印谱》《十钟山房印举》等二十一部古玺印谱中的玉印进行描摹，并编辑成谱。

描摹本印谱的产生，主要是为了对原钤印谱进行复制。由于印人大多是出于对所见印谱学习、留存的目的加以描摹，因此描摹本印谱的副本较少。保留至今的描摹本印谱更为少见，相关研究不多。

（二）剪贴本印谱

前文介绍的木刻本、原钤本、石印本、描摹本等印谱形制，都是

图19 《古玉印汇》

根据印蜕的制作方式来划分的，剪贴本印谱较为特殊，其印蜕也以原钤印蜕为主，但其印蜕、边款并非钤拓于印谱纸上，而是先钤拓于其他纸张上，剪裁之后再粘贴于印谱纸，装订成谱（图20）。由于制作工艺较为特殊，因此对此类印谱单独进行介绍。

剪贴本的样式出现比较早，明人刘绩《霏雪录》（上）记载："柯博士九思在奎章阁，尝取秦、汉以还杂印子，用越薄纸印其文，剪作片子，帖褙成帙。或图其样，如'寿亭侯印'双纽四环之类，为二卷，余尝见之。"[9]尽管其提到的印谱实物并未流传下来，是否元代就已有剪贴印蜕成谱的先例尚无法确定，但这也说明了刘绩所处的明代已有剪贴本印谱，因此才会有此表述。清人傅以礼《题宝印斋印式》中记载："此谱乃剪黏本，共存印三百三十又一，成于明天启中，迄今已二百八十余祀。"[10]此处明确指出明天启年间已有剪贴本印谱，但剪贴本较多出现，还是在清代。

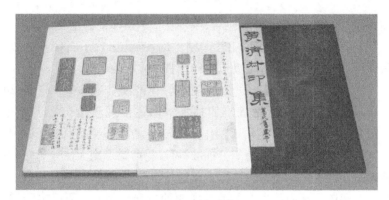

图 20 剪贴本印谱

目前所见较早的刊有边款的印谱多为剪贴本,这很可能与拓款技术不成熟有关。为提高成功率,要先在其他纸张上拓款再粘贴成谱。

剪贴本制作的方便之处在于,很可能制作者并非原石的收藏者,只是拥有一批印蜕、边款,制作者制作剪贴本印谱的初衷,可能仅仅是便于印蜕的保存,便将其剪贴成谱,因此剪贴本印谱的副本往往很少。而且有的剪贴本制作相当简陋,也存在印谱内容不成系统的现象。另外,剪下的印蜕还可以粘贴制作成册页和卷轴形式,加以装饰或题跋,成为一件艺术作品。

通过对历代印谱演变性质的梳理可以发现:

其一,木刻本印谱出现最早,北宋时便已出现木刻本,但此时尚不能称之为真正的印谱,属于古器物图谱中的一部分。

其二,明代从顾从德的《顾氏集古印谱》开始,出现原钤本印谱。印谱开始真正从普通古籍中独立出来,自成一体。

其三,原钤本印谱是印谱的主流,其他还有木刻本、石印本、描摹本、剪贴本等多种形制。

其四,随着边款艺术的发展和拓款技术的进步,在清嘉庆时期开始出现钤印拓本,确立了流派印谱的典型样式。民国时出现墨拓印面,印蜕、墨拓、边款三者相结合,到现在依然是印谱的主要形式。

其五,晚清民国时期,随着印刷术的发展,出现了石印本、珂罗版、金属版、锌版钤印等借助近代印刷技术出版的印谱。

其六,描摹本印谱是对原钤印谱的一种复制,用以保存资料,以便学习借鉴。目前所见最早的描摹本印谱出现于清乾隆五十七年(1792)。描摹本印谱由于制作数量较少,存世量更为稀少。

以印蜕的制作方式为划分标准,可以将印谱形制大体分为三类:钤印本、印刷本、描摹本。钤印本印谱是指采用蘸取印泥钤盖的方式制作的印谱。其中最主要的就是印谱的典型形制——原钤本印谱。锌版钤印本印谱虽然是近代印刷技术出现之后的产物,但因其利用锌版仿造的印章进行钤盖,也被归入广义的钤印本印谱之中。印刷本印谱是指印蜕是以印刷的方式制作的印谱,既包括早期以雕版印刷技术制作的木刻本印谱,也包括晚清民国以来以近代平版印刷技术著作的石印本等印谱。描摹本印谱是指印蜕以钩摹、描摹的方式制作的印谱,数量较少。由于剪贴本印谱的划分标准与此不同,因此在印谱形制分类图(图19)中并未包含。

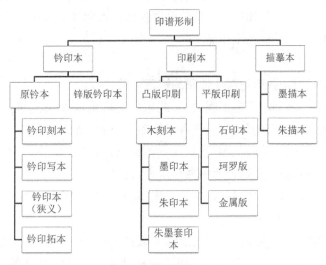

图 21　印谱形制分类图

六、印谱形制演变的动因

经过数百年的发展，印谱形制实现了从木刻本向原钤本的转变，这种转变其实反映了印谱编辑者出发点的变化，即从早期出于金石学考证的目的，转变为注重表现印章的艺术风貌。早期的印谱往往著有大量印章释文、考证等文字信息，印蜕只是其中的一部分。随着篆刻艺术的发展以及钤印拓本的出现，文字在印谱中的比例越来越少。印蜕、边款等图像信息成为印谱的主要内容。印谱编辑者从注重史料价值，转变为注重艺术价值。印谱与其他古籍从形制上渐行渐远。这说明篆刻开始从金石学中脱离出来，注重艺术表现力，实现了从金石学向篆刻艺术的转变。

随着流派篆刻艺术的发展，印谱的制作技艺也在不断进步，刻款艺术产生之后，为更全面地展示印人的作品风貌，印谱中除收录印蜕外，还开始收录边款，形成了成熟的拓款技术，钤印拓本成为印谱的主要形制。此后，为了丰富印谱的表现形式，印谱中又出现了印面墨拓。边款、墨拓的出现，增强了印谱的艺术审美效果，使印谱更具观赏性。印谱本身已具有艺术价值，成为艺术品，这也是印谱与其他古籍的差异之一，从而使其具有了独特的收藏与研究价值。

原钤本印谱能准确还原印章原貌，艺术价值高，是印谱的最主要形制。但因其工艺复杂，制作起来耗时费力，因此往往制作数量较少，因此印人便采用印刷、描摹等方式对印谱进行复制。早期的印谱复制以木版翻刻、描摹为主，近代印刷技术传入之后，开始以石印等平版印刷技术进行印谱的大量复制，提高了印谱的印制数量。更出现了平版印刷与钤印技术相结合的锌版钤印印谱，以追求对原钤印谱的精确模仿。

回顾印谱形制演变的发展历史发现，印谱形制经历了从印刷本到钤印本再回归印刷本的循环。印谱以木刻本印谱为开端，是因为其作为古籍的一种，也是从普通古籍中衍生出来的，最初的形态必然与其他古籍一致。但在发展过程中，印谱的独特性逐渐凸显，便形成了独具特色的原钤本印谱，使印谱与其他古籍呈现出了不同的发展趋势。近代印刷技术传入之后，也改变了印谱出版的形势。先进的印刷技术的应用，弥补了原钤印谱数量有限的缺点，促进了印谱的大量复制。至此，印谱出现了分化，原钤本印谱由于数量少、又能准确表现印章风貌，向着艺术品的方向发展。而近代印刷本印谱，由于发行量大，促进了篆刻的普及，成为一种普通读物。直至现在，依然是两种印谱并存的局面。

印谱形制的演变是由人、物、技三者共同推动的，是在印谱编辑者、篆刻艺术发展水平、钤印拓款工艺、印刷技术等多重因素促进下发生的。从古籍保护的角度而言，印谱的保护也和其形制密切相关。早期木刻本的保护，与其他古籍的保护基本相同。原钤本的保护，由于其材料与制作工艺和其他古籍有较大的不同，而且本身具有较高的艺术价值，在保护过程中，需要借鉴古书画保护的一些理念和技术。而近代印刷本印谱的保护，则要参照近代图书文献的方法，例如注重脱酸和印刷色料的防变色等。印谱形制的演变和特点研究，对于印谱的研究与保护，都具有重要的价值。

---

① 孙向群：《关于印谱分类问题》，《西泠印社》，2012年第3期，第35—39页。

② 陈谊：《印谱制作与版本著录》，《第五届孤山证印西泠印社国际印学峰会论文集》，西泠印社，2017年，第1072—1081页。

③ 陈振濂主编：《朱蜕华典——中国历代印谱特展图录》，上海书画出版社，2019年，第9页。

④ 杨丽莹：《清末民初的石印技术与石印本研究——以上海地区为中心》，上海古籍出版社，2018年，第13页。

⑤ 同上书，第17页。

⑥ 贺圣鼐：《三十五年来中国之印刷术》，选自《中国书史参考资料》，武汉

大学图书馆学系,1980年,第195—202页。

⑦ 张树栋、庞多益、郑如斯等:《中华印刷通史》,印刷工业出版社,1999年,第448页。

⑧ 刘浩敏、林章松:《描摹印谱——且由〈超然楼印赏〉说起》,程焕文、沈津、王蕾主编:《2014年中文古籍整理与版本目录学国际学术研讨会论文集》,广西师范大学出版社,2015年,第743—755页。

⑨〔明〕刘绩:《霏雪录二卷》,明弘治刻本。

⑩ 傅以礼:《题宝印斋印式》,转引自黄惇:《中国印论类编》,荣宝斋出版社,2010年,第669—670页。

（作者:张学津,复旦大学文物与博物馆学系,博士研究生、上海韩天衡美术馆文博馆员;陈刚,复旦大学文物与博物馆学系,教授）

秦时期地方县政下漆事运营的考察

黄祎晨

  漆作为古代中国一种黏合剂、涂料和颜料调和剂,历史最早可追溯至距今约8 000年前跨湖桥良渚文化遗址的桑木漆弓[①]。目前对于古代漆和漆器的研究多使用考古学方法、围绕漆器展开[②],涉及漆器生产与管理的问题均从铭文出发、进行推断[③],而关于漆器制作的核心原材料——漆——在古代官僚系统中的运营轨迹则因文献失载,不甚清晰。作为秦洞庭郡迁陵县的公文遗存,里耶秦简中零星的漆事记录提供了管窥这一问题的机遇。本文尝试以里耶和睡虎地秦简中的漆事记录为主,以秦县日用漆器生产的考古材料和秦墓所出兵器髹漆实例为辅,考察秦县漆事运营的基本情况,阐释漆资源之于秦的战略意义。此处需特别指出,简文与考古材料均属秦国晚期至秦帝国时期,可构成互证关系。

一、秦简所见漆事相关的记录

  秦简中有关漆事的记录见于里耶秦简与睡虎地秦简。
  里耶秦简中,漆事相关简文共计21条[④]。作为迁陵县衙署的档案,21条简文表明县中漆事运营可分为漆的生产、漆的调度与漆的使用三个环节。本文将在前人对秦县级地方官制与政务运行的分析框架下,对三个环节予以一定程度的还原。
  睡虎地秦简中的5条漆事律令均出土于睡虎地秦墓M11(秦属

南郡治下)中⑤,是墓主"喜"根据历任官职所需抄录的⑥。漆事律令的抄录说明南郡属县中,漆事运营管理是不可或缺的,可补充对里耶公文简中三个漆事运营环节的讨论。

(一)漆的生产

《史记·老子韩非列传》对庄子的宦历记载如下:"庄子者,蒙人也,名周。周尝为蒙漆园吏。"此语表明战国时的宋国已设漆园,种植漆树。而睡虎地秦简中所见"漆园殿"一条,坐实了漆园这种规模性经济产业的存在,亦可见相关赏罚奖惩制度的严厉:

> 纍(漆)园殿,赀啬夫一甲,令、丞及佐各一盾,徒络组各廿给。纍(漆)园三岁比殿,赀啬夫二甲而法(废),令、丞各一甲。(《秦律杂抄》)

里耶秦简中亦有3条涉及"漆园"的记录:

> 田课志。纍(漆)园课。·凡一课。(里耶8-383+8-484)
> 纍(漆)园佐氏□。(里耶9-796)
> □受孱陵纍(漆)园□。(里耶16-1105)

上述材料显示,至少在战国至秦帝国时期,漆园是由官方设置、从事漆生产的机构。那么,"漆园"简文可提取哪些有关漆生产的信息呢?

"漆园殿"条是对漆园收成进行评判的律文,即:该年度里,如漆园评比排在末位,那么漆园的各级官吏包括啬夫、令、丞都要被处以经济性的赎罚。所谓"赀甲""赀盾",就是拿出相当于若干件甲、盾的钱款来抵罪。这样的惩罚同样延及劳作的徒隶。如果连续三年排在末位,官吏将面临更大力度的惩罚,甚至免职。

秦实施连带责任制,如主管官吏失职,不仅惩罚其下属官吏,直属的上级官吏也将连带受罚。因"漆园殿"受罚的主管官吏为"啬夫",下级官吏为"佐",上级为"令、丞""令、丞"为秦县三位长吏之二,共掌民政⑦。对于此处的"啬夫",以往学者多认为存在"漆园啬夫"这一官职⑧,但简文中从未直称"漆园啬夫"。近出的里耶秦简可推动这一问题的讨论。

里耶秦简的簿籍类简中有三条与漆事相关,分别是 8-383+8-484、8-488 和 8-454:

　　田课志。鬃(漆)园课。·凡一课。(里耶 8-383+8-484)
　　户曹计录:乡户计,繇(徭)计,器计,租赁计,田提封计,鬃(漆)计,鞠计。·凡七计。(里耶 8-488)
　　课上金布副。　柒课——　作务——　畴竹——　池课——园粟——　采铁——　市课——　作务徒死亡——　所不能自给而求输——　县官有买用钱,铸段(锻)——　竹箭——　水火所败亡、园课、采金——　赀、赎、责(债)毋不收课(里耶 8-454)

8-383+8-484 属"课志",8-488 属"计录",涉及田、户曹两个县内行政机构。关于"课志"与"计录",已有颇多研究⑨,李均明指出"它们对研究秦代行政架构及组织分工也具有重大意义"⑩。那么,漆园是属于田还是户曹,啬夫与两个机构又是什么关系呢?

秦县廷的下属机构有"官""曹"二者。"官"为职能部门,有仓、田等,设于县廷之外,主管官吏为官啬夫;"曹"为"官"与长吏之间的纽带,协助处理往来事务与文书,如仓曹、金布曹等,设于县廷之内,主管官吏为令史⑪。

里耶秦简中,"课志"总与"官"相配,即各官署负责其职责范围内事务的考课,8-383+8-484 就表明漆园属于田——一个主管全县农事的官署⑫。而"计录"总与"曹"相配,一曹的"计录"中存在多个官署上交的"计",如 8-439 的"金布计录"中,"库兵计之后的车计、工用计和工用器计……同是属库的统计"⑬,同理,"户曹计录"中,存在两个官署上交的"计"——乡与田,"提封计、鬃(漆)计、鞠计"属田,进一步确证了漆园的隶属。田的主官官吏为"田啬夫",漆园属于田,所以"漆园殿"条中的"啬夫"实指田啬夫,而非设有"漆园啬夫"一职。由于秦实施"课""计"分离的考绩制度[⑬],漆园的考课由田主持,统计田内漆余量的计簿——"漆计"上交户曹,由户曹进行校对与核准。

经过以上讨论,漆园的吏员设置和隶属问题已然清晰,10-91+9-133 却为漆园的考课带来了新问题:

> 髹(漆)课得钱过程四分一,赐令丞、令史、官啬夫、吏各襦、徒人酒一斗,肉少半斗;过四分一到四分二,赐襦绔,徒酒二斗、肉泰半斗;过四分二,赐衣,徒酒三斗、肉一斗。□得钱不及程四分一以下,赀一盾,笞徒人五十;过四分一到四分二,赀一甲,笞徒百;过四分二,赀二甲,笞徒百五十。(里耶10-91+9-133)

这条简文详述了漆课的细则,"程"是漆课的预期指标。围绕预期指标,设置了六个考评等级,按"过程"与否给予不同程度的奖赏与惩罚。与"漆园殿"条不同的是,漆课的连带责任人多了"令史"。再者,10-91+9-133 中,漆课的指标不是依据产量或质量制定的,而以"得钱"多寡来论,似乎漆的考课过程离不开市场买卖,与漆园的评比并非一事。这是否也与 8-454 中,"漆课"上交的廷曹是金布曹有关呢?

8-495"仓课志"中的"畜彘鸡狗产子课"与漆课相似,既参与考课和评比,又涉"得钱",可比照讨论。《秦律杂抄·牛羊课》表明产子课考课的是产子量是否达标。按《秦律十八种·仓律》规定,在满足官府所需的前提下,多余的小牲畜将被变卖得钱,变卖获利的多少反映了牲畜繁殖的水平和仓的工作能力。8-1516 是一条因"课廿四年畜息子得钱殿"所发出的追查文书,显示各仓在考课之外,还需参加评比,评比按变卖息子得钱多寡来排序。类推至漆课,漆园的漆也是在满足官府用量后[15],才将多余的漆变卖来得钱。与牛羊课不同的是,漆课预期指标不是按产量或质量设立的,而是以得钱多寡为"程",表明漆课考核的是漆园过量生产的能力是否达标。漆园评比则是在此之外追加的赏罚。评比内容在简文中没有明示,姑且认为也是得钱多寡,采取末位淘汰制,目的不在考核,而在于促进各县田官署在漆园经营上的竞争,优化漆园的生产能力。由于田没有相应的廷曹,考课内容又与金钱、买卖紧密相关,所以漆课呈交金布曹[16]。连带责任人的不同也说明了考课与评比并非一事。令史是廷内诸曹的主管官吏,职责之一是"监督官府买卖"[17]。变卖多余漆的过程应有令史在旁监督,方符合规程,令史也就成了漆课的连带责任人之一。漆园的评比则是跨县事务,令史至多只协助统计等一应事务[18],不直接参与评比过程,也就不承担连带责任。

经过以上讨论,可知漆园运营中涉及两类考核——考课和评比。漆课由漆园的上级官署田主持、令史监督,考课漆园在满足官府所需后、过量生产的能力,考课材料呈交金布曹;户曹的"漆计"则统计官府用漆的出入情况。漆园评比是漆课之外的追加赏罚,按各县漆园过量生产能力的排序,实行末位淘汰制,目的在于促进各县漆产能的提升。

(二)漆的调度

地方国有财物的调度是秦地方政务运行的课题之一。以县与诸官之间的财物调度为例,过程可分为接受方申请、县廷批准、出付方出付、接受方接受,其间需制作"付券""受券""付计""入计"等文书,县廷则在调度过程中起"中枢"作用[19]。

漆的调度亦属地方国有财物的流转。按里耶秦简所示,漆可进行跨郡、跨县和县内调度。

在上节中,曾提及 16-1105,这是一份"入计"文书,意即迁陵县某官接受了来自孱陵县漆园的漆。孱陵县属南郡(今湖北公安县西北)[20],距洞庭郡迁陵县(今湖南龙山县里耶镇)1 265 里[21],是一次路途遥远的跨郡调度。

以下三简显示了漆在跨县和县内调度中的情况：

卅七年迁陵库工用计受充库工用计：桼（漆）卅斗，歓（饮）水十四斗，干重十。（里耶 9-1124+9-2064）

卅七年迁陵库工用计，受其贰春乡纂（漆）☒，桼（漆）三升，歓（饮）水十一升，干重八。☒（里耶 9-1136）

贰春乡主纂（漆）发。（里耶 8-1548）

9-1124+9-2064 是迁陵县库接受充县库来漆的"入计"。迁陵县和充县（今湖南桑植县）同属洞庭郡②，属跨县调度。两县分处酉水和澧水流域，相距不远，文书和物资往来相对频繁，既可走陆路交通路线㉓，又能行"充←→酉阳（今湖南省永顺县附近）←→迁陵"的水路混合交通路线㉔。此简中，漆的称谓值得注意，它不再是田或漆园中贮存的漆，而是成为库中"工用计"的一种，说明漆的性质会因所属官署的不同而变化。

9-1136 是迁陵县库接受贰春乡来漆的"入计"，可与 8-1548 对读。8-1548 是一枚封检，"主纂（漆）"指乡中负责漆事的官吏。迁陵县下辖三乡：都乡、贰春乡和启陵乡。都乡即迁陵县官署所在，贰春乡和启陵乡称离乡。《効律》有"都仓、库、田、亭嗇夫坐其离官属于乡者"一句，表明库与田都在离乡设有分支机构，贰春乡的漆可能就来自于此。考虑到此处漆的称谓并非"工用计"，它来自于田的可能性更大，但也仅为推测。贰春乡的地理位置在迁陵县城西部偏北的山区㉕，酉水相连，水路、陆路均可往来㉖，但山路崎岖难行㉗，走水路运漆更为便捷。

材料有限，仅能勾勒出漆调度的大致情形：在适宜漆树种植区域内的县、乡各机构大多贮藏有漆，可进行县内、跨县和跨郡的调度，县廷在漆调度过程中起"中枢"作用。在交通运输方面，以迁陵县城为原点，通往贰春乡、充县和南郡房陵县的水陆交通网络成熟，往来运漆并非难事。归纳至此，"入计"中的后半句仍留有疑问：为何此处不直接记下运抵的漆的量，而要额外写下"饮水""干重"等数据？

114　复旦大学文化遗产研究

图1　9-1136图版

图源：湖南省文物考古研究所：《里耶秦简（二）》，文物出版社，2017年，第139页，图版——四六。

秦及汉初，普遍采用"饮漆"法，来核验漆含量。9-1124+9-2064、9-1136和《效律》中的"工禀漆它县"条都显示了此种方法的运用：

工禀䊷（漆）它县，到官试之，饮水，水减二百斗以上，赀工及吏将各二甲，不盈二百斗以下到百斗，赀各一盾，不盈十斗以下及禀䊷（漆）县中而负者，负之如故。（《效律》）

"饮漆"法是让漆在饱和状态下运输的一种方法，操作流程为：出付时，往漆中加水至饱和状态（即呈果冻状，再加水也不能互融）；运输中，尽量使漆溶液保持饱和状态（但因晃动造成的损失或水分的蒸发，都会让漆溶液不再是饱和状态）；接受时，重新加水，使之再次呈饱和状态[28]。运用此法运漆，只需测量接受时漆溶液的量和加水量，即可算出实际接受到的漆量，公式为：（漆溶液量+加水量）/4=漆含量（张家山汉简《算数书》中有载，漆水饱和比为1∶3）。

根据公式，分别对9-1124+9-2064、9-1136进行计算可知，"䊷（漆）卅斗"的漆含量为十一斗，与"干重"后的数据大致相当，但"䊷（漆）三升"的漆含量为三又二分之一升，显然，三升漆溶液中不可能含有三又二分之一升漆，此句释读存疑。查9-1136图版（见图1），图中框1、框2分别是"卅"和"三"。"卅"字的横竖糊成一团，看不出字形，整理小组或是参照9-1124中清晰的"卅"字（见图2），将其释读为"卅"的。9-1136中的"三"与"卅"类似，最上面一横漫漶不清，更像"廿"字。如以"䊷（漆）廿二升"

计算,漆含量为八又四分之一升,既合常理,也与"干重"后的数据相差不大。

那么,"干重"是什么意思呢?《吕氏春秋·别类》有云:"漆淖水淖,合两淖则为蹇,湮之则为干。"高诱注:"蹇,疆也,言:水漆相得则疆而坚也。"另注"干":"干燥也。"先秦秦汉文献中,"疆""强"互通常见㉙。此句前半句意为:水和漆相混才能坚强、牢固,所以在饱和状态下运漆是利于漆液保存的。《方言》释"湮":"湮,忧也。"又云:"自关而西,秦晋之间,凡志而不得,欲而不获,高而有坠,得而中亡,谓之湮。"㉚大意是在秦晋等地,因失意而忧伤为"湮",此句中可意会为"失"。后半句即意为:漆失水后为干燥状态(不含水的状态)。考虑到"干重"后的数据与漆含量大致吻合,可将"干重十""干重八"解释为:失水后,漆的重量按十斗、八升计算,省去单位则是为了规避重量与体积之间单位不同的矛盾。再者,如等漆溶液的水分完全蒸发后、称量重量,耗时过长,既不现实,也不利于漆的保存,由计算得出"干重"作为实际收到的漆的量来记录,在情理之中。所以,"入计"的后半句是按"收到漆溶液的量+加水量+实际收到的漆的量(计算得出)"的格式书写的。

图2 9-1124 图版

图源:湖南省文物考古研究所:《里耶秦简(二)》,文物出版社,2017 年,第 137 页,图版一一二四。

上述过程是理想状态下"饮漆"法的实践。但在现实中,与漆调度相关的上下级官员均可能从自身利益出发,减少加水负担,也就催生了"工禀漆它县"条的制定㉛。

里耶简中另有三条或与漆的调度有关,但简文残断,信息不明,此处不加讨论。

(三)漆的使用

从简文来看,漆有兵器和车的制造、日用器制造、标识器物等功用。

8-529 记录了兵器弩在制造过程中漆的用量;9-731 则是对祠器的一种——漆梡车的如实描述:

赣弩用白布丈七尺。 洒桼(漆)用白布六尺。(正)
大一七弩。大二件将。小六顅卌弩。 □□□弩传干。(背)(里耶 8-529)

□二尺。一环,环去栈高尺。以绀缯为盖,缦里。☒ 祠器。桼(漆)梡车,以木为栈,广四尺。☒(里耶 9-731)

秦县中,库是与兵器和车关系最为密切的官署,职掌"兵器与甲衣"的保存、"维护和调运兵器""保管车"等㉒。新近公布的 9-89+9-739 还直接记载了库向工匠出付"工用"——铜,以制造车部件的情形。库中出付漆、以制造兵器和车的情况与之相同。按秦律中,工因常规工作不利受惩、鲜少连累官啬夫来看,库和县工室是两个独立的县级机构,并不存在隶属关系。

除了兵器和车的制造,漆也用于日用器的制造,里耶简中有一系列对官署所有日用器的统计,此处仅以"仓厨"所藏为例:

仓厨今□□ 桼(漆)丹□□ 桼(漆)丹桮卌。(里耶 12-492)

器物制造之外,漆可以与炭粉和朱砂混合,调制黑、红两色颜料。对公家器物(工具和兵甲等)中不能长时间留下刻划痕迹的,就用有色漆标识。甚至在不同的兵器上,要用黑、红两色加以区分。在向百姓借来的兵甲上,不能作刻痕,但要确保漆书的持久性。相关规定见于《秦律十八种·工律》和《效律》:

公甲兵各以其官名刻久之，其不可刻久者，以丹若髹(漆)书之。其叚(假)百姓兵甲，必书其久，受之以久。入叚(假)而毋(无)久及其非官之久也，皆没入工，以齐律责之。　工(《秦律十八种·工律》)

叚、载、弩，丹漆相易殹(也)，勿以为赢、不备，以职(识)耳不当之律论之。(《效律》)

另有三条简文与制器中漆的用量有关，但并不能判断是哪个官署、用来制造何种器物的漆，在此不再列出。

二、考古材料所见秦漆器

秦考古材料中有不少兵甲和车髹漆、及秦县生产日用漆器的实例，或印证、或补足了秦县漆事运营中使用环节的情况。

(一)秦兵甲和车的髹漆实例

简文中，兵器和车髹漆的记载稀少，但考古材料却证明，兵器和车髹漆是战国至秦一种普遍的做法。秦始皇陵兵马俑坑中的铜弩机均与木弓、弓囊同时出土，木弓面上扎有涂红漆的窄皮条[33]。此外，兵马俑坑中，在木质战车上髹漆的做法屡见不鲜[34]。坑中出土的7 000余支铜镞中，成束镞的箭杆上，三分之一髹红漆，三分之一髹褐色漆，箭杆已朽，漆仍残存[35]。兵马俑是帝陵陪葬之一，所出兵器和车较为高档，或许不能体现两者髹漆的普遍情况。湖北云梦睡虎地秦墓是秦国晚期至秦代的墓葬，墓主身份为低级官吏，M45：27的弩机木臂、M45：31的竹弓、M45：29-4铁镞的竹杆及M25：52铜戈的竹杆上均髹涂黑漆[36]，足以反映在铜兵器的有机质构件上髹漆是秦时习以为常的工序。而车马是高规格的陪葬品，在低等级墓葬中鲜见，故此处车髹漆实例仅用兵马俑坑材料。作为抵御铜兵器攻击的主要防具，战国时期的皮甲髹漆实例亦屡屡出土，以曾侯乙墓的髹漆人甲和马甲为代表，广泛分布于湖北、湖南、河南等地墓葬中㊲。青铜时代，皮甲与铜兵器互为"矛盾"关系，车的使用也日益普及，在它们的有机质构件上髹漆是一种普遍的做法，秦不过是时代潮流中的一员。

（二）秦县日用漆器生产的实例

秦日用漆器中，有一批戳印了"×市"或"×亭"铭文，"×"为县名或其省称，"市""亭"指一类地方机构。秦汉地方设有种类繁多的亭。有别于都乡之外、主要维持治安的乡亭，市亭设于都乡之内的集市中，协管市务和手工业㊳，即戳印所谓"×市"或"×亭"。器上戳印既是产品合格、准许流通于市的标识，也认证了它们由县辖作坊生产的身份。至于作坊是否是县工室，不得而知。

目前所见此类铭文有"咸亭""成亭""郑亭""许市""吕市"与"里亭"。除"咸亭"外㊴，五地铭文均以竖排烙印在器物的内底或外底，书写规整、字号相当（见图3），显示五地的漆日用器生产有一定规范性。相似的规范性在器物上也有体现，如地理位置上相近的"吕市""许市"所产耳杯，均内髹红漆、外髹黑漆，耳上与口沿外部用红漆彩绘波折纹，尺寸也基本相同，均长18厘米左右，宽13厘米左

① 四川青川郝家坪 M2：9 "成亭"铭文
② 湖北云梦睡虎地 M36：30 "许市"铭文
③ 湖北云梦睡虎地 M34：21 "郑亭"铭文
④ 湖北云梦龙岗 M6：10 "里亭"铭文

图3 "×亭"铭文漆器

图源：① 四川省博物馆、青川县文化馆：《青川县出土更修田律木牍——四川青川县战国墓发掘简报》，《文物》1982年第1期，第9页，图一五。②③ 云梦县文物工作组：《湖北云梦睡虎地秦汉墓发掘简报》，《考古》1981年第1期，第34页，图一〇。④ 湖北省文物考古研究所、孝感地区博物馆、云梦县博物馆：《云梦龙岗6号秦墓及出土简牍》，《考古学集刊（第8集）》，科学出版社，第92页，图六。

右,高5厘米左右(见图4)[40];又如相距不远的"咸亭"和"郑亭"都生产一种造型别致的凤形勺,勺身模拟凤鸟(见图5),通高均为14厘米上下[41],与《秦律十八种·工律》中"为器同物者,其大小、短长、广亦必等"的规定相吻合。有趣的是,现下所见有"×市"或"×亭"戳印的日用漆器数量不多,且均不在本地出土[42],而里耶简中却登录了大量官府所藏日用漆器,以"桮"为例,一个条目下就多达四十,甚至近两百只,差距之悬殊意味着县辖作坊生产的大部分产品或直供官署,多余的才予以出售。里耶简中频频提及的"桮",或是和"吕市""许市"耳杯类似的产品。

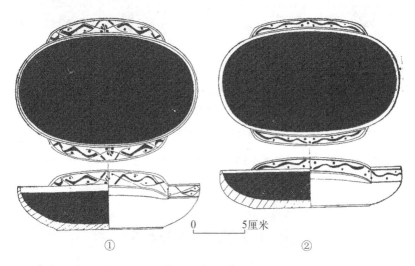

① 湖南云梦睡虎地 M45:20"吕市"波折纹耳杯
② 湖南云梦睡虎地 M43:14"许市"波折纹耳杯

图4 "吕市""许市"波折纹耳杯

图源:湖北省博物馆:《1978年云梦秦汉墓发掘报告》,《考古学报》,1986年第4期,第498页,图二三。

总之,从简文和日用漆器的考古材料来看,秦县漆事运营中,有一部分漆的去向是为县辖作坊所用,以制造日用漆器。日用漆器大部分直供给了官署,多余的则流入市场。

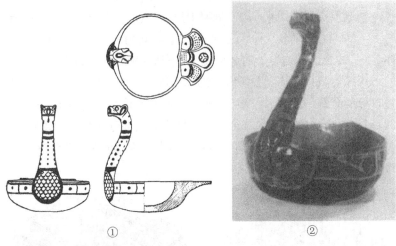

① 湖南云梦睡虎 M9：41"咸亭"凤形勺
② 湖北云梦睡虎地 M34：21"郑亭"凤形勺

图 5　"咸亭""郑亭"凤形勺

图源：①《云梦睡虎地秦墓》编写组：《云梦睡虎地秦墓》，文物出版社，1981 年，第 33 页，图三三。
② 云梦县文物工作组：《湖北云梦睡虎地秦汉墓发掘简报》，《考古》，1981 年第 1 期，图版捌-6。

三、秦县漆事运营的基本情况

经过对简文和考古材料的解读，秦县漆事运营的基本面貌愈发清晰。秦国晚期至秦代，县的漆事可分为漆的生产、调度和使用三个环节。

漆园是从事漆树种植、漆液采割的生产机构，从属于县官署田。田啬夫为漆园的主管官吏，下设漆园佐，劳作由徒隶承担。漆园的考绩实施双轨制度，除了日常由田主持、金布曹协理的考课外，还追加一年一度的县级评比，以敦促各县田官署优化漆园的经营，持续提高漆的产能。

漆园产漆，却未必用漆，产与用之间以调度来衔接。秦县之漆可进行跨郡、跨县和县内调度。三种不同层级的调度中，县廷是无可替代的"中枢",县内调度要经由县廷批准、方能执行,跨县、跨郡调度更需各县廷之间的沟通和统筹。秦及汉初的漆运输在饱和状态下进行,是为"饮漆"法。到达接受地后,测量运到的漆溶液量和加水量,即可算出实际收到的漆量。"工禀漆它县"条是为了减少运漆过程中的上下级矛盾所设。

至于漆的用途,主要有三。一为兵甲和车的有机质构件髹漆,二为日用漆器的制造和流通,三为公家兵甲和工具的标识。

以迁陵县为例可知,即使是地处偏远山区的秦县之中,漆的生产、调度与使用依然环环相扣、有条不紊地运行着。积县为国,可以推想此状态在秦的广泛性。"看似寻常最奇崛",漆资源对秦官、秦军而言,都是用量极大的消耗品,使之维持平稳有序的状态绝非易事,此番努力意义何在? 在还原秦县漆事运营的基本情况后,本文试图对这一问题进行解答。

四、漆资源之于秦的战略意义

零星的简文记录和相对丰富的考古材料都揭示了秦漆用量不菲的事实。然而对于漆事的正面记载过于稀缺,不足以挖掘其潜在的战略意义。此节将借助传世文献和秦简中频频出现的另一物资——羽毛——来进一步讨论。

春秋中期以降,以羽毛为代表的军用物资来源地——山林薮泽逐渐被各国君主纳为个人家产。战国时代,家产化的山林薮泽在满足了各国所需之后,化身为商品、往来贸易。各地需求的增多加剧了山林薮泽的开发,畜牧业、养殖业、林业和园圃业等随之兴起[43]。和羽毛一样,漆本是产自山林的军用物资,战国商贸的繁荣却突显了它的经济价值。战国大商人白圭擅长投机,"夫岁熟取谷,予之丝漆;茧出取帛絮,予之食",漆是他倒卖致富的主要商品之一。《周礼·地官司徒·载师》载:"凡任地,国宅无征,园廛二十而一,近郊十一,远郊二十而三,甸稍县都皆无过十二,唯其漆林之征,二十而五。"在各类田林园圃中,漆林税收最高,达百分之二十五,可见获利之多。《孙子·作战》言及战争耗费之巨时,"胶漆"更是唯一被提及的工用,"凡用兵之法,驰车千驷,革车千乘,带甲十万,千里馈粮。则内外之费,宾客之用,胶漆之材,车甲之奉,日费千金,然后千万之师举矣"。战国中晚期以来,秦国不断发动兼并战争,完成统一霸业,后又北拒匈奴,南征百越。在连绵不断的战事中,如果漆一直作为昂贵的奢侈品被广泛使用,于军费之耗、国力之损可想而知,但秦县的漆事运营却是另一番样貌。

以迁陵县为例,漆的生产、调度和使用都只存公式化的记录,呈现了各环节运行不慌不忙的景象。同为军用物资的羽毛却恰恰与之相反,"捕羽"、"捕鸟"、买羽等简文频繁出现,透露出对羽毛紧迫的需求。不同军用物资简文出现的多寡,可部分归结为材料的特殊性,但在"徒作簿"中,劳作者从事捕羽的调拨频次高、人数多,足以说明羽毛确实十分紧缺[44]。羽矢的价格能进一步反映这一情况。战国末期,一斗漆为35钱,一支羽矢为2.5钱,而在物价普遍上涨的西汉,漆价已上浮至一斗345钱,一支羽矢的价格却只有四分之一钱或三分之一钱[45]。显然,战国末期的羽矢价格并不寻常。战国至秦的粮价平均为一石30钱,一石粮食能买漆一斗有余,却只能买十二只羽矢[46],可见其价之高、存量之少。羽矢的紧缺可能是缘于战事的频繁,但更重要的是羽毛来自野生鸟类,秦政府没有圈养鸟类以获得稳定的羽毛来源,造成对这一物资管控力度薄弱。

与羽毛相比,用途广泛、耗量不菲的漆能维持低廉的价格和平稳的运行状态,离不开成熟的机制和秦政府的苦心经营。将漆纳入国家的管控中,不停优化产能,使之能自给自足,不仅减少了军费和国力的损耗,也可免于在战争中受到敌方资源上的钳制。

① 浙江省文物考古研究所、萧山博物馆:《跨湖桥》,文物出版社,2004年,

第 202 页。

② 以先秦汉漆器为例，有洪石：《战国秦汉漆器研究》，文物出版社，2006年；陈振裕：《战国秦汉漆器群研究》，文物出版社，2007年等。

③ 以先秦汉漆器的生产管理为例，有陈振裕：《湖北出土战国秦汉文字初探》，《古文字研究（第17辑）》，中华书局，1989年；洪石：《战国秦汉时期漆器的生产与管理》，《考古学报》，2005年第4期等。

④ 张春龙先生在2016年于香港举办的中国简帛学国际论坛上，发表了里耶秦简中几乎所有含"漆"字的条目，是本文写作的基础材料之一，在此表示感谢。其文录有30条相关简文，本文补入8-454。31条简文中，10条与漆事运营关系微弱，不纳入本文讨论中，共计21条。简文引自陈伟主编：《里耶秦简牍校释（第一卷）》，武汉大学出版社，2012年；陈伟主编：《里耶秦简牍校释（第二卷）》，武汉大学出版社，2018年；张春龙：《里耶秦简中的漆的生产与管理》，中国简帛学国际论坛，香港，2016年。后文仅标明里耶简牍编号，省去征引页码。

⑤ 睡虎地秦墓竹简整理小组：《睡虎地秦墓竹简（精装本）》"出版说明"，文物出版社，1990年。后文仅标明睡虎地秦简篇目，省去征引页码。

⑥ 同⑤；陈侃理：《睡虎地秦简〈编年记〉中"喜"的宦历》，《国学学刊》，2015年第4期。

⑦ 杨宽：《战国史》，上海人民出版社，2016年；沈刚：《秦县、令、丞问题发微》，《出土文献研究（第17辑）》，中西书局，2018年。

⑧ 如高敏：《论〈秦律〉中的"啬夫"一官》，《社会科学战线》，1979年第1期；裘锡圭：《啬夫初探》，收入氏著：《中国古代文史研究新探》，江苏古籍出版社，1992年等。

⑨ 黎明钊、唐俊峰：《里耶秦简所见秦代县官、曹组织的职能分野与行政互动———以计、课为中心》，《简帛》，2016年第2期等。

⑩ 李均明：《里耶秦简"计录"与"课志"解》，《简帛》，2013年。

⑪ 孙闻博：《秦县的列曹与诸官——从〈洪范五行传〉一则佚文说起》，《简帛》，2015年第2期。

⑫ 陈伟：《里耶秦简所见"田"与"田官"》，《中国典籍与文化》，2013年第4期。

⑬ 吴方基：《论秦代金布的隶属及其性质》，《古代文明》，第9卷第2期。

⑭ 沈刚：《〈里耶秦简〉（壹）中的"课"与"计"——兼谈战国秦汉时期考绩制度的流变》，《鲁东大学学报（哲学科学社会科学版）》，2013年第1期。

⑮ 满足县官府所需的漆是"漆计"的主要来源,这部分漆贮藏于漆园。

⑯ 畜麑鸡狗彘子课由仓主持考课,呈交相应的廷曹——仓曹。4-481 的"仓曹计录"有"钱计"一条,部分来源可能是小牲畜变卖后的得钱。

⑰ 汤志彪:《略论里耶秦简中令史的职掌与升迁》,《史学集刊》,2017 年第 2 期。

⑱ 同⑰。

⑲ 吴方基:《里耶秦简"付受"与地方国有财物流转运营》,《中华文化论坛》,2018 年第 4 期。

⑳ 庄小霞:《〈里耶秦简(壹)〉所见秦代洞庭郡、南郡属县考》,卜宪群、杨振红主编:《简帛研究二〇一二》,广西师范大学出版社,第 57 页。

㉑ 两县距离依里耶 16-52 计算得出。见湖南省文物考古研究所编著:《里耶发掘报告》,岳麓书社,2007 年。

㉒ 同⑳,洞庭郡/9.充;充县地望从释文注。

㉓ 游逸飞:《里耶秦简所见的洞庭郡——战国秦汉郡县制个案研究之一》,武汉大学简帛研究中心,"简帛网",2015 年 9 月 28 日,http://www.bsm.org.cn/show_article.php?id=2316,注 9。

㉔ 酉阳县地望从徐少华、李海勇:《从出土文献析楚、秦洞庭、黔中、苍梧诸郡县的建置与地望》,《考古》,2005 年第 11 期。路线复原见晏昌贵:《里耶秦牍 9-712+9-758 补释》,武汉大学简帛研究中心,"简帛网",2013 年 12 月 24 日,http://www.bsm.org.cn/show_article.php?id=1969;同 23,五/(二)交通与物流;晏昌贵:《秦简牍地理研究》,武汉大学出版社,2017 年。

㉕ 晏昌贵、郭涛:《里耶简牍所见秦迁陵县乡里考》,《简帛》,2015 年第 1 期。

㉖ 同㉕;鲁家亮:《里耶秦简所见迁陵三乡补论》,《国学学刊》2015 年第 4 期。

㉗ 同㉕。

㉘ 大川俊隆、田村诚:《张家山汉简〈算数书〉"饮漆"考》,《文物》,2007 年第 4 期。

㉙ 高亨、董治安:《古字通假会典》,齐鲁书社,1989 年。

㉚ 华学诚汇证:《扬雄方言校释汇证·第一》,中华书局,2006 年。

㉛ 同㉘。

㉜ 陈伟:《关于秦迁陵县"库"的初步考察》,《简帛》,2016 年第 1 期。

㉝ 皇陵秦俑坑考古发掘队:《秦始皇陵东侧第二号兵马俑坑钻探试掘简报》,《文物》,1978年第5期;始皇陵秦俑坑考古发掘队:《临潼县秦俑坑试掘第一号简报》,《文物》,1975年第11期。

㉞ 同㉝。

㉟ 同㉝。

㊱ 湖北省博物馆:《1978年云梦秦汉墓发掘报告》,《考古学报》,1986年第4期。

㊲ 杨泓:《中国古代的甲胄(上篇)》,《考古学报》,1976年第1期等。

㊳ 李光军:《秦汉"亭"考述》,《文博》,1989年第6期。

㊴ "咸亭"铭文常以"咸亭上""咸亭包"字样出现,虽为竖行一排,但各字大小不一,排列参差。秦统一六国后,都城咸阳工匠云集、制器资源丰富,市亭机构可能指定工坊生产日用漆器,赋予其烙印"咸亭"铭文的权利,并遵循秦律中的制器规范。

㊵ 同㊱。

㊶《云梦睡虎地秦墓》编写组:《云梦睡虎地秦墓》,文物出版社,1981年;云梦县文物工作组:《湖北云梦睡虎地秦汉墓发掘简报》,《考古》,1981年第1期。

㊷ 有"×市"或"×亭"戳印的日用漆器总数不到50件,除"咸亭"器见于成都以外的四川盆地境内,其他均出于湖北省云梦县(秦安陆县)。

㊸ 增渊龙夫:《先秦时代的山林薮泽及秦的公田》,氏著:《中国古代的社会与国家》,吕静译,上海古籍出版社,2017年。

㊹ 杨小亮:《里耶简中有关"捕羽成镞"的记录》,《出土文献研究(第11辑)》,中西书局,2012年;王子今:《里耶秦简"捕羽"的消费主题》,《湖南大学学报(社会科学版)》,2016年第4期等。

㊺ 丁邦友:《汉代物价新探》,中国社会科学出版社,2009年。

㊻ 同㊺。

(作者:黄祎晨,复旦大学文物与博物馆学系,2019级博士研究生)

汉代乐浪郡彩绘漆箧的工艺与图案探析

施宇莉

中国是大漆的原产国,漆器更是中国特有的文化遗产。汉代是中国漆器发展的鼎盛时期,汉代漆器上的纹样主要有动物纹、植物纹、几何纹和人物故事等。但人物故事图案在已经出土的漆器纹样中并不多见,写实的历史故事图案更是屈指可数。本文所研究的彩绘漆箧由日本的考古学者小泉显夫和泽俊一于1931年在朝鲜乐浪郡遗址南井里116号墓发掘出土,这件彩箧保存完好,彩箧上面的图案也是人物故事的典型代表。无论从制作工艺还是彩绘图案来看,它都是独一无二的。迄今为止,鲜有学者对乐浪彩箧进行专门研究,仅见宋广林的《乐浪郡出土汉代漆绘竹箧装饰画风格辨析》从题材、用色以及画面构成等方面分析乐浪彩箧[①],其余的都只是提及乐浪彩箧的纹饰图案,并没有对乐浪彩箧进行专门的论述。更为遗憾的是,这件彩箧已被朝鲜当局售出,实物不知所踪,笔者有幸从《乐浪彩箧冢——遗物聚英》这一日本考古学者的发掘报告获得彩箧的相关信息,并对其进行研究。首先,从考古学的角度对出土彩箧的墓葬的形制、墓主人的身份以及相关随葬品进行分析,确定彩箧所属的年代。其次,对彩箧的制作工艺及其彩绘历史故事图案进行探讨。通过对乐浪彩箧的认识,进一步了解汉代当时所盛行的社会风尚。

一、彩箧的发现与年代

（一）彩箧的出土情况

1931年,朝鲜古迹研究会的小泉显夫和泽俊一在朝鲜乐浪郡遗址发掘的南井里116号木椁墓出土了大量漆器,有彩绘漆箧、彩绘漆匣、金铜扣彩绘漆壶、彩绘漆案、漆砚台、彩绘漆卷筒、漆木屐、漆木马等,主要置于前室(器物箱)。其中出土的彩绘漆箧极为精美、最负盛名,该墓葬也因此被命名为"彩箧冢"[2]。彩箧出土时位于椁室的前室,由于墓葬发掘时棺椁内充满水,彩箧出土时器盖与器身分离,也正因为这种隔绝空气、饱水的埋藏环境,使得彩箧保存较为完好。

（二）墓葬的形制

由于彩箧冢发掘的年代较早,较现在的田野考古发掘方法欠科学。因此,彩箧的年代一直存疑。这里将通过墓葬的形制、随葬品以及墓主人的身份确定彩箧的年代。一般来说,墓葬中随葬品年代的下限为墓葬的年代,即彩绘漆箧的年代早于或者与彩箧冢同一时期。乐浪遗址的墓葬主要有土圹墓、木椁墓、砖椁墓等形制[3]。其中木椁墓是乐浪遗址中最常见的墓葬形式。其主要由竖穴木圹、木椁和坟丘三部分组成,先在地面挖掘出一个直壁的土圹墓坑,然后在土圹内搭建木质结构,一般由主墓室和器物厢构成,主墓室主要放置墓主人的棺椁,器物厢主要放置随葬物品,也有一部分随葬品置于棺内,最后会在木结构外部填充膏泥和积炭进行封存。木椁墓主要流行于战国至西汉早中期,在一些偏远地区则流行至东汉时期,后随着砖室墓的盛行而逐渐被取代。本文研究的彩绘漆箧所在的彩箧冢则为典型的木椁墓。该墓葬为长方形竖穴土坑木椁墓,椁内分为棺室和前室(或器物箱)两部分,棺室与前室(或器物箱)之间以门相通,棺室内并置三具棺木[4](图1)。

图1 出土彩箧的墓葬

图源:《乐浪彩箧冢——遗物聚英》,日本法政大学大学院中国物资文化研究所藏

(三)墓主人的身份

该墓葬出土的木牍上的墨书(图2):

缣三匹
故吏朝鲜丞田肱谨遣吏再拜
祭

这是该墓葬出土的唯一与墓主人身份有关的文字资料。这枚木牍记载的是朝鲜丞田肱祭奠墓主人时赠予礼物缣帛三匹。班固的《汉书·百官公卿表》记载:"县令、长,皆秦官,掌治其县。万户以上为令,秩千石至六百石。减万户为长,秩五百石至三百石。皆有丞、尉,秩四百石至二百石,是为长吏。"⑤田肱称自己是故吏,说明他是

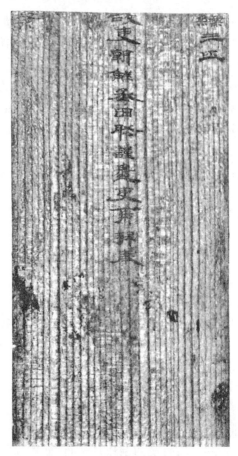

图2　彩箧冢出土的木牍
图源同前

墓主人生前的属官。《汉书·地理志》记载："乐浪郡，武帝元封二三年开。莽曰乐鲜，属幽州。户六万二千八百一十二口，四十万六千七百四十八。有云鄣。县二十五：朝鲜、䛁邯，浿水，水西至增地入海。"⑥这里的朝鲜应该是乐浪郡下属的朝鲜县，田肱即是朝鲜县丞，而县长或县令与县丞之间的级差不大，县丞只能说是县长或县令的副官，称不上属官，所以判断墓主人很可能是郡守。

据《汉书·武帝纪》记载：元封三年，"夏，朝鲜斩其王右渠降，师古曰：右渠朝鲜王，名目，其地为乐浪、临屯、玄菟、真番郡"。武帝元封三年为公元前108年，这年汉朝攻灭卫氏朝鲜，于朝鲜半岛北部设立了乐浪、临屯、真番、玄菟四郡，史称汉四郡。自此乐浪郡正式纳入汉朝中央政权的直接管辖范围。乐浪等郡县的设立，使得汉文化迅速向边郡地区传播。本文所研究的彩绘漆箧正是这一历史背景下最好的诠释。

从彩箧的出土情况、墓葬的形制、墓主人的身份可以确定该墓葬为东汉的墓葬，再加上彩箧上榜题的字体为汉隶书体，可以确定彩箧的年代不会晚于东汉。

二、彩箧的制作工艺

（一）彩箧的形制

朝鲜乐浪郡遗址南井里116号墓，出土的这件举世罕见、保存完好的彩绘漆箧为一长方形漆盒，长39厘米，宽18厘米，高17.5厘米。此箧主体部分用竹篾编织而成，竹子种类不明。除器底外，每一面的四周及盖顶的中央部分都贴有长条形的木片，每一块木片上都漆绘人物图案（图3、图4），据考古发掘报告称木材种类为桦木。

（二）竹编工艺

彩箧的主体是竹篾，竹篾的制作从选竹、砍竹、制篾（丝）、编织再到彩绘是一个复杂而又精细的过程。通常竹编有挑压法、经疏纬密法、斜纹编织法、间隔纹编织法、十字编、人字编等最为常见的编织手法。以较为粗硬的竹篾片为经，较细的竹丝为纬进行编织[7]。此竹篾的编织分里外两层，各用不同的编织方法。外层编织主要采用经疏纬密的编织方法（图5），里层编织主要采用人字编（图6），而人字编是一种比较讲究的编织方法，必须保证经纬篾长宽一致，才能编出整齐美观的人字，否则长短不一，显得十分凌乱，可见竹编技术也十分考究。这种竹篾的编织方法一直流传至今。

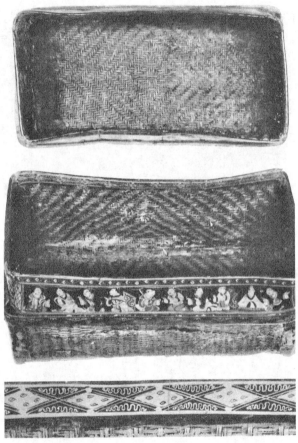

图3 彩绘漆箧整体
图源同前

(三)彩绘装饰

竹箧制作完就需要把木片与竹箧贴合,正如图1所示,尽管它在地下已经埋藏了近2 000年之久,但依旧保存完好。尤其是木片与竹箧贴合紧密,即使是在两面连接处,呈卷曲状的木片也没有明显的开裂痕迹。由此可以推断出,如此牢固的黏合剂很可能就是大漆。木片上的彩绘装饰有抽象的图案和写实的人物图案两种。抽象图案

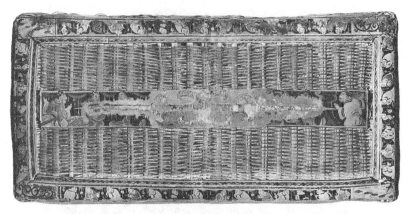

图 4　彩绘漆箧器盖顶部
图源同前

 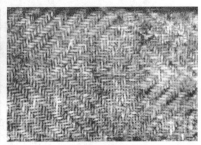

图 5　彩箧外侧的经疏纬密编　　图 6　彩箧内侧的人字编
　　图源同前　　　　　　　　　　　图源同前

为连续性带状纹样，主要绘于人物图案的边框处进行装饰，有连珠纹、卷草纹、连菱纹、漩涡纹和山字纹。另外器身与器盖扣合交界处，上下两条带状装饰都为连菱纹且色彩相似，这样就十分巧妙地隐藏了扣合处的缝隙，使整个器物的上下两部分浑然一体。人物图案是彩箧的主体纹样，器身的四周及器盖顶部共绘有 93 人。箧的顶部中央位置镶嵌有"四叶纹"金属片，这也是汉代漆器中典型的镶嵌工艺。

汉代漆器上的纹样主要以黑漆作地再进行彩绘，或是以红漆作地再绘黑漆纹样，这样的色彩组合对比强烈。漆箧上的彩绘纹样也不例外，先在木片上髹黑漆，再在黑漆地上进行彩绘髹饰，主要有朱、黄、黑、白、灰、绿等几种颜色。按照现在的漆器史研究成果可知，此箧中的彩绘颜料很可能是用大漆加入朱砂、雄黄、雌黄、炭、铅粉、孔雀石等染料调制而成。色彩的丰富程度足以与著名的信阳包山2号楚墓的人物车马出行图漆奁[8]（图7）相媲美。

图7　包山2号楚墓的人物车马出行图漆奁
图源：《中国漆器全集2战国—秦》

三、彩箧的彩绘图案分析

（一）首次出现有榜题的历史人物图案

从目前出土的漆器来看，汉代及汉代以前的漆器上很少出现人物纹图案，本文研究的彩绘漆箧是目前发现最早的带有榜题历史人物图案的漆器。目前发现的绘有人物图案的漆器主要有：信阳包山2号楚墓的人物车马出行图漆奁，这是目前发现的最早出现在漆器上的写实人物图案，也被认为是迄今为止所发现的最早的连环画，漆奁盖外壁一周彩绘有5株柳树、4辆马车、26个人、10匹马、9只大雁、2只狗、1头猪所构成的楚国贵族社会迎宾、出行的生活画卷[9]；安徽天长县三角圩19号墓出土的正方形六博漆盘绘有壮年男子与老翁对博图[10]；湖北襄阳擂鼓台1号墓出土的漆奁盖内及器身内底绘有人物图案[11];江苏连云港海州西汉墓 M1 出土的漆绘木尺正面和背面的主体图案都是人物车马出行图[12];江苏连云港市海州西汉侍其䌛墓出土的耳杯具盒绘有舞蹈和奏乐的人物图案[13];长沙砂子塘1号汉墓出土的漆奁绘有舞蹈图及人物车马出行图[14],都是仅有的一些出现在漆器上的写实人物图案。这些是迄今为止所发现的漆器上的人物图案,共同特点是都没有榜题,也不是历史人物故事图案。本文研究的彩绘漆箧是目前所知漆器上最早有榜题的历史人物故事图案漆器,在此之后的三国朱然墓也出土了有榜题的人物故事图案彩绘漆器。值得注意的是,这件彩箧把不同时期的故事处理在同一个器物上,内容的时间跨度虽然从商末一直延续到东汉当世,却在有限的空间内呈现出比较和谐的效果。因此,这件彩绘漆箧无论是从工艺技法还是彩绘图案上看,都显得极为重要。

(二) 短侧面彩绘图案

首先,器身的两个短侧面从左往右各绘有 5 人,其中一侧的榜题分别是:伯夷、叔齐、使者、侍郎,显然是关于义士伯夷和叔齐的故事(图8)。另一侧的榜题分别是:大(六)里黄公、南(商)山四皓和孝惠帝,描绘了隐士商山四皓和孝惠帝之间的故事(图9)。这个故事在《汉书》卷七十二的《王贡两龚鲍传》也有记载:"汉兴有园公、绮

图8 伯夷叔齐

图源:《乐浪彩箧冢——遗物聚英》,日本法政大学大学院中国物资文化研究所藏

图 9　商山四皓与孝惠帝
图源同前

里季、夏黄公、甪里先生,此四人者,当秦之世,避而入商雒深山,以待天下之定也。自高祖闻而召之,不至。其后吕后用留侯计,使皇太子卑辞束帛致礼,安车迎而致之。四人既至,从太子见,高祖客而敬焉,太子得以为重,遂用自安。"主要描述了四皓高贤、智谋以及孝惠帝谦逊的形象。彩箧画面中孝惠帝双手作揖,四皓互相摆手谦让,从孝惠帝的发饰来看,此时的孝惠帝还未及帝,仍是太子,符合史书上关于商山四皓辅助刘盈稳固嗣位的记载。

(三)长侧面彩绘图案

其次,器身的两个长侧面的其中一侧从左往右共绘 10 人,榜题分别是:青郎、令女、令妻、令老、汤父、魏(巍)汤、侍郎、渠孝子、孝妇。其中"青郎、令女、令妻、令老"所描绘的主题不明,而后面的"魏汤、渠孝子"等,显然与汉代流行的"魏汤报父仇"(图10)和"邢渠哺父"(图11)两个孝子故事有关。关于"魏汤报父仇",《太平御览》第四百八十二卷萧广济的《孝子传》曰:"魏汤少失其母,独与父居邑养,蒸蒸尽于孝道。父有所服刀戟巿南少年欲得之。汤曰:'此老父所爱,不敢相许。'于是少年殴挝汤父,汤叩头拜谢之不止……后父寿终,汤乃杀少年,断其头以谢父墓焉。"这个故事主要讲述了魏汤从小与父亲相依为命,一市井少年为了夺刀殴打其父,魏汤在汤父死

图 10　魏汤报父仇
图源同前

图 11　邢渠哺父
图源同前

后斩杀少年以报父仇。对于这个故事的处理重点落在侍郎手中的那把刀上，画面中汤父、魏汤、侍郎三人都跪坐于地，面朝同一方向。侍郎手持尖刀、表情傲慢，魏汤神情凝重，汤父面带微笑、泰然自若，在一个画面内生动展现了不同人物的神态和心理。虽然这只是刻画了整个故事的一个情节，却让观者仿佛看到了整个故事的发展脉络。邢渠哺父的故事在萧广济《孝子传》也有记载："邢渠失母，与父仲居。性至孝，贫无子，佣以给父。父老齿落，不能食，渠常自哺之，专专然代其喘息。仲遂康休，齿落更生。百余岁乃卒也。"这个故事主要讲述了邢渠对其父的孝敬。整个画面由邢渠、渠父和渠妻三人跪坐在一起组成。邢渠身着宽袍大袖,左手持碗,右手拿着汤勺,正小心翼翼地给其父喂食,其妻身着花衣,紧随其后,嘴角上扬,一手端碗,一手指向另一方,似乎是在轻声叮嘱。整个画面的重点是对邢渠父亲的刻画,满脸的褶皱,头发花白,再加上长白胡须,不难看出他的父亲已是耄耋之年,但却依旧神采奕奕,尤其是其满脸慈爱的笑容把整个故事很巧妙地和"孝"联系在了一起。这一侧每个故事都有一件典型的道具,如侍郎手中的刀,邢渠手中的碗和汤匙。这些看似不经意的道具,使每个故事在有限的空间内尽量表现出体现故事情节的关键信息,主次分明。另外,从人物坐姿来看,有正面、侧面和3/4侧面等不同的角度,不同的动作,从各个动作的变化程度来看,说明对人体的比例已经有了一定的控制能力。另一侧从左往右共绘10人,榜题分别是郑真、使者、侍者、侍郎、善大家、李善、孝妇、孝孙、木丈人、丁兰,讲的是汉代当时比较流行的隐士郑子真、忠仆李善抚孤以及孝子故事"孝孙原榖"和"丁兰事木人"。这一面在不同故事之间用不同类型的彩色云气纹隔开,保证了每个故事的独立性。尤其是对人物的眼神和面部表情的刻画十分到位,形象生动,直点故事主题,展现出高超的绘画技巧。虽然这一时期中国的绘画还未有很大的发展,但漆器绘画所展现出的构图、色彩的运用和人物的细节刻画都为之后的绘画技艺打下了坚实的基础。

四、彩箧图案与画像石图案的对比

与彩箧同时期的东汉画像石上出现了不少与之主题相同的故事图案(详见"东汉画像石所示彩箧内容情况一览表"),如"丁兰事木人""邢渠哺父""魏汤报父仇""孝孙原榖""李善抚孤",虽然是同一个主题,但表现手法却有很大的差异。迄今为止,考古发掘的大部分漆器主要作为实用器,设计者在构图的过程中主要考虑适合器形的纹样，也会很大程度上考虑图案带给使用者的视觉效果。而画像砖主要出现在死后世界的场景，基于它们服务于不同的世界，同一主题的画像也会有很多不同之处。

此处选取"丁兰事木人"和"孝孙原穀"两个典型的孝子故事在彩绘漆奁和画像石上的对比。孝子故事"丁兰事木人"，在彩奁和画像石上的表现手法各有不同。在彩奁上采用了正面、侧面和3/4侧面相结合的结构特点进行描绘。丁兰的木人父亲（母亲）在左，头戴橙红色冠，呈正侧面视角，身着橙红色上衣，领口和袖口为黑色，呈正面视角，正襟危坐于灰黑色的木座之上，这种在正面描绘的同时，恰当地借助一些侧面描绘，并且表现在同一个人身上，使人物形象达到了最佳的艺术效果。丁兰在右，身着黑色的宽袍大袖，领口和袖口为橙红色，张开双臂，跪坐于其亲之前，呈3/4侧面视角；在武梁祠里"丁兰事木人"的故事共出现了三次，分别在西壁第三层及左右石室后壁的小龛内。只见在西壁的第三层画像上（图12），丁兰父（母）的木座像在左侧，丁兰两手呈作揖状跪在其父（母）之前供奉，丁兰的右上方另有一人，根据榜题为前来借东西的邻居，上方并书："丁兰二亲终殁，立木为父，邻人假物，报乃借与。"[15]整个画面虽然仅表现了人物的大致轮廓，缺少细节描写，但相对于漆奁上的人物刻画、故事情节更为生动翔实。同样关于"孝孙原穀"的故事，画像石上的描绘更注重故事情节的完整性。在武梁祠东壁画像第三层最左侧绘有三人（图13），最左边跪坐着一位老者，其上方有榜题"孝孙祖父"，中间的孩童手扶着一个带足的筐（应该是舆舁）正在向后看，其上方有榜题"孝孙"，最右侧应该是孩童的父亲，榜题"孝孙父"[16]。整个画面把孝孙原穀乞求父亲不要把祖父送走的故事情节生动、完整地表现了出来。而彩奁上只能通过榜题"孝孙"以及整个画面的主题来猜测所要描绘的故事。由此我们可以看出彩奁受空间限制，在构图的过程中更注重色彩和细节的处理，以满足使用者的感官效果。而画像石的优势在于，空间比较大，能有更大的篇幅去描绘故事的情节，侧重点是在故事的内容上。无论是哪种表现形式,都说明漆器和画像石在一定程度上充当着社会主流意识的传播工具。

图12　武梁祠西壁"丁兰事木人"　　图13　武梁祠东壁"孝孙原穀"

图源:《石头上的中国画:武氏祠汉画像石的故事诠释》

表1　东汉画像石所示彩箧内容情况

画像主题	画像石所在地	画像在墓室的方位
丁兰事木人（孝）	山东嘉祥武氏祠、嘉祥武梁祠、泰安大汶口画像石墓；长清县孝堂山下小石室；河南开封白沙镇；内蒙古和林格尔新店子	墓室内四壁及壁龛
邢渠哺父（孝）	山东嘉祥武氏祠、嘉祥武梁祠、泰安大汶口画像石墓；河南开封白沙镇；内蒙古和林格尔新店子	墓室内四壁、壁龛及前室通耳室的门楣上
魏汤报父仇（孝）	山东嘉祥武梁祠；内蒙古和林格尔新店子	墓室内四壁
孝孙原穀（孝）	山东嘉祥武梁祠；河南开封白沙镇；内蒙古和林格尔新店子；乐山柿子湾一号崖墓	墓室内四壁
李善抚孤（忠、义）	山东嘉祥武梁祠	后壁

东汉是汉画像石发展的鼎盛时期,这一时期漆器上出现了与画像石同一主题的人物故事图案。此前,漆器上人物图案的视角都是以侧面为主,并且人物形象都是以群体出现,并不突显个体身份,甚

至很多人物形象是人和动物的结合体。这件乐浪彩箧上的人物图案有榜题，注重对人物形象的细节描绘，突出了人物的特定身份。这一转变也从侧面反映出东汉已经完全由神化社会转变为世俗社会，突出了人的重要性。而彩箧上的故事同时出现在山东、河南以及内蒙古等地的画像石上，可见这类故事在东汉流传之广，民众的共识度之高。

五、结　　语

汉代漆器上的纹样主要有动物纹、植物纹、几何纹和少量的人物故事等。这件彩箧上的图案主要以世俗人物故事为主体，植物纹和几何纹作为辅助装饰，描述了汉代社会流行的孝子、贤帝、隐士和忠义之士等人物故事。在一件小型实用器上髹涂出93个神态各异的人物形象，绝对不可能出自工匠的随心所欲。从构图、人物的布局、色彩的搭配和细节的刻画中，让我们看到了一件精心设计的汉代漆箧。同时，这些经常出现在画像石和典籍上的故事题材集中体现在一件漆器上，不仅反映了漆器是这一时期社会主流意识传播的载体，更让我们窥探出一个忠孝礼义之风盛行的汉代。

（感谢复旦大学文物与博物馆学系吕静教授与俞蕙老师在本文写作过程中给予的帮助和指导。）

---

① 宋广林：《乐浪郡出土汉代漆绘竹箧装饰画风格辨析》，《装饰》，2015年第4期。

② 平壤名胜旧迹保存会：《乐浪彩箧冢——遗物聚英》，便利堂，昭和十一年（1936），第十八（1），日本法政大学大学院中国物资文化研究所藏。

③ 王培新：《乐浪文化——以墓葬为中心的考古学研究》，科学出版社，2007年，第15页。

④ 同③。

⑤《汉书》卷十九,中华书局,1999年。
⑥《汉书》卷八十二下,中华书局,1999年。
⑦俞樟根、徐华铛:《竹编工艺》,高等教育出版社,1992年,第25、32页。
⑧陈振裕:《中国漆器全集2 战国—秦》,福建美术出版社,1997年,第69页。
⑨湖北省荆沙铁路考古队编:《包山楚墓(上、下)》,文物出版社,1991年。
⑩安徽省文物考古研究所、天长县文物管理所:《安徽天长县三角圩战国西汉墓出土文物》,《文物》,1993年第9期。
⑪襄阳地区博物馆:《湖北襄阳擂鼓台一号墓发掘简报》,《考古》,1982年第2期。
⑫连云港市博物馆:《江苏连云港海州西汉墓发掘简报》,《文物》,2012年第3期。
⑬南波:《江苏连云港市海州西汉侍其䌛墓》,《考古》,1975年第3期。
⑭湖南省博物馆:《长沙砂子塘西汉墓发掘简报》,《文物》,1963年第2期。
⑮胡广跃:《石头上的中国画:武氏祠汉画像石的故事诠释》,三秦出版社,2014年,第36页。
⑯同⑮,第68页。

(作者:施宇莉,复旦大学文物与博物馆学系,2016级博士研究生)

先秦时期的研和砚

黄家豪

经考古发现,我国古代的文字书写和绘画工具,在初创阶段的新石器时代至商周时期,主要是研磨器和矿物颜料等;实物笔到东周时期有所发现,纸和墨则是西汉起出土渐多。经历了两汉和魏晋南北朝时期的发展和转变之后,纸笔墨砚在唐宋时期才逐渐成熟,并发展成了后世熟悉的文房四宝。

作为后来的文房四宝的重要组成部分,研和砚的发展历史和演变经历了三个阶段:

(一)研从新石器时代到秦汉的初创期;

(二)研和砚从两汉到魏晋南北朝的转变期,亦即研衰落而砚初创的时期;

(三)唐宋到明清的成熟期的发展阶段。

两汉到魏晋南北朝时期,是从研到砚的转变期,其中还可以分为两期:早期是研从鼎盛开始衰落,即砚初兴的阶段,可以称之为研衰落期与砚初兴期;晚期是研从衰落到几乎绝迹,而砚则大量兴起并最终定型的阶段,可以称之为研殆尽期与砚大成期。

要清晰诠释转变期的研如何发展成为砚,需要回溯研最早出现的新石器时代到秦汉之前的初创期器物特征和发展脉络。

一、研和砚的名称与释义

"研"在《说文》里谓之"五坚切,䃺也"。《说文解字注》曰:"亦谓以石䃺物曰研也。"①皆有研磨之意。又《一切经音义》中说:"磨《字林》作䃺,同忙佐反。郭璞注,《方言》云磑,即磨也,《世本》输班作磑,北土名也,江南呼磨也。""研"的原始意义就是两石相磨,对应的是新石器时代的石研磨器与研杵,以及商周及其后的石研和研子。

"砚"在《释名》中的释义是:"砚者,研也,可研墨使之濡也。"《说文》的解释是"石滑也"。讲的既不是名称,也不是动作,而是石的性能。《说文解字注》对此进一步解意道:"谓石性滑利也……按字之本意,谓石滑不涩。今人研墨者曰砚,其引申之义也。"②《开元文字音义》云:"砚者,墨之器也。"可见砚的释义是磨墨器,是由早期的研演变而来的,但已经不是以石质的研子和研板相磨,而是以墨块直接研磨发墨的载体,因此对石质有所要求。对应的是东汉以后才出现的有砚边和砚池的池型砚和槽型砚。

二、何谓从研到砚的转变期

从名称和释义中可以得知,虽然其功能同样是研磨颜料和墨块,但研与砚是不同属性的器物。研需要配合研子使用,而砚是直接手握墨块在砚面上研磨。从研到砚的演化经历了很长的一段时间,具体来说就是从西汉到魏晋南北朝这八百年。这段时期定义为转变期,它上承研的初创期,至研的鼎盛期和砚的初创期,下启砚的成熟期,是非常重要的一段发展时期,也是书写用具纸笔墨砚的演变发展中的一个重要阶段。

唐宋以后俗称"文房四宝"的书画用具是按照功能分类的器物,而且互相之间依存度很高。纸、笔、墨、砚与其他的文房辅助用品共同构成了一个完整的书写用具系统,或也可称之为最为典型的文具系统。单独地研究其中一种器物,并不能探讨其类型变化和功能进化的外在或内在因素。因此,若要对古代中国的书写和绘画用具进行一个总体的研究,探讨其器物的源流、类型的变化、其与文字和书法之间的关系,乃至与当时的社会文化和经济之间的联系等,必须对书画用具的四种器物同时进行研究。

从目前考古出土的文献资料上来看,这方面的器物材料保留下来的条件并不充分。从考古出土的器物状态来看,作为原料和耗材的纸和墨能够保存下来的很少,只有笔、研和砚发现的实物资料较多。然而笔管的材料主要是竹或木,笔毫是动物的毛发制成,都是不容易保存的有机物质,两汉到魏晋南北朝时期的墓葬中很少有完整的、未腐朽的笔出土。正如清朝乾隆皇帝在《御制西清砚谱序》开首所云:"向咏文房四宝,谓笔砚纸墨,文房所必资也。然笔最不耐久,所云老不中。书纸次之,墨又次之,惟砚为最耐久。"[3]因此才有《西清砚谱》的编撰,叙述从汉砖砚、晋砚到清当朝的砚录。由此可见,自金石学时代即已发现的"惟砚为最耐久"问题,也基本反映在今天的考古发现中。换言之,在大量出土资料日渐丰富的今天,研和砚作为一个基本可以独立的专题进行研究,是可以成立的。

从先秦时期的石研,到两汉至魏晋南北朝时期出现的石砚、陶砚、瓷砚,以及间或出现的铜砚、铁砚、玉砚等,唐宋以后的以特别砚石制成的石砚,都能够保存千年以上,并成为历年考古发掘中经常发现的一种出土器物。

三、初创期的研

转变期之前的研属于初创期,据高蒙河的论述:"砚之前还有一个以'研'为主的时期。这个时期绵延了近万年,及至东汉,'研'才因制墨技术的发展,逐渐转变为可以存储墨汁的池形槽状的砚。"[4]

按照对研和砚的定义,初创期基本上都是研。这里还可以分出新石器时代的研磨器阶段和商周时期需要配合研子使用的研的阶段。

《文房四谱》卷三砚谱开首即为,"昔黄帝得玉一钮,治为墨海焉,其上篆文曰'帝鸿氏之砚'"⑤。《砚录》:"黄帝得玉治为砚,其上篆曰:帝鸿氏之砚也。"⑥《西清砚谱》凡例一:"自帝鸿创墨海之规,金匮载砚书之训,砚之为制尚矣。"⑦从《文房四谱》到《西清砚谱》的砚谱都把砚的起源追溯到黄帝的玉砚。虽然这只是没有得到验证的传说,但直到现代的以鉴赏收藏为主旨的砚台论著,还是把'帝鸿氏之砚'视为砚台的起源;如《古砚品录》序:"洎乎帝鸿氏之注款,尚父作铭,砚之由尚遐矣。"⑧

按黄帝玉砚的描述,中有砚堂,又有篆文。其形制在六朝以前的砚中都不曾出现的。因此所谓的"帝鸿氏之砚",更像是以唐宋时流行的辟雍砚和四直砚为蓝本臆想出来的。

1949年以来,大量的考古发掘出土了包含自新石器时代到宋元明时期的石研、研子、石砚和陶瓷砚等。新石器时代至秦和汉初,是研磨器逐渐进展为石研的阶段,作为研磨颜料和墨的工具只能称为研。严格意义的砚在这个时期尚未出现。

(一)新石器时代的研磨器

从新石器时代开始,人们就采用矿物颜料来绘制陶器上的彩绘和壁画的。考古发现的石研磨器,就是用来研磨矿物颜料的工具。目前发现最早的研磨器是距今约一万年的山西吉县柿子滩中石器时代遗址出土的两件磨盘和一件磨石。磨盘以厚板细砂岩打制而成,磨面修长呈椭圆形,没有磨痕但很平坦。中心留有一片砸击斑痕,整个磨面和上部边棱被赤铁矿石粉染成暗红色,应该是用于敲砸研磨赤铁矿石。磨石以黑色角页岩砾石制成,表面光滑润泽,被打掉的一端留有几个清晰的石片疤痕,另一端有磨痕。两端都被赤铁矿石粉浸染成红色,应该是与磨盘配套使用的磨锤⑨。

史前的石研磨器,最有名的应该是陕西临潼姜寨遗址出土的,距今六千多年前的研磨器和配套的绘画工具。当中包括石臼十一件、石研棒十二件、红色颜料一块和调和颜料用的水杯一件。石臼的功能相当于研磨器，上下两面光平，表面中央部位有圆窝，窝内壁等处留有红色颜料痕迹。研子为条状砾石制成，研磨的一面均已磨成斜角状，光亮的斜面上也多留有红色颜料，属于赤铁矿性质的三氧化铁，与研和研子上的红色成分相同[10]。

其他的新石器时代石研和研子，还包括：

1. 1977年发掘的宝鸡北首岭仰韶文化遗址出土的两件磨石和一件磨棒，磨石一件为长方形砂岩，一件为梯形，通体磨光，表面因研磨而凹下；磨棒出于磨石之旁，中腰已经磨蚀变细[11]。同时出土的红色颜料锭中，有一件做成长条状，长18.5厘米，宽4.5厘米，厚2.4厘米，可以用手执握而研磨[12]。

2. 甘肃大地湾仰韶文化遗址出土的石斧上留有红色颜料痕迹，清晰可见。其他出土的研磨石、研磨盘、研磨杯，应当是研磨颜料的配套工具。研磨石有光滑的研磨面，研磨盘形状不一，却都有着凹陷的磨坑。其中大地湾仰韶文化晚期的研磨盘，造型精致，磨面青黑光亮，呈规整的圆形[13]。

3. 甘肃秦安大地湾901号房址发掘出土的新石器时代三件磨石，是枕头形的长方形石块，磨光，可能因长期接触红色颜料而染红，有长期使用的沟痕[14]。

4. 西安半坡出土的六件石研磨器：三件磨臼，其中一件平面呈方形，系变质长英砂岩制成，侧面稍倾斜，表面磨光。中部凿一卵圆形的窝穴，底面和窝穴内还留有红色颜料的痕迹。磨锤两件，其中一件是用一圆条形砾石制成。一端呈圆弧形，有光滑的使用痕迹，柄部还留有红色颜料的痕迹。磨石一件以大理岩制成，平面呈长方形，器身扁平而厚，柄部较短，磨面宽而平，其上有纤细的磨擦痕[15]。

5. 兰州白道沟坪窑场出土了新石器时代研磨颜料用的石盘和调配紫红色颜料的高边分隔陶碟，器物上还有鲜艳的颜色残留，是画彩陶花纹用的工具[16]。

新石器时代的研磨盘，配合研杵使用，研磨的矿物颜料作为陶器上彩绘之用，以块状为主。典型的有甘肃省玉门火烧沟四坝遗址出土的团块状颜料样品,经过偏光显微镜等仪器分析确定它们为赭石(赤铁矿)、硫磺、朱砂、石膏等。赤铁矿主要作为彩陶的颜色,可以耐受高温;朱砂则只可以涂抹于素陶的表面,或者在丧葬时涂于死者尸体上。同时出土的石臼和磨盘上都染上红色的研磨痕迹[17]。这些天然矿物颜料一般都比较硬,需要以研杵在石臼状的研磨盘上碾压,磨成细粉才可以使用。总体来说,作为颜料研磨器和研杵的形制与同时期的粮食研磨器很接近,为石臼型,或者可以称之为臼型石研。

(二) 商周时期的研和研子

商代的甲骨上,有内面以笔蘸朱砂或黑墨书写的文字[18],1929年陈梦家在殷墟发掘获得的三片兽骨上,有未曾契刻完工的书写文字。这个发现说明了甲骨文可能是先以笔墨书写,然后才加以契刻。"甲和骨的正面有胶质,不容易上墨,所有很少书写在正面的……刻辞涂以殷朱和墨以及刻兆,都盛行于武丁一时。"[19]这说明当时使用的研磨器已经是研磨朱砂和墨块为主,妇好墓出土的玉臼和玉杵更是从实物上印证了陈梦家关于甲骨上的朱砂和墨书的推论。到商朝武丁时期,研磨器与研杵的形制与新石器时代的比较,仍然没有太多的区别,还是臼型石研。

考古发掘出土的商周时期的石研和研子,包括:

1. 河南安阳殷墟五号墓(妇好墓)出土的玉臼和玉杵。玉臼白色,平沿厚壁,下腹内收,小平底。臼孔,面大底小,周壁呈朱红色,晶润光泽,应为长期使用。高27厘米、孔径16厘米、孔深13厘米、壁厚8厘米。玉杵略呈圆柱形,头端较粗,圆而光滑,呈朱红色,腰部微束,上有极光滑的宽旋纹,柄端较细,略呈扁圆形。玉杵与玉臼大小配套适中,是一套研磨朱砂的工具[20]。还有一件色盘,表面灰白色,背面墨绿色。盘呈方形,前端趄口较薄,三侧有高起的边框,盘底满布朱砂。盘后雕双鹦鹉,背相对,作站立状。大概作调色之用[21]。

2. 在妇好墓同时出土的还有3块陶圆饼,均为泥质灰陶,略呈褐色,面部微凸,边缘磨光。表面有红色彩绘残迹。尺寸分别为:直径4.2厘米,厚0.9厘米;直径3.4厘米,厚0.9厘米;直径3.2厘米,厚0.8厘米[22]。考古报告中没有为这三块圆饼的功能定义,如按照西汉以后出土的陶砚形制来对比,这三块圆饼应为陶研。

3. 河南偃师二里头遗址发现的早商时期圆陶片,为二里头三期绳纹陶片磨制而成,正面涂朱砂或墨,应为石研[23]。

4. 江苏丹徒烟墩山西周墓出土的石研磨器,长9厘米,最大腹径5.6厘米[24]。

5. 河南洛阳机瓦厂14号墓出土的西周玉雕牛形调色器,以玉石雕刻成牛形,前端头、耳、目可见,后为牛身。牛背有对称的圆孔四个,牛身和圆孔内有朱红色,应是一种实用调色器[25]。

6. 河南洛阳机瓦厂237号墓出土西周石板调色器(石板研),残长10厘米,宽3.6厘米,厚0.8厘米。材质为粗砂石,研面残留有朱砂[26]。

7. 河北丰宁土城镇东窑村石板墓出土的春秋晚期石研磨器,泥质灰岩,不规则柱状,稍经加工,底部磨平[27]。

8. 浙江绍兴凤凰山战国墓出土石研磨器[28]。

9. 湖北云梦睡虎地秦墓出土的一件石砚,是以不规则的鹅卵石加工而成,长6.8~7厘米,宽5.3~6厘米,高2厘米。附研子一件,也是鹅卵石制成,高2.2厘米。材质为页岩或板岩,有墨迹。同时出土的一块墨,圆柱状、墨色纯黑。圆径2.1厘米,残长1.2厘米[29]。

10. 广州南越王墓前室出土的两件石砚(研),附有研子,以灰黑色的河卵石制成。研磨面光滑如镜,底面保留河卵石的天然表面,未经加工琢磨。其中一件呈不规则圆形,留有墨迹,长13.6厘米,宽12.7厘米,厚3.3厘米。另外一件呈椭圆形,研面留有朱砂痕,长15.8厘米,宽13.8厘米,厚3.5厘米[30]。

11. 广州南越王墓西耳室出土的一件石砚(研),附带研子。石研材质为天然鹅卵石,圆角方形,体较扁。通体染有朱、墨两种颜料。边长12.5~13.2厘米,厚2.8厘米。研子为黑色页岩,系一个两面加工管钻后所余石芯,直径3.2~3.3厘米,高2.2厘米[31]。

到战国后期至汉初,石研的形制已经有明显的变化,从睡虎地秦墓和南越王墓出土的石研形制来看,已经是长方形的板型研,功能与后世的研相同,主要是研磨书写颜料的朱砂和墨。此时期的石研与粮食研磨器无论是形制和功能已经完全分开,属于书写用具之一。

除了殷墟甲骨之外,西周、春秋时期的竹木简书以墨书写的不少,墨还主要是天然墨或石墨,但时人已经有意识地使用天然胶(虫胶、树胶、粥)来制作人工墨[32]。云梦睡虎地秦墓出土的墨块是目前考古发现最早的人工墨,与天然颜料不同的是,它取燃烧后的植物烟粉,加入胶质以及其他辅料如麝香、冰片、金箔等制成。这就已经具备了一些后世人工墨的特点,比如墨色纯黑、质地细腻、易于研磨等[33]。这时期的墨虽然是人工制作,但比较粗糙简陋,一般长不过3厘米,呈细小的粒丸、块状或团状,形态不一。使用时先将墨丸或小墨块放在石研上,加水浸泡,然后以研子研磨后使用[34]。这种形态的墨丸或墨块,体积太小,不便用手执研磨,必须配合研子来使用。

四、结　　论

在研的初创期,研磨墨块或颜料需要配合研子使用。早期的天然矿物颜料一般都较硬,需要以研杵在石臼状的研磨盘上碾压,磨成细粉才可以使用。东周以后的竹木简书以墨书写的有不少,但是此时期主要是天然墨或石墨,仍然需要依靠研子或研杵来碾压。也有使用天然胶来制作的人工墨。人工墨的出现使石研的形制有了较大的变化,但墨块体型较小,不容易手握,还是需要配合研子来达到研磨的效果。不过原始的石臼和研杵已经转化成板型研和小型研子。石研的功能也有所转变,以研磨人工墨为主。这段时期的研基本上还是以石质为主,对石的性质只是考虑坚固耐磨,没有其他要求。

从仰韶文化晚期的姜寨石研到殷墟妇好墓的玉研玉杵,大约经历了三千年时间,臼型研磨器和配对的研杵的形制基本没有什么演变,其功能也没有太大的转变,以研磨天然矿物颜料和部分朱砂为主。到人工墨开始出现的战国时期,石研的形制就有比较大的变化,出现了板型研和配对的小型研子,而石研的功能也有所转变,以研磨人工墨为主。正是这样的功能转变,导致了石研的形制从臼型研往板型研转变,而棒状的研杵也转变为小型的手握的研子。不过这个时期的材质没有转变,还是以非特定的石质为主。

从新石器时代一直到商周,配套研子的研在两汉时期一直是研磨墨块和颜料的主要器物。但在此时期砚已经开始出现,并经历一系列的质地和形制的演变,最终成为魏晋南北朝后期,亦即转变期末的主要器物类型,开启了后世砚的先河。

从东汉至唐代的数百年间,制砚的材质经过多样的变化,有青石砚、陶砚、瓷砚、玉砚、金砚、铜研、漆砚、汉魏砖瓦砚等。到了唐代,人们发现了专门可用于制砚的石材,以此取代了以往的各类材质,陆续形成了端砚、歙砚、红丝和澄泥等四大系砚品。

---

① 许慎、段玉裁注:《说文解字注》,上海古籍出版社,1988年。
② 同①。
③ 于敏中:《西清砚谱》,中国书店,2014年。
④ 高蒙河:《文房四宝起源之七:先秦的研》,《中国文物报》,2010年7月23日。
⑤ 苏易简:《文房四谱》,中华书局,2014年。
⑥ 〔宋〕苏易简:《文房四谱》卷三,商务印书馆,1939年,第35页。
⑦ 同③。
⑧ 王青路:《古砚品录》,人民美术出版社,2006年。
⑨ 山西省临汾行署文化局:《山西吉县柿子滩中石器文化遗址》,《考古学报》,1989年第3期。

⑩ 同④。

⑪ 中国社会科学院考古研究所宝鸡工作队：《1977年宝鸡北首岭遗址发掘简报》，《考古》，1979年第2期。

⑫ 高蒙河：《文房四宝起源之五：先秦的墨与天然颜料》，《中国文物报》，2010年3月19日。

⑬ 同④。

⑭ 甘肃省文物工作队：《甘肃秦安大地湾901号房址发掘简报》，《文物》，1986年第2期。

⑮ 中国科学院考古研究所：《西安半坡》，文物出版社，1963年。

⑯ 甘肃省文物管理委员会：《兰州新石器时代的文化遗存》，《考古学报》，1957年第1期。

⑰ 苏伯民、马清林：《甘肃玉门火烧沟遗址出土颜料分析》，《敦煌研究》，2002年第4期。

⑱ 张伟：《书写工具对春秋战国时期文明传播方式的影响》，《学术交流》，2008年第11期。

⑲ 陈梦家：《殷墟卜辞综述》，中华书局，2004年。

⑳ 中国社会科学院考古研究所安阳工作队：《安阳殷墟五号墓的发掘》，《考古学报》，1977年第2期。

㉑ 中国科学院考古研究所：《殷墟妇好墓》，文物出版社，1980年。

㉒ 同㉑。

㉓ 中国科学院考古研究所二里头工作队：《偃师二里头遗址新发现的铜器和玉器》，《考古》，1976年第4期。

㉔ 江苏省文物管理委员会：《江苏丹徒烟墩山西周墓及附葬坑出土的小器物补充资料》，《文物参考资料》，1956年第1期。

㉕ 洛阳市博物馆：《洛阳市十五年来出土的砚台》，《文物》，1965年第12期。

㉖ 同㉕。

㉗ 丰宁满族自治县文物管理所：《丰宁土城东沟道下山戎墓》，《文物》，1999年第11期。

㉘ 绍兴县文物保护管理所：《浙江绍兴凤凰山战国木椁墓》，《文物》，2002年第2期。

㉙ 《云梦睡虎地秦墓》编写组：《云梦睡虎地秦墓》，文物出版社，1981年。

㉚ 中国社会科学院考古研究所:《西汉南越王墓》,文物出版社,1991年。
㉛ 同㉚。
㉜ 王志高、邵磊:《试论我国古代墨的形制及其相关问题》,《东南文化》,1993年第2期。
㉝ 高蒙河:《文房四宝起源之六:秦汉时期的人工墨》,《中国文物报》,2010年4月2日。
㉞ 王伟:《中国传统制墨工艺研究》,中国科学技术大学,2010年。

(作者:黄家豪,复旦大学文物与博物馆学,博士研究生)

· 博物馆研究 ·

试论上海中小学生"博物馆研学旅行"中的家校参与

周婧景

上海历来重视中小学生素质教育,而博物馆研学旅行是素质教育的重要载体和撬动杠杆,相关部门已经充分认识到中小学生研学旅行工作的意义,在管理方式转变、市场力量引入、内容和形式优化上进行了积极的实践探索。无论如何,中小学博物馆研学旅行的需求方来自学校或家长,受众是中小学生,他们是博物馆研学旅行政策的主动或被动的参与者,只有掌握其真正的需求及其结构,才能构建需求数据集,以提高供需匹配度。

一、上海中小学博物馆"研学旅行"中学校/家长参与存在的问题

博物馆、学校和社会机构目前基本还处于各自为政的磨合期。博物馆研学旅行的良性发展离不开博物馆、学校、社会机构和政府的联合推动。如何通过参与各方的需求协调,增加馆内外和馆际合作,就学校学情和学生特征,开发适用于不同年龄段学生的研学旅行,是值得我们重视的深层问题。对于学校或家长主体而言,目前主要存

在以下五方面问题。一是学校对研学积极性有限，不会主动对接博物馆，主要是学生自行前来或由旅行社对接前来，通常一次前来的人数过多，场馆的组织能力有限，使得教育效果大打折扣。二是研学导师不足。参与老师通常也是临时兼任，加上一次的参观人数较多，研学质量还是数量往往都无法保证。学校主要依赖博物馆老师、志愿者或高校研究生，但这部分资源自身都未做好准备，因此供给质量也存在问题。三是内容开发问题，虽然学校能够基于课标等校本需求，设计最为贴近学校学情和需求的研学旅行方案，但是对于博物馆的资源禀赋、专业知识和教育特性并不清楚。研学内容开发呈现碎片化和浅层化，博物馆教育特性及其资源优势未得以体现。四是由于时间关系，用以引导和规范的地方性专门政策法规尚未建立，学校主导的博物馆研学旅行在开发和实施中缺乏行业指导标准，而就研学旅行效果也没有可以依据的评估体系。五是校方在与博物馆或社会机构合作时，特别是与博物馆相应部门接洽时，往往缺乏成熟的沟通机制，通常依靠的是非常态化的人脉关系，并因此耗费大量时间和精力。

二、上海中小学博物馆"研学旅行"中学校/家长主体的利益诉求及其瓶颈

通过对上海地区博物馆的焦点小组访谈、半结构访谈、滚雪球抽样及二手资料查阅，获悉上海中小学博物馆"研学旅行"中博物馆主体的利益诉求有：吸引中小学生、扩大影响力、贯彻博物馆使命宗旨、响应政府政策。制约博物馆"研学旅行"有效供给的瓶颈有：实施过程无文件参考；人员接待压力大，无激励且校方配合程度不一；缺乏场地，无改善经费；内容开发时，博物馆研学旅行优势仍未体现。其中，最大的制约瓶颈是接待和开发压力大，且跨界合作困难。

三、"学校/家长主体积极参与"上海中小学生"博物馆研学旅行"的四项举措

（一）创建专职联系人等沟通机制，以消除沟通中遇到的障碍

目前，影响博物馆研学旅行实效提升的制约瓶颈为"政府未有效协调好校内、校外教育资源对这一产品供给的相互关系，从而未实现各方的准确定位和有效配合，无法发挥整体效益，导致有效分工合作的常态化机制难以建立"[①]。其中缺乏沟通机制是该瓶颈的症结之一。对于校方而言，组织者单纯凭借人脉，难以建立实质性的合作关系，且稳定性不强；对于博物馆而言，校方应没有提前和馆方联系，导致馆方无法了解校方需求，难以开展针对性强的教育活动；对于社会机构而言，由于不存在有效的沟通渠道，无法得到馆方的审核、监督和支持。鉴于社会机构的趋利动机，当前，博物馆与其沟通的突破仍然较为困难，因此专职联系人等沟通机制主要是为服务学校而创建的。自2016年起，博物馆"研学旅行"已经被提出，并计划纳入中小学教育教学计划，因此，有必要建立专职联系人等沟通机制。首先，在博物馆中创建研学旅行项目组，并专设岗位，负责与学校等的直接沟通。在合作中，制度供给、信任和监督是最重要的因素[②]，而信任和监督都离不开稳定的制度建设。研学旅行项目组的职责是：① 建立日常联系制度；② 宣传博物馆研学旅行理念，与跨界合作的对象理念达成一致；③ 制定博物馆主导的研学旅行计划；④ 向学校或社会机构介绍本馆资源和当前展教活动；⑤ 给予学校主导或社会机构主导的博物馆研学旅行，以必要的场地、人员和专业支持；⑥ 实施或配合实施研学旅行，参与和共同完成活动的设计、开展和评估。其中，专职联系人作为研学旅行的馆方代言人和对接者，主要任务是提供对方所需信息，明确对方需求，并提供必要帮助。其次，在学校成立研学旅行项目组，遴选优秀的德育老师或班主任担任

组长,通过馆方专职联系人获取基本信息,若有深入的合作需求,可直接与馆方项目组组长沟通。学校研学旅行(不仅限于博物馆研学旅行)项目组的职责是:① 明确校方组织研学旅行的理念及其特色;② 制定学校主导的研学旅行计划,确定并落实参与合作的对象;③ 与博物馆及时沟通,表达需求、获取信息和帮助;④ 实施或配合实施研学旅行,参与并共同完成活动的设计、开展和评估。综上,创建由专门的项目组及人员负责的沟通渠道,可有效降低多方沟通和信息交互的成本,并在不同学校或博物馆跨界合作时,实现内部资源的合理协调③。

(二)调查研学旅行的需求结构分布,以构建需求数据集

作为研学旅行的需求方,上海地区的中小学学生及其家长,他们的需求结构分布是怎样的?是否与政府预设的目标存在需求差?掌握当前的需求数据集是实现有效供给的重要基础和前提。为此,课题组主张由相关管理部门委托行业中介组织,开展常规性需求调查,并将需求结构的分布情况定期向全社会公布。根据2018年上海统计年鉴,截至2017年底,上海全市共有中小学1 653所(普通小学741所,普通中学912所),博物馆125家(综合类12家、历史类41家、艺术类6家、自然科技类3家、其他类63家)。行业中介组织可通过分层抽样,选取不同类型的学校代表(市区、郊区分开,重点和非重点分开;公办和民办分开;小学和中学分开),学生代表(小学低年级、高年级、初中、高中)及其家长代表开展定性研究(焦点小组访谈法、无结构和半结构访谈法等)或定量研究(问卷调查法)。其中,重点调查对象是中小学生,因为博物馆研学旅行真正的受众是学生,满足其需求和兴趣才是根本,所以建议样本构成中学生、学校和家长的比例构成为5∶3∶2。重点调查内容是人口变量、参加动机、有何期待、博物馆类型偏好、感兴趣的主题内容和教育方法、存在的疑问和建议等。调查可采取"线上填写"和"线下调研"方式。对采集的需求数据集进行整理和分析,反映出学生、学校和家长需求的面,以及需求内容、需求程度和需求层次的点。

（三）在保证普适教育的同时，探索符合个性化需求的精英教育

目前上海地区的中小学主要是通过自行组织、与博物馆合作，或与社会机构合作的方式开展博物馆研学旅行，其中以自行组织方式为主。开展博物馆研学旅行的学校基本存在三种动机：一是社会实践动机，即管理部门对学校有专门的社会实践要求；二是提高竞争力动机，即部分优质学校（尤其是民办学校），由于家长有强烈诉求，希望提高学校的竞争力；三是培养人才动机，即部分学校人才培养观正确，立足长远、立德树人，愿意主动增加实践教学环节，以拓宽学生视野和格局。因此，应当根据不同学校的不同组织方式和开展动机，采取普适教育和精英教育两种不同的教育定位，以满足学校、家长和学生差异化需求。普适教育是指大团队式的研学旅行，通常拥有低配比的师资、开展同质化活动，如展区参观（有时含讲解）+学习单（相关资料）学习。精英教育是指小团队式（或小组式）的研学旅行，往往拥有高配比的师资、开展定制化活动。精英教育一般分两种情况，一种是多次来馆，一种是一次来馆，前者可采取项目式定制（成系列的活动），后者可使用一次性定制（可由馆方提供选择菜单，或由馆校合作开发）。首先，普适教育主要适用于：采取任何方式组织的，出于社会实践动机的学校，以及只重视认知需求、结果导向的家长。尽管普适教育是受硬性成本影响的被动策略，但是也可以在参观路线规划、讲解主题开发和学习单设计上有所创新。精英教育主要适用于：采取任何方式组织的（尤其是与博物馆合作开展的）、出于提高竞争力和培养人才动机的学校，以及同时重视情感和体验、过程导向的家长。其中，出于培养动机的学校，相较于提供竞争力动机的，通常忠诚度更高，更易实现个性化定制，从而满足学生个性化需求。此外，课题组认为还需要注意两点：其一，精英教育才是与博物馆研学旅行本质相符的教育定位，所以现今只是采取阶段性发展策略，未来将从普适教育逐步过渡到精英教育；其二，博物馆研学旅行的目标是实现素质教育，目前为吸引学校前来和建立与学生关联，学校的校本课标受到极大重视。但是精英教育不应以课标为核心，而应以儿

童身心特征及其兴趣为核心,所以校方和馆方应各取所长,发挥各自优势:校方熟悉学生和教育手段、馆方了解资源和使用方法。

(四)打破学校本位主义,积极合作并贡献力量

任何类型的中小学在开展博物馆研学旅行时都面临专业瓶颈,同时学校也面临着传统教育方式改革的挑战。20世纪末21世纪初,美国的一些博物馆已将自己定位成教育生态系统中的重要一员,是"直接的教育领域"④,而非对正规教育补充或辅助。在全球迅速变化的背景下,当代教育的价值取向已发生改变,几十年前知识的储备是有意义的,但随着网络发展和信息爆炸,提升学习能力远比传播知识更重要。美国先进科学协会颁布的《2061计划》提出未来儿童应具备好奇心、尊重实证、批判性思考、灵活性和对世界变化的敏感⑤。在正规教育中,学校正面临建构主义、项目探究、合作学习和实物开发的极大挑战,碎片化的学校改革已难以克服自身的瓶颈,而这些恰恰是培养未来科学态度和提升学习能力的关键。与其在单一的教改之路上大费周章且心力交瘁,不如重新审视新时代的教育目标与当下的教育资源,改变道路,重组结构,建立教育生态系统。而博物馆研学旅行恰恰为学校创造了构建教育生态系统,实施素质教育革新的契机。因此,博物馆研学旅行不可坚持学校本位主义,将校本课标视为"宝典",使研学旅行变成"搬家式学习"。博物馆研究旅行的终极目标是实现素质教育,目前为吸引学校前来和建立与学生关联,校本课标的重要性被过度解读,研学旅行不应以课标为核心,而应以儿童身心特征及其兴趣为核心。由于校方熟悉学生和教育手段、馆方了解资源和使用方法,所以校方和馆方应当积极合作、各取所长。鉴此,课题组不主张开展单纯由学校主导的课程型研学。首先,学校研学旅行项目组根据高、低年级学生身心特征,结合本校学情及需求,制定博物馆研学旅行长期和短期计划,规定目标、拟定主题、明确经费等。长期计划为在博物馆研学旅行规划中,在一定时间内的发展计划,其实现可能需要3—5年的时间。长期计划必须富有挑战性,既能服从学校使命和特色,又能保证研学旅行的系统性。为

了实现长期计划,必须把这些计划分解为可量化的短期计划,以此来产生长期计划中所表述的质变,项目组还要负责来分配实现这些目标所需的资源,从而确保其在预算和时间上能够实现。在短期计划通常可作为一年期的行动计划,可以通过效果评估和预算监督来控制其实现。其次,提高参与教师的认知,端正其工作态度。Bake 提出教师对博物馆研学旅行的态度决定了其在活动中所承担的责任[6]。前往博物馆参与研学旅行的学生与校方教师最熟悉。研学旅行项目组对参与教师进行有关研学旅行内涵、原则和意义的培训,促使其了解适合中小学生的博物馆实物展品、教育内容和形式等,从而使教师发现研学旅行与其自身教学的相关性。最后,研学旅行项目组广泛与上海地区多家博物馆合作,通过3—5年的彼此磨合,遴选与本校相契合的博物馆,构建稳定的合作关系。这种合作主要体现在内容开发和现场实施上。其中,现场实施时,学校要提高配合度,不能将学生带队到博物馆就直接交给馆方老师,尤其是学生团队为数百人的庞大团队时,校方教师要配合馆方教师落实研学任务。校方教师的主要功能主要体现在参观前和参观后。参观前,校方教师应将馆方提供的资料和自行收集的资料提前发送给学生,Anderson 等人通过研究指出参观前的场地导向和参观体验,能使优化参观学习效果[7]。参观后,将研学旅行的讨论延续到课堂或家中,可实现教育意义的拓展。

---

① 周婧景:《中国博物馆"研学旅行"研究发展述略——基于文献视角》,《中国博物馆》,2020年第3期,第48页。

② Ostrom, E., *Governing the Commons: The Evolution of Institutions for Collective Action*, Cambridge: Cambridge University Press, 1990.

③ 宋娴:《中国博物馆与学校的合作机制研究》,华东师范大学博士学位论文,2014年,第70页。

④ Scharon, C., J., *Long-Term Impacts of a Museum School Experience on*

Science Identity, University of Washington (MA), 2016, p.12.

⑤ 美国科学促进协会:《面向全体美国人的科学》,科学普及出版社,2001年,第157页。

⑥ 张雯颖:《我国博物馆研学旅行研究》,复旦大学硕士学位论文,2019年,第11页。

⑦ Anderson, D. and Lucas, K. B., The effectiveness of orienting students to the physical features of a science museum prior to visitation, *Research in Science Education*, 1997, 27(4): 485-495.

(作者:周婧景,复旦大学文物与博物馆学系,副教授)

文化"走出去"视角下的政府主导型对外展览研究

——以"华夏瑰宝展"为例[①]

江明圆 孔 达

中华人民共和国成立以来,对外展览一直是中外文化交流中最有影响、最受欢迎、最具特色、最有实效的活动[②]。近年来,文物进出境展览成为元首外交、双边外交、多边外交、民间外交的"重头戏"和"必选项"不断亮相国际舞台[③],作为"友好年""文化年"等国家对外文化交流活动的重要部分[④],是国家文明的"金色名片"[⑤]。随着我国对外展览数量逐年增多,办展形式也更加多样化,从单向交流发展为"双边交流、联袂合作以及中方自主策划展览为主"[⑥]。对外展览"百花齐放"下呈现出多元化的展览主体、合作目的、合作方式和展览效果。其中,与博物馆或其他相关机构组织的展览相比,由政府组织、策划并实施的对外展览在中国对外展览历史中占据重要地位,它们往往与国家外交战略、文化战略配合度更高,需要国家的投入也更多。但遗憾的是,对其研究关注则相对较少。在我国文化"走出去"战略不断深化的背景下,在"讲好中国故事、传播好中国声音"越来越成为国家战略重要内容的背景下,如何挖掘这一类展览的作用、进而更好地反思中国对外展览发展与管理模式,具有重要意义。基于此,本文将以"华夏瑰宝展"作为案例,分析政府主导型对外展览在助推中华文化"走出去"战略中的独特优势与不足之处,借此探讨政府与博物馆在对外展览中的关系,旨在为提升我国对外展览与博物馆发展水平提供一种思考的方向。

一、文化"走出去"、对外展览与政府主导型对外展览

2002年党的十六大报告首次提出"实施'走出去'战略是对外开放新阶段重大举措"。2004年9月,党的十六届四中全会上提出要"推动中华文化更好地走向世界,提高国际影响力",此后文化"走出去"概念逐步深化,但主要集中于文化贸易领域[7]。2006年9月,国家《文化建设"十一五"规划》中正式提出中华文化走出去战略;2007年10月,党的十七大报告中首次将"提高国家文化软实力"作为文化建设战略重点,自此文化"走出去"战略开始成为提升国家文化软实力[8]、推动中华文明与世界文明对话的重要方式[9],推动中华文化"走出去"成为我国重要的对外文化战略。如今,"提高国家文化软实力,讲好中国故事"成为我国新时代社会主义文化建设的重要目标[10]。在此背景下,对外展示与传播中华文明的对外展览,在助推文化"走出去"、提升国家软实力方面应发挥重要作用。对外展览是一国施展文化软实力、开展对外文化交流的重要形式和传统手段之一[11]。博物馆对外展览通过与国家战略、外交外事议程的配合能够有助于树立国家开放、友好、文明的形象[12]。

对外展览广义上包括跨国、跨境展览,即出国、出境展览与进境展览,也可以涵盖一国之内的馆际合作展览,本文提及对外展览,如无特殊说明,均指出国出境展览。对外展览按照展览主体、合作目的和合作方式有多种分类方式(见表1)。

其中,政府主导型对外展览泛指以政府为主体、为配合国家外交、文化战略而专门组织策划的对外展览。在展览的组织实施过程中,政府可以委托博物馆或相关机构制作展览,或直接主导完成展览的组织策划与实施。当政府机构直接参与展览的组织、策划与实施过程并占据主导地位,展览就更容易呈现国家政府的意志与思想,并与国家战略协调配合[13]。

表1　对外展览类型及其分类方式[13]

分类方式	对外展览类型		
展览主体	政府	博物馆	第三方
合作目的	外交驱动	使命驱动	市场驱动
合作方式	自主策划型	合作型	
		合作策划型	合作分工型

在我国，政府主导型对外展览通常由国家文物局主办，中国文物交流中心实际组织、策划与实施。中国文物交流中心的建立源于1971年为举办新中国第一个大规模政府组织的对外展览——"中华人民共和国出土文物展"而组建的筹备小组。该展览自1973年开始五年之内在欧洲、亚洲、美洲、非洲和大洋洲的15个国家和地区巡回展出，吸引650万余观众参观。展览在海外受到热烈欢迎，大大改善了当时由"文化大革命"给中国国际形象带来的负面影响，在特定历史时期，为增进西方世界对中国文化的理解与认同做出重要贡献，成为中国"文物外交"开端[15]。此后，"伟大的中国青铜器时代展""中华五千年文明艺术展"等多个世界巡回的对外展览均由该机构参与举办。

在经历了一系列机构调整与重组后，2004年中国文物交流中心成立，2007年中心正式挂牌。2008年以来中心组织策划的"华夏瑰宝"系列展览在南非、突尼斯、印度、土耳其等多国巡回展出，成为影响世界的品牌展览。作为新时期以来继"中华人民共和国出土文物展"之后又一政府主导的对外展览，"华夏瑰宝展"是文化"走出去"战略下的重要文化外交成果，与我国新时期、新时代对外文化战略发展密切相关。"华夏瑰宝展"正是在我国文化"走出去"战略不断丰富完善的十年内举办，是我国现阶段对外文化战略的具体化呈现。在文化走出去战略的背景下，它见证并贡献于"人类命运共同体""一带一路"合作倡议、"全球伙伴关系"等重要国家战略的提出与实践。基于该展览的重要意义,本文将聚焦于"华夏瑰宝展",通过系统整理展览图录与相关文献,总结归纳政府主导型对外展览的特点及其对中国对外展览提质增效的启示。

二、"华夏瑰宝展"的整体特征

"华夏瑰宝展"以首次接触中国文化的海外观众为目标群体,通过较有代表性且精美的文物介绍中国历史文化[16]。自2008年以来先后在十个国家展出(详见表2)。十多年来,该展览的主题内容、组织方式及与国家外交外事密切配合的属性不变,但同时展品选取、展品内容与展览阐释方面又与时俱进,总体呈现出政府主导型对外展览的一些共性特点,可以归纳如下。

表2 "华夏瑰宝展"展出情况概览

展出时间	展出国家	展览场地	双边外事活动
2008.03.27~ 2008.06.30	南非	比勒陀利亚国立文化史博物馆	中国和南非建交十周年
2009.05.08~ 2009.08.08	突尼斯	国立迦太基博物馆	中突建交45周年;"中阿合作论坛"第三届中阿文明对话研讨会举办
2011.02.19~ 2011.11.07	印度	新德里国家博物馆、孟买威尔士王子博物馆、海德拉巴萨拉博物馆、加尔各答国家图书馆	2011中印文化交流年
2012.11.20~ 2013.02.20	土耳其	伊斯坦布尔老皇宫博物馆	2012土耳其"中国文化年"
2013.04.29~ 2013.08.14	罗马尼亚	罗马尼亚国家历史博物馆	中罗两国建交64年

续 表

展出时间	展出国家	展览场地	双边外事活动
2014.08.08~ 2014.11.09	捷克	捷克布拉格城堡皇家马厩美术馆	中捷建交 65 周年
2015.02.06~ 2015.04.19	匈牙利	匈牙利工艺美术馆	2014 年中匈建交 65 周年，国家文物局与匈牙利人力资源部签订的《关于合作举办展览的备忘录》
2016.09.06~ 2017.01.07	卡塔尔	卡塔尔伊斯兰艺术博物馆	2016 中卡文化年
2016.10.07~ 2016.12.08	秘鲁	秘鲁考古、人类学和历史博物馆	2016 中拉文化交流年；中秘建交 45 周年；国家主席习近平出访秘鲁
2018.09.12~ 2018.11.23	沙特阿拉伯	利雅得国家博物馆	"一带一路"和"2030 愿景"下 2016 年"阿拉伯之路"展览的回访展

（一）展览组织：配合国家外交外事活动

"华夏瑰宝展"的举办往往伴随着建交纪念、"文化年"等双边外交外事活动进行（见表2）。其中，2013 年展览在罗马尼亚举办未见重大双边外交外事活动，且 1973 年"中华人民共和国出土文物展"、1985 年"中国宋元明清瓷器展"曾在罗马尼亚展出，看似不符合"华夏瑰宝展"所指向首次接触中国文化的目标群体。实际上，由于 1989 年苏联解体后中国对外展览甚少在东欧地区展出，中国一直有与东欧开展文化交流活动的想法，加之中罗两国是传统的友好国家，于是 2013 年在罗马尼亚展出该展览顺理成章。"华夏瑰宝展"展出后不久，《中华人民共和国政府和罗马尼亚政府 2013—2016 年文化项目合作》协议在布加勒斯特签订，促成了 2016 年"罗马尼亚珍宝展"在中国国家博物馆的展出⑰。因而，

"华夏瑰宝展"在罗马尼亚的举办实则依然是中罗双边文化外交的重要组成部分。

(二)展品来源:一级博物馆发挥重要作用

纵观"华夏瑰宝展"举办历史,总数 940 件(组)展品分别来自 12 个省市的 31 家文博机构(见表 3,图 1)⑱。从地域上看,展品来源地主要集中在我国中东部地区文博机构。其中,西安和北京是重点展品来源地,陕西历史博物馆和北京故宫博物院十年来为展览分别提供了 208 和 203 件展品,两者加和占全部展品的 43%。

表3 "华夏瑰宝展"历年展品及参与博物馆情况

年 份	展品总数(件/组)	参与博物馆(按提供展品数降序排列)
2008 年	90	江西省博物馆、河北省文物研究所、河南省虢国博物馆、定州市博物馆、河北博物院、陕西省考古研究院、西安博物院、洛阳博物馆、河南省文物考古研究院、秦始皇帝陵博物院、河南博物院
2009 年	70	湖南省博物馆、江西省博物馆、河北省文物研究所、河南省虢国博物馆、定州市博物馆、河北博物院、陕西省考古研究院、西安博物院、洛阳博物馆、河南省文物考古研究院、秦始皇帝陵博物院、河南博物院
2012、2013 年	106	上海博物馆、故宫博物院、汉阳陵博物馆、秦始皇帝陵博物院、西安博物院、陕西省考古研究院、彬县文物旅游管理办公室、陕西历史博物馆、西安市临潼区博物馆、咸阳博物院、昭陵博物馆
2014、2015 年	94	陕西历史博物馆、南京市博物馆、承德避暑山庄博物馆、上海博物馆
2016 年卡塔尔	85	故宫博物院、西安博物院、秦始皇帝陵博物院、汉阳陵博物馆、半坡博物馆
2016 年秘鲁	110	陕西历史博物馆、故宫博物院、广东省博物馆、西安博物院

续表

年 份	展品总数（件/组）	参与博物馆（按提供展品数降序排列）
2018 年	185	故宫博物院、徐州博物馆、泉州海外交通史博物馆、陕西历史博物馆、洛阳博物馆、秦始皇帝陵博物院、邳州博物馆、洛阳市文物考古研究院、河南省文物考古研究院、国家文物局水下文化遗产保护中心、广东省文物考古研究所、焦作市博物馆

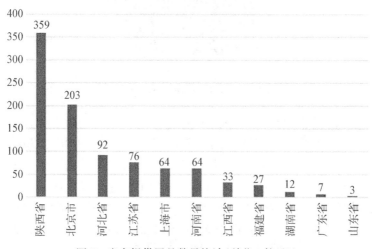

图 1 省市提供展品数量统计（单位：件/组）

展览展品来源于国内 31 家文博机构，含 24 座博物馆和 7 家其他文博单位，其中国家一级博物馆在提供展品和参与展览方面承担重要作用。一方面，从展品数量来说，15 座一级博物馆十年来为展览共提供展品 755 件，占到全部展品近 80%（见图 2）。另一方面，从单座博物馆参与展览的次数来说，秦始皇帝陵博物院、陕西历史博物馆、故宫博物院、西安博物院作为国内重要的一级博物馆，参与展览达 5 次及以上，贡献重要力量：秦始皇帝陵博物馆主要提供秦代兵马俑；陕西历史博物馆和西安博物院以提供唐代文物为主,其中唐代陶俑、造像较多;故宫博物院以提供明清皇家文物为主。

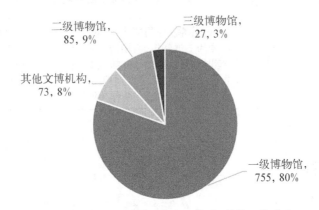

图 2　各文博单位提供展品占比统计(单位:件/组)

(三)展览阐释:大历史、大故事

"华夏瑰宝展"着重于展示"瑰宝"文物。何为"瑰宝"？2015 年时任中国文物交流中心副主任姚安认为:"能够讲述我华夏文化与历史变迁的文物都是我国的瑰宝。"[19] 为了体现华夏文明的历史变迁,展览采用历史叙事的方式展开。紧随而来的便是如何在"有限的空间,利用有数的展品向观众介绍悠久的中国历史、博大精深的中华传统文化和源远流长的交流史话"这一重大挑战[20]。

从文物展品反映主题来看,"华夏瑰宝展"主要呈现皇室贵族的宫廷生活。秦代文物单元冠以"一统"的主题:"秦的统一"(2012—2013)、"秦汉一统"(2014—2015)、"雄浑一统"(2016 卡塔尔)、"秦汉雄风"(2016 秘鲁)、"一统盛世"(2018),选用大量陶俑,尤以兵马俑为亮点,呈现"守护秦始皇的地下军团"[22]之盛景;汉代文物以"汉宫"著称,展出大量如金缕玉衣(2008—2009)、彩绘骑马俑(2014—2016)、彩绘陶步兵俑(2016 秘鲁)、玉面罩、玉龙、玉九窍塞(2018)等高级贵族随葬品;明清文物加以"宫廷""皇朝"等主题:"宫廷艺术"(2012—2013)、"宫廷珍宝"(2014—2015)、"宫廷华

表4 "华夏瑰宝展"历年单元和部分设置情况表㉑

2008年	无							
2009年	无							
2012、2013年	文明诞生（新石器时代—公元前221年）		天下一统（公元前221年—公元220年）		丝路繁盛（420—960年）		王朝盛世（960—1911年）	
	文明曙光	青铜文化	秦的统一	汉宫凤仪	丝路佛光	乐舞升平	陶瓷之路	宫廷艺术
2014、2015年	华夏伊始 礼乐定制		汉唐盛世 海纳百川		明清宫廷 文化传承			
	远古文明	邦国初立	秦汉一统	走向盛唐	姑苏繁盛	宫廷珍宝		
2016年 卡塔尔	文明伊始 礼乐邦国		雄浑一统 丝路盛唐		翰洋雅器 宫廷华韵			
	文明伊始	礼乐邦国	雄浑一统	丝路盛唐	翰洋雅器	宫廷华韵		
2016年 秘鲁	文明曙光 礼乐定制（公元前8000年—前3世纪）		汉唐一统 海纳百川（公元前221—公元907年）		皇朝盛世 中西交流（1368—1911年）			
	彩陶余辉	玉意深邃	青铜凝重	秦汉雄风	隋唐盛世	金昭玉粹	中西交流	
2018年	文明伊始与礼制建立	一统盛世、巩固与发展	包容多元的对外交往		商业萌芽与海洋贸易			宫廷气度与宫廷艺术
			盛唐气象	丝绸之路与文化交融	瓷器上的东方美学	海洋贸易与异域民族	郑和下西洋	

韵"(2016卡塔尔)、"皇朝盛世"(2016秘鲁)、"宫廷气度与宫廷艺术"(2018),选用多件故宫博物院的皇家旧藏瓷器,展现明清皇室收藏之精美。

十年来,"华夏瑰宝展"在展品选择上平均涉及13个朝代(见图3),时间上大致覆盖新石器时代至中华民国建立前约七千年中华文明历史,但反映三国、两晋、南北朝、五代十国等年代的展品较少,对于中华民国及之后的近现代华夏文明发展缺乏关注。同时,受限于展品总数,每件(组)文物只能展现历史的某个片段,使得展品之间的联系性较弱,因此展览往往只能"追求文物间的独立审美或成组展现的视觉震撼"㉓,秦汉、唐代和明清三个中华文明蓬勃发展的时代由此成为"华夏瑰宝展"选择的重点年代,十年来分别选取了146、150和192件(组)文物展品,占到全部展品的一半以上。同时,这三个年代往往成为展览中单独的单元或部分。

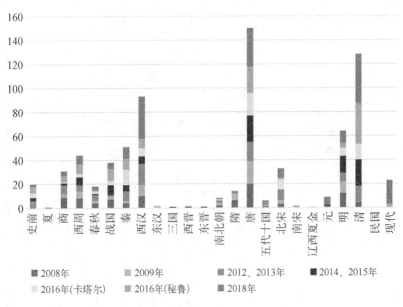

图3 历年展品涉及朝代统计(单位:件/组)

要实现对"日常生活、礼仪制度、宫廷艺术等多个领域"[24]的全方位展示的同时,呈现"完整、多元且未曾中断的文明"[25],对"华夏瑰宝展"提出了高要求。历史发展序列的连贯性与呈现特定时期社会状况的丰富性在展览中的冲突之下,"华夏瑰宝展"选择以中央王朝史作为主要内容,以历史序列为线索,讲述中华文明的大历史、大故事,同时,重点关注秦汉、唐代和明清的社会状况。

三、"华夏瑰宝展"发展趋势

自2008年"华夏瑰宝展"在南非展出以来,展览逐渐成为我国双边外交的"金色名片"。2013年的"华夏瑰宝展"在罗马尼亚一经展出,其影响便辐射捷克、波兰、保加利亚等中东欧国家,收到了中东欧国家合作办展的邀约[26],促成同名展览2014年在捷克成功展出。在多年的展出经历中,"华夏瑰宝展"在组织、策划与实施方面不断提升,呈现出如下发展趋势。

(一)展品遴选:数量不断增加,类型不断丰富

2008年以来,"华夏瑰宝展"各次展览展品数量整体呈现增长的趋势(见图4)。与此同时,近年来"华夏瑰宝展"展品类型也不断丰富:一方面,绣花缎地蟒袍和绣花对襟绸袄(2014—2015)、蓝色绸绣彩云蝠金龙纹男夹龙袍和青色锻钉绫蝶双喜纹帽头(2018)等丝织品出现在展品目录中,马荃花鸟图册(2014—2015),东汉曹全碑拓片和唐代客使图壁画复制品(2016秘鲁)、棕竹股惠亲王书画婴戏图面折扇(2018)等纸质文物也开始亮相。另一方面,相同类型的展品数量下降,同一材质不同类型的文物逐渐增多。以青铜文物为例,2008年与2009展览中展出多件鼎和壶,具有纹饰上的差异,但属于同一器物类型,而在2012年及之后的展览中,鼎和壶各只有1—2件,同时增加了觯、斝、匜、盨等类型的青铜器。

(二)展览阐释:叙事性逐渐增强,引入跨文化视角

2008—2009年"华夏瑰宝展"在南非、突尼斯的展览中,没有进

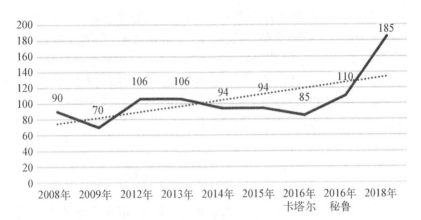

图 4 历年展品总数变化情况图(单位:件/组)

行单元的设置,只是按照文明脉络的发展、器物材质的不同进行顺序排列。展览强调视觉上的审美体验,以"使南非观众领略到中华传统文化的独特魅力与风情"[22],因而展览结构呈现艺术型的特征。而 2012 年之后"华夏瑰宝展"开始设置单元、部分,向主题型展示转变(见表 4),加入大量对"兵马俑的产生原因"[28]"姜寨遗址复原图"[29]等文脉背景的介绍。2018 年展览的"郑和下西洋"部分中使用了复原模型,展出了 10 件船只模型。利用辅助类展品配合展览阐释,体现了展览叙事性的不断增强。

叙事性增强的同时,强调跨文化交流的展品和单元部分的设置开始出现在展览中。2008—2009 年,"华夏瑰宝展"仅展示中国本土文化的展品,不涉及对外文化交流的文物;自 2012 年开始,"丝绸之路"成为展览单元之一,开始使用跨文化展品,主要为涉及路上丝绸之路文化交流的产物如"彩绘胡人陶俑"(2012)。而随着 2013 年"一带一路"合作倡议正式提出,展览将此部分内容扩充为包含"海纳百川"(2014—2015)、"中西交流"(2016 秘鲁)和"海洋贸易"(2018)等涉及跨文化交流多重内涵的领域,关注世界文明视野下的中国文明,旨在传播一种开放、多元、包容的文化态度。《文化部"一带一路"文化发展行动计划(2016—2020年)》的公布标志着"一带一路"文化战略的进一步发展,在"华夏瑰宝展"中跨文化交流的内容篇幅由一个部分扩展为多个单元和部分,涉及展品数占比也由2012年的22.6%提升至43.5%(2016卡塔尔)和33.5%(2018)。

随着展览跨文化实践不断深化,展览对展出国观众文化相关性也开始逐步重视,选取两国文化交流之间的特定文物。如展览在秘鲁展出时选用了"墨西哥银币"等与南美文化密切相关的展品;在卡塔尔和沙特阿拉伯展出时分别选用了"青花阿拉伯文圆盘""伊斯兰云月纹石刻"等多件具有阿拉伯文化特色的展品,在2018年展览序言中也指出展览"是双方悠久文化交流的见证",让沙特人民"领略中国同阿拉伯世界友好交往的历史积淀"[㉚],强调展览与展出国观众之间的联系。

"华夏瑰宝展"在十余年实践经验中,在展品遴选和展览阐释方面呈现出展览阐释性、主题性逐渐增强的发展趋势,以及对展出国观众文化相关性的逐步重视,反映了我国政府主导型对外展览组织策划水平上的不断提高。下文将以"华夏瑰宝展"为基础,结合其他同类展览和博物馆自主策划对外展览的实践经验,进一步对比提炼政府主导型对外展览的特点。

四、政府主导型对外展览的特点

(一)时效性高:灵活配合外交外事、专业性相对较弱

2017年《国家文物事业发展"十三五"规划》中指出,对外展览要"充分利用党和国家领导人重要对外活动契机,抓住重大节庆、重大事件、重要会议、重要节展赛事的时间节点和国家文化年、文化节系列活动"[㉛]。外交外事议程的制定、发布,往往要实时应对国际形势的变化,周期相对较短。这就要求配合外交外事议程的展览在组织运作方面具有更大的灵活性。比如配合文化年、友好

年而举办的"华夏瑰宝展"策展周期在一年左右[32]。2014 年为配合中法建交 50 周年、中国文物交流中心与法国吉美博物馆联合举办了"汉风——中国汉代文物展",这场展览精选了 9 省(区)27 家文博单位的 150 组 456 件文物,一级文物占比超过 30%[33],但策展周期也不到两年[34]。

相比之下,博物馆按照自身使命宗旨、展览计划等组织策划的展览,动辄需要 3—5 年的策展周期甚至更久[35],美国纽约大都会艺术博物馆 2004 年"走向盛唐——三至八世纪的中国艺术和中外文化交流"展和 2017 年"秦汉文明展"从构想到展览开幕分别历经 7 年[36]、8 年[37]。按照《中华人民共和国文物保护法实施条例》第四十八条要求,博物馆出国出境展览项目需要提前 6 个月提请国家文物局审核批准[38]。博物馆配合外交外事活动,短时间内协调本馆展览计划、文物展品,有针对性地制作主题展览,并完成申报流程,在时间、流程上都要面临巨大挑战。政府基于固定主题构思及长期巡回展览的实践基础,调用全国博物馆文物藏品资源、专家学者及研究材料,能够迅速统筹组织对外展览,并结合目标国家、观众的特点和需求适应调整,灵活高效地配合双边外交外事活动。

与此同时,由于此类对外展览需要灵活配合外交外事议程,用于展览研究与制作的时间相对较少,使得政府主导型对外展览相比于博物馆对外展览而言可能缺乏专业深度。博物馆对外展览从构想到提纲拟定需要结合最新学术成果不断调整修订,耗费大量时间和精力,如"秦汉文明"展在研究史料、选择展品和实地考察上便花了近三年时间[39]。另外,展览图录往往也是展览学术水准的重要体现,博物馆对外展览图录中除了图版和器物介绍外,往往会附有多篇学术论文以展示最新研究成果。如纽约大都会艺术博物馆 2010 年举办的"忽必烈的时代——中国元代艺术"展览图录中附有 7 篇学术论文,策展人屈志仁认为该图录"是关于元代艺术的研究成果的汇总"[40]。而政府主导型对外展览的图录制作,为配合时间要求往往仅是简单的展品清单。同时,政府主导型对外展览对于展览组织策划运行的过程关注较少,例如前置评估、观众评估等。如"华夏瑰宝展"目前公开的展览系统性评估研究成果仅 2009 年由突尼斯国家遗产研究院(Institut National du Patrimoine)实施的观众满意度调查,其结论之一便是希望展览能够实施前置性评估,研究突尼斯公众对展览的期望[41],而博物馆在组织对外展览时往往会充分考虑当地观众对中国文化的了解程度,做大量的前期调研工作[42]。再者,博物馆对外展览对于接展场馆设施、文保安保条件和博物馆的专业实力水平等都有很高要求,通常会对建筑、消防、监控等多方面评估后形成展场考察报告,确认展场的各项设施满足展出中国文物的各项要求[43]。而配合外交外事议程的展览,在这方面的要求则会相对降低,甚至可由中方进行展场改造和施工布置[44]。总之,博物馆自主策划实施的对外展览,会更多考虑一场展览对博物馆藏品、研究、人员等多方面发展的长期推动,希望通过展览交流与国际合作,提升本馆的研究实力、工作方式和策展角度等专业能力。而政府主导的展览则更多考虑与外交外事的配合。

(二)象征性强:国家文明名片,多元视角不足

我国政府主导型对外展览通过对中华文明进行宏大叙事,展示"中国历史底蕴深厚、各民族多元一体、文化多样和谐的文明大国形象"[45]。2008 年中国文物交流中心在《文物对外交流应为推动社会主义文化大发展、大繁荣发挥积极作用》为题的专题调研报告中曾指出:通史的、全方位的综合展览注重普及中国悠久历史和优秀文化,在对外展览中数量居多[46]。对文明通史进行宏大叙事成为我国政府主导型对外展览的一般思路。中国文物交流中心基于多年的展览举办经验设置的 2015 年"展览清单"中设有"国家宝藏""文明之旅""中国记忆""多彩华风""典藏文化""人杰地灵""文化遗产""当代中国"八大体系[47],均与"中国"概念相关,表明此类对外展览具有较强的国家象征性意义。放眼国外,其他政府主导型对外展览也往往以宏大文明叙事体现出强象征性的特点。如沙特阿拉伯旅游与国家遗产委员会于 2006 年开始策划、2010

年起全球巡展的"阿拉伯之路"跨度自一百万年前的石器时代直至近现代沙特王国的诞生[48];2012年至2018年卡塔尔为配合国家文化年而由其博物馆管理局策划的"珍珠:来自江河海洋的珍宝"展览同样诉诸珍珠的历史[49]。卡塔尔的采珠业历史悠久,曾是石油与天然气资源发现以前这个国家的支柱产业。采摘的天然珍珠远销海外,成为欧洲王室成员最为青睐的珠宝。这场展览将珍珠当作国家文化与历史的符号,展示卡塔尔长期处于世界珍珠贸易核心地位的历史,以及卡塔尔对于世界文化的贡献[50]。此外,展览举办时间、地点的选择,特别是展览的开闭幕式紧密配合外交外事活动更是展览象征国家名片的直接体现。2016年"华夏瑰宝展"在秘鲁举办时,中国国家主席习近平和夫人彭丽媛同秘鲁总统库琴斯基夫妇共同参观了展览并出席闭幕式[51];2017年"阿拉伯之路"至中国国家博物馆展出时,习近平主席与阿拉伯王国国王萨勒曼共同出席展览闭幕式[52]。与此同时,此类展览往往在国家首都或重要城市举办,展览新闻以官方媒体为主体,大量集中于对展览开幕式的报道上。总之,政府主导型对外展览通过选择象征性的历史、文化符号,把展览作为国家的文明名片与"文化使者",助推塑造和构建良好正面的国家形象[53]。

与此同时,强调国家历史与文明符号,使得此类对外展览在主题选择上缺少一定的多元视角。相比之下,博物馆组织策划的对外展览,可以根据本馆的使命宗旨、发展定位、藏品特色、研究成果等多种因素,制作更加多元化的主题展览,从不同视角解读与呈现中国文明的多元一体。曾为2012、2013年"华夏瑰宝展"提供部分展品的上海博物馆,其对外展览近十年来逐步转向专题展,在中国通史主题的对外展览中从"宴会、礼仪和庆典""帝王之龙""香文化"等多视角切入[54];故宫博物院在举办以清代皇室为主题的对外展览选用"紫垣撷珍""朱艳增华""盛世繁华"等多个以建筑、书法、绘画、陶瓷、玉石、服饰、生活用具、装饰漆器、花器、清宫科技等为主题元素[55]。对于接展博物馆而言,呈现中国文明多元的方面也成为引进对外展览的主要选择。如新加坡亚洲文明博物馆2019—2020年"中华艺术文化季节"(Season of Chinese Art)举办"郭培——中国艺术与高级定制服装"和"璀璨光华——中国明代文化艺术珍品"引进两大对外展览㊱,同时涵盖中国古代工艺美术与当代艺术的跨时空话题。

五、总结与启示

文物对外展览是促进文化"走出去"最活跃的力量㊲。《国家文物局2020年工作要点》中指出,要加强交流合作,着力提升中华文化影响力㊳。提升我国对外展览水平不仅是博物馆的专业发展需求,更是中华文化"走出去"的战略需要。不同类型对外展览,具有各自的特点,需要的展览资源、组织运作方式,以及产生的效果影响都各不相同。巡回世界十余年的"华夏瑰宝展",是我国配合21世纪外交、文化战略推出的重要展览,透视出政府主导型对外展览的优势与特点,也对我国对外展览的提质增效提出更高要求。

对外展览在配合国家战略规划性的同时,更需要为博物馆专业性的发挥提供更多空间。"华夏瑰宝展"历年的变化和趋势,是展览与国家战略的密切配合,更是学术研究支撑和策展能力不断增强的结果,充分体现了我国过去十多年间博物馆研究与实践的发展成果。这也说明,只有实现政府的战略规划与博物馆的专业支撑的能动配合,才能真正提升我国博物馆对外展览的传播效果。从"华夏瑰宝展"的经验来看,鼓励与支持各地、各类型博物馆积极参与,提升对外展览的学术专业性,丰富对外展览的主题内容,同时利用博物馆专业知识,引入跨文化视角,更贴近目标国家、目标观众的文化需求,用符合当地社会与观众喜好的方式讲好中华文明故事,是我国对外展览提质增效的必经之路。

① 本文为上海市浦江人才计划资助项目"提升我国博物馆对外展览 服务中华文化'走出去'战略研究"（17PJC008）阶段性成果。该研究曾经接受复旦大学本科生学术研究资助计划（19402）及上海市大学生创新创业训练计划（S202010246220）的资助。

② 国家文物局编：《中国文物事业改革开放三十年》，文物出版社，2008年。

③ 《国家文物局局长刘玉珠：文物进出境展成民间外交"必选项"》，国家文物局，http://www.sach.gov.cn/art/2019/3/29/art_1027_154404.html，2020年2月29日。

④ 中国文物交流中心编：《光荣使命——中国文物交流中心四十年》，文物出版社，2011年。

⑤ 《金色名片：改革开放40年中国出入境文物展览回顾》，国家文物局，http://www.ncha.gov.cn/art/2018/11/7/art_2092_152555.html，2020年2月29日。

⑥ 同⑤。

⑦ 齐勇锋、蒋多：《中国文化走出去战略的内涵和模式探讨》，《东岳论丛》，2010年第31卷第10期。

⑧ 中共中央文献研究室：《习近平关于社会主义文化建设论述摘编》，中共文献出版社，2017年。

⑨ 曲慧敏：《中华文化走出去战略研究》，山东师范大学硕士学位论文，2012年。

⑩ 同⑧。

⑪ 陆建松：《走向世界：论新时期博物馆对外展览的重要意义》，《文化遗产研究集刊》，2001年第2辑。

⑫ 孔达：《试论博物馆对外展览建构国家形象的价值与路径》，《东南文化》，2018年第5期。

⑬ Davidson, L. and Pérez-Castellanos, L., *Cosmopolitan Ambassadors: International Exhibitions, Cultural Diplomacy and the Polycentral Museum*, Delaware: Vernon Press, 2019.

⑭ Krenn, M.L., *Fall-out Shelters for the Human Spirit: American Art and the Cold War*, Chapel Hill & London: The University of North Carolina Press, 2015.

⑮ 黎萌：《中国文物外交震撼世界》，《世界新闻报》国际在线，http://news.cri.cn/gb/27824/2011/02/01/5311s3143490.htm，2020 年 3 月 23 日。

⑯ 徐赫：《美美与共 天下大同——以赴沙特阿拉伯"华夏瑰宝"展览为例论出境文物展览的策划与实施》，《中外文化交流》，2019 年第 3 期。

⑰ 《罗方馆长致辞》，中国国家博物馆，http://www.chnmuseum.cn/Portals/0/web/zt/20160128romania/，2020 年 3 月 24 日。

⑱ 本文涉及展品数据均来源于目前可得的除 2011 年印度"华夏瑰宝展"外的 9 次展览图录。其中 2012 年和 2013 年、2014 年和 2015 年展览展品相同。

⑲ 姚安：《"华夏瑰宝展"策展始末》，《中国文物报》，2015 年 6 月 23 日第 003 版。

⑳ 史瑞林：《〈华夏瑰宝展〉编辑回顾》，《中国文物报》，2013 年 7 月 26 日第 003 版。

㉑ 结合"华夏瑰宝展"历年图录，本文将展览结构分为三层，依次为单元、部分和展品（组）。

㉒ 2018 年"华夏瑰宝展"部分说明标题。

㉓ 同⑲。

㉔ 王军："致辞"，中国文物交流中心编著：《华夏瑰宝》，未出版，2016 年。

㉕ 王军："序言"，中国文物交流中心编：《天涯若比邻：华夏瑰宝秘鲁行》，文物出版社，2016 年。

㉖ 《"华夏瑰宝"助力 中罗友好续航——记中国文物展览在罗马尼亚》，中国文物交流中心，http://www.aec1971.org.cn/art/2013/12/23/art_1331_33915.html，2020 年 2 月 29 日。

㉗ 单霁翔："前言"，in Gushan Z. & Tiankai L.，*Treasures of China*，Pretoria：Northern Flagship Institution，2008。

㉘ 2016 年卡塔尔"华夏瑰宝展"第二单元第一部分辅助展板名称。

㉙ 2016 年秘鲁"华夏瑰宝展"第一单元第一部分辅助展板名称。

㉚ 李华新："序言"，中国文物交流中心编著：《华夏瑰宝 2018》，未出版，2018 年。

㉛ 《关于印发〈国家文物事业发展"十三五"规划〉的通知》，国家文物局，http://www.ncha.gov.cn/art/2017/2/27/art_2237_43663.html，2020 年 3 月 26 日。

㉜ 同⑯。

㉝ 《"汉风"吹巴黎 法国最大中国文物展开幕》，中国新闻网，http://

www.chinanews.com/gj/2014/10-22/6703006.shtml,2020 年 4 月 8 日。

㉞ 姚安:《以精美的文物再现辉煌的年代——记"汉风——中国汉代文物展"策展》,《文物天地》,2015 年第 3 期。

㉟ 沈辰:《众妙之门:六谈当代博物馆》,文物出版社,2019 年。

㊱ 陈烈、文丹:《盛世曙光照亮纽约 记在美国纽约大都会博物馆举办的"走向盛唐"展》,《中国文化遗产》,2004 年第 4 期。

㊲ 孙志新:《"秦汉文明"展览的策划与实施——兼论在海外策划中国展览和策展人负责制度》,《博物院》,2017 年第 5 期。

㊳《中华人民共和国文物保护法实施条例》,中华人民共和国国务院公报,http://www.gov.cn/gongbao/content/2017/content_5219151.htm,2020 年 4 月 1 日。

㊴ 同㊲。

㊵ 屈志仁、毛颖:《博物馆策展人:学者 艺术鉴赏家 展览组织者——屈志仁先生专访》,《东南文化》,2011 年第 1 期。

㊶ Exposition "Trésors de Chine": Résultat de l'enquête. *Institut National du Patrimoine — Tunisie*, 26 October 2010, http://www.inp.rnrt.tn/musee/Expo_chine.htm,2020 年 2 月 29 日。

㊷ 王成兰:《展览中的"中华文明":以我国博物馆的对外展览为例》,《广州文博》,2012 年第 00 期。

㊸《56016 文物出境展览许可》,国家文物局,http://www.ncha.gov.cn/art/2021/4/1/art_2340_158434.html,2021 年 11 月 3 日。

㊹ 刘修兵:《中非海上丝路历史文化展别开生面》,《中国文化报》,2014 年 12 月 17 日第 1 版。

㊺ 中国文物交流中心:《文物承载中华文明 交流促进沟通互鉴》,《中国文物报》,2016 年 6 月 17 日第 003 版。

㊻ 同㊷。

㊼ 姚安:《文物策展引领中国之美》,《中国文物报》,2015 年 2 月 27 日第 003 版。

㊽《阿拉伯之路——沙特出土文物》,中国国家博物馆,http://www.chnmuseum.cn/Portals/0/web/zt/20161220saudi-arabia/index.html,2020 年 3 月 26 日。

㊾《珍珠:来自江河海洋的珍宝》,中国国家博物馆,http://www.chnmuseum.cn/Portals/0/web/zt/20160927pearls/,2020 年 3 月 26 日。

(50) Eggeling, K. A., Cultural diplomacy in Qatar: Between "virtual enlargement", national identity construction and elite legitimation, *International Journal of Cultural Policy: Cultural Diplomacy and International Cultural Relations*, 2017, 23(6): 717-731.

(51) 高游:《多渠道 全方位 开创文物交流新时代——访中国文物交流中心主任王军》,《中国文物报》,2017 年 11 月 21 日第 002 版。

(52)《习近平同萨勒曼共同出席“阿拉伯之路——沙特出土文物展”闭幕式》,中国文物交流中心,http://www.aec1971.org.cn/art/2017/3/23/art_430_34872.html,2020 年 3 月 26 日。

(53) 同⑫。

(54) 吴悠:《上海博物馆赴境外展览十年数据与案例分析》,《博物馆研究》,2019 年第 3 期。

(55) 付蔷:《浅谈故宫博物院的展览》,《中国文物报》,2017 年 8 月 22 日第 003 版。

(56) Arts & Culture: The best of Chinese culture and art to be showcased by SG's Asian Civilisation Museum in Year-Long Exhibit, *Adobo Magazine*, 5 March 2019, https://www.adobomagazine.com/global-news/arts-culture-the-best-of-chinese-culture-and-art-to-be-showcased-by-sgs-asian-civilisation-museum-in-year-long-exhibit/, 2020 年 4 月 4 日。

(57) 孙小兵:《文化软实力视野下文物对外展览交流的思考》,《中外文化交流》,2015 年第 11 期。

(58)《国家文物局 2020 年工作要点》,国家文物局,http://www.ncha.gov.cn/art/2020/2/18/art_722_158837.html,2020 年 2 月 29 日。

(作者:江明圆,复旦大学文物与博物馆学系,研究生;孔达,复旦大学文物与博物馆学系,讲师)

地方博物馆公共服务的优化对策研究

——以重庆主城区博物馆为例

姜 璐

一、地方博物馆公共服务的普遍问题

公共文化服务作为政府公共服务的重要组成部分,是为满足社会公众的公共文化需求,向公众提供公共文化产品和服务行为及其相关制度与系统的总称[①]。其中,博物馆是公共文化服务的重要提供主体,也是我国公共文化服务体系建设的重要组成环节。根据《国家文物事业发展"十三五"规划》全面提升博物馆发展质量的要求,博物馆要优化自身结构,提升博物馆公共服务功能和社会教育水平,建设起现代化的博物馆体系。这里所指的博物馆公共服务,不仅是文化内容类的公共文化服务,也包含了承载文化内容的物质形态,即馆内的设施与场所,以及人性化的生活类服务。

博物馆作为向社会公众开放的物理空间,观众在进入馆内参观的过程中必然会有诸多生理和心理上的诉求需要满足。在如今倡导"以人为本"的博物馆服务理念之下,对观众的生活类服务也成为了博物馆工作的重要内容。然而对于目前中国数量最庞大的地方博物馆来说,如何为观众提供优质的公共服务,依然是一个长期没有得到解决的难题。

地方博物馆作为中国博物馆的中坚力量,在建设数量上占据着绝大多数,是一种依托于特定地域社会的在地式博物馆[2]。有别于国家级和省级博物馆,地方博物馆有着鲜明的地域特色,主要展现的是一个相对独立的文化地理单元中独特的自然、历史、经济、文化与风土人情[3]。地方博物馆代表着中国博物馆真实的发展水平。不同于少数国家级大型博物馆所拥有的藏品、场馆设施、专业人才、经费支撑、社会影响力等方面的先天优势,地方博物馆多为中小型博物馆和非国有博物馆。这类博物馆拥有的公共服务资源相当有限。很难做到展览和社教活动的不断更新,馆内的服务设施设备也普遍缺乏并趋于老旧。在这样的情况下,地方博物馆如果无法升级优化文化产品和服务方式,就难以拓展和维系自己的观众群体,变得越来越缺乏吸引力。而带给博物馆的不仅仅是观众的流失,更是博物馆在公共文化服务体系当中作用的削弱和在社会公信力上的负面影响。因此对地方博物馆公共服务能力的优化也是我国博物馆发展的当务之急。

重庆作为传统的工业城市和新兴的旅游城市,其地方博物馆一方面获得了由旅游经济快速起飞带来的发展机遇,同样也面临着陈旧的文化设施建设难以满足当代观众参观需求的困境。重庆的地方博物馆在公共服务上所呈现出来的情况相较于东部较发达地区的博物馆,更能代表目前中国广大内陆地区地方性博物馆发展的平均水平,具有强烈时代性和普遍的参考意义。

二、重庆地方博物馆的公共服务概况

重庆近年来借助新媒体的传播优势与"互联网+旅游"的智慧旅游服务升级,一跃成为全国最热门的旅游目的地之一。基于携程网3亿用户线下6 000多家门店的订单数据,2018年重庆已成为仅次于北京和上海,全国最热旅游城市的第三名[4]。

重庆蓬勃发展的旅游业得益于经济发展与城市功能的优化布

局。自 2013 年起制定的重庆市"五大功能区"的城市发展战略,将重庆划分为都市功能核心区、都市功能拓展区、城市发展新区、渝东北生态涵养发展区和渝东南生态保护发展区[5],实现了区域内资源的优化配置和各功能区的差异化、特色化发展。博物馆作为"五位一体"功能区建设的重要内容,也肩负着为地方社会经济发展注入活力的重要责任[6]。《重庆市文化发展"十三五"规划》中提出了要构建重庆历史、革命、抗战、工业、自然(科技)五大博物馆群。力争到 2020 年有藏品条件的区县(自治县)全部建成博物馆,全市博物馆增至 120 家。

据重庆市文化和旅游发展委员会最近发布的统计,重庆已建成 95 座博物馆。其中有 46 座都集中在主城区内[7],占重庆市博物馆将近一半的数量。然而即便是博物馆资源相对集中的重庆主城九个辖区,与北京、上海、西安等博物馆资源较为丰富的城市比较,数量和市民拥有率依然有非常明显的差距(见表 1)。

表 1　2017 年度以上城市及地区网络公布的
博物馆统计数据,由笔者收集整理

地　区	博物馆机构数量	博物馆设施覆盖率
北京	170 座	每 12.7 万人拥有一座博物馆
上海	126 座	每 19.3 万人拥有一座博物馆
西安	131 座	每 7.3 万人拥有一座博物馆
成都	150 座	每 13.5 万人拥有一座博物馆
南京	87 座	每 9.5 万人拥有一座博物馆
杭州	88 座	每 10.7 万人拥有一座博物馆
重庆主城区	46 座	每 18.4 万人拥有一座博物馆
重庆全市范围	95 座	每 32 万人拥有一座博物馆
全国	4 721 座	每 29.4 万人拥有一座博物馆

近几年重庆游客数量的增长为部分博物馆带来了可观的参观流量。以红岩联线文化发展管理中心下辖的红岩革命纪念馆、重庆歌乐山革命纪念馆(重庆歌乐山烈士陵园管理处)、中国民主党派历史陈列馆及其所属革命遗址群为例,往年的总参观人次约为 600 万。2017 年参观人次已激增到了 844 万。截至 2018 年底,接待观众更是突破了 1 000 万人次[⑧]。然而重庆其他地方博物馆的观众接待能力却与这些"网红"博物馆形成了鲜明对比。

2017 年重庆全年接待境内外游客达 5.42 亿人次[⑨]。其中博物馆的总接待观众人次为 2 018 万,仅占总共接待量的 3.7%[⑩]。除去重庆中国三峡博物馆、重庆自然博物馆和红岩联线旗下博物馆等运行较为良好的大型国有博物馆,其余地方博物馆接待人次的总和还不到博物馆总接待人次的一半。重庆近几年来博物馆的总体发展几乎处于停滞状况。游客数量增长缓慢,举办展览的场次少,一些年份甚至出现了负增长,与重庆目前高速的旅游经济和游客增长速度不相适应,甚至某些博物馆还因为管理运营上的不规范造成了严重的社会负面影响。重庆作为中国重要的历史名城和西南地区和长江上游最大的经济中心城市,其地方博物馆的整体布局与公共服务提供能力也与其城市定位存在巨大落差(见表 2)。

表 2　2012—2017 年重庆博物馆公共服务统计数据[⑪]

年　度	博物馆机构数量	国家等级博物馆	免费开放博物馆	基本陈列	举办展览	参观人次
2012 年	66 座	10 座	55 座	144 个	198 场	1 624 万
2013 年	71 座	12 座	60 座	193 个	195 场	1 750 万
2014 年	78 座	12 座	65 座	250 个	171 场	2 154 万
2015 年	80 座	12 座	68 座	193 个	115 场	1 900 万
2016 年	87 座	12 座	67 座	211 个	128 场	2 000 万
2017 年	95 座	12 座	80 座	190 个	129 场	2 018 万

三、重庆地方博物馆公共服务调查情况

重庆是中国面积最大的直辖市,由于其特殊的辖区面积、行政区划和城市化发展水平,重庆主城区域的定义与其他城市有很大的区别。实际上其主城九区不仅包含了城市的建成区,还广泛包含了各区下辖的街道、乡镇、村落。鉴于主城九区集中了重庆近一半数量的博物馆,几乎涵盖了从城市到基层农村各种层次的博物馆,可以说主城区内的博物馆不仅代表了重庆都市功能核心区的公共服务水平,也体现了重庆区域内大量非城市建成区的公共服务设施的建设发展水平,对重庆主城区博物馆公共服务能力的调查研究也对其他的地方博物馆具有普遍的参考与指导意义。

为了了解重庆地区博物馆公共服务的实际能力。笔者对主城九区及其下辖的街道和乡镇、村落范围内的博物馆、纪念馆、美术馆、科技馆、旧址、旧居、陵园等共计46家机构进行了逐一的走访调查。调查主要了解博物馆的文化内容服务(展览、宣传教育活动)、设施与场所、生活服务和文化消费产品等公共服务的具体实施情况。

(一)考察要点与调查过程

笔者依据国家文物局制定的《博物馆评估暂行标准》及其评分细则中对陈列展览与社会服务的规定,并结合了目前国内博物馆公共服务建设较为成熟地区(包括北京、上海、江苏、浙江等地)制定的地方服务规范与标准文件,以及各大知名博物馆实际日常的公共服务项目与内容,设置了12项基本考察点。这12项考察点代表了观众在博物馆参观过程中的最普遍的服务诉求,分别为:

① 是否对公众开放?
② 是否有陈列展览?
③ 是否有常规的社教活动?
④ 是否有讲解和导览服务?

⑤ 是否有专人负责的信息咨询服务台？
⑥ 是否有信息技术设备、多媒体互动设备？
⑦ 是否有官方网页、社交账号或其他为公众提供馆内信息的网络渠道？
⑧ 是否有无障碍设施？
⑨ 是否有为观众提供休憩的设施与场所？
⑩ 是否有卫生间并对观众开放使用？
⑪ 是否有博物馆商店？
⑫ 是否有餐饮服务？

调查从 2017 年 2 月开始，至 2019 年 2 月结束，历时两年。除实地观察以外，笔者还采访咨询了部分博物馆宣教和社会服务部门的负责人以及一线的工作人员和附近社区的居民。对于一些没有正常对外开放的博物馆，笔者通过电话采访的方式进行了沟通，询问了解了其馆内服务设施的制备情况。考虑到季节和时段对博物馆开放政策和参观流量的影响，笔者也在不同的时段对部分博物馆进行了反复的实地走访。其间主城区新增了大渡口博物馆和重庆建川博物馆⑪两座博物馆。在博物馆正式接待观众后，笔者也对新开博物馆进行了补充调查。除馆内提供服务项目之外，博物馆周边的环境氛围、公共设施、交通状况等也在调查的参考范围内。

（二）调查结果

开放：根据调查走访获悉，主城区的 46 家博物馆实际上只有 37 家正常对外开放，其中 31 家博物馆免费对外开放。未正常开馆的 9 家博物馆中有 4 家正在进行闭馆改造或已搬迁待建，其余 5 家博物馆虽然偶尔开放，但时间并不固定，只在特殊时段开放或者需要提前联系预约才会开放，个别博物馆大门紧闭，只接待特定团体，一般观众无法进入。

陈列展览：将非正常开放的 5 家博物馆计算在内，重庆主城区共有 42 家博物馆拥有陈列展览，其中的 17 家仅有基本陈列，且近期没有新增展览的计划或不具备举办新展览的条件。

社教活动：正常开放的 37 家博物馆中有 31 家表示有常规的社教活动，但大多数仅限于机关单位、学校等组织的集体参观活动。面向一般观众的活动较少，形式也较为单一。

讲解与导览：34 家博物馆有固定的人工讲解服务，但仅有 13 家博物馆拥有微信导览服务，7 家博物馆拥有语音导览服务，其中有 10 家博物馆只提供收费服务，没有安排义务讲解。

咨询服务台：25 家博物馆设有专人负责的信息咨询服务台。服务台有提供服务指南的仅 16 家。

信息技术：30 家博物馆场馆内有信息技术设备、多媒体互动设备，但其中有 13 家存在设备故障或者设备大面积关停的情况。仅 7 家博物馆内有 WiFi 覆盖。

网上沟通渠道：24 家博物馆设有官方网页、社交账号或其他为公众提供馆内信息的网络渠道，但一些博物馆采取总分馆的管理模式，仅由总馆搭建官方网页或开设微信或微博等社交媒体账号，分馆则没有独立的账号与内容，官方提供的分馆信息内容也非常简略。

无障碍设施：46 家博物馆包括开放和未正常开放的在内，仅 19 家博物馆设有无障碍设施。

休憩空间：馆内为观众提供休憩设施与场所的博物馆有 27 家。

卫生间：为观众提供卫生间使用的博物馆有 36 家。

博物馆商店：拥有博物馆商店的博物馆为 21 家，出售与本馆展览和藏品相关文创产品的仅有 13 家。

餐饮：提供餐饮服务的博物馆有 18 家。其中包括了博物馆与周边餐饮业商家有合作关系，馆内商店仅销售包装食品、饮料或放置有自动贩售机等情况。

依照调查所设置的考察点，重庆主城区能完全满足上述 12 项服务诉求的博物馆仅有 8 家。其中的 5 家为国家一级博物馆[12]，另外 3 家均为较大型的非国有博物馆，其余的地方性博物馆均存在公共服务资源上的严重缺失。相较于重庆主城区巨大的城市体量，重庆的地方博物馆的公共服务资源和能力目前还难以满足观众的基本需要,博物馆实际运营的效果也与媒体宣传的描述有较大出入。普遍的低水平服务运营成为制约重庆地方博物馆发展的主要障碍。

四、重庆地方博物馆公共服务实施中存在的问题分析

目前大多数地方博物馆依然很难满足观众在参观过程中对舒适度和人性化的要求。以重庆主城区为代表,地方博物馆公共服务实施中存在的问题主要由以下几个方面导致。

（一）标准与规范的缺乏

笔者在调查中发现,重庆的地方博物馆尤其是无级别和非国有的博物馆普遍对公共文化服务缺乏制度化的规定,导致执行上缺乏指导与监督,工作上存在很强的自发性和随意性。很少有博物馆对馆内提供的公共服务项目与服务人员的工作职责给出明确的公示,所提供的只有部分开放服务的信息。使得观众在参观中对自己应享有的服务权利范围和内容项目不清楚,也不知道获取服务的途径与方法,难以有效利用博物馆的公共资源。

馆员也因为缺少服务标准与规范的指导和约束,无法明确自己的职责任务,难以积极主动地开展工作,无法响应观众在馆内的实际需求。没有合理可参照的服务收费标准也导致了人工讲解、设备租用等有偿服务的收费混乱不合理,价格虚高的现象严重。一些中小型博物馆和纪念馆不仅没有安排义务讲解,有偿服务价格也脱离了该馆所提供的服务的实际内容与质量。

重庆的地方博物馆普遍都较为忽略无障碍设施的设置,仅有40%的博物馆设有无障碍电梯和缓行坡道。轮椅和婴儿车租赁等服务也很少被考虑在博物馆的服务项目中,或者数量非常有限。馆内很少有针对家庭观众、老年人、行动不便者等需要特殊照顾人群的第三类厕所,拥有母婴室和医疗室的博物馆更是屈指可数。而这些可量化的服务指标在重庆出台的《重庆市国有博物馆服务规范》

《重庆市实施〈中华人民共和国公共文化服务保障法〉办法》草案等文件中依然不被重视,实施指导意见缺乏。

目前重庆市政府与重庆市文化和旅游发展委员会所公布的博物馆公共服务报告都较为看重观众接待人次,展览和教育活动举办数量、规模等宏观数据,然而这些数据却很难反映出观众对博物馆服务的真实体验和认同度。国家等级博物馆的绩效评估标准对无等级博物馆和非国有博物馆也难以产生有效的规范和约束作用。这也助长了这类博物馆对提供公共服务消极怠慢的心理。干多干少对博物馆的工作人员都没有实质的影响,也就无法促使其产生改善公共服务的动力。

(二)服务观念落后,服务意识欠缺

与东部发达地区相比,重庆对博物馆公共服务的认知还不够成熟,依然处在重形式不重质量的建设阶段。不少博物馆基础设施陈旧,缺少展览与教育活动,也缺乏资金投入,无法进行设备与环境的升级,对文化产品的开发也过于保守,使得观众参观博物馆的意愿进一步降低。

早在1960年,联合国教育科学及文化组织所提出的《关于博物馆向公众开放最有效方法的建议》中对博物馆的公共服务就已给出以下建议:"博物馆应易于进入并应以舒适的措施使之尽可能具有吸引力。在尊重博物馆特性及不妨碍参观藏品的前提下,最好应于博物馆范围内(在庭园、平台、适宜的地下室等)或在其周围附近,为观众提供休息厅、餐厅、咖啡厅及类似设施。"然而由于服务观念的落后,不少地方博物馆对这样的服务建议缺乏积极响应,尤其是生活类的服务很难得到博物馆的重视与资金的投入。部分工作人员甚至将涉及经营性质的文创产品销售、餐饮等服务视为"不务正业",对此类服务讳莫如深,持否定态度,担心提供经营性服务会有悖于博物馆的办馆宗旨,会破坏博物馆的严肃性与公益性。

服务意识的欠缺也体现在博物馆工作人员服务态度的消极懈怠上。观众在馆内很难与服务人员接触交流。一些中小型博物馆内仅有一两名临时工作人员看管。而这些临时工作人员由于缺乏相应的专业素养和服务能力,往往难以应对观众的问询和求助。此外博物馆内的服务设施设备的利用率也很低,不但在数量上严重缺乏,在运行上也缺乏管理维护。诸多设施设备在出现故障和破损的情况时都得不到及时的处理。多媒体设备的运行故障问题和卫生间的清洁问题尤为严重。还有一些博物馆因观众较少,为了减少运营成本而长期闲置关停了部分本应开放的空间场地和设施设备,文创产品销售与餐饮服务也形同虚设或已停止营业,使得公共服务维持运行的能力和实施效果进一步减弱,对观众的吸引力越发下降,形成恶性循环。

图 1　博物馆内长期关停的影像播放设备(作者摄)

(三)博物馆类型与结构的严重失衡,整体布局不均

自 2010 年重庆市政府提出博物馆建设的总体目标——构建特色鲜明、结构合理、体现重庆历史文化资源禀赋的历史、抗战、革命、工业、自然类"五大博物馆群"[13],2016《重庆市文化发展"十三五"规划》又再次重点强调了五大博物馆群的建设布局。然而目前重庆市主城区的博物馆建设与"五大博物馆群"的构想还有很大的差距。

首先是类型的失衡,由于重庆市在民国时期特殊的历史地位,目前主城区内以名人故居、旧居、陵园、历史事件原址等原有建筑为基础改造的纪念馆达 21 家,历史、抗战、革命类题材博物馆成为主城区博物馆的主体。这类纪念馆普遍存在展馆建设与设计同质化,规模小,投入改造少,展览与教育活动形式单一陈旧的问题,难以满足新时代观众对博物馆的期望。而重庆市除了作为抗战时期中国的大后方之外，同样也是中国的老工业基地和国家重要的现代制造业基地，拥有大量的工业遗址和厚重的工业文化积淀。但是主城区工业类的博物馆却十分稀缺，仅有建川博物馆聚落中的兵工署第一兵工厂旧址（汉阳兵工厂）博物馆和大渡口工业博物馆作为代表。目前重庆地方的博物馆的类型还难以支撑起重庆"五大博物馆群"的规划布局。除此之外，综合类、古代历史类、艺术类以及科普教育类的博物馆数量和质量依然不足。主城区现有的行业类博物馆也缺少政府规划指导，多为民营性质。馆员普遍缺乏博物馆的专业背景与知识，对展览展品带有很强烈的主观认知和营销意图，难以保障文化内容服务的真实性、严谨性和公益性。

其次是结构的失衡。少数大型博物馆和众多小型博物馆、无等级博物馆形成了重庆主城区博物馆的基本结构，而中等规模的博物馆却有明显的断层。公共服务设施完善，可以成为所在辖区文化地标的地方博物馆依然十分稀缺。而个别国家级的博物馆实质上是由数个地方博物馆以总分馆的形式构成。单就分馆独立的服务能力和设施条件而言，还无法达到相应的国家等级要求，不少博物馆的公共服务的能力存在被高估的情况。

此外，重庆主城九区的历史、经济、文化发展水平不一，也造成了博物馆公共服务资源分布不均的情况。其中城市核心地带的渝中区面积最为狭窄，却集中了 12 家博物馆，拥有中国三峡博物馆、红岩革命历史博物馆等享有较高知名度、公共服务质量较高的大型博物馆。而南岸区、巴南区各区仅有一座博物馆。尤其是巴南区，作为重庆主城区面积最大的辖区，土地面积达 1 825 平方公里，常住人口达 108.12 万人，却仅有一座利用居民小区中的普通住宅改造的不到 200 平方米的私人博物馆。博物馆设施覆盖率远低于全国平均水平。博物馆地域数量分布的不均，也造成了博物馆公共文化服务资源分配的不公平，这也会导致各辖区公共文化服务能力和文化生活品质差距进一步拉大，不同辖区的市民难以享有公平和均等的公共文化权益。

图 2 巴南区居民楼中的重庆长江石文化艺术博物馆(作者摄)

（四）地理因素与交通因素的障碍

由于重庆市主城区多山崎岖的特殊地理环境，城市的空间规划利用与其他平原城市明显不同。由于地势起伏大，平缓开阔易通行的地段尤其难得，使得主城区的博物馆在选址和建设上面临着很大的考验。不少博物馆的建筑落差大、坡度高、通行路况不佳，车辆难以驶入和停泊，需要观众步行较长的路程或需要借由其他建筑通道才能进入馆内。加上未设置无障碍通道，老年观众和其他行动不便的观众便更难造访。一些博物馆的地形复杂，位置非常隐蔽，通常在山坡或深巷内，或被其他建筑所遮掩，导致卫星地图也无法准确地对其进行准确定位，增加了观众寻找和进入博物馆的难度。

除此之外，重庆市政在地名和路名的设置时很少考虑到为区域内的博物馆提供便利。基本没有与博物馆相关的道路名称，很难让潜在的观众知晓附近有博物馆的存在。在博物馆的路标与导引上也不够重视。特别是一些依托原有建筑改建的博物馆，地理位置偏僻，有的还设在较为封闭的环境内，如机关大院、工厂、居民小区内部。主干道和建筑大门外没有醒目的导引和指示标识，里面的博物馆就很难进入。而有的博物馆实际上地处城市远郊的乡镇或村落中，尚未连通主城区的公交网络，也没有为观众提供合理的到达方案，甚至由于地形复杂、道路状况不佳，步行进入都有困难。博物馆周边的居

图3 修筑在半山腰上的梁实秋纪念馆,唯一的进出通道是一段非常陡峭的石阶(作者摄)

民和学校与博物馆也无法建立起有效的沟通联系。笔者在调查采访中发现某博物馆附近的居民和学校师生甚至不知道有博物馆的存在。这类博物馆也因此门庭冷落,以至于无法提供基本的开放服务。

图4 位于重庆北碚区歇马镇桃园村磨滩河畔柑橘研究所旧家属生活区内的晏阳初纪念馆,平时几乎没有观众,目前尚无公交线路可到达(作者摄)

五、优化地方博物馆公共
服务的思考与对策

（一）做好公共服务的标准与规范建设

地方博物馆要从整体上改善公共服务，当务之急是做到有章可循，改变散漫混乱、各行其是的工作现状，关键是要为博物馆公共服务的建立一套行之有效的工作标准与规范。陆建松曾就如何提高公共服务中的展示教育和开放服务质量提出建议，即在政府和博物馆管理层面建立起一套考核服务的专业标准，制定和实施《博物馆展示教育和开放服务绩效考核指标体系》[⑭]。以重庆为例，重庆市文化委员会在2017年12月发布了《重庆市国有博物馆服务规范（试行）》，对博物馆的服务设施与环境、服务对象与开放时间、服务内容与方式、服务管理与监督以及服务的工作流程都制定了实施规范。本规范的效力范围仅限于国有博物馆，对于非国有博物馆并没有做硬性的要求。然而非国有博物馆同样是地方博物馆公共服务能力水平的体现。观众并不会因为博物馆非国有而改变对服务品质的评价。因此制定出一套公认的，具有普适性的服务标准与规范，使其适用于城市内所有的博物馆，才能让标准规范真正发挥效力，产生广泛的影响，确保各个博物馆的公共服务能保持在一定的水平线上，不因个别博物馆服务能力的下限过低，而给地方博物馆的社会公信力和城市的文化形象带来损害。

笔者认为地方博物馆的公共服务的服务标准与规范需要包含两个部分。

一是制定博物馆公共服务的最低标准，即为博物馆的公共服务工作任务、内容、设施、环境、人力资源等设置底线与禁止项。最低标准根据现代化博物馆公共服务的基本要求和城市公共服务的实际能力来制定。博物馆需要达到标准所规定的最低限度的硬性要求才能获得开放运营资格。对无法达到底线标准或有明令禁止行为的博物馆则需采取业务再培训、通报批评、限期整改,甚至降级、停业整顿等措施督促其达到最低限度以上的服务条件,并补救工作中的过失以及造成的社会负面影响。避免公共服务资源被众多低水平的博物馆运营所浪费,使观众在参观过程中能享有最基本的公共服务保障。

二是推行博物馆公共服务的最佳做法,即参照市内优秀博物馆的工作方法,总结公共服务的经典案例,依据博物馆运营中与服务相关的各项考核指标,制定推广公共服务最佳(标准)做法的细化指导意见,并评选出服务示范单位,使其他博物馆找到进行对标学习的明确目标,以先进带动后进,互相取长补短。

严建强曾谈到,某些地方博物馆馆长对地方博物馆的工作内涵、特征及其使命的认识并不清晰,总想着向那些知名的古典艺术博物馆看齐,结果则是丢掉了地方博物馆与本土的文化联系,无法承担起自身的社会责任[15]。鉴于市内的地方博物馆的办馆规模、法人性质、藏品数量和资金保障有着很大的差异,在推出最佳做法和示范单位时不应该一概而论,盲目不切实际地向实力雄厚的国家、省级博物馆如三峡博物馆、重庆自然博物馆等看齐,而是应根据博物馆的规模大小、目标观众、性质、类型等进行合理分级,制定不同层级和场馆条件的最佳做法,评选出不同级别的示范单位,给予实际的物质奖励与政策扶持。而市内众多同类型博物馆,如中小型的革命历史纪念馆和人物纪念馆则可以结成联盟组织,形成组织内部的服务评估标准,并建立起成员单位之间的合作与评选竞争关系。让博物馆找准自己的自身定位与努力方向,在客观条件允许的范围内最大限度地调动主观能动性,提升服务品质。

因规模和藏品数量等客观条件的限制,地方的无等级中小博物馆和私人博物馆往往难以获得大型博物馆或国家等级博物馆同等的资源资金支持和社会影响力。而最佳做法的推出,能让这类博物馆通过努力优化完善服务设施条件,提供丰富多彩、独具特色的文化产品来提升本馆的吸引力、影响力和运营效益。发展"小而精"而非一味追崇"大而全",避免博物馆马太效应的加剧。

(二) 转变观念与态度,向外界吸收学习服务经验

要改变重庆主城区博物馆服务观念的陈旧保守和态度上的消极,需要开阔眼界,走出去多交流学习。积极吸取其他城市和国家成功的实践经验,则更能发现自身的意识上的问题与不足,进行弥补和改进。

一是学习相近城市博物馆的经验。重庆周边如成都和西安等城市都是文化积淀厚重的历史名城,都将博物馆视为重要的旅游资源和城市公共文化体系建设的重要内容。这两座城市的经济发展水平和文化教育水平与重庆有很大的相似性,但对博物馆公共服务的重视程度和建设水平都领先于重庆,西安市博物馆的卫生间内统一配备了标准规格的婴儿床和护理台。成都专门开设了两条文博观光专线,将市内的博物馆景点都串联了起来。这些措施对重庆博物馆公共服务的改造和完善来说具有很强的参照借鉴意义和实践操作价值。与相邻城市加强博物馆的交流与相互学习,也能更好地形成区域内公共服务资源共享,扩大各个博物馆公共服务的覆盖力。

二是参考国内知名博物馆的经验。在北京、上海、江苏以及浙江等国内经济发展较快的地区,文化旅游资源也较为丰富,拥有大量享誉国内外的知名博物馆,有能力组织举办高规格高水平的展览与教育活动,对于博物馆文创产品开发以及经营性服务有着前沿性的研究和实践成果,因此也培养了一批有丰富参观经验的观众群体,这些群体对博物馆公共服务能力提出了更高的要求。重庆也需要从这些文博行业发展较为成熟的地区吸取经验,改变目前保守陈旧的服务理念。2017年底,重庆市文物局组织了市内数十家博物馆的主要负责人赴故宫博物院考察调研如何开发博物馆的文化创意产业,通过学习借鉴了故宫博物院文创产品开发工作的先进经验和理念,举办了重庆首届文化创意产品设计大赛,三家文创试点单位新开发文创产品超过了100种以上[⑯]。可见,重庆博物馆的服务创新潜力是非常强劲的,有待被先进的经验和理念进一步激发出来。

三是参考学习发达国家成熟的博物馆服务经验。重庆主城区博

物馆在公共服务设施设计和建设上往往过于粗糙疏漏,而现代的新型博物馆的工作理念已逐渐从以藏品为工作核心转变为"以人为本",强调服务社会、服务教育[17]。发达国家在博物馆的人性化服务上经历了长期的探索,积累了丰富的实践经验,取得了良好的社会影响。美国纽约大都会博物馆花费了大量时间和精力培养和建设用户群,将观众细分为儿童、青少年、成人、大学生、教育者、游客和残疾人几类,分门别类地为观众安排体验项目和活动[18]。法国的卢浮宫博物馆关注由于社会、经济、文化和身体原因无法进入博物馆的弱势群体,为他们搭建了提供大量文物藏品介绍和互动短片的网站,帮助他们足不出户地参观博物馆。此外博物馆还开发了多媒体语音导览器,并开辟触摸式的展厅,为儿童、盲人和聋哑人群等提供量身定做的服务[19]。日本的博物馆则针对日本老龄化社会的现状,为老年观众提供专门的照顾。如放大说明牌的文字,调亮展厅灯光,添置更多休息座椅,为老人准备专用轮椅,加宽无障碍通道,设置无障碍卫生间[20]。为了使公众享有平等的博物馆参观权利,一些博物馆还为观众提供交通服务,在学校和社区中召集和培训博物馆的联络人和志愿者,开设博物馆班级。这些措施也逐渐被国内的博物馆所接受和运用。今后重庆博物馆的公共服务也应该遵循"以人为本"的理念,以观众为中心来展开工作,力图让博物馆摆脱掉长久以来在观众心目中"脱离时代、脱离生活、脱离观众"的负面印象。

(三)建设多样化协调发展的地方博物馆群体

以重庆的"五大博物馆群"建设规划为例,在未来的建设规划中,艺术类、工业类、自然类、行业类和地方文化历史类等各种类型的博物馆都需要兼顾发展,以保障城市博物馆群的文化多样性、丰富性和平衡性,也应避免地方博物馆低水平同质化的发展趋势。目前重庆地方博物馆的公共服务资源供给依然由政府主导。鉴于各区博物馆资源差异巨大的现状,政府应该鼓励和引导社会力量参与博物馆的建设和公共服务的提供,努力使全市各辖区的博物馆建设能够平衡发展。对缺乏博物馆建设的辖区如巴南区、南岸区、大渡口区等,在未来博物馆建设的选址上要有所倾斜,优先考虑;主城外要努力实现每个区县级行政区域内至少拥有一座具有地方代表性的博物馆;对有意开办博物馆或提供公共文化产品与服务的企业和私人则要加大扶持力度,并为其提供专业上的指导培训和博物馆周边配套设施建设上的配合,激发出民间办馆的热情,增加博物馆公共服务的供给渠道,给观众提供更多元、更丰富的文化产品与服务选择。

博物馆的组织管理方式也需要多样化。地方的中小博物馆数量大、种类多、分布广、办馆条件差,难以发挥应尽的社会职能[21]。而利用大馆辐射带动小馆,建立博物馆总分馆的管理模式或者采取博物馆联盟化的联合发展模式,则能帮助这部分博物馆提升业务能力与社会影响力,为优化区域内公共服务资源配置找到出路。目前重庆的多家博物馆已经开始了联合与共同经营的尝试。一个代表是重庆三峡博物馆的"区域博物馆联合发展共同体",以三峡博物馆为中心,建立了多层级的博物馆发展群。采用"1+6"的直属总分馆体系和"1+N"的合作总分馆体系解决了博物馆规划布局的限制,实现了博物馆功能在区域内的广覆盖和资源的联合、互助、共享,形成了博物馆的新型公益共同体形式,盘活了博物馆公共文化服务资源[22][23]。另一个代表是北碚博物馆和沙坪坝博物馆的总分馆模式。北碚区政府文化委员会整合了区域内同级别、同类型的博物馆资源,设立总馆为上级主管单位,对辖区内的多家小型分馆进行统一集中管理。分馆拥有统一的视觉识别系统、信息平台和配套服务设施,形成了规范化、标准化的服务流程。这种统一管理的模式整合了各个分馆的优势资源,解决了分馆场地小、藏品数量少、展览活动单一、难以实现完整的公共服务功能的问题,节约了管理成本,弥补了各分馆资金、人员、专业技术上的缺口。除此之外,重庆联合四川、贵族、云南、广西、西藏等地25家博物馆成立了非法人的区域文博行业组织——西南博物馆联盟。以各省市地区的区域中心大馆为点带动其他联盟成员博物馆,聚合公共服务资源共同策划精品联展,创新公共文化产品,分享公共服务的新技术与知识,对促进公共文化服务均等化、整体优化区域内博物馆公共服务能力有很大的帮助。地方博物馆也应该与其他文化机构、企业集团更积极地交流联动,并积极加入更高水平的行业组织和业务平台中去,从中获取更多的公共服务资源与发展助推力。

(四)从实际出发,改善博物馆的服务设施与环境

重庆市主城区首先亟需改善的是博物馆公共服务基础设施设备的实用性。由于重庆的地形限制,许多建成时间较长的博物馆直接放弃了对残疾人、行动不便的老年观众和携带婴幼儿的家庭观众等特殊观众群体可进入性的考虑。在博物馆建筑没有无障碍通道,也无法对原有的建筑主体进行改造情况下,可以根据现有的技术和资金条件以及观众的反馈意见,搭建、补充一些不影响建筑安全性和展厅正常使用、方便移动拆卸的人性化设施设备,来提高博物馆的可进入性和舒适度。如在进出通道和阶梯两边加设安全扶手、添加轮椅可通行的移动或固定缓坡、简易的液压升降电梯或电动爬楼机。此外博物馆还可以将现有的卫生设施再进行功能细分,将洗手间再隔出部分空间作为第三类厕所和母婴室,为展厅增添休息座椅、观众服务箱、储物柜、饮水机、自动贩售机等便民服务设备。而新建博物馆则要在设计初期就做好服务设施设备的规划,兼顾考虑各个年龄段观众的特点与需求。因身体、心智或经济、文化等多种因素有参观困难的观众也应当在服务设施的设计中得到关注,尽量用完善的服务设施减少他们参观的身体与心理阻碍。

其次,主城区内博物馆周围的交通条件与环境也需要改善。市政部门应对通往博物馆的道路进行修缮改造。在市内增设靠近博物馆的公共交通站点,在主要街道路口放置好博物馆的交通指引牌,并在博物馆的周边区域设置醒目的导视牌。地图导航上也应当对博物馆的准确名称与位置进行标注,做好路线路况信息的实时更新,为观众的出行与参观提供最佳的路线规划,减少进入博物馆耗费的时间和花费,优化博物馆的交通通达性。博物馆周围的营业者、社区居民

和机关单位等也应当积极配合博物馆的建筑特色和主题定位,改善博物馆周边的环境,营造和维持与博物馆主体建筑相呼应的文化氛围。此外,博物馆也需要与周围社区学校加强联系互动,将服务深入社区和学校,让周围的居民熟悉博物馆、亲近博物馆,成为博物馆宣传引导的一分子。

六、结　　语

重庆近几年一直在努力开发旅游资源,逐步完善旅游服务行业。博物馆相较其他旅游景点而言,其服务所面临的考验将更为严峻,不但要满足游客的参观需求,还要满足本土居民日常的文化生活需求。除去个别资金充足、知名度高的国家级、省级博物馆,大部分地方博物馆要在"公益"和"效益"上找到平衡点是非常困难的。相对于重庆的其他旅游景点,地方博物馆的公共文化服务功能一直不受重视,也缺乏相应的政策指导和宣传。直到2017年,重庆才开始陆续出台一些针对博物馆公共服务的地方政策措施和行业规范。然而,文件推行的效果还需要时间来进一步验证。

地方博物馆公共服务资源在数量与质量上的不足,分配上的不均,究其根源,还是因为资金的缺乏和服务标准规范上的缺失。欧美发达国家的一些地方博物馆尤其是小型博物馆同样也面临着类似的困境,而政府的应对方式普遍为加大资金和技术投入。英国文化媒体和体育部(DCMS)于2002年发起了"区域文艺复兴计划"(Renaissance in the Regions),至2011年共投入了30亿英镑对英格兰9个区的地方博物馆进行了全面的质量改造,以解决地方博物馆长久以来因地方政府补助的不稳定而造成的服务供应上的不一致。同时英国政府给予了地方博物馆行销和专业技术上的支援,采取建立区域博物馆群、与国家博物馆结盟、合作交流等方式共享博物馆的专业人才和信息资源,将地方博物馆变成了国家博物馆提供延伸服务的分支。法国文化部也在2010年提出了"2011—2013年地方博物馆计划",投入 7 000 万欧元对 79 家地方博物馆和几个小型国立博物馆进行了建筑改造更新以及管理技术的升级和创新[29]。

对于重庆这样博物馆公共服务资源利用率较低的城市而言,一方面政府应该重视博物馆在公共文化服务体系建设中起到的关键作用,有意识地鼓励和引导社区群众利用博物馆的场地和设施来进行各种地方文化和教育活动,并形成活动举行的周期性、规律性,与此同时,也要尽量加大政府对地方博物馆的资金投入力度和对外宣传力度。尤其是对中小型博物馆和基层文博设施的资金扶持,要努力改善博物馆公共服务的硬件和软件条件,让这类博物馆在陈列展览、教育活动或景观设计中至少拥有一项特色鲜明的参观亮点,以吸引观众的到来。

另一方面,政府也应该鼓励社会力量参与到地方博物馆的公共服务资源的供应上来。除了鼓励私人办馆,也应该鼓励有实力和信誉的地方企业共同参与博物馆公共服务标准规范的制定,并提供冠名、联名、授权等方式推出文创产品,提供技术设备支持、人力资源培训和派遣、志愿者服务、设立公益基金项目等多种形式弥补地方博物馆公共服务资源和能力的不足,达到地方企业与博物馆双赢的局面。

目前中国正在大力推进博物馆文化产业的发展。新媒体技术的介入与运用,服务形式与内容的创新,为众多沉寂已久的地方博物馆吸引观众参观找到了新的突破口。社交媒体的推波助澜,让不少馆藏文物以及相关文创产品成为备受追捧的"网红"。去博物馆"打卡"已经成为不少游客热衷的新时尚,也为地方博物馆带来了更好的社会影响与经济效益。重庆作为近几年新兴的"网红"城市,依靠新媒体的力量带动了旅游业的发展,也应该借助这股势头,改变地方博物馆陈旧的面貌,从设施条件、执行标准到服务理念进行更新换代,与时代接轨,与观众当前的文化需求接轨,用良好的公共服务品质重塑地方博物馆的形象。

① 孔伟:《社会教育视域下的公共文化服务研究》,山东人民出版社,2014年,第63—64页。

② 严建强、邵晨卉:《地方博物馆:使命、特征与策略》,《博物院》,2018年第3期,第70—78页。

③ 陆建松:《论地方博物馆展览学术支撑体系建设》,《东南文化》,2011年第4期,第8—10页。

④ 华龙网:《重庆日报、携程集团联合发布〈重庆五一假期旅游大数据报告〉"网红重庆"跃居全国第三》,http://cq.cqnews.net/html/2018-05/04/content_44254209.html,2018年5月4日。

⑤ 闫晶晶、钱紫华、何波:《组织、提升、预控、更新——重庆大都市区重大功能组建策略》,《新常态:传承与变革——2015中国城市规划年会论文集(09城市总体规划)》,中国城市规划学会,2015年。

⑥ 程武彦:《关于探索构建博物馆"三大体系"的思考》,《中国文物报》,2017年6月20日第003版。

⑦ 重庆市主城共有九个辖区,由渝中区、沙坪坝区、江北区、南岸区、九龙坡区、北碚区、渝北区、巴南区和大渡口区构成。

⑧ 数据来源于重庆红岩联线文化发展管理中心官网及重庆市政府网公布的2017年事业单位年度报告。

⑨ 重庆市旅游发展委:《2017年重庆市旅游业统计公报》,http://www.cq.gov.cn/zwgk/zfxxgkml/zdlyxxgk/shgysy/ggwhty/whly/201804/t20180416_8807158.html,2018年4月16日。

⑩ 重庆市规划处:《2017年重庆文化产业运行情况》,https://www.cqwhw.gov.cn/content-2551-8912-1.html,2018年3月14日。

⑪ 重庆建川博物馆为博物馆聚落,由兵器发展史博物馆、兵工署第一兵工厂旧址(汉阳兵工厂)博物馆、抗战文物博物馆、重庆故事博物馆、民间祈福文化博物馆、中国囍文化博物馆、票证生活博物馆、中医药文化博物馆这八个主题博物馆共同组成。

⑫ 五家国家一级博物馆中的重庆红岩革命历史博物馆(红岩革命纪念馆)、歌乐山革命纪念馆、重庆特园民主党派历史陈列馆实际上是以三个博物馆相加的整体规模为条件来申报的国家一级博物馆。

⑬ 曾友和:《博物馆总分馆制的重庆探索与实践——以重庆中国三峡博物馆为例》,《中国文物报》,2015年12月29日第003版。

⑭ 陆建松、厉樱姿:《我国博物馆展示教育和开放服务现状、问题和对策思考》,《东南文化》,2011年第1期,第9—15页。

⑮ 同②。

⑯ 重庆市文物局:《重庆市文物局组织全市博物馆馆长到故宫博物院学习文创开发工作》,http://www.sach.gov.cn/art/2017/12/18/art_723_145884.html,2017年12月18日。

⑰ 宋新潮:《公共文化服务体系与博物馆免费开放》,《东南文化》,2012年第4期,第6—9页。

⑱ 张盈盈、史习平、覃京燕:《服务导向的博物馆可持续性体验设计研究》,《包装工程》,2015年第22期,第1—12页。

⑲ 孙丽:《卢浮宫用艺术教育解决人满之患》,《中国文化报》,2008年3月23日第1版。

⑳ [日]行吉正一:《着眼现代课题的日本博物馆》,崔岩译,《沈阳故宫博物院院刊》,2008年第6期,第14页。

㉑ 张平凤、王霞:《浅谈中小博物馆在文化遗产保护中的机遇与发展》,《博物馆研究》,2011年第3期,第49—50页。

㉒ 柯锐:《紧贴新时代 履行新使命 满足新需求重庆中国三峡博物馆努力探索创新发展之路》,《中国文物报》,2018年4月27日第003版。

㉓ 华龙网:《重庆中国三峡博物馆获"2018年全国最具创新力博物馆"全国仅两家》,http://cq.cqnews.net/html/2018-05/18/content_44333875.htm,2018年05月18日。

㉔ 林玟伶:《地方博物馆与社群参与——英国区域文艺复兴计划之实践探讨》,《博物馆学季刊》,2012年第4期,第101—113页。

(作者:姜璐,复旦大学文物与博物馆学系,2014级博士研究生)

博物馆理事会制度社会治理创新

罗兰舟

2017年10月25日,习近平主席在党的十九届一中全会上提出:"不断提高国家治理体系和治理能力现代化水平……不断推进理论创新、制度创新……文化创新。"随后,他重点界定了"治理"的概念:"治理和管理一字之差,体现的是系统治理、依法治理、源头治理、综合施策。"[①]这标志着习近平主席的"社会治理"与党在1993年首次提出的"社会管理"概念[②]既是一脉相承的,又是突破创新的。

习主席的"创新社会治理"既是理论的创新框架,也是实践的指导思想。在博物馆领域,创新社会治理指导了一系列宏观的制度改革,也启发了诸多微观的工作方式改革。深入推进公共文化机构法人治理结构改革,是政府简政放权的重要举措,而博物馆理事会制度建设是社会治理的核心体现。

一、理论:以"人"的多重语境为起点探讨博物馆的社会治理

"社会治理"完全是一个中国本土的政治概念。所谓"social governance"是生造出来对应中文的英语翻译[③]。相对应地,在被以英语为主体的国际博物馆学广泛承认的概念中,"博物馆""社会"和"治理"三个词具有分别组合在一起的含义。通常而言,在探讨"博物馆"与"社会"的关系时运用到"治理"一词,实则是"文化治

理"(cultural governance)的概念。因此,有必要首先厘清"社会治理"和"文化治理"的区别。

"社会治理"与"文化治理"的根本区别就在于"文化"在社会中的属性。在社会治理的范畴中,"文化"既是组织者,又是参与者。就博物馆与社会关系而言,其与观众关系的定位以及自身管理,既可以是社会治理的结构性缩影,也可以是参与整体社会治理的制度建构。但在文化治理的范畴中,"文化"是政治手段和统治技术。这一视角是马克思主义在西方文化研究中的一个重要分支,提出文化治理的概念是意识到:虽然文化被包装成各种理念(包括自由、民主、进步和发展等)和现代化知识[4],并且声称自己是所谓"中立"或是"普世"的,或是不假思索地信奉一句占据启蒙思想道德高地的、强有力的口号"为了艺术而艺术",其本质都是博物馆作为文化的一分子是否统一和加强了国家的核心价值观[5]。如果只在文化治理范畴讨论博物馆,就决定了博物馆学只能被局限在作为中央政府施政是否有效实现控制的工具为起点的研究。

"社会治理"的创新之处,就是以"人"为起点研究治理制度。2013年11月,党的十八届三中全会首次使用"社会治理"理念[6]。2014年3月5日,习主席在参加十二届全国人大二次会议上海代表团审议时明确指出:"加强和创新社会治理,关键在体制创新,核心是人。"[7]这里强调的"人"具有特定的含义。文化治理框架下也有"人"[8],但是那个"人"只是结构的附庸,仅仅作为其所在阶级或社会群体的共性或特性的代表。真正突出"人"的核心位置,博物馆学还是要借鉴马克思主义文化研究的另一个重要分支[9]——认为结构中所谓的阶级共性和特性都是后人规定的,在讨论"人"时,应充分分析后人的政治立场和观点,然后把作为研究对象的"人"放入他们原始的文化、社会等多重语境,而不是后人制造甚至是想象的语境。

这种探索"人"与机构关系的研究视角,在国内学科建设领域已有雏形。新美术馆学认为,"人"指向艺术家和公众的"身份主动构建与被构建的过程"⑩,机构"空间"是物理空间的开放性、学术表述、陈列展示的多样性与开放结构⑪。从作为艺术家的"人"到作为观众的"人",新美术馆学涉及了知识权力框架内对社会功能的探讨。当然,它并没有进入社会治理的领域探讨,所以很少涉及作为美术馆及文化部门工作人员的"人"。博物馆学对社会治理理论的创新之处的体现,就在于全面地讨论"人"。从研究对象来说,对内要覆盖博物馆从业者、博物馆学研究者、政府文化官员;对外要覆盖观(公)众,以及以博物馆为中心、与其对接领域的从业者(比如策展、文创等公司职员等)。从研究方法而言,就是要将"人"放入他们的社会、时代与区域身份,全面考量他们专业实践以及所反映的评价标准和专业思想的大背景。

博物馆在社会治理范畴下的制度设计创新,就是要各级主管部门为博物馆人的全面发展提供保障,就在于激励不限于物质奖励、惩戒不在于体制内职位下降或通过绩效考评施行经济惩罚。激励指的是"三有":有环境能让博物馆人(博物馆机构主体框架内的领导和从业人员)理解国家创新社会治理理念和制度框架,有机会把理解化为行动力,有施展空间将个人职业理想和专业素养纳入国家的时代使命。惩戒指的是,没有达到制度让人广泛认同的专业标准时,博物馆人的自我鞭策。

二、实践:博物馆信息分层级公开助力理事会制度体现社会治理创新

将社会治理作为博物馆学的理论基础,需要实践来检验其成果。2013 年中央机构编制委员会办公室在全国博物馆系统确立了两家开展法人治理结构建设试点单位;2014 年 11 月文化部确立了 10 家国家公共文化机构法人治理结构试点单位;2015 年国家文物局在全国选取了 142 家博物馆作为理事会制度建设的探索性试点⑫。在这些试点基础上,2016 年 6 月 24 日,国家文物局印发《国有

博物馆章程范本》。2017年9月,中宣部、文化部等7部门联合印发《关于深入推进公共文化机构法人治理结构改革的实施方案》,将法人治理结构建设纳入博物馆绩效考评体系[13]。在这一政策的实施过程中,当前制度的一系列问题得到凸显,比如盲目建设、激励不足、发展不均等[14]。南京博物院在试点中发现,大多数试点馆仅仅是完成上级任务,流于形式[15]。这反映了目前的博物馆制度已经发展到一定程度,其中的国有博物馆已经自觉意识到来自上级的任务是需要和必须完成的。如何增大"需要"的比重,就是制度设计如何把被动执行上级命令转化成主动在上级任务中寻找创新突破点。

为了理解试点情况,特别是理事会制度改革对社会治理的参与程度,笔者查询了中国所有省级馆和直辖市馆的官网,整理出如图1的省级博物馆理事会成员信息。根据各单位在整个社会治理体系中

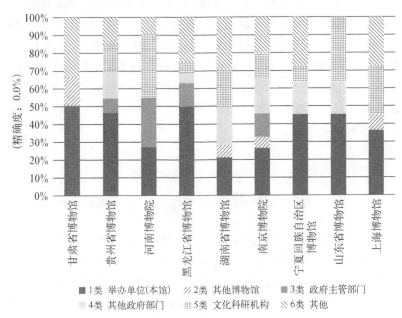

图1 六类单位在理事会成员(除理事长外)工作单位所占比例
(数据来源自各馆官网)

所处的层级结构,笔者以博物馆为中心,将理事会成员的工作单位划分为六类:1 类为举办单位(本馆);2 类为同行的其他博物馆;3 类为省文化(文旅)厅、文物局等博物馆的主管政府部门;4 类是除 3 类单位以外的政府部门;5 类为除博物馆以外,包括大学、研究所等文化科研机构;6 类为其他社会单位,包括出版、新闻、法律等行业。从各类在博物馆理事会成员中的占比,可以大致窥见各馆的社会代表性,以及理事会实际功能,为改革方向的制定提供了实践参考依据。以博物馆专业为核心,理事会制度改革参与社会治理,其创新之处就在于信息公开的分众化。

(一)坚持专业核心领导力,增加文化科研机构专家学者理事候选

增加文化科研机构专家学者理事候选,是博物馆将领导核心向专业领域的社会开放。

理事会的权力来源仍借助于原有体制内自上而下的权力架构。中国博物馆的理事会试点工作应放置在法人治理结构改革中讨论。博物馆法人治理结构拥有三驾马车,即理事会、管理层、监事会。经济和权力均来源于社会的理事会,更能主动将社会纳入博物馆专业性的讨论。

按照前述的六大分类,笔者进而绘制了理事长工作单位类别百分比图(见图2)。可以发现,理事长的工作单位主要集中在本馆和举办单位。如,甘肃省博物馆理事长均为本馆馆长[16],四川省博物馆理事长为四川省文化厅副厅长和省文物管理局局长[17]。若理事长为本馆馆长,理事会成员尤以本馆管理层占多数,那么理事会功能无法与管理层区分;若理事长为政府主管部门领导,理事会成员尤以政府部门委派的官员占多数,那么理事会试点与原有管理机制无异。

因此,在理事会咨询功能上发力,能高效便捷地突出理事会在法人治理结构中的特性。首先,在理事长候选人推举中,可适当考虑 5 类单位中具有管理经验的专家学者。如,浙江省博物馆理事长为中国美术学院教授[18],广东省博物馆理事长为广东省文物考古所所

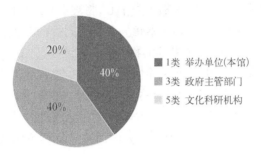

图 2 理事长工作单位类别百分比
（数据来源自各馆官网）

长[19]。这些相关领域的专家学者相对熟悉领导岗位,可以给博物馆带来文化行业中其他机构的管理经验。

在理事会成员中,适当增加 5 类单位的比例。上海博物馆理事会成员单位是其中的优秀代表。既有旧金山亚洲艺术博物馆长这样的业界领袖,可以带来"他山之石"的借鉴,也有世茂集团董事局主席这样的社会精英;同时,全国政协常委的身份又是熟悉建言献策的代表;还有上海国际问题研究院学术委员主任这样的学术翘楚[20]。这当然与上海的地理位置有关,拥有得天独厚的文化学术资源;同时这也体现了上海博物馆积极保持与业内和各文化单位良好专业关系的传统。早在 2017 年 2 月,中央机构编制委员会办公室的调研报告指出:"全国文化系统试点单位的经验典型……关键在……举办单位支持放权。"[21]同时,《国有博物馆章程范本》指出:"理事会是本馆的决策、监督机构。"博物馆管理层"放"权力给理事会,与理事会有能力行使决策、监督权利相辅相成。

(二) 夯实多渠道经济基础,众筹众包拓展理事会代表性

众筹众包,是博物馆分阶段、分板块向经济领域的社会开放,也能内向化,以期增加理事会广泛代表社会群体的可能性。

众筹众包是互联网经济的新兴概念。在博物馆领域的众筹众包,主要体现在单个项目制的模式开发,多在展览和文化创意产品领

域。"众筹",指的是项目资金来源于多方社会群体。2017年1月20日,浙江自然博物馆携手杭州博物馆、湖州市博物馆联合推出"金鸡报晓——酉年生肖贺岁展",其中的展品捐借、资金支持实行众筹。该展览接受捐赠或借用文物、绘画、明信片或工艺品等展品300余件;91位公众参与了资金众筹,从10元到1 000元不等,共筹集到5万余元[22]。如若想进一步将众筹体现在理事会制度改革中,则需详细考察众筹文物在展览中的利用率和资金在展览总预算中的占比,并且更进一步调研众筹展览在博物馆所有展览中的占比。

"众包"指的是项目形成的某个环节由社会参与。承办国内外合作展览的歌华文化集团将大型活动的任务进行模块化、流程化分解并制定详细的行动计划,在2014年中法建交50周年法国机械"龙马"巡游表演活动中,共与法方签订了一份主合同和8个附件,与供应商签订了36份合同。博物馆与文化公司有本质的不同。博物馆不仅仅是项目的组织者与协调者,也不仅仅是展览空间的提供者、藏品版权的销售者。从传统的外包到如今合作、自主研发的转型[23],博物馆"众包"的核心是对其(包括展览和文创的)产品进行内容思想的把控。

中国博物馆理事会与美国绝大多数依靠个人、基金会捐助运营的私立博物馆中,捐赠者拥有较大话语权的理事会不能同日而语,也与英国自1963年起就开始进行公私合营博物馆理事会的传统,如今已开始关注理事会中性别、少数裔族群代表的成熟发展阶段不可相提并论。必须承认的是,众筹众包在中国语境下引发的博物馆提升公众话语权讨论仍处于起步阶段。

(三)检验公众服务效能,年报促进社会监督

理事会批准的年报,是博物馆在可控制的范围内,最大限度地对公众信息开放,接受最广大的公众监督。建立年报制度,则可促进博物馆在整体社会治理改革中监管与被监管的制度设计发展。

理论上来说,中国大多数博物馆处于由中央和地方政府财政支持的体制中,公众——纳税人更应该享有公共经费使用情况的知情

权,而如果博物馆的经济来源部分是通过众筹众包——直接从社会筹款中获得,经济刺激更能推动信息公开,从而间接达到博物馆接受监督的目的。表1是笔者整理了目前所有省级博物馆官网上理事会成员信息的最新公布时间。单就上表而言,目前省级博物馆在官网上对成员名单的公布率不算高。其他省级博物馆对公众开放的关于理事会的信息,仅限于理事会成立的时间、通过的文件名称。官网是公众了解博物馆最直接和权威的途径。那么,当前最容易跨出的第一步就是:各试点博物馆公布最新的完整理事会成员名单。

表1 博物馆官网理事会成员信息更新时间

成　　员	更新时间（单位：年）
甘肃省博物馆	2016
贵州省博物馆	2020
河南博物院	2020
黑龙江省博物馆	2018
湖南省博物馆	2015
南京博物院	2021
宁夏回族自治区博物馆	2016
山东省博物馆	未显示
上海博物馆	2020

而在制度设计层面,按照目前理事会的发展程度,如果一步到位,要求博物馆直接达到公布理事会成员遴选、选举流程,未免过于急促。那么,理事会改革的中期目标则是,建立国际普遍采用的、让公众共享文博信息的年报制度[23]。一方面,要明确年报信息公开的范围和公众使用的范围,为博物馆提供安全的信息共享环境支撑。在确定这两项范围时,制度设计首先应广泛调研公众使用博物馆年报信息的目的。在这些目的中择取博物馆可以提供信息服务的项

目,确定"合理使用"的标准。其次,制度设计应深入基层,广泛听取博物馆希望通过年报树立什么的样公众形象,从中择取有助于传递公众形象的披露信息范围。

另一方面,监管博物馆向公众提供信息的渠道,为公众提供便捷高效的查询支撑。由制度设计规定了公布什么样的信息,那么制度也有权利去要求博物馆如何公布信息。数字化信息公开是治理现代化的重要支撑[25];数字化也是不少博物馆公布年报的普遍选择。国内不少博物馆,如故宫博物院[26]、南京博物院[27]、上海科技馆[28]等,已经自发地在官网显著位置提供该馆的个性化年报或年鉴。这种开放效率值得褒奖和推广。制度对开放效率的监管,是要防止制度在执行过程中人为层层加码,通过各种书面证明对公众查询层层设限。同时,制度也需要自我监管,杜绝问责的"一刀切",就是不能以惩戒的方式把信息开放的责任和制度尚处发展阶段不够完备所导致的后果全部让基层从业人员承担。

(四)探索可持续性,绩效考评改革激发创新潜能

绩效考评不是准入资格审查,它是博物馆对作为社会治理领导者的政府进行信息开放,最大程度地反映真实情况,成为理事会制度改革的源动力。

南京博物院对理事会制度提出针对性改革方案时,只论述了"省人社厅批准2018年职工年终绩效可以上浮20%"[29]。汉阳陵博物馆试点中,也将原有的"收入30%上缴财政"改革为"经费支出纳入省级财政预算足额拨付"[30]。这些都反映了基层博物馆对将绩效考评与省市拨款上浮挂钩的迫切愿望。通过现行财政拨款推动绩效考评制度的转型是短期目标,而创新社会治理制度设计的长期目标是要从评价带给人的积极作用(包括实在的经济奖励)入手,与文化治理的制度设计从评价带给人的消极作用(包括拨款总额不变却要求博物馆管理层进行高质量理事会制度改革,把制度改革演变成没有经济基础地增加博物馆管理层工作量)完全区别开来。

创新社会治理改革的长期目标是,完成绩效考评向评估体系的

过渡。目前的绩效考评的本质是利用客观经济奖惩的质量控制体系，它注重的是短期内依靠物质刺激迅速提升博物馆整体质量；社会治理评估体系的创新本质是激发"人"的能动性，它注重的是长期内依靠"人"主动探索创新全面提升专业质量。在体系构建方面，博物馆评估体系与绩效考评最大的区别就在于，评估体系增加了对优秀专业案例的褒奖。这些优秀案例是在世界范围内专业质量的"优秀"。在制度设计中，这些案例是标杆，不是标准。其他博物馆如果暂时达不到标杆的专业水准，不会受到制度的惩罚。从经济基础角度而言，就是被评为优秀案例的博物馆可以得到拨款奖励，而"不那么优秀"的博物馆不会在下一年中得到财政缩减的惩罚。

对环境的关注，体现在制度设计上，就是要创新加入对博物馆从业人员职业"获得感"的考评。"获得感"是一个本土性极强的中国概念。从马克思主义理论源头角度而言，获得感是自愿加入解放人类的崇高事业，是加入为中国人民谋幸福、为中华民族谋复兴的时代使命；立足当代，获得感是国家在全面深化改革的背景下，建设共建共享经济模式的历史阶段中，人民在客观物质基础和主观幸福感受之上，实现自我价值、参与到经济社会发展进程中的机会[①]。一味通过体制内国家强制力要求个人必须无私奉献的时代已经一去不复返，人民在国家治理中是占主体地位的[②]。博物馆评估体系构建就是要从制度设计层面保障博物馆从业者在博物馆治理体系中的主体地位。因此，获得感的评估一方面，要考量博物馆是否为获得感的产生提供了充足的客观条件，包括薪资待遇、社会保障、工作环境是否足以支撑从业者在社会中有尊严地生活，也包括培训、晋升等机会是否足以让从业者看到职业在国家建设中的价值；另一方面，也要考量博物馆从业者是否拥有足够的专业知识，并且是否利用这些知识更加高效地加入到国家事业中。客观条件和主观意愿是创新社会治理博物馆评估体系的一体两翼，不可偏废。

通过改革主动暴露的问题，正是制度自我完善的过程。这是国家顶层制度改革对基层博物馆领导层治理的创新要求。创新社会治理的基础是在博物馆中制度建设层面提供保障,在博物馆专业提供提高能力的学习机会。创新社会治理的制度设计就要考虑到环境因素——全面考虑到制度中的"人"所处的环境。制度设计要避免将中国博物馆事业发展阶段性不够成熟的压力完全转嫁到从业人员,更不能仅仅依靠把学术舆论压力转化成行政权力压力的方式,寄希望于一步到位、迅速达成将观众视角纳入评估的美好愿景。制度成熟需要几代人的努力。急于求成带来的危害会在不成熟的制度内被无限放大,最终铸成大灾难。当然,也不是建议制度设计把目标和执行规定得过于细化,而是既允许试错空间的存在,又明确试错的边界。制度设计应创造环境,为中国博物馆放手大胆的实践争取时间。

三、总　　结

以"人"为核心的博物馆创新社会治理的理论框架,并不孤立于当前世界上博物馆学已发展成熟的结构理论。首先,从习近平主席提出的"创新社会治理"的理论基础而言,它处于一个以中国特色为基础的、以回应现有(仍以西方为主导的)普世价值为手段、以确立创新价值观为目标的整体框架内[㉜]。其次,文化治理的理论也在不断更新。后结构主义提出一个概念时,他们的下一步就是要推翻这个概念原有的含义,赋予这个概念新的含义[㉝]。如今国际博物馆学的新趋势也在全面考量博物馆专业领域已有定义,一方面,将这些定义放在全球不同的文化语境的博物馆实践中进行检验,来拓展这些定义的文化边界;另一方面,将这些定义放在不同学科的学术实践中进行检验,来确定这些定义如何更好地凸显博物馆学的核心。另外,国际博物馆学在提出文化治理理论时,几乎同时就在推广博物馆社会功能的概念,发展出博物馆如何展现更多社会群体声音的实践。多元声音固然是博物馆社会功能探索的直接体现,但多元本身也是价值观,这样的环境容易间接扩大价值观的差距,在博物馆信息挑战他们固有信息后,学习能力强的观众能迅速将信息量压力转化为不断突破原有价值观的动力;而学习能力稍弱的观众容易迷失在众多信息中,从而退回他们固有的价值观,反而加强了他们所谓传统保守的观念。

当今中国博物馆不可避免地加入了这样的国际发展大潮。当文化治理理论不断为博物馆抬高底线的同时,创新社会治理就旨在突破博物馆发展的上限并开阔发展视野。突破就在于意识到,博物馆在不断输出强化多元时,也要照顾到观众带着自己固有的所谓传统价值观,是否能跟上价值观转变的步伐。因此,以"人"为核心的创新社会治理提倡的是,在博物馆增加信息量以代表更多社会团体的同时,能否更关注锻炼观众处理信息的能力,真正实现社会中绝大多数"人"得到全面发展机会;通过制度设计,保障博物馆在其所在的体制机制内自身代表和被代表的过程中也习得如何代表公众的能力,真正实现博物馆制度以人民为主体。

参考文献

[1] 王璜生:《作为知识生产的美术馆》,中央编译出版社,2012年。

[2] Knell, S., *The Museum's Borders: On the Challenge of Knowing and Remembering Well*, London and New York: Routledge, 2020.

[3] 郑奕:《博物馆与中小学教育结合:制度设计研究》,复旦大学出版社,2020年。

---

① 青连斌:《习近平总书记创新社会治理的新理念新思想》,《前线》,2017年第6期。

② 1993年,党的十四届三中全会通过的《关于建立社会主义市场经济体制若干问题的决定》首次使用了"社会管理"概念。俞可平主编:《中国的治理变迁(1978—2018)》,社会科学文献出版社,2018年。

③ 蓝志勇:《论社会治理体系创新的战略路径》,《国家行政学院学

报》,2016 年第 1 期。

④ 英国马克思主义文化研究领军人物——托尼·本尼特提出了"文化治理"概念。Bennett, T., *Birth of the Museum*, London and New York: Routledge, 1995.

⑤ Perry, E. J., Cultural governance in contemporary China: "Re-orienting" party propaganda, in Shue, V. and Thornton, P. M., eds., *To Govern China: Evolving Practices of Power*, Cambridge: Cambridge University Press, 2017: 29-55.

⑥ 习近平:《关于〈中共中央关于坚持和完善中国特色社会主义制度 推进国家治理体系和治理能力现代化若干重大问题的决定〉的说明》,人民网,2019年 11 月 5 日。

⑦ 同①。

⑧ 赫德森对观众意见的概括折射出他的"观众"作为"人"的形象的研究视角。见 Hudson, K., *A Social History of Museums: What the Visitors Thought*, London and Basingstoke: The Macmillan Press, 1975。

⑨ 代表人物是英国新左派史学家 E.P.汤普森,代表作为: Thompson, E. P., *The Making of the English Working Class*, London: Victor Gollancz Ltd, 1963。中文译本由著名历史学家钱乘旦参与翻译:[英]E.P.汤普森:《英国工人阶级的形成》,钱乘旦、杨豫、潘兴明、何高藻译,译林出版社,2001 年。

⑩ 王璜生:《"新美术馆学"与自我批判体制》,《画刊》,2020 年第 7 期。

⑪ 王璜生、沈森:《"新美术馆学"的历史责任》,《美术观察》,2018 年第 9 期。

⑫ 罗向军:《中国博物馆理事会制度的实践与思考》,《博物院》,2018 年第 1 期。

⑬ 陆茜:《中宣部文化部等 7 部门联合印发〈关于深入推进公共文化机构法人治理结构改革的实施方案〉》,新华网,2017 年 9 月 8 日。

⑭ 李耀申、李晨:《博物馆改革发展焦点问题及对策建议》,《东南文化》,2020 年第 4 期。

⑮ 龚良:《探索适应时代发展的国有博物馆理事会制度》,《中国博物馆》,2019 年第 4 期。

⑯ 张瑞军:《甘肃省博物馆理事会正式成立》,甘肃省文化和旅游厅网站,2018 年 9 月 14 日。

⑰《四川省博物馆理事长徐荣旋:左手音乐 右手文博》,四川新闻网,2015

年10月9日。

⑱ 浙江省博物馆办公室:《浙江省博物馆召开首届理事会成立大会》,浙江省博物馆网站,2018年12月12日。

⑲《广东省博物馆召开第一届理事会第五次会议》,广东省博物馆理事会网站,2018年4月24日。

⑳《上海博物馆理事会正式成立》,上海博物馆网站,2020年9月18日。

㉑《试行"理事会+管理层+监事会"的法人治理结构汉阳陵博物馆运转模式尝新》,《人民日报》,2017年11月6日。

㉒ 兰国英、范忠勇:《众包、众筹、众创:浙江自然博物馆推出鸡年生肖贺岁展》,中国文物信息网,2017年2月6日。

㉓ 陈璐:《"互联网+"背景下国内博物馆文创产品的开发模式:类型、应用与趋势》,《教育传媒研究》,2020年第3期。

㉔ 郑奕、罗兰舟:《刍议英美博物馆年报发展对中国博物馆年报编制的启迪》,《国际博物馆(全球中文版)》,2019年第1—2期。

㉕ 汪玉凯:《数字化是政府治理现代化重要支撑》,《国家治理》,2020年第14期。

㉖《故宫博物院年鉴》,故宫博物院网站,2014年。

㉗《南京博物院年鉴》,南京博物院网站,2021年2月22日。

㉘《上海科技馆年报》,上海科技馆网站,2019年。

㉙ 同⑮。

㉚ 同㉑。

㉛ 曹现强、李烁:《获得感的时代内涵与国外经验借鉴》,《人民论坛·学术前沿》,2017年第2期。

㉜ 牛先锋:《确保人民群众在国家治理中的主体地位》,《学习时报》,2020年4月24日。

㉝ Perry, E. J., The Populist Dream of Chinese Democracy, *The Journal of Asian Studies*, 2015, 74(4): 903-915.

㉞ Kellner, H., Narrativity in history: Post-structuralism and since, in McQuillan, M., ed., *The Narrative Reader*, London and New York: Routledge, 2000: 275-283.

(作者:罗兰舟,英国莱斯特大学,博士研究生)

纪念类博物馆对实施学生爱国主义教育作用的思考

李 存

我国拥有五千年的历史,在历史的长河中,各个时期都有各自的爱国主义特色,爱国主义精神也从未间断过。如何传承这源远流长、博大精深的爱国主义精神,培养爱国主义情怀,我认为除教育部门及教育工作者的努力外,纪念类博物馆也应当承担起这项重要责任。目前,全国以文物和各类遗址为依托建立起来的博物馆、纪念馆有4 692家,历史纪念类的博物馆(简称纪念馆)近两千家。相对博物馆而言,纪念馆更注重对人们世界观、价值观的影响,政治性更强。纪念馆让学生在知道和认识祖国的过去、今天、未来的基础上,树立民族自尊心、自信心和自豪感,从而树立正确的世界观、人生观和价值观。培养学生热爱祖国大好河山,热爱自己的骨肉同胞,热爱祖国的灿烂文化,以此激发他们自强不息、奋发图强、为中华民族伟大复兴而努力学习的爱国主义精神。纪念类博物馆如何根据学生自身特点、行为方式、理解能力等进行爱国主义教育,是当前亟须解决的重大课题。

一、加强爱国主义教育的重要意义

爱国主义是中华民族生生不息,自立于民族之林的强大动力,是贯穿中国历史发展的一条主线,是各族人民共同的精神支柱。爱国主义在中华民族有着光荣传统。在新的历史条件下,要继承和弘扬爱国主义精神,是在历史的发展过程中逐渐形成的,也会随着中华民族的历史延续而变得更加厚重并显示出旺盛的生命力。学生是中华民族的希望,是未来的中流砥柱,他们的思想道德素质、爱国主义思想,直接影响中华民族未来的整体素质,培养学生的爱国主义精神,提高他们的爱国主义觉悟和爱国主义情怀,与中华民族的前途命运和荣辱兴衰息息相关。

人的情感认知经常是和具体的事件人物、故事情节联系在一起的。所以,学生的爱国主义教育,要从学习认知祖国的壮丽河山、悠久历史、灿烂文化,以及中华民族几千年来优秀成果,要根据他们的认知发展、兴趣爱好、性格特点以及感知能力进行实践教育。要改变以往僵硬的、呆板的、教条的教育方法,赋予丰富多彩、声情并茂、寓教于乐的教育手段,方能使爱国主义教育的目的达到事半功倍的效果。爱国主义教育是学生素质教育的重要组成部分,更是思想政治教育的重要内容,同时也是中华民族传统教育中不可缺少的一环。"少年强则国强,少年兴则国兴",学生不仅是一个国家的未来,更是一个民族的未来,所以如何更好地对学生开展爱国主义教育,传承以爱国主义为核心的民族精神,让他们树立起为中华民族伟大复兴而努力学习的爱国主义精神,是摆在我们面前的重要任务。诚然,对学生进行爱国主义教育实施路径有很多,然而可以让学生身临其境,寓教于乐,感同身受,而又潜移默化,深远持久影响他们爱国主义情怀形成的最重要的教育形式,就是纪念类博物馆尤其是革命纪念馆的爱国主义教育。

二、爱国主义教育实施路径探析

学生的爱国主义教育实施路径有很多方面,比如教育孩子们热爱祖国,可以从力所能及的小事做起,结合身边发生的小事,让学生们明白一个人只要心系祖国,哪怕日常生活中的一点一滴,哪怕是一件再小的事情都会体现出爱国之情。比如为"汶川地震、南方雪灾"

奉献爱心,学生捐出自己的零用钱是爱国;比如从课本上学习为中华之崛起而读书从而树立远大的抱负是爱国;比如自觉承担自己的责任、爱同窗爱师长爱父母是爱国,爱护环境,节约用水、用电是爱国……生活中的每一个点滴都可以是爱国精神的具体体现。近年来,各大中小学校都凭借当地革命纪念馆的优势,开展爱国主义教育活动。比如清明节组织学生到"广州起义烈士陵园""沈阳抗美援朝烈士陵园""华北烈士陵园"等地开展扫墓活动,学生们献上花圈,佩戴自己亲手制作的小白花,缅怀革命先烈。参观抗美援朝纪念馆、辽沈战役纪念馆、淮海战役纪念馆、平津战役纪念馆、抗日战争纪念馆等革命纪念馆,通过参观历史文物、珍贵图片、模拟场景及讲解员的讲解,让学生们懂得今天的幸福生活是无数革命先烈用自己的生命和鲜血换来的,要加倍珍惜今天来之不易的幸福生活,刻苦学习,奋发图强,报效祖国。通过系列活动,使学生对革命纪念馆的爱国主义教育活动兴趣浓厚,更易接受,产生良好的教育效果。而革命纪念馆作为爱国主义教育基地,有丰富的爱国主义教育资源和优势。针对知、情、意、行等诸多方面,有理解上的认知教育,结合认知特点,也应有实际场馆的现场教育,而且应是一条重要路径。笔者认为,学生爱国主义教育实施路径中,尤为重要的一个途径——就是通过革命纪念馆来实施爱国主义教育。对学生进行爱国主义教育,是一项长期而艰巨的任务,也是时代的召唤,民族的责任,更是人民的期盼和党的重托。

纪念类博物馆是爱国主义教育的前沿阵地,是学生进行爱国主义和革命传统教育的重要载体。对学生进行爱国主义教育是革命纪念馆的一项重要功能,爱国主义教育功能发挥得如何,直接关系学生爱国主义精神的传承与弘扬。如何利用纪念类博物馆爱国主义教育基地的优势,发挥爱国主义教育功能,真正成为学生传播爱国主义知识、陶冶爱国主义情操、传承爱国主义文明的基本载体,体现纪念类博物馆的生命力与活力,这是实现纪念类博物馆为学生爱国主义教育服务的有效途径。下面以抗美援朝纪念馆为例,谈一下纪念类博物馆如何利用自身优势丰富学生爱国主义教育实施路径,为广大青少年学生服务。

三、爱国主义教育典型案例分析

抗美援朝纪念馆具有悠久的历史,它既是全国唯一全面反映伟大的抗美援朝战争的纪念馆,也是展现抗美援朝运动历史的专题纪念馆。该馆始建于1958年,经改扩建1993年纪念馆新馆开馆,20多年来,接待国内外观众1 200余万人次,其中学生400余万人次。它是"全国中小学爱国主义教育基地""全国百个爱国主义教育示范基地""国家国防教育示范基地"等。抗美援朝纪念馆是纪念和弘扬中国人民志愿军爱国主义、革命英雄主义、革命乐观主义、革命忠诚精神和国际主义精神的历史丰碑,是人们了解抗美援朝历史、缅怀革命先烈的重要场所,是社会各阶层,特别是学生接受爱国主义教育、革命传统教育和国防教育的重要思想阵地。多年来,抗美援朝纪念馆坚持大胆探索、不断创新,以多种教育途径开展爱国主义教育。

(一)抗美援朝纪念馆实施爱国主义教育的特点和优势

抗美援朝纪念馆是目前国内收藏有关抗美援朝战争文物与资料最为全面和系统的纪念馆。现有馆藏抗美援朝革命文物2万余件,其中大型兵器100余件。有参加抗美援朝的教练机、战斗机、运输机、轰炸机、坦克、反坦克炮、高射炮、高射机枪等大型武器装备,都摆放在露天兵器陈列场,这些宝贵的历史资源一直只供观众参观、照相。为了发挥这些兵器历史内涵的教育作用,更好地对学生实施爱国主义和国防教育,抗美援朝纪念馆创新思路,拓展爱国主义教育领域。2008年6月,建设了总占地5万平方米的抗美援朝纪念馆国防教育园,成立了少年军校,使这些宝贵的历史资源由"死"变"活",发挥了应有的教育作用,同时建立了一支服务于国防教育活动的优秀宣教团队,成为对学生进行爱国主义教育活动的一大亮点。

(二) 形成独具特色，符合学生知、情、意、行的爱国主义教育队伍

队伍建设是进行爱国主义教育工作的前提条件。抗美援朝纪念馆为更好地对学生实施爱国主义教育，把宣教队伍的培训作为工作重点，坚持"先培训、后上岗；不培训、不上岗"的原则，培养讲解员冬练三九、夏练三伏，不怕吃苦，任劳任怨的奉献精神。为保证宣教队伍的服务质量，常年开展以"学习英雄事迹，传承志愿军精神"为主题的系列教育活动，结合时代精神，通过红诗朗诵、演讲比赛、知识讲座等多种形式，让宣教人员深刻领会和把握抗美援朝精神、抗美援朝战争的意义，进一步提高宣教队伍的政治素质和职业道德水平。

为了全面提高宣教队伍的业务水平，抗美援朝纪念馆与吉林大学建立长效委培机制，鼓励宣教人员参与学习培训，提升队伍综合素质，组织宣教人员参加全国文博专业培训学习、加强馆际学习交流、进行实地业务考察等。广泛参与专业学术交流，深入挖掘业务研究成果，加强业务培训和考核，建立了规范化的管理机制，在宣教队伍中形成提高自己、服务观众、奉献社会的良好风气，形成更加符合学生知、情、意、行的爱国主义教育队伍，更好地为学生实施爱国主义教育。

(三) 为学生爱国主义教育提高服务质量

对来纪念馆参观的学生，进行爱国主义教育，就是把教育从一个小故事、一张图片、一件文物渗透到他们的内心深处。抗美援朝纪念馆始终以健康向上的陈列内容，以文明优质的服务去发挥职能作用，用实际行动来陶冶学生的爱国情怀，使广大学生了解那段世人瞩目的战争，仔细回味那惊心动魄的历史。

在对学生实施教育的过程中，要求讲解员规范服务，上岗着志愿军服装挂牌服务。对学生要做到来有迎声，走有送语，耐心细致，热心为学生参观提供优质、文明、高效的服务。针对有些学生年龄小理解能力不强，抗美援朝纪念馆精心制作了宣传卡片，努力营造良好的

参观环境和参观氛围。为了使纪念馆爱国主义教育活动向细微处延伸，在设置文物详细说明标牌的同时，还为学生设置"学生咨询点"、信息反馈单和留言簿，及时掌握和了解学生的需求，增进与学生们的交流，掌握了学生的爱国主义思想动态，实时调整爱国主义宣传教育的方法；在馆内为学生增加座椅、设置自动导览屏、提供免费图书、为学生们提供饮用开水和物品寄放等服务。以上这些措施，很大程度上彰显了抗美援朝纪念馆针对学生进行爱国主义教育的服务功能，同时也凸显了创立人性化爱国主义宣传教育环境的初衷，因而受到广大学生、家长及学校的欢迎与赞誉。

（四）开展喜闻乐见的爱国主义教育活动

抗美援朝纪念馆以学习研究、弘扬和传承伟大的中国人民志愿军精神为己任，突出爱国主义教育这一主题，充分利用阵地优势，依据地域特色，在重要节日和特殊纪念日，针对学生策划举办形式多样的活动。

每年的清明节，抗美援朝纪念馆都积极策划与各大中小学校开展各种主题励志活动，每年一个主题。如2011年主题是"缅怀革命先烈 学习英雄事迹 弘扬志愿军精神"，2012年主题是"祭奠志愿军先烈 传承志愿军精神"，2013年主题是"继承先烈遗志 追寻中国梦想"，2014年主题是"纪念先烈 报效祖国 圆梦中华"等；五四青年节和六一儿童节，策划入队入团的宣誓活动；"七一"党的生日为大中专院校及学校教师提供党旗、入党誓词和活动场地，并一起开展情景互动式党课，为广大学生讲述"一切为了前线，英雄城市英雄人民""特级英雄黄继光""永远的战士""用生命救护战友""我永远的爱人""永生的炮手孔庆三"的故事等，使广大学生深受鼓舞，同学们往往以响亮的"少年强则国强"来表达他们学习英雄的决心和信心。

每年的"5·18"国际博物馆日，抗美援朝纪念馆以宣传活动为契机，在搭建博物馆与公众沟通与互动平台的同时，紧扣博物馆日主题，以形式多样的活动加深广大学生对博物馆的了解，提升对博物馆的认知，营造关注博物馆、了解文物保护法、参与文化遗产保护的良好氛围。通过丰富多彩的宣传活动,随着学生对"5·18"国际博物馆日及博物馆的了解,同学们纷纷表示,要珍惜今天的幸福生活,好好读书,珍爱和平,筑梦未来,圆梦中华。

每年的"7·27"抗美援朝战争胜利纪念日和"10·25"中国人民志愿军出国作战纪念日等重要节日,根据统一主题针对学生开展活动。如为纪念抗美援朝战争胜利60周年,抗美援朝纪念馆举办了"聚焦身边最可爱的人"摄影和征文比赛,广大青少年学生怀着无比崇敬的心情,迎着酷暑高温,以独到的视角,多角度拍摄,全方位展示身边的志愿军老战士的人物特征,进一步弘扬伟大的抗美援朝精神,使广大学生在活动中耳濡目染地接受爱国主义教育,接受爱国主义精神的熏陶,传承爱国主义精神。

(五)成立了少年军校,对学生实施爱国主义教育

为更好地开展爱国主义教育,抗美援朝纪念馆勇于拓宽爱国主义教育思路,提高学生爱国主义教育科技含量,打造宣传教育特色品牌,依托抗美援朝纪念馆丰富的馆藏大型武器装备,于2004年兴建国防教育园。国防教育园分为兵器陈列展览区、军事体验区、军事拓展区、大型兵器模拟演示区、大型兵器操作区、青少年军事模拟对抗区、军事巷战演练区和少年军校构成,是一个有利于学生身心成长,有利于爱国主义教育和国防教育的理想场所,是学生了解国防知识,增强国防意识,进行革命传统教育和爱国主义教育的理想教育园地。抗美援朝纪念馆以"军体训练"为核心,以培养"四有"新人为目的,以提高身体素质为宗旨,在国防教育园成立"少年军校",以坚持"立德修身,习武强体,学军树人"重要思想为指导,通过组织学生在"少年军校"进行军事训练,激发学生的爱国热情,提高学生的爱国主义情怀,激发他们自强不息、奋发图强、为中华民族伟大复兴而努力学习的爱国主义精神。

(六)组织开展适合学生特点的国防教育创新活动

抗美援朝纪念馆以弘扬革命先辈的爱国主义、国际主义和革命英雄主义精神为基调,相继开展了形式多样、内容丰富多彩、独具特

色的国防教育活动。针对学生的认知发展、兴趣爱好、性格特点以及感知能力进行实践教育，改变了以往说教的方式，将爱国主义教育由书本到实践，由口头上的呆板说教上升到学生们感同身受，探索出以情景化为基础的参与式、体验式的爱国主义教育活动，内容丰富多彩，声情并茂，寓教于乐，使爱国主义教育在潜移默化中深入学生们的心灵，形成由古板到鲜活、由静态到动态、由强制灌输到主动学习、由参观学习到亲身体验的爱国主义教育方法的转变，显现出抗美援朝纪念馆作为爱国主义教育基地，对广大青少年学生实施爱国主义教育的优势。

为了更好地实施爱国主义教育，抗美援朝纪念馆制定了《学生实施爱国主义教育系列活动方案》，精心制定《少年军校国防教育训练方案》《青少年国防教育培训活动方案》《学生团队拓展训练活动方案》等，充分利用各学校及抗美援朝纪念馆网站、"抗美援朝纪念馆军事拓展培训活动展览"、"国防教育专题讲座"等宣传形式进行推广。几年来，紧紧依托社会各界和大中小学校，积极策划组织各类大型主题实践活动，受到广大青少年学生的普遍欢迎。

针对丹东市实验小学570人组成的"实小少年野外生存军事训练营""体验之旅——国防教育伴我行"活动，纪念馆策划了讲英雄故事、唱英雄赞歌、走英雄道路、听红色讲座等活动；而针对1 600人参加的"引路作文班军事拓展培训活动"，纪念馆则策划了参观陈列展览、观摩大型武器、进行军事拓展体验等活动，又策划了"军事竞技运动会"，活动在紧张而又热烈的氛围中，把爱国主义教育和国防教育活动推向一个又一个高潮。

为推进国防教育形式多样化，抗美援朝纪念馆举办了"抗美援朝残酷战斗震撼后的反思"教育活动、学生喜闻乐见的军事拓展活动、"志愿军英雄故事的启示"教育活动、"我爱我的祖国"主题实践活动等。通过团队竞技，实现适应、控制、应变、协作能力的综合打造，最终把学生锻炼成为国防建设和社会主义建设的有用之材。

四、改进爱国主义教育工作的几点建议

纪念馆在让人们了解历史，提高修养，增强自豪感、归属感的同时，更注重对人们世界观、价值观的影响。纪念馆特别注重重大题材的陈列，如延安、西柏坡、井冈山、抗日战争、辽沈战役、平津战役、淮海战役、抗美援朝等政治意义突出的题材。纪念馆不仅有传统意义上的文物，还有照片、音频、视频、绘画、雕塑等元素可以用于陈列，展示元素丰富。陈列的主题不仅要符合历史地位、人物特性，还应简洁、易记，给人精神上的震撼和冲击。为了更好地对学生实施爱国主义教育，建议纪念馆与教育工作者应共同努力，利用纪念馆的"纪念特性"，为学生实施爱国主义积极创造条件。

（一）要走向学校开展专题特色展览

纪念馆要利用自身优势，挖掘馆藏资料，制作适合学生的展览，定期走向学校，针对学生开展专题展览进行爱国主义教育活动。例如，延安是中国革命圣地。党中央、毛泽东等老一辈无产阶级革命家在延安和陕北生活战斗了十三个春秋，领导中国人民取得了抗日战争和解放战争的伟大胜利，形成了伟大的毛泽东思想，培育了光照千秋的延安精神。延安革命纪念馆以"实事求是"为陈列主题，展厅展出大量珍贵的革命文物，再现了毛泽东、刘少奇、周恩来、朱德等人当年在延安的光辉业绩。该馆馆藏文物有3.5万多件，历史照片5 500多张，图书资料1.2万余册。其中，一、二级文物有1 700余件，延安时期出版发行的报纸杂志100余种。还有毛泽东、周恩来、刘少奇、朱德、任弼时、林伯渠的藏书、手迹石刻及办公和生活用品。毛泽东长征时用过的手枪、转战陕北时骑的马（已制成标本）为该馆的特藏。怀安诗社的诗画原稿，也是珍贵的藏品。由于展出面积有限，有很多珍贵的文物和史料不能及时与广大观众见面，因此该馆举办"延安革命文物展览""延安精神展览"等流动展览，到学校、社区、企

事业单位及全国各地进行巡展。

在纪念中国人民志愿军抗美援朝出国作战60周年座谈会上,习近平强调:我们要努力学习和发扬抗美援朝精神,更加奋发有为地推进中国特色社会主义伟大事业。抗美援朝纪念馆是全国唯一一座全面反映抗美援朝战争和抗美援朝运动的专题纪念馆,是收藏抗美援朝文物和资料最为全面和系统的纪念馆,依据丰富的馆藏资源,精心制作"中国人民志愿军英雄故事展""战火中的旗帜——抗美援朝时期的优秀共产党员""英雄赞歌专题展""抗美援朝经典战例专题展""生死极限四十三昼夜——上甘岭战役专题展""鸭绿江的述说——丹东历史文化展"等专题展览,同时配合历史文化知识讲座、故事会、演讲比赛、辽东大讲堂等形式把文化成果送到"学校课堂",把志愿军精神传遍大中小学校,使学生不到纪念馆也能看到声情并茂的展览,受到潜移默化的爱国主义教育。

平津战役纪念馆在坚持好主阵地的基础上,不断拓宽思路,发挥自身优势,精心打造优秀展览,积极开辟第二展线。该馆采取"走出去,引进来"的方式,通过自行办展、联合办展、合作办展,先后推出了"人民不会忘记——平津战役英烈事迹展""雷锋精神永恒展""伟大的领袖光辉的历程——毛泽东像章收藏精品展""红旗漫卷西风——红军长征胜利七十周年大型图片展""警钟长鸣——世界现代兵器图片展""为了祖国的安全——现代国防教育大型图片展"等专题展览活动。还开展了"三进"活动,将"百年国耻""警钟长鸣""为了祖国的安全"等优秀展览送到社区、军营和校园进行巡展。

2016年是中国共产党成立95周年、红军长征胜利80周年,也是"九一八"事变85周年、中国人民正义审判日本战犯60周年。沈阳"九一八"历史博物馆针对广大观众特别是学生主办了"参观'九一八'事变史实展,观看红色经典故事影片"大型系列活动。此次活动放映影片有《血战残阳》《太行山上》《七七事变》《小兵张嘎》《铁道游击队》及表现当代共产党员模范代表人物的《钱学森》《焦裕禄》《杨善洲》《郭明义》等10余部彩色故事影片。使广大观众在参观

"九一八"历史博物馆的过程中,了解85年前日军侵华罪行,了解中华民族的抗战历史,从而树立爱国主义情怀。

纪念馆大都围绕一个时期、一个人物或一个事件来反映某一个主题,如辽沈战役纪念馆基本陈列的主题是"决战决胜",中国工农红军西路军纪念馆陈列主题是"理想高于天,热血铸祁连",西柏坡纪念馆的陈列主题是"新中国从这里走来",上海一大会址纪念馆的陈列主题是"太阳升起的地方"……根据各自的主题举办各种专题展览对实施学生爱国主义教育会起到事半功倍的效果。

(二)要与学生开展联谊活动

学生们喜欢形式多样、丰富多彩的文艺活动,不喜欢呆板、单调的说教形式,所以纪念馆应针对学生认知发展特点,利用自身优势,策划一些与学生们一起开展的具有爱国主义特色,符合学生知、情、意、行的文艺演出和特色表演,如根据战争的历史史实、英雄故事、经典战例可以编排一些歌舞、情景剧、相声、快板等,与学校开展比赛及联谊活动,使学生们在娱乐活动中接受爱国主义教育,学习英雄事迹,了解历史,激励他们热爱家乡、珍惜今天的幸福生活、好好读书、珍爱和平、筑梦未来、圆梦中华。

学生是祖国的希望、民族的未来,学生爱国主义教育是思想政治教育的重要内容,也是摆在当今教育工作者面前亟须解决的课题。对学生进行爱国主义教育实施路径有很多,其中,参观革命纪念馆以它的独特优势,"从理性教育到感性教育,从课堂教育到课外体验"的爱国主义教育新方法,让学生产生了浓厚兴趣,使学生身临其境,影响了学生爱国主义情怀的形成。因此,要利用革命纪念馆爱国主义教育基地的优势,发挥其爱国主义教育功能,传播爱国主义知识,陶冶爱国主义情操,从知、情、意、行各个方面对学生进行爱国主义教育,利用革命纪念馆自身优势为学生服务。在教育工作者与革命纪念馆的共同努力下,学生爱国主义教育实施的有效路径会拓展地更多、更广,为实现中华民族伟大复兴的中国梦培养更多优秀的接班人。

① 黄洪海：《爱国主义教育基地建设研究》，西北师范大学硕士论文，2012年。

② 陈新征：《革命纪念馆如何吸引青少年》，《中国纪念馆研究》，2012年第1期，第14—20页。

③ 付清河：《论如何依托潘家峪惨案纪念馆开展学生爱国主义教育》，《成功（教育版）》，2012年第1期，第25—31页。

④ 王桂娥：《谈纪念馆如何创新爱国主义教育》，《中国纪念馆研究》，2012年第2期，第132—149页。

⑤ 张校瑛：《让鲜活的历史成为民族复兴的动力》，《中国纪念馆研究》，2013年第2期，第79—92页。

⑥ 姜龙：《创新爱国主义教育的实践与思考》，《金田》，2013年第8期，第8—16页。

⑦ 徐灏：《关于充分发挥革命纪念馆效能的一点思考》，《神州》，2013年第18期，第101—109页。

⑧ 陈甜：《新时期高中爱国主义教育存在的主要问题及对策研究》，杭州师范大学硕士论文，2014年，第79—91页。

⑨ 周绪琳：《全球化背景下高校爱国主义教育面临的挑战及其应对》，江苏大学硕士论文，2015年，第57—85页。

⑩ 冯丽丽：《革命纪念馆创新爱国主义教育的实践与思考——以连云港市革命纪念馆为例》，《才智》，2015年第13期，第41—47页。

⑪ 杜永胜：《革命纪念馆和红色旅游景区应当怎样发挥爱国主义教育正能量》，《中国纪念馆研究》，2015年第1期，第23—29页。

⑫ 江洁：《浅谈革命纪念馆宣教工作的创新与发展——以武汉革命纪念馆为例》，《武汉文博》，2015年第1期，第8—12页。

⑬ 倪元振：《浅析济南市中小学生爱国主义教育现状》，《新课程导学》，2016年第9期，第35—42页。

（作者：李存，沈阳师范大学高等教育学专业，2019届硕士研究生）

复旦大学博物馆学本科专业
文物学课程的早期实践

刘守柔

我国的博物馆学本科专业建设开始于20世纪80年代。2012年教育部《普通高等学校本科专业目录》将专业名称"博物馆学"更名为"文物与博物馆学"[①]。在博物馆学本科专业课程体系中,"文物学"课程一直是重要的组成部分。2018年《历史学类教学质量国家标准》对学生培养的"能力要求"也明确了"应掌握文物与博物馆学研究和展示的基本技能"。

文物学的研究范围广泛,包括文物的定名和年代等基本要素、分类、鉴定、价值与作用,研究对象包括古器物、古书画古文献、古代文化史迹、近代现代文物等,还涉及文物保护管理、保护技术等[②]。博物馆学本科专业属于"历史学类",掌握历史学的基础知识与方法是"应有之意",而"文物学"课程如何与"博物馆学"建立起紧密的联系,本文将以复旦大学博物馆学本科专业为例,通过回顾其专业建立和早期实践过程,探讨文物学课程如何进入博物馆学专业课程体系,并产生了怎样的教学作用。复旦大学是我国最早设立博物馆学本科专业的高校之一,以此为例,对于理解我国博物馆学专业本科课程体系的形成与发展,有着积极的意义。

一、文博干部专修科
课程形成的基础

"积极做好人才培养工作"是国家文物局在 20 世纪 80 年代初为发展文博事业所提出的一项重要举措,"建议教育部积极办好高等学校中现有的考古专业,并在有条件的大学增设博物馆、古建筑等新专业或招收研究生","加强在职干部的培训工作"[3]。

我国早期一批文博本科专业即在这一时期建立,如南开大学历史系博物馆学专业、杭州大学历史系文物及博物馆专业、复旦大学分校历史系考古与博物馆学专业(1983 年改为上海大学文学院历史系考古与博物馆学专业)、吉林大学历史系博物馆学专业等[4]。复旦大学历史学系文物与博物馆学本科专业亦在 1985 年秋季,迎来了第一批学生入学[5]。

此前,复旦历史学系已根据国家文物局和上海市文化局的委托,招收了两届文物博物馆学干部专修科学生,也招收了文博专业的研究生,对于文博专业人才的培养已有一定的了解,形成了自身的教学基础,也得到了国家文物局、上海博物馆、中国社会科学院、北京大学等文博机构和高校的支持[6]。

从本科专业设置之初的具体课程来看,教学计划有着文博干部专修科课程的基础。专修科的学制为两年,招生面向文博系统在职人员,因学生毕业后仍回原单位工作,对其进行专业培养,主要是为提升其业务能力,使之"成为适合社会历史类博物馆工作的文物、博物馆学专门人才"[7]。第一届专修科于 1983 年冬季招生,1984 年 2 月入学。本科专业设立之时,第二届专修科学生已入学。在 1983 年 4 月拟订的文博专修科教学计划草案中,基础课主要为文史类课程,专业课则以文物学课程为主。而从 1985 年文物与博物馆学本科专业教学计划来看,必修课以博物馆学课程为主,文物学、考古学与文物保护亦有各一门课程;选修课中,数量最多的是文史类课程,尤其是历史学课程;其次为文物学课程,也有断代教学的考古学课程(见表1)⑧。两者的课程设置中,相同最多的是文物学课程,其次为文史类课程⑨。由此可见,建立在文史知识基础上的文物学课程教学,满足了专修科学员的文博行业工作进修需求,也成了文博本科课程的重要组成部分。

表1 拟订的专修科课程与本科专业课程比较

	专修科与本科的相同课程	本科开设的课程	专修科开设的课程
博物馆学	博物馆学概论	博物馆陈列与设计 博物馆基本技术	
文物学	中国青铜器概论 中国陶瓷史 中国绘画史 (中国绘画史与书画鉴定) 中国古代建筑、钱币学概论 版本、目录、碑帖、雕塑工艺 (版本目录学)	文物鉴定学	文物摄影及拓片技术
考古学	考古学通论	石器时代考古、夏商周考古、秦汉考古、隋唐考古	
文物保护		文物保护技术、核技术与考古学	
文史类	中国古代史、中国近现代史(中国通史) 世界通史、中国历史地理概论 古文字学、文史工具书介绍	世界文化史、中国文化史 中国科技史、中国土地制度史 中国职官制度史、方志史 中西交通史 敦煌学研究与石窟寺艺术 中国史学史、古代汉语	中国历史文选 历史文献学
相关专业		文化人类学通论、古生物学 逻辑学	

从专修科两年、本科四年的学制来说，本科比专修科所增加的学分要求，主要通过更多可供选修的文史类课程得到满足。专业课程中，《博物馆学概论》与《考古学通论》是两者均需修读的；除了本科需多修读一门总论性质的课程《文物鉴定学》，两者的文物学课程设置基本一致。直至今日，青铜、陶瓷、绘画、古建筑、钱币等仍是复旦文博本科专业主要的文物学课程内容。

二、回应博物馆行业的需求

80年代中期，全国博物馆中受过高等教育的工作人员仅约占17%，出身博物馆专业或经过有关培训的人数就更少了[⑩]。

计划设立本科专业之前，复旦历史学系于1985年初进行了文博行业调研，以便更有针对性地进行专业建设。调研走访了上海及附近地区的文博管理部门和博物馆，如上海博物馆、浙江省博物馆、南京博物院、南京市博物馆、扬州市博物馆等。这几家博物馆均有着丰富的古代艺术和历史文物收藏，因此行业调研所反映出来的、对于博物馆专业人员的知识结构需求，多少也会有一些倾向性。如上海博物馆有职工三百人，但各类业务人员总数约六十人，还没有学位研究生。业务部门迫切需要专业人才，不仅是本科毕业生，也需要研究生和专科生，尤其对金石、陶瓷、绘画、碑帖、工艺品（主要是玉器）、雕刻、古建筑及少数民族文物等有研究能力的研究生[⑪]。虽然这些研究方向是对于研究生的期待，但博物馆对于文物研究人才的迫切需求亦可见之。

经过行业调研，复旦认识到人才需求的迫切性，了解到博物馆需要进行文物学研究，考虑其文博专业应"主要偏重于文物学的教学和研究"，这也是围绕博物馆藏品进行的思考。然而，在历史学的教学科研过程中，认识到已有的文物研究还无法做到对历史文献与器物研究进行很好地结合，方法与材料运用上都有不足，"既不重视科学的考古学资料，也不注重结合历史文献的研究，更不从文化史的角度进行综合性的系统研究和进行中西文化的比较研究"。因此,需要"从人类文化历史的高度,把历史学、文物学和考古学三者紧密地结合起来","建立全新的文物科学的体系"[12]。

文物学与博物馆业务工作结合紧密,广泛运用于文物藏品的征集、鉴定与研究、科学保管、利用藏品研究信息进行教育传播等。同时,文物学也有很强的实践性,需要进行专业训练。由此,在文博专业课程体系中,博物馆学具体课程之外,文物学也成了教学重点。

三、对博物馆学专业本科生的培养要求

通过调研,学校认识到,需要考虑博物馆不同部门对于本科生、研究生,以及专科生的不同需求,有计划地进行培养,这也使得复旦在博物馆学专业建设之初更明确了对于本科生的培养要求。博物馆工作的综合性和实践性,需要专业人员"有广博的知识,既能搞考古、陈列,又能搞保管、群工",市级博物馆迫切需要这样有较强适应性的大专生或本科生,而本科生更能"主要起骨干作用"[13]。

80年代,我国的博物馆发展稳步向前,新建的博物馆主要为文物局系统各类小型博物馆[14],由此,复旦在设立博物馆学本科专业之时的人才培养设想与这一趋势是契合的:"适合社会历史类博物馆工作和从事文物学、博物馆学科研、教学、出版等其他有关工作的专业人才。"[15]具体落实到1985年的本科专业培养要求中,即为:"培养文物与博物馆及其他有关专业部门的科学研究和管理人才";要求能"掌握文物与博物(馆)的研究、鉴定、陈列、保护的现代科学手段及技术"[16]。对于毕业生面向的博物馆类型、从事的博物馆工作内容都有着预先设想,课程的设置是为了实现这样的培养目标,较为充分的文物学课程也是为了对应博物馆的文物鉴定、研究、保护等方面专业人员的培养需求。

专业建设五年之后,1990年复旦大学博物馆学专业教学计划

与1985年时相比,课程组成结构相差不大。基础课中,以历史学课程占大多数,中国史和世界史均有从古代到近现代的不同时期课程。不同方向的专业课程中,博物馆学增加了课程《世界博物馆概论》,文物学增加了《青花瓷器鉴定》,考古学则减少了《夏商周考古》《秦汉考古》和《隋唐考古》这三门断代教学课程,专业课仍是文物学课程为多数。此外,还将课程《现代自然科学概论》列为必选,将专业学习拓宽到了不同学科的知识领域。课程设置回应了专业培养要求"学生比较全面地掌握历史学、文物学、考古学和博物馆学的基础知识和专业知识(包括与专业有关的自然科学知识)"[17]。

从具体的文物学课程发展来看,1985年专业设立之时,六门专业必修课中有一门文物学课程《文物鉴定学》;而到1990年,文物学七门课程均列入了"专业必修",即《文物学概论》《中国青铜器》《中国陶瓷史》《中国绘画史》《中国钱币学》《中国古代建筑史》和《青花瓷器鉴定》。

对应博物馆业务部门的设置来说,青铜、陶瓷、书画等都是主要的研究部门,在整个90年代,青铜、陶瓷等这些主要的文物类别课程基本为必修。复旦文博专业还曾在90年代中期实行过"文史哲类专业教学计划",专业选修课程分别设有"文物学方向"和"博物馆学方向"两个课程组供学生修读选择。直到2000年的教学计划,文物学的必修课程才修改为仅列一门概论课程《文物学基础理论》,其余文物学课程再作为选修课程。博物馆学专业的课程包括了博物馆学、文物学、考古学等不同学科,应该说,这也是从90年代到21世纪初,专业课程体系整体进行调整、发展的一个过程。

四、历史学角度的专业建设准备与思路

从全国文博干部专修科、研究生班到本科专业的设立,直至成立文博学院,复旦大学一直保持着与文物局之间的协作关系;历史学

系,尤其是其文博教研室承担了具体的文博专业建设工作。文物是历史学研究重要的实物资料,文物考古的新发现与研究新成果,不断丰富着历史学的研究内容[18]。培养文博人才,有利于文博行业的发展,同时也能促进历史学系"教学科研工作的改革",又能"为历史科学的应用,开辟广阔的道路"[19]。由此,历史学系也会从已有教学经验出发,思考如何进行文博专业本科教学,这些也对文物学课程的设置产生了比较大的影响。

专业建设之初,能开设哪些课程,拥有怎样的师资是首要考虑的基本条件。复旦大学历史学系、历史地理研究所拥有雄厚的师资力量,与文博领域也有着良好的学术交流基础,使其能够为文博教学承担基础课和部分专业课的教学任务[20]。例如,90年代末,历史学系庄锡昌还曾讲授《世界博物馆概论》,他同时开设了《世界文明史通论》课程。从1985年的专业教学计划来看,除了必修《中国通史》,专业选修课程中还有《中国历史地理概论》《中国文化史》《世界通史》《中国土地制度史》《中国职官制度史》等课程,这些课程体现了1952年全国院系调整后,复旦历史学系名家汇聚、并逐步形成的各项研究特色,相应也为历史类博物馆所需的专业人才培养提供了良好的史学基础知识学习。此外,也有其他文史类院系的教师承担了短时期的文博专业课程教学任务,如在21世纪初期,古籍所陈正宏讲授了《中国绘画史》。

与此同时,充分发挥地区文化事业的优势,正是历史学系考虑到地处上海,专业建设所能利用的条件与突出的教学特色;借助上海博物馆的文博专家开展教学,也为文物学课程的结构确立与发展奠定了基础。据1985级首届文博本科生回忆,"三、四年级上专业课时,有半数以上的老师都是从外面请来的",不仅有上海博物馆的马承源、汪庆正、费钦生、陈佩芬、黄宣佩、孙仲汇、张明华等专家,还有南京博物院的梁白泉、张浦生,以及国家文物局的朱启新等曾担任了兼职教授或兼任教师[21]。直至21世纪初,还由上海博物馆青铜部周祥讲授了《中国钱币学》课程。同处上海、亦在80年代发展的上海大学博物馆学本科专业当时也体现了这一建设思路：由上海博物馆专家讲授文物学课程，如汪庆正主讲"中国陶瓷"，单国霖主讲"中国绘画史"，马承源、陈佩芬主讲"中国青铜器"等[22]。

历史学系积极筹备的另一项教学条件就是专业教学实践基地。对复旦文博专业来说，上海博物馆发挥了很大的实践教学作用，但仍需要建立自己的教学和研究基地。学校在1984—1985年间即考虑筹建文物陈列室或文博陈列馆，并联系了文物的征集调拨，设想"能够较全面地反映中国文化的特点"，逐渐发展成为向社会公众开放的、介绍中国古代文明、普及文物知识的大学博物馆[23]。由此，从这一角度又可以理解到，在历史学系筹划的课程体系中，文物学课程也是有助于学习与研究古代历史文明的。

五、小　　结

综上，可以通过复旦大学建设博物馆学专业之初对培养方向和课程结构的确定过程了解到，20世纪80年代，在国家文物局积极开展文博人才培养的背景之下，文博专业人员培训和历史学系工作、教学基础上，博物馆学本科专业主要面向历史类博物馆的行业需求设置了课程体系，文物学课程成为其中的主要部分。

文物学教学形成了以概论课程为基础，以青铜、陶瓷、书画等传统文物研究为主干课程的结构。这些课程顺应了博物馆建设的趋势，课程内容体现了对中国古代历史文化的研究，发挥了实物资料的研究作用。这些文物学主干课程通常都从文博专业设立之初延续至今，在博物馆学本科专业课程体系中占有重要的位置。

文物学课程也会随着专业的发展、教师研究领域的拓展而不断产生新的教学内容。其中，对应文物研究门类而相应增加课程主题，是比较常见的新设课程方式，如复旦文博专业2000年曾新设课程《中国玉器》《中国古代家具》，近年开设了《中国漆器史》等。同时，不同类别的器物研究犹如形成各自的"专门史"领域，相互之间较为独立,使得一些"分支"课程经过一段时期教学后,因各种原因未再开设,但并不会影响文物学课程设置的主体结构。

文物学知识与博物馆历史文化、古代艺术藏品的鉴定与研究等工作关系密切,有助于博物馆的展示、教育、公共服务等在藏品得到充分研究的情况下更好地实现。虽然,在我国博物馆事业快速发展,博物馆类型日益丰富的形势之下,不断产生新的行业建设需求,博物馆学自身的具体课程也在持续进行建设,但由于文博本科专业属于历史学类,且我国仍有着大量的历史类博物馆,而文物学课程保持了对实物的研究、对物的信息的"释读",其教学内容与学术训练使之能在文博专业课程体系的整体发展中发挥着相应的积极作用。

---

① 为叙述统一,本文中除特定年份说明需要外,均统称为"博物馆学专业"或"文博专业"。

② 李晓东:《文物学》,学苑出版社,2005年,第9—17页。

③《国务院批转国家文物事业管理局关于加强文物工作的请示报告》,《江西历史文物》,1981年第2期。

④ "高等院校考古、文博专业简介",中国考古学会:《中国考古学年鉴》,1984年,文物出版社。

⑤ 陈克伦:《记吴浩坤先生在筹建复旦大学文博学院的日子里》,傅德华、周桂发主编:《浩志文博 坤舆甲骨:吴浩坤先生纪念文集》,复旦大学出版社,2018年,第93页。复旦大学教务处:《复旦大学教学一览(大学本科)》,1985年9月。

⑥ (关于复旦文博专业)情况汇报(草稿)和调查材料,复旦大学档案,1985-X211-25。

⑦ 同上。

⑧ 课程资料来源:(1)复旦大学历史系文物博物(馆)学专修科教学计划草案,复旦大学档案,1985-X211-25;(2)复旦大学教务处:《复旦大学教学一览(大学本科)》,1985年9月。本文讨论不涉及政治、外语、体育等公共课,也不包括学年论文、毕业论文和实践教学。

⑨《中国绘画史与书画鉴定》《版本目录学》《中国通史》三门课为本科课程，虽名称与专修科课程不同，但相关课程内容相近。《核技术与考古学》教学内容应为主要介绍用于文物鉴定和分析的核技术基础知识，更偏向于文物科技保护内容。（参见复旦大学教务处：《教学一览》，1990年）

⑩ 宋伯胤：《博物馆与学校教育——兼论博物馆专业的学制与课程（二）》，《文博》，1986年第3期。

⑪ "博物馆知识结构调查与预测"，（关于复旦文博专业）情况汇报（草稿）和调查材料，复旦大学档案，1985-X211-25。

⑫ （关于复旦文博专业）情况汇报（草稿）和调查材料，复旦大学档案，1985-X211-25。

⑬ "博物馆知识结构调查与预测"，（关于复旦文博专业）情况汇报（草稿）和调查材料，复旦大学档案，1985-X211-25。

⑭《博物馆学概论》编写组：《博物馆学概论》，高等教育出版社，2019年，第69页。

⑮（关于复旦文博专业）情况汇报（草稿）和调查材料，复旦大学档案，1985-X211-25。

⑯ 复旦大学教务处：《复旦大学教学一览（大学本科）》，1985年9月。

⑰ 复旦大学教务处：《教学一览》，1990年。

⑱ 李晓东：《文物学》，学苑出版社，2005年，第56—57页。

⑲《关于筹建文物博物学专业的请示报告》（历史学系，1984年9月22日），复旦大学档案，1985-X211-25。

⑳ 复旦大学、文化部文物事业管理局：《关于建立复旦大学文物博物馆学院的意向书》（1985年4月），复旦大学档案，1985-X211-25。

㉑ 石建邦：《燕园徘徊忆吾师——怀念吴浩坤先生》，傅德华、周桂发主编：《浩志文博 坤舆甲骨：吴浩坤先生纪念文集》，复旦大学出版社，2018年，第101页。

㉒ 梅海涛、段勇：《从上海大学看我国当代博物馆学高等教育的兴起》，《科学教育与博物馆》，2019年第3期。

㉓ [（84）复旦教字第24号]"致文化部文物局函"（1984年4月20日）；复旦大学、文化部文物事业管理局：《关于建立复旦大学文物博物馆学院的意向书》（1985年4月），复旦大学档案，1985-X211-25。

· 科技与保护 ·

新石器时代转型影响下的东亚父系遗传结构

文少卿

出非洲替换说的首次提出是在80年代末期。随着产生和分析基因组数据的新方法的出现,现代人在全球扩张的细节越来越清楚。大约60 000年前[1],现代人走出非洲,在大约15 000年前,他们已经占据了所有可以生存的大陆[2]。其间,特别是末次冰川期(约110 000—10 000年前),环境既寒冷又不稳定[3]。长期寒冷的气候,一方面限制了人类的生存空间,另一方面,导致海平面比现在要低,因此,现在很多岛屿在当时是连成一片大陆的,它们为人类的迁徙提供了路径[4]。大约在15 000年前,覆盖整个亚洲北方和中部、北欧和北美的冰盖开始消退[5],在10 000年前,温度开始升高,变得稳定。这个阶段是人类扩张的繁荣期。值得注意的是,近东的新月沃土农业在这个时候开始发展,并伴随着一些野生植物和动物的驯化。随后,在9 000—4 000年前,农业开始在除了澳洲以外的不同地区独立发展起来[6]。尽管新石器时代转型导致了选择压的快速转变,特别是定居方式和人口密度增加催生了传染病的传播,但这次新石器时代转型(从觅食生存转为定居农耕社会)影响了很多人群生活方式的方方面面,并最终促使他们定居下来[7][8]。因此,新石器时代转型是人类历史上的一次重要的转折点。

人类史前史可以被不同学科以不同方法所探知。考古学家通过从考古遗传中所提取的数据理解古代人群的文化演化，历史学者通过古代书籍的文字记录探索人类的早期活动，语言学家通过现存语言的各种特征来研究语言分化。相类似的是，通过研究人群间遗传多样性的模式可以解析人群的人口历史，如迁徙、扩张和定居。相比常染色体、两种单亲遗传标记（线粒体和Y染色体）易受基因漂变的影响，更容易产生人群特异性单倍型分布，这些特点让我们更容易追踪人群历史[9]。此外，由于Y染色体传承的性别特异性模式，社会选择会强化漂变作用，如社会组织结构和技术创新[10]。Y染色体的这些特点导致它能够为历史事件，包括新石器时代转型，提供更多潜在的信息。

东亚出土了跨越几十万年的丰富的古人类化石并作为连接美洲和太平洋岛屿的十字路口，是研究人类起源和迁徙的最重要的地区之一[11]。对于东亚人的起源问题，我们的前期研究提出了"两阶段×两路线"假说[9]：大约60 000年前，第一波现代人到达了东亚，包含10%的现在东亚人和大部分澳洲土著；大约在30 000年前，第二波人类到达东亚，构成了现在东亚人的主体。两波人都有着两条进入东亚的迁徙路线，即内陆线和沿海线[12]，并演化为九个族群，包括孟高棉、苗瑶、汉藏、侗台和南岛等[9]。本文集中讨论了东亚主要的父系遗传谱系何时并如何扩张，及其带来的影响。本文不重复综述一些有实质性发现的研究，包括关于东亚人群起源[13]、迁徙历史[9][14]、适应东亚环境或生活方式的分子机制[15]以及东亚驯化历史的模型构建[16][17]。

一、新石器时代转型和最初的复杂社会

中国是有着世界上持续时间最长、最稳定农业系统的所在地之一，有着独特的驯化历史[18]。根据全国范围内系统的植物考古学调

查,史前农业发展呈现出一个南北分化格局,产生了两个独立的亚中心,即种植稻(*Oryza sativa*)的长江中下游地区以及种植旱地作物,比如粟(*Setaria italica*)和黍(*Panicum miliaceum*)的中国北方黄河流域[19]。依据十几年基于浮选的植物考古学数据,Zhao 提出了一个中国史前农业发展的可靠的时间表,主要分三个阶段:发展期(约 10 000 年前)、过渡期(9 000—7 000 年前)和成熟期(7 000—6 000 年前)。在第一个阶段,两个发源亚中心的早期植物栽培均已开始,此时的生计模式主要是采集狩猎,但其他的生活方式可能已经出现。第二阶段,采集狩猎者建立了长期定居的村落并开始新石器时代经济转型,此时总体生存经济为农耕或野生资源采集的混合模式。值得注意的是,大约在 8 000 年前(这个时间对于农业起源很关键),许多考古遗址明显具有早期稻种植的特点[20]。在最后一个阶段,基于稻和/或旱地作物的农业生存模式最终建立,这意味着人们开始完全依赖于农业。

大约在 6 000 年前,中国的五个依赖定居栽培稻和/或小米的地区所形成的最初复杂社会空前繁荣起来,即红山文化、仰韶文化中晚期文化、大汶口文化、大溪文化和崧泽文化[21]。虽然这些社会可能是松散的酋邦,有着不同的生存策略、序列变化、领导制度乃至符号象征,但是他们是早期中国文化构建的基石[22]。

二、文化转变和新石器时代的超级祖父

人口变换会在遗传多态性中留下足迹。推测人类人口历史的方法主要包括利用继承自父母的常染色体高密度分型或测序数据[23,24]、线粒体全序[25,26]和 Y 染色体全序[27,28]。但关于人口历史,现有的研究还比较有限,并且得到的结果看上去有点矛盾。基于有着不同生活方式的非洲和欧亚人群的常染色体多态性—时估计为旧石器时代晚期扩张[29],一时又估计为晚近的新石器时代扩张[30]。基于全世界人群的线粒体 DNA 估计显示主要母系谱系扩张要早于新石器时代转型

期[23]，然而一系列基于全球分布的Y染色体研究表明主要的父系谱系扩张是在农业出现之后的全新世。这些不一致的结果主要是因为一些明确的偏差[24-27]，比如挑选合适的突变速率、使用不同的人口模型，以及最重要的，不同遗传物质的性质本身。比如说，常染色体基因组对于理解早期的扩张有重要的启示作用；而线粒体和Y染色体能够分别提供母系和父系人口历史，揭示性别特异性的演化过程。因此，联合不同遗传数据或许可以得到最真实的答案。

常染色体[24,29]、线粒体[28]和Y染色体[27,23]检测到大约50 000年前（出非洲瓶颈后）主要的非非洲裔奠基人群所导致的一次旧石器扩张，它与欧亚和大洋洲的快速初始殖民模型相一致。在东亚，这次旧石器扩张发生在大约30 000年前[27,23]，它与该大陆的第二次移民潮所预估的时间相吻合。来自人类病原菌和分子适应的证据（这一时期中原地区出现了东亚人特异的结核菌和EADR基因型）也支持这次扩张[34,35]。另一次可能的旧石器扩张为末次盛冰期后环境改善所引发，它虽然没有被常染色体和Y染色体基因组所检测到，但线粒体基因组明确地反映了出来[25,28,31]。这一发现符合Sauer在1952年提出的人口理论：部分人群的旧石器扩张可能有利于他们最终转向农耕[36]。因此，在一定程度上，环境的改善和适度的人口压力可能有利于农业的产生。常染色体[24,30]、线粒体[52,28]和Y染色体[27,23]的证据均支持在全新世农业出现和传播以后全球人口呈现了一次爆炸性扩张。该群体遗传学发现似乎与新石器时期欧亚人群墓葬中遗骸所反映的高出生率阶段的考古学证据相吻合[8]，分子流行病证据也表明，在这一时期，由于人群密度增加导致结核菌快速扩散[37]。相比旧石器时代扩张，新石器时代扩张有其自身特点。首先，由于农业比起采集狩猎提供了更稳定的食物，新石器时代扩张比起旧石器时代扩张有着明显更强劲的扩张动力，即更高的增长率和有效人群大小[24,32]。其次，新石器时代扩张时，男性和女性的人口历史明显不同，此时男性谱系遭受了新石器时代瓶颈，女性有效群体大小是男性的数倍[23,28,23]。性别差异的扩张可能真实地反映了新石器时代社会选择和男性特有行为的影响[38]，这意味着有着社会地位的史前男性有着更多的生育机会，而史前女性更青睐那些有着更强武力或更高社会地位（农耕/锻造）的男性。因此，只有少数父系谱系而非所有的谱系在人口规模上有着10—100倍的增长[39][40][41]，这一点会潜在影响现代人的Y染色体基因池。

二代测序技术应用于Y染色体全序列能够构建极具信息量的谱系树，它的枝长与时间成比例，因此可以直接评估每个节点的最近共祖时间（TMRCAs）。此外，根据基于高通量测序的谱系树，我们可以系统地分析不同的因素如何影响人口大小和结构。比如，这些有着较长枝长的支系暗示了较低的人口增长和频繁的瓶颈，而那些被视为星状结构的有着较短枝长的支系被解释为人口快速扩张的强烈信号。除了星状结构，有时在谱系树中存在一种分叉结构，它也与人口扩张有关。但是，这两种不同的结构所反映的人口历史是完全不同的。比如，Sikora等通过溯祖模拟发现R1b星状结构和E1b1a的分叉结构分别与西欧亚和撒哈拉以南非洲的新石器时代扩张有关[39]。具体而言，R1b的星状结构表明当它一进入这块大陆就在很短的时间发生了成功的扩张，而E1b1a有着非常有规律的分叉结构，显示E1b1a扩张始于较大的人口大小，并持续了数千年。

关于东亚的父系人口历史，我们最近的研究[42][43]观察到新石器时代的一次强烈的瓶颈和人口扩张。这些父系的人口增长通过高通量测序的谱系树可以很容易检测到。东亚特有的父系谱系中，有五个呈星状结构——O3a2c1a-F5（Oα）、O3a2c1-F46（Oβ）、O3a1c1-F11（Oγ）、C3a1-F2613（Cα）和Q1a1-M120（Qα），以及一个呈分叉结构——O1a1a1-F78（Oσ）。值得注意的是，我们发现65%的现代中国人都是这六个超级祖父的后代。他们的扩张时间分别为5 400年前（Oα）、6 500年前（Oβ）、6 800年前（Oγ）、6 400年前（Cα）、5 200年前（Qα）和5 000年前（Oσ）。正如前文所述，我们揭示了汉族主体来自于新石器时代的少数几个父系祖先，他们是谁？每个超级祖父和最初复杂社会的传奇领袖是否有关？是否像有名的成吉思汗簇和觉昌安满祖簇的案例一样[40]？不久的将来，结合古DNA和现代人DNA的研究将有助于解决这些问题，它对于理解中国人群的起源非常关键。

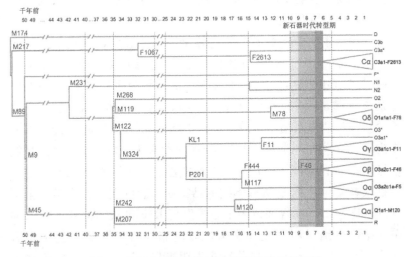

图1　东亚特有Y染色体单倍群的简化谱系树

三、农业/语言扩张及其影响

语言，与基因类似，也是追踪人类过往的一种重要的线索[41]。大部分语言学家都认识到一个语系中各种语言的共祖时间在距今10 000年以内，这个观点与不同地区出现的农业考古学证据非常契合[16]。因此，Bellwood提出了农业/语言扩张假说：农民及其文化替代了周边的采集狩猎者及其文化，导致了性别特异性的语言替换。这一现象能够被遗传学调查所观察，这意味着相比线粒体，语系与Y染色体有着更强的关联性[9][42][43][44]。在东亚，这种农业/语言扩张也已被用来解释南亚语、台语、汉藏语和南岛语系[6]。东亚就像其他地方一样，语系与Y染色体多样性有关[9]。其大部分语系有着占优势的父系遗传类型,比如,汉藏语人群中的单倍群 O3-M134[45],苗瑶语和南亚语人群中的单倍群 O3-M7[46][47],侗台语和南亚语人群的单倍群 O1-M119[48],以及乌拉尔人群中的单倍群 N-TAT[49]。因此,Y 染色体谱系常常被视为语言的标示物[44]。此外,根据 Y 染色体类别的相似性,存在四对同源语系,即南岛和侗台[48]、孟高棉和苗瑶[47][50]、汉藏和乌拉尔[51][52]、叶尼塞和古北亚人群[53][54][55],这一现象暗示了这些古代人群间可能存在大量的早期语言接触和基因流。值得注意的是,大约在 4 000—2 000 年前[56],侗台、苗瑶、汉藏和叶尼塞语转变为声调语,逐渐与剩下的四个语系区别开来。因此,当时必然存在社会或者生物因素诱导着这次转变,其原因值得语言学家和遗传学家深入研究。

四、古 DNA 证据及其暗示

除了间接分析现代人群的基因组数据,还有一种直接的方法来研究人类历史,它就是古 DNA 研究,其特点是提供最真实的信息。然而关于新石器时代转型时期,东亚考古遗址中遗骸的古 DNA 研究非常有限。基于三篇相关文献的研究发现[57][58][59],我们可以得到新石器时代转型期 Y 染色体谱系分布的大致情况。

单倍群 O3-M7,高频出现在长江中游的大溪遗址(大溪文化)[57],它被视为孟高棉和苗瑶人群的特有谱系[47],因此,将大溪文化与现代苗族人群联系了起来。单倍群 O1-M119,在长江三角洲的新地里遗址和马桥遗址(良渚文化,继承自崧泽文化)中占有 60% 的人口[59],它普遍存在于台语和台湾土著中[60],因此,良渚和/或崧泽文化人群可能与南岛和台语人群的祖先有关。单倍群 O3-M122,主要有三个支系(O3a1c-002611,O3a2c1-M134 和 O3a2c1a-M117),是汉族人群最为常见的遗传类型[61],它在黄河中游和下游的陶寺遗址(龙山文化,继承自仰韶文化晚期)以及傅家遗址(大汶口文化)中高频出现[57][58]。此外,单倍群 N-M231(O-M175 的姐妹支系),在西辽河流域的牛河梁遗址(红山文化)中极端高频[30]能起源于中国,并在北亚、藏缅和汉语人群中有着特别且广泛的分布[32]。这些发现将仰韶晚期和/或龙山文化、大汶口文化和红山文化与现代汉藏人群联系了起来。不同史前文化间所观察到的清晰的遗传模式,暗示着中国文明遗传基底的多重起源。

古 DNA 的高精度分型和群体水平测序数据,结合历史学、考古学、语言学和古气候学的跨学科解读,将有助于深刻理解新石器时代转型期父系遗传模式的细节。

五、展　　望

在我们的前期研究中,Y 染色体分析揭示东亚人群主要由四种旧石器时代起源于东南亚的单倍群(C、D、N 和 O)组成,它们占有超过 90% 的现代东亚人 Y 染色体。本文中,我们发现现存的遗传模式深受新石器时代转型期文化改变的影响,导致了部分男性支系的急剧扩张,如 O3a2c1a－F5(Oα)、O3a2c1－F46(Oβ)、O3a1c1－F11(Oγ)、C3a1－F2613(Cα)、Q1a1－M120(Qα)和 O1a1a1－F78(Oσ)。但是这些支系的原初扩张地仍属未知。

从考古学的角度看,另外一个位于珠江流域与古代热带农业有关的中心也很值得深入研究[42]。从遗传学角度看,这个中心很可能与一些南方古老族群的起源有关。因此,这个区域的古 DNA 研究也非常有价值。此外,正如前面所提到的,新石器时代转型在东亚遗传和文化模式的形成中扮演着重要的角色,但由于缺乏古 DNA 研究,仍然存在着大量的未解之谜。

---

① Henn, B. M., Cavalli-Sforza, L. L. and Feldman, M. W., The great human expansion, *Proceedings of the National Academy of Sciences of the United States of America*, 2012, 109(44): 17758.

② Jobling, M., Hollox, E. and Hurles M., et al., Human evolutionary genetics, Second ed. *Garland Science*, Abingdon, 2013.

③ Shi, Y. F., Cui, Z. J. and Li, J. J., *Quaternary Glacier in Eastern China and the Climate Fluctuation*, Beijing: Science Press, 1989.

④ Jobling, M. A., Hurles, M. and Tyler-Smith, C., Human evolutionary genetics: Origins, peoples and disease, *Garland Science*, New York, 2003.

⑤ Clark, P. U. and Mccabe, A. M., The Last Glacial Maximum, *Science*, 2009, 325(5941): 710-714.

⑥ Diamond, J. and Bellwood, P., Farmers and their languages: The first expansions, *Science*, 2003, 300(5619): 597-603.

⑦ Bocquet-Appel, J. and Bar-Yosef, O., *The Neolithic Demographic Transition and Its Consequences*, Netherlands: Springer, 2008.

⑧ Bocquet-Appel, J. P., When the world's population took off: The springboard of the neolithic demographic transition, *Science*, 2011, 333(6042): 560-561.

⑨ Wang, C. C. and Li, H., Inferring human history in east asia from Y chromosomes, *Investigative Genetics*, 2013, 4(1): 11.

⑩ Jobling, M. A., The impact of recent events on human genetic diversity, *Philosophical Transactions of the Royal Society of London*, 2012, 367(1590): 793.

⑪ Cavalli-Sforza, L. L., The Chinese human genome diversity project, *Proceedings of the National Academy of Sciences of the United States of America*, 1998, 95(20): 11501.

⑫ Li, Y. C., Wang, H. W. and Tian, J. Y., et al., Ancient inland human dispersals from myanmar into interior east asia since the late pleistocene, *Scientific Reports*, 2015, 5(X).

⑬ Jin, L. and Su, B., Natives or immigrants: Modern human origin in east asia, *Nature Reviews Genetics*, 2000, 1(2): 126-133.

⑭ Stoneking, M. and Delfin, F., The Human genetic history of east asia: weaving a complex tapestry, *Current Biology Cb*, 2010, 20(4): R188-193.

⑮ Shi, H. and Su, B., Molecular Adaptation of Modern Human Populations, *International Journal of Evolutionary Biology*, 2011, 2011(4846): 484769.

⑯ Larson, G., Genetics and domestication: Important questions for new answers, *Current Anthropology*, 2011, 52(S4): 485-495.

⑰ Gerbault, P., Allaby, R. G. and Boivin, N., et al., Storytelling and story testing in domestication, *Proceedings of the National Academy of Sciences of the United States of America*, 2014, 111(17): 6159.

⑱ Larson, G., Piperno, D. R. and Allaby, R. G., et al., Current perspectives and the future of domestication studies, *Proceedings of the National Academy of Science*, 2014, 111(17): 6139-6146.

⑲ Fuller, D. Q., Denham, T. and Arroyo-Kalin M., et al., Convergent evolution and parallelism in plant domestication revealed by an expanding archaeological record, *Proceedings of the National Academy of Sciences of the United States of America*, 2014, 111(17): 6147.

⑳ Gross, B. L. and Zhao, Z., Archaeological and genetic insights into the origins of domesticated rice, *Proceedings of the National Academy of Sciences of the United States of America*, 2014, 111(17): 6190-6197.

㉑ Peterson, C. E., Lu, X. and Drennan, R. D., et al., Hongshan chiefly communities in Neolithic northeastern China, *Proceedings of the National Academy of Sciences of the United States of America*, 2010, 107(13): 5756-5761.

㉒ Fang, H., Feinman, G. M. and Nicholas L. M., Imperial expansion, public investment, and the long path of history: China's initial political unification and its aftermath, *Proceedings of the National Academy of Sciences of the United States of America*, 2015, 112(30): 9224-9229.

㉓ Schaffner, S. F., Foo, C. and Gabriel, S., et al., Calibrating a coalescent simulation of human genome sequence variation, *Genome Research*, 2005, 15(11): 1576-1583.

㉔ Liu, X. and Fu, Y. X., Exploring population size changes using SNP frequency spectra, *Nature Genetics*, 2015, 47(5): 555-559.

㉕ Gignoux, C. R., Henn, B. M. and Mountain, J. L., Rapid, global demographic expansions after the origins of agriculture, *Proceedings of the National Academy of Sciences of the United States of America*, 2011, 108(15): 6044.

㉖ Zheng, H. X., Yan, S. and Qin, Z. D., et al., Major population expansion of East Asians began before neolithic time: Evidence of mtDNA genomes, *Plos One*, 2011, 6(10): e25835.

㉗ Hallast, P., Batini, C. and Zadik, D., et al., The Y-chromosome tree bursts into leaf: 13,000 high-confidence SNPs covering the majority of known clades,

Molecular Biology & Evolution, 2014, 32(3): 661-673.

㉘ Karmin, M., Saag, L. and Vicente, M., et al., A recent bottleneck of Y chromosome diversity coincides with a global change in culture, *Genome Research*, 2015, 25(4): 459.

㉙ Aimé, C., Laval, G. and Patin, E., et al., Human genetic data reveal contrasting demographic patterns between sedentary and nomadic populations that predate the emergence of farming, *Molecular Biology & Evolution*, 2013, 30(12): 2629.

㉚ Aimé, C., Verdu, P. and Ségurel, L., et al., Microsatellite data show recent demographic expansions in sedentary but not in nomadic human populations in Africa and Eurasia, *European Journal of Human Genetics*, 2014, 22 (10): 1201-1207.

㉛ Zheng, H. X., Yan, S. and Qin Z. D., et al., MtDNA analysis of global populations support that major population expansions began before neolithic time, *Scientific Reports*, 2012, 2(7420): 745.

㉜ Wang, C. C., Huang, Y. and Yu, X., et al., Agriculture driving male expansion in neolithic time, *Sci China Life Sci*, 2016, 59(6): 1-4.

㉝ Yan, S., Wang, C. C. and Zheng, H. X., et al., Y chromosomes of 40% Chinese descend from three neolithic super-grandfathers, *Plos One*, 2014, 9(8): e105691.

㉞ Kamberov, Y. G., Wang, S. and Tan, J., et al., Modeling recent human evolution in mice by expression of a selected EDAR variant, *Cell*, 2013, 152(4): 691-702.

㉟ Luo, T., Comas, I. and Luo, D., et al., Southern East Asian origin and coexpansion of Mycobacterium tuberculosis Beijing family with Han Chinese, *Proceedings of the National Academy of Sciences of the United States of America*, 2015, 112(26): 8136-8141.

㊱ Sauer, C. O., *Agricultural Origins and Dispersals*, American Geographical Society, Cambridge (MA), 1952.

㊲ Comas, I., Coscolla, M. and Luo, T., et al., Out-of-Africa migration and Neolithic coexpansion of Mycobacterium tuberculosis with modern humans, *Nature Genetics*, 2013, 45(10): 1176-1182.

㊳ Rasteiro, R. and Chikhi, L., Female and male perspectives on the Neolithic transition in Europe: Clues from ancient and modern genetic data, *Plos One*, 2013, 8(4): e60944.

㊴ Sikora, M. J., Colonna, V. and Xue, Y., et al., Modeling the contrasting Neolithic male lineage expansions in Europe and Africa, *Investigative Genetics*, 2013, 4(1): 25.

㊵ Balaresque, P., Poulet, N. and Cussat-Blanc, S., et al., Y-chromosome descent clusters and male differential reproductive success: Young lineage expansions dominate Asian pastoral nomadic populations, *European Journal of Human Genetics*, 2015, 23(10): 1413.

㊶ Pagel, M., Human language as a culturally transmitted replicator, *Nature Reviews Genetics*, 2009, 10(6): 405-415.

㊷ Poloni, E. S., Semino, O. and Passarino, G., et al., Human genetic affinities for Y-chromosome P49a,f/TaqI haplotypes show strong correspondence with linguistics, *American Journal of Human Genetics*, 1997, 61(5): 1015-1035.

㊸ Kemp, B. M., González-Oliver, A. and Malhi, R. S., et al., Evaluating the farming/language dispersal hypothesis with genetic variation exhibited by populations in the Southwest and Mesoamerica, *Proceedings of the National Academy of Sciences of the United States of America*, 2010, 107(15): 6759-6764.

㊹ Forster, P. and Renfrew, C., Evolution. Mother tongue and Y chromosomes, *Science*, 2011, 333(6048): 1390.

㊺ Wen, B., Li, H. and Song, X., et al., Genetic evidence supports demic diffusion of Han culture, *Nature*, 2004, 431(7006): 302-305.

㊻ Kumar, V., Reddy, A. N. and Babu, J. P., et al., Y-chromosome evidence suggests a common paternal heritage of Austro-Asiatic populations, *BMC Evolutionary Biology*, 2007, 7(1): 47.

㊼ Cai, X., Qin, Z. and Wen, B., et al., Human migration through bottlenecks from Southeast Asia into East Asia during Last Glacial Maximum revealed by Y chromosomes, *Plos One*, 2011, 6(8): e24282.

㊽ Li, H., Wen, B. and Chen, S. J., et al., Paternal genetic affinity between Western Austronesians and Daic Populations, *BMC Evolutionary Biology*, 2008, 8(1): 146.

㊽ Lappalainen, T., Koivumäki, S. and Salmela, E., et al., Regional differences among the Finns: a Y-chromosomal perspective, Gene, 2006, 376 (2): 207-215.

㊾ Lu, Y., Cai, X. and Li, H., Genetic affinity between the Hmong-Mien and Mon-Khmer populations, COM. on C. A., 2011, 5, p. e36.

㊿ Shi, H., Qi, X. and Zhong, H., et al., Genetic evidence of an East Asian origin and paleolithic northward migration of Y-chromosome Haplogroup N, Plos One, 2013, 8(6): e66102.

○52 Hu, K., Yan, S. and Liu, K., et al., The dichotomy structure of Y chromosome haplogroup N, 2015, arXiv: 1504.06463.

○53 Lell, J. T., Sukernik, R. I. and Starikovskaya, Y. B., et al., The dual origin and siberian affinities of native American Y chromosomes, American Journal of Human Genetics, 2002, 70(1): 192.

○54 Dulik, M. C., Zhadanov, S. I. and Osipova, L. P., et al., Mitochondrial DNA and Y chromosome variation provides evidence for a recent common ancestry between native Americans and indigenous Altaians, American Journal of Human Genetics, 2012, 90(2): 229-246.

○55 Flegontov, P., Changmai, P. and Zidkova, A., et al., Genomic study of the ket: A Paleo-Eskimo-related ethnic group with significant ancient North Eurasian ancestry, Scientific Reports, 2015, 6(7): 20768.

○56 Zhu, X., Phonation as the phonetic cause of tonogenesis, Annali Di Ostetricia Ginecologia Medicina Perinatale, 2012, 93(10): 29112-29122.

○57 Li, H., Huang, Y. and Mustavich, L. F., et al., Y chromosomes of prehistoric people along the Yangtze River, Human Genetics, 2007, 122 (3): 383-388.

○58 Cui, Y., Li, H. and Ning, C., et al., Y chromosome analysis of prehistoric human populations in the West Liao River valley, Northeast China, BMC Evolutionary Biology, 2013, 13(1): 216.

○59 Yu, D., Chunxiang, L. and Fengshi, L., et al., Low mitochondrial DNA diversity in an ancient population from China: Insight into social organization at the Fujia Site, Human Biology, 2008, 87(1): 71.

○60 Kayser, M., Choi, Y. and Van, O. M., et al., The Impact of the

Austronesian expansion: Evidence from mtDNA and Y chromosome diversity in the admiralty islands of Melanesia, *Molecular Biology & Evolution*, 2008, 25(7): 1362.

(61) Shi, H. and Al, E., Y-chromosome evidence of southern origin of the east Asian-specific haplogroup O3 – M122, *American Journal of Human Genetics*, 2005, 77(3): 408–419.

(62) Zhao, Z., New archaeobotanic data for the study of the origins of agriculture in China, *Current Anthropology*, 2011, 52(S4): S295–S306.

（作者：文少卿，复旦大学文物与博物馆学系/科技考古研究院，青年副研究员）

新疆奇台石城子汉代城址出土建筑材料的植物考古研究

生膨菲

一、引　　言

两汉时期,汉朝在西域地区长期实行移民实边、修筑屯城、发展屯田的战略,对古代西域的农业经济与城市发展产生了积极的推动作用[①]。但学界对新疆汉代城址的考古学研究仍相对薄弱。奇台石城子遗址是目前新疆地区唯一经系统田野考古发掘确认的汉代城址(图1),2013年被公布为第七批全国重点文物保护单位,2020年荣获"2019年度全国十大考古新发现"。该遗址地处东天山北麓的奇台县半截沟镇麻沟梁村(北纬43°36′59.1″,东经89°45′43.2″,海拔1 770米),周围自然景观的垂直地带分异明显,形成了以麦类作物种植为特色的旱作农业系统(图2),2015年被农业部正式命名为"中国重要农业文化遗产"。自2014年开始新疆文物考古研究所对石城子遗址进行了连续多年的田野考古发掘工作[②]。发现的大量具有汉文化风格的青瓦、瓦当、陶器,以及汉五铢钱、夯筑城墙、城门、房址、陶窑和墓葬等遗迹、遗物,具有新疆地区汉代考古学文化的标尺意义[③]。在本研究中,我们对石城子2018年考古发掘确认的唯一一处城门附近墙面上发现的建筑材料——草拌泥,开展植物考古研究,尝试探讨汉代戍卒在修筑或维护城墙时使用的草拌泥中选择了什么植物作为掺合料及其选择策略。

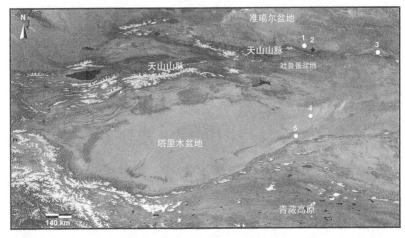

图1 本文涉及遗址点位置示意图,1) 桦树窝子、小西沟,2) 石城子,3) 石人子沟,4) 楼兰古城,5) 米兰古城。

图2 石城子遗址附近的景观(自北向南拍摄,远处为天山山脉)

二、材料与方法

本文分析的考古样品是在2018年石城子遗址田野考古发掘过程中使用针对性采样法在外城西墙中段城门附近墙体上采集的四个草拌泥块,具体信息见表1和图3。我们在遗址现场收集完毕用于进一步植硅体分析的样品后,将剩余部分样品使用小水桶浮选法进行了浮选工作。将所得的轻、重浮物阴干后带回复旦大学科技考古研究院植物考古实验室进行大植物遗存研究。在实验室内,我们首先去除轻浮物中的现代杂质,将可鉴定的木炭、蜗牛化石与炭化植物种子分开,使用标准筛将炭化植物样品筛分开,将分组后的样品放置于体视显微镜下进行观察。依据植物种子鉴定图鉴和实验室收藏的现代植物种子标本对大植物遗存开展种属鉴定工作④。最后,对各类炭化植物种子进行统计分析并进行拍照。

表1　石城子遗址植物浮选结果⑦

样品考古背景	浮选样品类型	浮选量（升）	青稞	小麦	黍	麦仁珠	苋科	未知	总计
2018T63⑩层	草拌泥	0.5	10	5	1		1		17
2018T66⑪层	草拌泥	2.5	16						16
2018T63⑨层	草拌泥	2	2		2	1	2	3	10
2018T67	草拌泥	2	10						10

我们选择石城子遗址城门南墙上的一份草拌泥样品(编号:2018T66⑪层),进行了植硅体分析工作。植硅体的提取采用常规重液浮选法。首先称取5克完全干燥的土样,碾碎,放置于45毫升离心管内。加入30%双氧水以去除有机质,水浴加热约30分

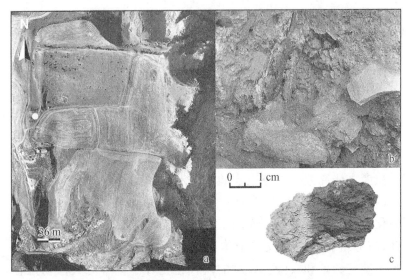

图3 a）石城子汉代城址及采样地点（圆点），b）T66内城门南墙上的草拌泥与白灰皮，c）石城子草拌泥样品。

钟，加纯水清洗震荡离心三次。把清液倒掉，加稀盐酸（10%HCL）后煮沸，去除铁、钙等矿物质。冷却加入纯水离心三次，洗净盐酸。再加入5%六偏酸钠溶液振荡，反应约半小时。然后，加入纯水离心三次洗净。加入重液溴化锌，其比重约为2.35，震荡，再用离心机离心一次，将上层物质，即提取出的植硅体，转移至15毫升小试管中，清洗后使用加拿大树胶制片。最后将样品放置于生物显微镜（200×和500×）下观察、鉴定，并统计数量。样品随机选择500粒的植硅体作为该样品植硅体统计总量标准。植硅体的形态分类参照温昌辉等学者在论文中介绍的分类标准和命名规则[⑤]。

为了确定草拌泥中保留下的植物遗存的绝对年代，我们还选择在进行了植硅体分析的草拌泥样品中发现的炭化青稞种子进行^{14}C测年。该样品被送往美国BETA实验室进行测年工作。所有获得的年代结果使用校正曲线 IntCal 20⑥,和 OxCal v4.4（https://c14.arch.ox.ac.uk/oxcal/OxCal.html）系统校正,结果数值精确到 5。测年样品的具体信息见表 2。

三、研究结果

^{14}C 测年

石城子遗址外城西墙中段城门附近发现的草拌泥块中浮选出土青稞种子的^{14}C 测年结果如表 2 所示,经树轮校正后的绝对年代范围是公元 55—215 年（2σ,92.92%）。可以明确该草拌泥块中掺入的青稞植物残骸的年代应为东汉时期。

表 2　石城子草拌泥块中出土炭化农作物种子^{14}C 测年结果

实验室编号	测年材料	出土背景	测试结果 ^{14}C years BP	校正结果 cal. years BC/AD （2σ - range）
Beta - 505339	青稞种子	2018T66⑪层	1910±30	24~45 AD（2.47） 55~215 AD（92.92）

植物浮选

四份草拌泥样品经水洗浮选共获得 53 粒炭化植物种子,具体信息如表 1 所示。其中,共鉴定出 3 种农作物,分别为青稞、小麦和黍（图 4：a,b,c）。具体来说,炭化青稞种子共发现 38 粒,种子顶端较平,背腹略扁,有明显的腹沟,纵贯种子全长,果实裸露；炭化小麦种子共发现 5 粒,颖果长卵形,背部圆凸,腹面有明显的纵沟,近直；炭化黍种子共发现 3 粒,种子形状圆球形,背部较鼓,胚部较短,胚区长占种子长度的 1/2,炭化爆裂后呈 V 状。另外,我们还发现少量麦仁珠和苋科的植物种子（图 4：d,e）,以及未鉴定出种属的植物种子（图 4：f）。除此之外,我们在草拌泥块中还发现了较多炭化植物茎秆遗存（图 3：c）。

图4 石城子出土炭化植物种子：a) 青稞(*Hordeum vulgare* var. *Coeleste*)，b) 小麦(*Triticum aestivum*)，c) 黍(*Panicum miliaceum*)，d) 麦仁珠(*Galium* cf. *tricorne*)，e) 苋科(Amaranthaceae)，f) 未知，比例尺=1 mm。

植硅体分析

本研究中，我们观察鉴定了一份草拌泥样品中保存的植硅体形态，其他三份样品与被观察的样品在遗址的空间分布上接近，应与被观察样品的情况接近，具体情况留待今后进一步观察鉴定予以确认。我们在此次分析的草拌泥样品中实验提取出的植硅体类型主要包括：平滑棒型367个、突起棒型37个、刺状棒型20个、尖型11个、帽型65个、齿型4个、扇型5个、竹扇型3个、哑铃型1个、长鞍型5个，以及4个木本型等，主要的植硅体形态如图5所示。另外，还发现2个导管和1个海绵骨针。

四、讨 论

奇台石城子汉代城址所处的天山北麓地区在两汉时期属于车师后部,是汉匈反复争夺的焦点地带。据《汉书》记载,公元前60年汉朝西域都护府建立,汉军顺利挺进天山以北地区,至公元前48年西汉政府又在车师地区设置戊己校尉专门负责屯田事务[8]。2018年我们在石城子遗址西墙南段汉代踩踏面上浮选发现了相当数量的炭化青稞和小麦种子,在对其进行^{14}C测年后的结果显示石城子的汉代屯田活动可能追溯至西汉晚期,并延续至东汉时期,与文献记载基本相符[9]。新莽时期(公元9年—23年),西域与中原王朝联系断绝,至东汉时期(公元25年—220年),中原与西域的联系虽先后经历了"三绝三通"[10],但天山南北的屯城建设和屯田经济在此过程中获得稳步发展[11]。由于在墙体涂抹草拌泥可以有效增加其坚固性,因此是一种古代西域常见的墙体修筑与维护的方法,在南疆汉晋时期的楼兰古城、米兰古城等遗址均有考古发现[12]。根据考古发现和历史文献记载,发掘者和一些学者推测石城子城址为东汉永平十七年(公元75年)戊己校尉耿恭驻守过的疏勒城遗址[13]。这里曾发生过著名的"疏勒城保卫战",耿恭率数百将士据守疏勒城抗击匈奴。我们在石城子外城西墙中段城门附近的草拌泥样品中发现的炭化青稞种子的^{14}C测年结果经树轮校正后为公元55年—215年(2σ),结合新的考古发现,我们推测2018年石城子遗址发现的城门应是东汉时期戍卒为了对抗匈奴对城门加固维护、战斗使用后废弃的结果。

石城子遗址四份草拌泥样品中浮选出土的炭化种子数量表明,青稞占比最大,兼有小麦、黍和其他杂草。根据草拌泥样品的植硅体分析结果,我们发现其中以早熟禾亚科为主要优势种,存在大量的刺棒状长细胞、表皮毛、表皮中的帽型短细胞等,还存在代表大麦或小麦稃片的带有乳突的长细胞植硅体(见图5)。一般来说,由于大麦

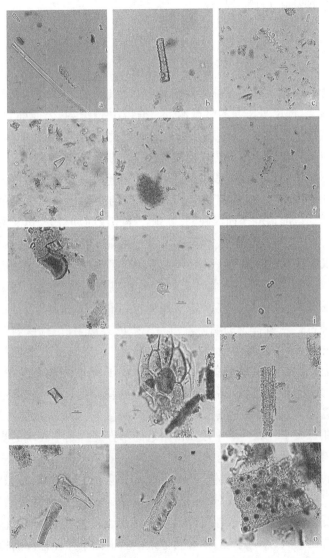

图 5 石城子草拌泥样品代表植硅体类型：a) 平滑棒型，b) 突起棒型，c) 刺状棒型，d) 尖型，e) 帽型，f) 齿形，g) 扇形，h) 竹扇型，i) 哑铃型，j) 长鞍型，k) 木本型，l) 刺棒状长细胞，m) 表皮毛，n) 表皮中的帽型短细胞，o) 带有乳突的长细胞植硅体，比例尺 = 20 μm。

和小麦稃片植硅体在形态上较难以区分，单纯依靠植硅体不能确定具体种类，但结合之前同一样品出土炭化种子的鉴定结果，我们推测草拌泥中这些大麦或小麦稃片植硅体大概率来自大麦，更进一步地说应该就是来自青稞。另外，在草拌泥样品中还存在少量黍亚科哑铃型植硅体，指示了粟黍农业的存在，我们在相同的草拌泥样品中还发现了少量炭化黍的种子，进一步可以明确黍作农业的存在。除此之外，在草拌泥块中，我们还发现少量竹扇型和木本型植硅体，显示了植物掺合料来源的多样化。现今竹亚科的自然分布主要位于热带、亚热带和暖温带地区，我们在北疆地区石城子遗址草拌泥中发现了竹扇型植硅体，指示先民可能使用了竹亚科植物，但其来源和背后的历史需要今后进一步的研究来予以解答。总之，我们对草拌泥的植硅体和大植物遗存分析结果表明麦类作物在石城子草拌泥植物掺合料中所占比重最大，还有少量黍和其他植物。考虑到在草拌泥样品中炭化农作物种子与较多炭化植物茎秆同出，同时在草拌泥样品中也发现了较多麦类作物稃片植硅体，我们推测这些作为掺合料使用的农作物应当为本地种植。石城子汉代屯田农业活动主要以栽培青稞为主，兼有少量小麦和小米的种植，结合该遗址发现有大量绵羊、山羊、黄牛、马，以及驴、骆驼和狗等家畜骨骼[14]，反映了石城子汉代屯田农业经济的发达。农作物秸秆是一种方便易得的草拌泥掺合料，因而在石城子汉代戍卒修筑或维护城墙时获得青睐。

在利用大植物遗存和植硅体分析结果基本确定了石城子草拌泥植物掺合料中的植物种类和大致比例之后，我们关心的另一个问题是石城子戍卒对草拌泥中掺合料的选择与古代新疆地区其他人群的同类选择相比是否存在差异。欲探讨这个问题，我们认为需要将石城子草拌泥中的植物考古发现与新疆其他遗址类似样品的植物考古发现展开共时性与历时性的对比分析。因为目前新疆汉代城址的植物研究资料相对较少，我们选择了南疆地区汉晋时期的代表性城址——楼兰（图1：4）和米兰（图1：5），以及位于石城子遗址附近东天山地区早铁器时代的石人子沟遗址（图1：3）的植物考古发现与石城子的发现进行比较分析。根据侯灿[15]、张建平[16]等学者对楼兰和米兰建筑遗迹中发现的大植物遗存和植硅体的分析结果,我们发现在楼兰和米兰发现的农作物遗存以耐旱喜温的黍为主,也发现有少量的小麦、粟和青稞的植物遗存。除此之外,还发现相当数量来自芦苇、早熟禾亚科和木本等植物的植硅体和少量硅藻。然而,石城子遗址发现的大植物遗存揭示当地农业是以喜凉作物青稞为主,而且植硅体分析的结果显示了禾亚科在冷凉环境中生产的棒型、帽型和尖型植硅体大量存在。青稞由于耐寒的特性,特别适合在高纬度或高海拔地区生长。可见,石城子汉代戍卒在天山北麓发展以栽培青稞为主的屯田农业生产正是适应当地冷凉气候的产物。在石城子外城西墙中段草拌泥样品中发现了相同的以青稞植物遗存为主的大植物和植硅体分析结果,正说明了汉代居民在草拌泥植物掺合料的选择中很好地采取了因地制宜的策略。

根据2017年田多等学者对东天山地区的早铁器时代石人沟遗址开展大植物遗存研究[17],我们发现早于汉代的石人子沟农牧混合人群在当地农业生产也采取了以耐寒的青稞种植为主,兼种少量小米的生产策略。参考马志坤等学者对石人子沟遗址夯筑储粮坑底部板结土的植硅体分析结果[18],显示冷凉环境中禾亚科产生的棒型、帽型和齿形植硅体类型占据主体。与石城子草拌泥块的植硅体分析结果相似,可见天山北麓大致相似的自然气候条件决定了汉代戍卒与这一地区早铁器时代农牧混合人群采取了十分近似的环境适应策略。不过我们还发现在石城子遗址中,无论是在汉代文化层中,还是在此次西墙中段城门处的草拌泥块中,均发现有炭化小麦的种子,而这是石人子沟遗址未出现的情况。一般来说,小麦相比于青稞不耐霜冻[19],生长环境需要更好的水热条件,这从一个侧面反映汉代天山北麓地区的自然环境相较于之前可能转好。基于石城子与石人子沟遗址的植硅体分析结果的对比,我们发现禾亚科在天山北麓冷凉环境背景下生产的植硅体类型的百分比由之前的98%~99%,在两汉时期下降至96%。同时在暖湿环境中常见的扇形、竹扇型、木本型植硅体,以及导管和海绵骨针也发现于石城子草拌泥样品中。这些提供了汉代东天山北麓的自然环境较铁器时代相对暖湿的新证据。

2006年张芸等学者对奇台附近的天山北麓吉木萨尔泉水乡桦树窝子和小西沟(图1:1)两个地点地层剖面的花粉分析结果,显示天山北麓附近地区的自然植被由距今2 000年前的荒漠草原转变为距今2 000—1 300年时环境较优的草原植被,水热条件明显转好[20]。基于以上考虑,我们认为石城子汉代戍卒应该为了充分实现"尽地力"来维持生计的根本目标,在天山北麓自然环境状况改善的大背景下,形成了更加多样化的农业生产策略。而我们此次对石城子遗址城门墙面草拌泥块掺合料的植物考古发现正是汉代戍卒在古代西域屯田生活中物尽其用的直接反映。

五、结　　论

新疆奇台石城子遗址汉代屯田活动形成了以栽培青稞为主,兼种小麦和小米的农业生产类型。本研究通过对2018年石城子外城西墙中段城门墙面出土的四块草拌泥样品的大植物遗存分析,以及其中一份草拌泥样品的植硅体分析,揭示了汉代戍卒在修筑或维护城墙墙体的过程中对草拌泥植物掺合料的选择明显受到当地农业生产的影响,形成了因地制宜、物尽其用的屯田生活策略。本文仅是利用植物考古方法对石城子遗址出土草拌泥样品的初步研究,引发出的新问题仍需更多的研究予以明确解答。例如,在石城子草拌泥块样品中发现的竹扇型植硅体究竟来源于何处,还需要结合其他科学技术方法和新的植物考古资料予以深入探讨。

---

① 张安福、田海峰:《城址遗存与汉代西域屯城布局》,《中国历史地理论丛》,2015年第3期。

② 田小红、吴勇、多斯江、张树春、陈新儒:《新疆奇台石城子遗址2016年发

掘简报》,《文物》,2018年第5期。

③ 田小红、冯志东、吴勇:《新疆奇台县石城子遗址2018年发掘简报》,《考古》,2020年第12期。

④ 刘长江、靳桂云、孔昭宸:《植物考古:种子和果实研究》,科学出版社,2008年。赵志军:《植物考古学:理论、方法和实践》,科学出版社,2010年。

⑤ 温昌辉、吕厚远、左昕昕、葛勇:《表土植硅体研究进展》,《中国科学:地球科学》,2018年第9期。

⑥ Reimer, P., Austin, W., et al., The IntCal20 Northern Hemisphere radiocarbon age calibration curve (0-55 cal kBP), *Radiocarbon*, 2020, 62(4): 725-757.

⑦ Sheng, P., Storozum, M., Tian, X. and Wu, Y., Foodways on the Han dynasty's western frontier: Archeobotanical and isotopic investigations at Shichengzi, Xinjiang, China, *The Holocene*, 2020, 30(8): 1174-1185.

⑧ 〔汉〕班固:《汉书》卷十九上《百官公卿表》,中华书局,1962年。〔汉〕班固:《汉书》卷九十六下《西域传》,中华书局,1962年。

⑨ 同⑦。

⑩ 〔汉〕范晔:《后汉书》卷八十八《西域传》,中华书局,1962年。

⑪ 陈连庆:《东汉的屯田制》,《东北师范大学科学集刊》,1957年第3期。

⑫ Zhang, J., Lu, H., Wu, N., Qin, X. and Wang, L., Palaeoenvironment and agriculture of ancient Loulan and Milan on the Silk Road, *The Holocene*, 2013, 23(2): 208-217.

⑬ 同③。

⑭ 董宁宁、孙晨、田小红、吴勇、袁靖:《新疆奇台石城子遗址的动物资源利用》,《西域研究》,2021年,待刊。

⑮ 侯灿:《楼兰出土糜子、大麦及珍贵的小麦花》,《农业考古》,1985年第2期。

⑯ 同⑫。

⑰ Tian, D., Ma, J., Wang, J., Pilgram, T., Zhao, Z. and Liu, X., Cultivation of Naked Barley by Early Iron Age Agro-pastoralists in Xinjiang, China, *Environmental Archaeology*, 2017, 23(4): 416-425.

⑱ 马志坤、刘舒、任萌、郇秀佳、习通源、王建新、马健:《新疆东天山地区巴里坤石人子沟遗址储粮坑分析》,《第四纪研究》,2021年第1期。

⑲ Guedes, Jade D'Alpoim, et al., Moving agriculture onto the Tibetan plateau: the archaeobotanical evidence, *Archaeological and Anthropological Sciences*, 2014, 6: 255-269.
⑳ 张芸、孔昭宸、阎顺、杨振京、倪健:《天山北坡晚全新世云杉林线变化和古环境特征》,《科学通报》,2006年第12期。

(作者:生膨菲,复旦大学文物与博物馆学系/科技考古研究院,青年副研究员)

中国瑞香科皮料手工造纸现状

赵汝轩

我国传统手工纸历史悠久,其原料自最初记载的渔网、破布始,发展到后来的麻、皮、竹、草等,可谓各有千秋。以植物韧皮部纤维为原料的皮纸,以坚韧耐久著称。这类皮料来源多样,如最常用的为桑科(Moraceae)的构树和桑树,以及现今著名的宣纸原料榆科(Ulmaceae)青檀树。此外,在古今众多皮纸中,香皮纸、三桠皮纸、雁皮纸、藏纸、东巴纸等,遍布我国南方各地,其原料都来自瑞香科(Thymelaeaceae)植物。

瑞香科植物为落叶或常绿灌木或小乔木、稀草本,茎通常具韧皮纤维,可用于造纸。我国有10属100种左右瑞香科植物,各省均有分布,但主产于长江流域及以南地区[①]。有古籍文字记录,也有出土古纸可以证明,瑞香皮料曾用于制作手工纸,现今瑞香皮纸已鲜有之。瑞香皮料与构皮、桑皮相比,纤维稍细短,有的含有特殊物质,在坚韧的基础上,质感更加细腻;有的具有特殊光泽,有的防虫鼠啃咬,在皮纸中别具一格。瑞香类韧皮是一类值得注意与研究的高级手工皮纸原料。

古代文献记载,瑞香科植物多为观赏之用或药用。相关手工纸中,最早出现的应为"香皮纸",唐代古籍对这种"灰白色,有纹如鱼子"[②]的纸张有所提及,产地为广东东莞;也有记载这种纸张为大秦贡品[③],原料推测为沉香属(Aquilaria)植物,至民国"所出稀矣"[④]。历史上用于抄书、衬书、做灯罩,曾经广泛流传。但现已失传,制法不详。

表 1　瑞香科造纸植物及对应手工纸

瑞香科 (Thymelaeaceae)	沉香属（Aquilaria）	香皮纸（失传）	
	狼毒属（Stellera）	藏纸（尼木、德格、囊谦等地）	
	瑞香属（Daphne）	藏纸（墨竹工卡、金东、枪朵等地）	蜡纸纸坯
	结香属（Edgeworthia）		雪花皮纸、白绵纸、参皮纸、三桠皮纸、蜡纸纸坯等
	荛花属（Wikstroemia）		东巴纸、雁皮纸、蜡纸纸坯等

出土古纸的原料则涉及瑞香属（Daphne）[⑤]、狼毒属（Stellera）[⑥]、荛花属（Wikstroemia）[⑦]，从八世纪至明清，主要来自于藏纸与东巴纸。时至今日，这两类纸张仍以较原始的面貌传承于我国西南地区，如西藏、青海、四川、云南。

结香属（Edgeworthia）植物用于造纸，主要分布于浙江、安徽、湖南等地，据文字记录或造纸人代代相传，其历史自明代始。十九世纪末始受日本手工造纸与新崛起的蜡纸影响，结香、荛花树皮作为造纸原料有过短暂的繁荣时期，一度被作为经济作物栽培。

从流传地域来看，东南与西南地区的瑞香皮纸分属不同脉络。2018—2020 年期间，笔者对现有造纸点进行了实地考察或造纸人访谈，调研中发现这两大区块的原料、制浆、抄纸环节有着不同之处，而云南地区的某些造纸技艺则有两相融合之特点。

一、西南地区——藏纸与东巴纸

藏纸是藏族特有的手工纸，东巴纸是云南纳西族特有的手工纸。此两类手工纸都与民族信仰关系密切，纳西族人信奉的东巴教与所用东巴纸同时受到藏、汉两族的影响。藏纸与东巴纸类似，均厚实坚韧，以防虫耐久著称，有的种类纸面留有纤维束，制作技艺也有相通之处。

藏族主要生活于我国西藏、云南、青海、四川、甘肃等地。各地藏区造纸传统开端有所不同,根据造纸人描述,有自八世纪始,也有自十一世纪左右始,用于公文、经书、纸币、习字等。前人记载的藏纸原料众多,除了狼毒草,还有瑞香、沉香、白芷叶、灯台树[⑧]等植物。但调查发现,藏文与汉文植物名称难以对应,除狼毒外的树皮类原料实难认定。现今在西藏,拉萨以东的造纸点多用树皮,中外学者大多认为这种树皮来自瑞香科树木(瑞香属、荛花属或结香属)。2020年笔者赴墨竹工卡县调查,造纸人曲央介绍,他的原料来自于"纸树"(藏文意译),林芝市金东乡使用的同种植物是一种开黄色小花的树木。而用狼毒草造纸的地点更多,现有西藏尼木县,四川德格、阿坝,青海囊谦县等地。云南迪庆枪朵村的藏纸同时使用狼毒草与荛花。

调查发现,青海玉树市囊谦县与西藏拉萨市尼木县的狼毒藏纸都有着悠久的历史,以前村内多户人家造纸,现在仅存唯一家族传承造纸技艺,但有帮工或徒弟。这两地的藏纸以原出产地命名,即囊谦"香达藏纸"与尼木"雪拉藏纸";产量不大,其原料多为亲自采挖或收购而来。

图1　狼毒根(囊谦,2020年拍摄)

图2　纸槽与固定式纸帘
　　　(尼木,2020年拍摄)

主要流程有:挖根、清洗、剥皮、煮料、打浆、浇纸、晒纸、揭纸。造纸需狼毒根部黑皮以内、木芯以外的白色韧皮部分,因此将草根挖出后,需要清洗、砸烂、去除木芯、刮去黑皮、撕条拣选白皮,处理步骤较为繁琐。尼木造纸厂有专人负责备料。煮料时,一般加入土碱等,但囊谦造纸人阿多直接用水煮料。狼毒的毒性在剥皮和煮料阶段都会显现,造纸人易出现过敏现象。之后的打浆步骤中,多数藏纸造纸点将捶打后的纸浆放入搅拌酥油茶用的木桶中分散均匀,但尼木会使用陶罐与带有四叶的木棒。藏纸均使用固定纸帘浇纸,早先多在地坑浅滩中浇纸,现在尼木使用约60厘米高的铁皮纸槽。浇纸法为一帘一纸,湿纸浇好后,直接在纸帘上晾晒至干燥,揭纸后纸帘再度用于浇纸。藏纸大多用石块、玛瑙打磨加工,有的被染成深色用金汁写经。

图3 野生荛花(枪朵,2018年拍摄)

图4 铁锅、酥油桶、木框竹帘、荛花白皮(枪朵,2018年拍摄)

云南迪庆香格里拉县尼西乡枪朵村也有藏纸制造传统,2018年笔者于云南考察时,村内已无人造纸,仅采访到曾经参与造纸的藏族老人知古。2020年有报道称当地再度进行了造纸活动。传统上,所造之纸贩卖给附近寺庙,用于书写、抄经、糊墙,被称为"龙巴藏纸"。枪朵使用当地山中野生的荛花与狼毒两种原料,用荛花茎干的白皮制作白色纸，用狼毒根皮制作黄色纸；造纸方法相同，因为皮料颜色不同，两种纸张颜色有差异。也有调查说不同纸张为两种原料等量混合而成⑨。

造纸过程大致有：砍皮、撕条、煮料、清洗、打浆、浇纸、晒纸、裁剪。刮皮后，将皮料撕成细条在锅里用麦烧灰（现在用苏打）进行煮料。清洗后在石臼（用于捣烂）、"茶滤子"（即酥油桶，用于分散）中打浆。在铁或木纸槽中，将纸浆浇入用竹编纸帘铺底的木框里（不用纸药），使之分散均匀，之后将木框提起，纸帘取出反贴于木板上，压平去水，晒干或阴干。成纸不经打磨，但会用藏族削刀四边裁剪整齐。

学界多认为东巴纸自明代始。历史上，香格里拉县三坝乡白地村是纳西族有名的宗教圣地。在村落周围的山中生长有大量野生荛花植株，被当地人用以制作东巴纸，采集到的原料为澜沧荛花。现今东巴纸的需求与产量显著下降，无原料短缺问题，造纸人根据需要上山砍皮。荛花与狼毒一样，有轻微毒性，接触手指会发痒、起水泡。东巴纸的防虫耐久被认为来源其毒性。

白地东巴纸的造纸基本流程有：砍皮、剥皮、煮料、清洗拣选、打浆、浇纸、晒纸。砍皮时，选取粗细适宜的荛花枝条，趁新鲜可直接剥离木芯、削去黑皮。以柴火烧灶，加灶灰铁锅煮料。然后使用木槌在石板上手工捶打皮料。浇纸在砌于墙边的砖石纸槽中进行，使用有一定深度的木框加上移动竹帘，浇浆后提起，湿纸从竹帘覆帘转移至木板上晾晒，纸张干燥后揭下。云南其他地方的东巴纸有时还有砑光步骤，学者认为白地保留的东巴纸技艺可能更为原始⑩。

西南少数民族的瑞香手工纸以煮料制作，加热时间较短，一般3—4小时。藏纸与汉族手工纸制作相比，最具特色的为浇纸法，造纸时不用纸药均匀倒入纸浆，从纸槽中提起固定式纸帘后，需要斜立晾晒纸张，晒干后才能再次使用纸帘；而云南的藏纸与东巴纸增加了覆帘步骤，虽然也是单张晒干，但需要的是多块木板，可卷曲的活动式宽竹帘则能够连续反复使用，有学者称之为"浇捞结合"。与书

图5 野生荛花(白地,2018年拍摄)

图6 纸槽与纸帘(白地,2018年拍摄)

写工具竹笔有关,藏纸与东巴纸大多较厚(尼木、墨竹工卡现有薄型纸品),有些地区制作的纸张纸面粗糙,有杂质或未分散的纤维束,干燥后多有砑光步骤,不漂白,纸张普遍呈浅黄色,以树皮为原料的藏纸比狼毒藏纸稍白而精细。目前几个造纸点由于需求量不大,仍然以传统的方式造纸,煮料、浇纸、晒纸的方法都使成纸效率较低,但制作精细的品类价格可达每张100元以上。

二、东南地区——湖南雪花皮纸

东南地区可追溯的瑞香皮纸出现稍晚,除了失传的香皮纸,现今多以结香造纸,少数也用荛花。中国传统中,结香是观赏植物,荛花为药用植物,两者并非主流造纸原料,文字记录稀少,明代方以智提出过其家乡安徽桐城用结香造纸[1]。现今浙江龙游、丽水,湖南邵阳、桂东,安徽泾县等地还有造纸人以结香为原料。在古籍中,结香亦有百结瑞、打结花之称。十九世纪末,由于日本纸输入与蜡纸兴起的影响,"结香"和"荛花"以"三桠""雁皮"之名引起国内造纸行业重视。二十世纪的记录中此二种纸俗名众多,各地不同,前者有黄瑞香、三叉、三丫、山桠、睡香等称呼,后者多被称为山棉皮、金腰带等,也有地方称所有造纸树皮都为"构""榖""楮"。

"结香"和"荛花"很少出现在纸名中,因此难以追溯其清晰的脉络。

这里以湖南的雪花皮纸为例,介绍东南汉族地区的结香纸。湖南称结香树为"雪花树"或"雪里开",其皮造纸,人称"雪花皮",所造纸张为"雪花皮纸",在清晚期县志中出现[12]。据湖南郴州市桂东县沤江镇大洞村造纸人王寅辰介绍,村民明末清初即从江西迁往湖南,开始造纸。1930年左右的湖南造纸调查载[13],结香树有人工栽培,湖南某些地县一直有纯料或混料雪花皮纸出产,主要用于包装、生活、火炮引线等。2019年笔者在邵阳市隆回县麻塘山乡八角楼村调研发现,现今雪花皮纸生产因需求量少,每年间或按需生产,造纸人更多时候在抄造混有很少量雪花皮的迷信纸。以往人工种植的结香树现已成为野生植株,因为纸张产量极少,也不需人工栽培。

制作纯雪花皮纸的工艺步骤主要有:砍皮、清水蒸、去黑皮、石灰浸沤、蒸料、漂洗、打浆、抄造、晒纸。打浆仍使用木锤手打(会用荷兰式打浆机制作迷信纸);抄纸使用滑水,用移动式的竹帘单人抄纸;掺料迷信纸自然晾干,纯雪花皮纸用石灰焙纸墙烘干。造纸人生产的质量最好的纯雪花皮纸轻薄、细腻,未经漂白因此颜色偏黄,杂质较少,一面有光泽感,帘纹明显。此外还生产天然井水漂白的纯雪花皮纸、桑皮混料纸、低档迷信纸等,也曾为故宫博物院定制过修复用纸。桂东大洞村的雪花皮纸与八角楼村造纸流程基本一致;打浆工具略有不同,为竹刀(短竹竿纵向剖开制成的工具);上墙、焙纸、晾晒等干燥方法都会使用。其产品为纯料纸,纸幅较小,不经漂白,轻薄偏黄。

浙江的结香称为山桠。据丽水市松阳县李坑村造纸人周芳娣(2020年访谈)称,其造纸技术为家传,自明代始,如今为第九代。松阳县曾经与附近的遂昌县合并,相关农林文献记载,从20世纪至今,结香树为遂昌的重要经济树种。李坑结香纸的原料为当地采购,目前纸张产量小,生产流程与雪花皮纸类似,选取三年生左右的结香

图 7　雪花树（八角楼，2019 年拍摄）　　图 8　蒸锅（八角楼，2019 年拍摄）

皮处理，石灰腌制后蒸料 1—2 次，单人抄纸，使用天然胶水，打浆工具为竹条。纸幅同样较小，为纯料，不经漂白，自然晒干（若产量大，也会使用焙纸墙）。纸张轻薄偏黄。李坑所产结香纸现与旅游、民宿结合，作为伴手礼出售。此外，浙江著名的龙游皮纸中的某些种类也掺入三桠皮、雁皮，产量较大，由传承人万爱珠创办的公司运营纸品生产。

　　安徽宣城市泾县是宣纸的产地，同样也有一些宣纸厂生产三桠皮纸进行售卖。笔者经与其中的周鸿昌宣纸厂交流后发现，纸厂传统为石灰腌沤蒸料，但现今均因环保要求而直接购置熟皮。皮料来源有安徽霍山、岳西、浙江遂昌以及东南亚国家。周鸿昌宣纸厂售卖的三桠、雁皮纸均为混料，有漂白流程，也可根据定制进行天然日光漂白。其纸品非常轻薄均匀、帘纹细密，有的呈半透明。

　　东南地区的瑞香皮纸均由石灰腌浸后蒸料制浆，蒸料用时一般比西南地区煮料长，可以长达 1—2 天；使用抄纸法与火墙焙纸使得成纸更快。虽然现今几个留存的造纸点产量都很小，但一次蒸料获得的纸浆量显然要远高于藏纸与东巴纸用铁锅一次煮料的纸浆量。在水塘或水池中大批量腌料后进行蒸料，所用大锅不仅直径更大，还能多层堆放皮料，分批次加热（一般为几十斤，多者可达千斤）。其后续步骤所用的活动竹帘、焙纸墙、现今的荷兰式打浆机等，无一不是提高生产效率的产物。轻薄、均匀的手工纸，有的还有漂白步骤，是更符合汉文化地区使用习惯的纸品。

三、技术互通——腾冲结香纸

云南保山市腾冲县头乡龙上寨使用结香属滇结香造纸,当地俗称"构树"。枝干与叶片的形态与湖南结香略有差异,资源较丰富,路边就有生长。村内造纸从附近山地收购原料。此地造纸的龙姓村民称,祖先明代从湖南迁徙至云南,明末清初始造纸。龙上寨结香手工纸的发展相较湖南为好,村内仍有约三十户人家从事造纸,蒸锅、石灰槽在村内各处散落分布。村民创纸张品牌"结香人家",还在2008年集资始建、2010年建成开放了高黎贡纸博物馆,目前与旅游相结合,纸品也作为纪念品出售,并可体验手工抄纸。

腾冲结香纸的主要工艺流程有:采皮、晒干、浸泡、煮料、蒸料、漂洗、捶打、抄纸、晒干。石灰浸沤过的树皮进行一次煮料、一次蒸料;以前使用木锤石板打浆,现在很多纸种改进为荷兰式打浆机;抄纸为活动式的吊帘单人抄造;晒纸为室内贴墙阴干,也有铁板焙纸墙。有的纸种对原料进行过漂白处理。纯结香纸一般用于书画,也有用于抄写傣经。未经漂白的纸颜色暖黄,厚度比湖南、浙江等地的结香纸大,但是远小于东巴纸与藏纸,纸上有帘纹但不明显。纸质均匀细腻,杂质很少。相对低档的包茶纸则稍薄,杂质偏多,有絮团状、稍粗糙的皮纸质感。

腾冲的结香纸在技术上显然与东南地区汉族手工纸更接近,如石灰腌浸、使用纸药(传统为仙人掌汁液)、竹帘抄纸、焙纸;2018年笔者经与时任博物馆馆长龙占先交流后得知,结香纸在1949年前用于抄经、制作雨伞,之后又用于祭祀、写公文、做火炮引线、捆钞、做斗笠、涂油,七十年代用于习字作业,现在主要用于抄傣经、书画、包茶等。这些用途应是纸张有一定厚度的重要原因,且旺盛的需求也使产量能够保持较大的水平。

图 9　滇结香(腾冲,2018 年拍摄)　　图 10　单人抄纸(腾冲,2018 年拍摄)

龙馆长在 2011、2012 年曾去安徽泾县考察学习宣纸的制作方法,现今的部分工艺和流程,如使用的蒸煮剂、纸药(聚丙烯酰胺)、焙纸墙等,有着明显的汉族手工纸技术的特征,也能看到技术交流之后带来的改进,如打浆机的使用。因此,界头的结香纸可以说是人口、地理、需求与技术互通的综合产物,具有代表性,是位于西南地区的东南汉族瑞香皮纸的特殊分支。

四、我国现存瑞香皮纸的特点与展望

以上介绍了我国现存具有代表性的瑞香皮纸的技术特点与生存状况。据笔者不完全统计,目前国内现有的瑞香皮纸制造点,不过二十处。如表 2。

瑞香皮纸很难单纯以原料的属种或者造纸点的省份分布(如图 11)来进行合理的分类,但通过调研可知,我国东南与西南地区的瑞香皮纸在原料、技术、产品上有着明显区别,包括原料的栽培与野生、制造过程中的蒸与煮、浇与抄、纸张的厚与薄等。这些环节的区别在今后瑞香皮纸的保护与发展中值得关注。

(一)原料的来源

西南,尤其是高海拔地区的造纸点多使用野生植物资源。据访谈,白地造纸人尝试移种当地荛花没有成功;狼毒草在草原山地生

表 2 现存主要瑞香皮纸

纸品名称	造纸点	原料植物	蒸煮	打浆工具	漂白	捞纸工具	纸药	干燥
龙巴藏纸	云南迪庆香格里拉尼西枪朵村	荛花、狼毒草	碱煮	石臼、酥油桶	不漂白	木框竹帘	无	晾晒
雪拉藏纸	西藏拉萨市尼木县雪拉村	狼毒草	碱煮	木棒、石板、陶罐、带叶木棒	不漂白	固定纸帘	无	晾晒
金东藏纸	西藏林芝市朗县金东乡	瑞香或荛花	碱煮	木槌、石台、酥油桶	不漂白	固定纸帘	无	烘纸火房
直贡藏纸	西藏拉萨市墨竹工卡	瑞香树皮	碱煮	石板、木锤、酥油桶	不漂白	固定纸帘	无	晾晒
香达藏纸	青海玉树囊谦	狼毒草	水煮	锤头、石块、木桶、石槽、酥油桶	不漂白	固定纸帘	无	晾晒
德格藏纸	四川甘孜州德格县	狼毒草	碱煮	木槌、酥油桶	不漂白	固定纸帘	无	晾晒
东巴纸	云南迪庆香格里拉三坝乡白地村	荛花	碱煮	木锤、石板	不漂白	木框竹帘	无	晾晒

续表

纸品名称	造纸点	原料植物	蒸煮	打浆工具	漂白	捞纸工具	纸药	干燥
东巴纸	玉龙纳西族自治县东北角大具乡	荛花	碱煮	木锤	不漂白	木框竹帘	有	晾晒
东巴纸	丽江古城东巴纸坊（拉市海）	荛花	碱煮	木杵、脚碓	不漂白	木框竹帘	无	晾晒
雪花皮纸	湖南邵阳隆回麻塘山乡八角楼村	结香	蒸料	木锤、石板、打浆机	部分漂白	活动竹帘	有	晾晒 焙纸墙
雪花皮纸	湖南桂东沤江镇大洞村	结香	蒸料	竹刀	不漂白	活动竹帘	有	晾晒 焙纸墙
李坑古纸	浙江丽水松阳县安民乡李坑村	结香	蒸料	竹条	不漂白	活动竹帘	有	晾晒
龙游皮纸	浙江衢州龙游县溪口	结香、荛花	蒸料	水碓、碾磨	部分漂白	活动竹帘	有	焙纸墙
白绵纸	云南保山市腾冲县界头乡龙上寨	滇结香	蒸煮均有	木锤、石板、打浆机	部分漂白	活动竹帘	有	晾晒 焙纸墙

* 部分造纸点所用原料还有瑞香科之外的其他科植物，有的生产混料纸。

* 表格信息来源于实地考察、前人文献⑨~⑳、新闻报道等，表中列出的是较为明确的造纸点，且不包括不再处理原料的、古纸复原的与暂未明确的地点（如安徽泾县、浙江开化厂、广东东莞、四川阿坝、西藏林芝西嘎门巴等地）。

长，因其毒性而少有动物以之为食，从而资源相对丰富，同样因其毒性，藏族人用以制药造纸。此外，对于藏纸原料的科学认知不足，除了狼毒之外，瑞香、荛花、结香还有其他科属的小型灌木，说法各异。虽有原料以瑞香、沉香、狼毒从佳到劣依次分为三等的说法，但据调查，所用原料可能与当地的自然环境更为相关，例如西藏东南部至云南海拔较低的造纸点，使用瑞香、荛花等木本植物，这些植物在高海拔地区难以存活，狼毒草则分布更广，西藏、四川、青海、甘肃等地都有生长。

东南地区的瑞香皮纸以结香为主，也用荛花。20 世纪，这两类树木一度在东南各省有人工培育的记录，并且有指导种植方法的书籍。结香更易成活、繁殖较快；东南地区的荛花与西南地区荛花科的造纸植物应为同属而非同种，也有种植方法记载，但生长不如结香容易。现今作为手工纸原料的结香与荛花栽培大部分已经衰落，浙江、安徽有少数地点仍作为经济作物种植，多用于观赏和药材。

通过访谈发现，各地的造纸人能够通过造纸实践认识到瑞香皮料纤维比一般皮料更为细腻，且含有一些独特成分——成纸后有的具有丝绸光泽，有的防虫耐久；此外有造纸人提到荛花纤维比结香纤维细，瑞香树皮纤维比狼毒纤维质量优。可通过纤维分析与科学研究进一步认识造纸植物及其特性，寻找培植方法，以提高原料产量。

（二）技术与产品

东南地区的结香纸目前萎缩严重，但大锅蒸料、抄纸覆帘等技术上的特点，显然是跟随汉文化地区的造纸工艺而发展进步的，效率更高，具有大批量生产的潜力。尤其是抄纸技术，薄型手工纸更符合汉族使用偏好，因此竹帘抄造的结香纸更加薄而均匀。湖南主产竹纸，写印手工纸种类众多，但历史上雪花皮纸更多用于包装，这很可能是不做漂白的缘由；浙江的山棉、山桠在 20 世纪主要用于制造高级蜡纸原纸，手工抄纸技艺高超，引入机械造纸后逐渐衰落；安徽为宣纸产地，包括三桠皮纸、雁皮纸在内的各类纸张，与宣纸制作技艺都十分相似。如今，结香手工纸因为产量小或造纸人强调"古法"的复原意识,技术又重回传统,例如不使用打浆机、焙纸墙等提高效率的工具,仍选择手打和晾晒。

西南地区的瑞香皮纸与人们的信仰联系紧密,以前多用于抄经、政府公文,由于原料产量低、书写方式特殊、生活需求有限等因素,决定了纸张厚度大、造纸效率不高。又由于交通闭塞,缺少人口、技术流动,其制造技术能够以较为原始的形态保留下来,造纸点反而略多于东南地区。有些地区因世代交替而技术失传,纸张质量下降;也有地区随着交通便利化、文旅融合发展,造纸人开始到汉族地区接受培训、进行交流活动,不仅纸品更加多样、造纸工具也发生着一些改变。

造纸术作为一项重要的非物质文化遗产,以其古老、原始的技术特征而成为见证历史的活化石,但应有效地保存和发扬这项技术,其产品也需要适应变化的需求。从纸张生产角度而言,技术与工具并不一定越"古"越好。理论上,用西南地区的植物原料,同样也能够制造出如东南地区一样的轻薄纸张。针对不同的目的合理选择,是古纸新生的道路。在记录、保护传统技术的基础上合理更新造纸工具与蒸煮剂、纸药等,改进打浆方式,可提高造纸效率。

(三)现状与展望

现存瑞香皮纸制造工匠大多为各级非遗传承人,不少也结合文化旅游业谋求发展,单纯依靠造纸为生较困难。例如藏纸现今大多为政府扶贫产业,以公司或合作社形式组织生产。少数如腾冲滇结香纸、泾县山桠雁皮纸、龙游皮纸有一定规模的商业化售卖。因此,只有依托整体手工纸的繁荣发展,具有足够的需求和产量,瑞香皮纸才能在保留优良技艺的基础上,继续生存、发展。例如腾冲有经过漂白的纸种,成品更加均匀细腻且产量较高,主要作为书画用纸。当今瑞香皮纸的质量普遍还有上升空间,存在更广阔的市场。

然而瑞香皮纸的市场受限于人们不足的认知。现有的研究零散,缺乏系统的梳理。瑞香科皮料的纤维与构、桑等原料的纤维在长度、形态特点方面差异较明显,瑞香皮纤维普遍更纤细、长度稍短、少胶衣,表现在宏观上,瑞香皮纸往往比构皮纸更加细腻。但由于各地瑞香皮纸在纸质上差异较大,如藏纸、东巴纸坚韧厚实,浙江、湖南、安徽等地的结香纸则相对较薄,且处理精细程度有别,使用者往往难以将其联系起来,从而缺乏对瑞香皮造纸整体的关注。

除了用于书写、绘画、古籍印刷等,以及服务于祭祀、包装等相对低端的市场之外,如今的瑞香皮纸,尤其是西南少数民族地区的纸张,也是一种颇受欢迎的文旅礼品。同时,瑞香皮纸也在文博、图书、档案等领域发挥作用,文物修复工作者会根据古纸原料专门寻找瑞香皮料的纸浆用以修补古籍经卷[21],尼木雪拉藏纸也曾供给西藏自治区档案馆修复藏文古籍。此外,博物馆中有一些小型文物的拓印工作,需要坚韧且细腻的纸张,目前多用青檀皮含量高的薄型宣纸,而瑞香皮纸的特性在某些方面更符合需求。

在中国手工皮纸中,瑞香科植物虽非最主要的原料,但性质特殊、别具一格,自古以来便占据一席之地。东南与西南地区的瑞香皮纸长期因为其成品的差异、技艺的衰落而未被系统认知,影响了其纤维特性的发挥和纸张的推广应用。瑞香皮料有着制作高级纸张的价值与广阔的发展空间,值得进行深入的科学研究并加以充分利用。

---

① 本文基金项目:国家重点研发计划"有机质可移动文物价值认知及关键技术研究"(2019YFC1520300)。

② 中国科学院中国植物志委员会:《中国植物志(第五十二卷)第一分册》,科学出版社,1999年,第287页。

③ 段公路:《北户录》,清十万卷楼丛书本,卷三,第七页。

④ 嵇含:《南方草木状》,宋刻百川学海本,卷中,第四页。

⑤ 李世祚、陈伯陶：《东莞县志》，民国十年铅印本，卷十五，第十三页。

⑥ 此残卷为斯坦因发掘于和田安迪尔古城。斯坦因认为，新疆鲜有瑞香科植物，此书应为西藏制造。Stein, Mark Aurel, *Ancient Khotan: Detailed Report of Archaeological Explorations in Chinese Turkestan*, SDI Publications, 1907, p.426. 威斯纳的具体鉴定在其自己的文章中，他借鉴了当时欧洲人了解到的尼泊尔造纸植物白瑞香而做出判定，这一原料时至今日仍未改变。Wiesner, J., "Ein neuer Beitrag zur Geschichte des Papieres", *Sitzungsberichte der Philosophisch-historischen Klasse*, Wien, Vol. cxlviii, 1904：15.

⑦ 文中提及有一宋元时期的藏文残卷为狼毒制作。李晓岑、贾建威：《西夏古纸的检测和初步研究》，《西北民族研究》，2014年第1期，第123—128页。

⑧ 洛克的调研显示，云南纳西族人称当地造纸植物是荛花，哈得斯-斯坦豪斯女士等对洛克的东巴纸样品进行了纤维显微分析，结果显示与荛花样品形态十分相似。Harders-Steinhäuser, M. and Jayme, G., "Untersuchung des Papiers acht verschiedener alter Na-khi Handschriften auf Rohstoff und Herstellungsweise", in Rock, J., *The Life and Culture of the Na-khi Tribe*, F. Steiner, 1963, p.54.

⑨ 潘吉星：《中国科学技术史：造纸与印刷卷》，1998年，第479页。

⑩ 罗茂斌、仝艳锋、李忠峪：《香格里拉尼西乡枪朵村传统藏纸制造工艺调查研究》，《思想战线》，2011年第6期，第131—132页。

⑪ 李晓岑：《纳西族的手工造纸》，《云南社会科学》，2003年第3期，第71—74页。

⑫ "敝邑桐城浮山左，亦抄楮皮、结香纸。"方以智：《物理小识》，清光绪甲申宁静堂本，卷八，第一页。

⑬ "楮：其皮可为纸，俗呼雪花皮。"林凤仪、曾钰修、黄性时、李克钿纂：《嘉庆桂东县志》，咸丰九年章濂增刻本，卷之八，第四页。

⑭ 曾赛丰、曹有鹏：《湖南民国经济史料选刊（3）（精）》，湖南人民出版社，2009年，第617—793页。

⑮ 张勇：《藏族地区传统造纸工艺研究》，复旦大学图书馆，2018年，第28—38页。

⑯ 张建世：《德格藏纸传统制作工艺调查》，《西藏研究》，2005年第2期，第115—116页。

⑰ 李晓岑：《四川德格县和西藏尼木县藏族手工造纸调查》，《中国科技史杂志》，2007年第2期，第155—164页。

⑱ 高丹、张水平、张庚等:《直孔藏纸耐久性研究》,《中国造纸》,2019 年第 4 期,第 36—40 页。

⑲ 和虹:《浅探纳西东巴纸造纸技术》,《广西民族大学学报(自然科学版)》,2001 年第 2 期,第 121—125 页。

⑳ 吴建国:《龙游皮纸制作技艺》,《浙江档案》,2018 年第 8 期,第 38—39 页。

㉑ 索朗仁青、齐美多吉:《西藏传统造纸工艺与中原造纸术之比较研究》,《西藏研究》,1998 年第 2 期,第 100—105 页。

㉒ 计思诚:《藏文古籍修复探析——以纳格拉山洞藏经修复为例》,《图书馆理论与实践》,2018 年第 11 期,第 111—115 页。

(作者:赵汝轩,复旦大学文物与博物馆学系,博士研究生)

· 探索与发现 ·

关于甲骨著录的新课题
——以复旦大学所藏甲骨的整理出版为例

吕 静

序

自1899年清国子监祭酒王懿荣在中药材的"龙骨"上发现刻画文字,并判识其为汉字以后,古文字研究者、历史研究者以及古董商、外国传教士、地理探险家在国内外掀起了搜寻和收藏甲骨的热潮。从1899年直至今日,经过由李济先生主持的台湾"中研院"历史语言研究所安阳殷墟的15次科学发掘、1949年以后中国社会科学院考古研究所在安阳继续进行的考古发掘、1977年中国社会科学院考古研究所在陕西岐山凤雏周初甲骨的发掘等大规模科学考古发掘,以及各种私人盗掘,目前已经出土面世的甲骨片约16万枚[①],分藏在世界十多个国家和地区。

1903年,早期甲骨藏家刘鹗在自己所收藏的5 000余件甲骨中精选1 058件,将其墨拓成集,出版了《铁云藏龟》一书。这是第一部甲骨著录集,也是甲骨文以拓印的方式首次公开面世。此后,甲骨藏家以及研究者、出版商纷纷将收藏的甲骨文字墨拓、摹绘、照相、印刷出版。而早年流散到国外的甲骨文,也不断地以拓本、摹本或照片的形式刊出。

甲骨文是一种相当特殊的文物遗存。无论是牛、鹿兽骨,还是龟甲之壳,都是有机物。甲骨文是用刀、锥等利器在甲、骨上刻划留下的字痕,也有极少数墨书或朱书甲骨文。在土层里深埋3 000余年,甲骨表层变得斑驳陆离,文字痕迹与甲骨的色差对比度小,因此,甲骨和甲骨文字的著录方式,不同于其他文物的记录方式。如何将甲骨的形态及其文字信息采录下来印刷出版,一直是甲骨学界直面的课题。

一、甲骨著录的原则及其应用

将甲骨的形状、甲骨上的文字、钻凿等信息记录在纸和相纸等媒介上,就是甲骨著录。一直以来,甲骨著录的主要方法有墨拓、摹绘、照相三种方法。三种方法各有长短。陈梦家先生曾认为,甲骨著录中,拓本最好。然而有些朽脆的甲骨无法施拓,只能照相。摹本可以弥补其不足,却不能代替拓本[2]。胡厚宣先生认为照片甲骨逼真,但是文字不清晰。摹本文字清楚,不过容易失真,拓本比较起来最好[3]。

事实上,拓本能准确地记录甲骨文和甲骨形状等信息。但是,拓片看上去不够清晰,特别是甲骨表面剥落残损严重的部分,如后文所及,拓本上会显见很多白色点、线,与文字的笔画相扰,而且拓本也不能较好地记录卜兆和钻凿等信息。而摹本则能够弥补拓本的不足。但是,摹绘甲骨文字者需要懂得甲骨文的古文字且具有相当书法运笔能力。否则,摹本容易失真。照片是一种能够准确记录甲骨形状和甲骨文字的一种有效手段。但是早年受摄影器材精密度的局限,甲骨照片上的文字清晰程度比不上好的拓本。

董作宾先生撰文《殷墟文字编摹写本示例》[4]总结了50年的甲骨著录经验和教训,主张同时用墨拓、摹绘、照相三种方法采集甲骨信息,用拓片、摹本和照片展现甲骨,提出了著名的"三位一体"的甲骨著录方法,这一方法获得了学界的一致认同。

进入20世纪80年代,甲骨的著录出版情况开始出现新的趋势。

东京大学松丸道雄教授不满当时日本国内甲骨发表的现状,在整理出版东京大学东洋文化研究所新入藏的千余件甲骨时,提出并展示了一系列甲骨著录书籍编纂的新理念。

首先,每件甲骨的拓本和照片都排印在横跨左右两页的同一个版面内(图版34),"拓本和照片同时并列刊载,可以将两者中各个不够鲜明的部分,互加补充"⑤,同时也便于研究者翻阅。其次,有完整钻凿痕迹的甲骨,即便没有文字,也作了拓本和照相予以收录。松丸氏指出,"关于钻凿问题,正是出于近年来新研究动态的考虑。……总之,并非仅仅局限于释读甲骨片中刻写的文字,甲骨片终究是考古遗物,不只是钻凿,还包括围绕着甲骨的其他种种信息,比如加工——骨臼部分整治方法的差异、在背面全部刻着尖锐的线条,等等。这些遗物上的所有信息,都有必要加以关注。这种关注点,料想与将来的研究不无意义⑥"。

上述两项甲骨著录的做法,在当时都是同类甲骨著录书中具有开创意义的探索。

第三,重视和加强对甲骨的摄影照相。松丸先生极其前瞻性地考虑到,"随着龟甲、兽骨变得越来越碎片化,它们各自在原甲、原骨中究竟居于哪个部位,要了解和复原这些情况,比起拓本来,照片远远优于拓本⑦"。

20世纪80年代,在这种甲骨著录书编纂新理念的影响下,甲骨著录书籍的出版呈现出一种新的趋势。

1985年法国汉学家雷焕章(Jean A. Lefeuvre)在所编《法国所藏甲骨录》中除了展示甲骨的正、反两面照片和准确的摹本以外,又附上了某些部分放大的照片。1987年,伊藤道治先生在编辑《天理大学附属天理参考馆藏品甲骨文字》时,以拓本、彩色照片、黑白照片、释文并附摹本的四种形态呈现甲骨的著录方法。

进入 21 世纪,甲骨文的著录形式与刊行出版又在经历一次重要的转变。

首先,从文化和社会发展的背景看,文物遗产乃社会公器,应该公之于世,以惠施学林,嘉飨民众。作为收藏单位将这些人类珍贵的文物遗产尽早、正确、完整地向社会公开,是收藏机构应尽的社会责任,这种意识越来越深入人心。因此,将未曾公开面世过的资料出版刊行,或者对于已经出版但是信息采集不全、内容存在错误、图版质量不理想的旧录进行抢救性整理出版和再版,渐渐成为共识。宋镇豪先生在《旅顺博物馆藏甲骨》出版之际,呼吁对甲骨进行"抢救性保护,及时墨拓摄影与全面研究,显得尤为紧迫[⑧]"。其次,时至今日,随着照相、计算机等工具的飞跃性进步,为清晰、精密展现甲骨形状、甲骨文字及其钻凿、刻痕提供了可能,工具的进步推动和促进了新一轮甲骨的整理和出版。

自 2000 年以来,各个甲骨收藏单位纷纷重新照相、摹绘和墨拓,以全新的形式、高清的图影照片、最佳的印刷效果编印出版所藏甲骨。这一时期新出版的甲骨著录书有:《中国国家博物馆馆藏文物研究丛书·甲骨卷》(上海古籍出版社 2007 年)、《北京大学珍藏甲骨文字》(上海古籍出版社 2008 年)、"中央研究院"历史语言研究所《史语所购藏甲骨集》(2009 年)、《上海博物馆藏甲骨文字》(上海辞书出版社 2009 年)、《中国社会科学院历史研究所藏甲骨集》(上海古籍出版社 2011 年)、《殷墟小屯村中村南甲骨》(云南人民出版社 2012 年)、《俄罗斯国立爱米塔什博物馆藏殷墟甲骨》(上海古籍出版社 2013 年)、《旅顺博物馆所藏甲骨》(上海古籍出版社 2014 年)、《卡内基博物馆所藏甲骨研究》(上海人民出版社 2015 年)、《重庆三峡博物馆藏甲骨集》(上海古籍出版社 2016 年)等。

二、复旦大学所藏甲骨

复旦大学现在收藏甲骨 368 片(目前缀合后的最新数字为

320)。由于入藏的当初,学校尚未建立完善的文物登录制度,这批甲骨的溯源工作还期待日后能够挖掘更加充实可靠的信息来加以完善。

复旦大学与甲骨之缘,有一段轶事可录。

抗日战争之后,当时著名的历史学家、甲骨学家胡厚宣先生因故滞留在上海,受到时任复旦大学历史系主任周谷城教授的盛邀,遂加盟复旦大学历史系,并任教授。1947年,复旦大学为了庆贺抗战胜利并同时庆祝学校自重庆北碚迁回上海,于5月5日大学的"五五校友节"上举办了珍贵文物展和校史展。据1947年4月和5月的《申报》记录,该展览展出的300余片甲骨都是由胡厚宣先生所组织筹划和征集的。

战后的1946年,胡厚宣先生在上海、南京等地调查甲骨的流转和存世情况。随着胡氏1947年2月在复旦大学任职,部分在沪的甲骨收藏家与胡先生之间有着密切的交流互动。目前复旦大学所收藏甲骨的三分之一来自束世澂的收藏。束氏所收的甲骨可以追踪到刘鹗的收藏。1908年刘鹗获罪遭清廷逮捕,1909年8月在狱中离世。其所收藏的约5000片甲骨被其子女变卖而四散各地。有一部分甲骨流落到江南的文物市场。束世澂在南京购买了百余片甲骨,后售卖给了暨南大学。1951年暨南大学合并入复旦大学时,这批甲骨也一同归于复旦。之后胡厚宣先生又从金祖同处购买了若干,包括著名的"巨块甲骨"[9](图版35)。直至1956年冬,胡厚宣先生在奉命调至中国科学院历史研究所之前,为复旦大学收集了300余片甲骨。自此复旦大学的甲骨收藏规模终于形成,在上海的甲骨收藏机构中位居第二[10]。

这批甲骨多数为名家旧藏流传,都有著录记载。内容涉及商代祭祀、战争、田猎、方国、巡狩、贡纳以及历数、天文、气象、地理、卜法、农业、医病等诸多方面,具有十分重要的历史价值、科学价值和艺术价值,向来为海内外研究者所重视。在所藏368版甲骨中,有241版曾分别著录于《铁云藏龟》(1903年)、《殷契佚存》(1933年)、《甲骨六录》(1945年)、《甲骨续存》(1955年)、《甲骨文合集》(1978—1983年)、《甲骨续存补编》(1996年)、《殷契拾掇三编》(2005年)等书。

但是,在这批校藏甲骨中,尚有75片从未有过任何形式的著录。

三、复旦大学藏甲骨的整理和出版

晚清大收藏家陈介祺曾经说,"古器出世即有终毁之期,不可不早传其文字",文物这种有形的物质性实体,其保存状态不可逆转,终有损毁和消失的一天。甲骨古脆,极易碎裂,出土之后便不可能永久保存,"甲骨文收藏之期即澌灭在斯",可谓甲骨无可避免的"宿命"。

言及复旦大学所藏的甲骨,虽然有241片已经著录于各种甲骨书中,但是,由于时代和技术等因素的限制,在前揭各种著录书中,基本只有拓本一种著录方法,少数甲骨虽然附有摹本,且大部分只有单面摹本。这种原始信息缺失、拓印水平参差不齐、印刷质量不高等原因造成学者的误释、误读情况不少。根据初步查对,发现误释、误读竟有200处以上。况且还有75片甲骨从未公开发表。因此,利用今日最精密、优良的摄影设备,在各方积累的经验教训的基础上,以新的文物保护和展示的理念及手段,将甲骨全方位的信息完整采录下来,建立一套该甲骨立体形态、色彩、字迹的全息档案,使之成为"第二文物",也是一种新形式的文物抢救工作。

自2013年12月起,复旦大学文物与博物馆学系的"复旦大学藏甲骨集"编辑小组成立。编辑小组主要成员由笔者、俞蕙、刘守柔,以及上海博物馆的新锐青年学者葛亮组成,在复旦大学各部门包括"出土文献与古文字研究中心"、文科科研处的支持下,历时五年有余,对校藏368片甲骨进行整理、保护、建档、研究,对全部甲骨进行了多维高清拍照、拓、摹。2019年5月《复旦大学藏甲骨集》上、下两册,由上海古籍出版社出版面世。

本次所展开的甲骨整理、信息采录、信息建档以及释读、研究和出版,呈现出如下若干特点。

第一,关于彩色照片的拍摄。

由于甲骨日久色泽斑驳陆离,甲骨本身与其上字痕的色彩对比度小,普通摄影无法立体地展现甲骨上刻痕凿纹的字迹。甲骨以及甲骨上刻痕文字的照片拍摄,比普通的文物摄影要求更高。换言之,通过反复对焦、调节光源,使甲骨上每一个字迹都能清晰可见、一目了然,是本次拍摄甲骨照片的终极目标。而要达到这一目标,必不可少的前提条件是,摄影师对文物形态的熟悉、对光源光线使用技术的娴熟,更需要用心、尽心、不厌其烦的工作姿态。为此,我们邀请了有丰富文物摄影技术的资深摄影师。除此以外,由于甲骨大多碎为不规则形状的小片,甲骨片摆放的位置均采用正面阅读文字的方向。(图版36)因此,拍摄现场必须有古文字研究者在场跟拍指导。为此,本编辑小组的研究人员全程随同拍摄。摄制人员通过不断调节甲骨的摆放位置、反复调试灯光,拍摄了甲骨正、反、侧六面高清彩色照片。特别结合学界目前呈现出的对甲骨缀合、钻凿形态等的研究热点,六面的彩色照片可清楚地反映出甲骨形制、表面纹理、刻画痕迹、文字字形、契刻形态、改制痕迹、钻凿形态等所有信息。有些甲骨侧面也刻有文字,如001545号甲骨,在其边缘有字迹(图版37)。如此全面地展示六面甲骨形态(尤其侧面、背面)的做法,除了完整采集甲骨信息的意图之外,还对分藏在世界各地的甲骨的缀合工作极大地提供了便利的条件。对每一片甲骨的正、反、上、下、左、右六面都拍照存录,尚属首次,具有开创性的意义。这种开创性的工作也带来了实际的效果,在这次拍摄和整理中,我们发现了甲骨上的特殊现象、罕见字形、反印文等以往难以察觉的信息。

第二,重新制作全部拓片。

虽然本校收藏的甲骨不少已有拓本,且不乏优秀匠师的作品,但是考虑到收藏来源驳杂,既有的拓片质量参差不齐,因此,我们决定重新制作一套拓片。从文物保护的角度而言，扰动一次脆弱的文物，就多一份损毁的风险。但是本着最优取向的原则，在文物抢救和保护的理念下，依赖现有拓印的成熟技术和丰富经验的拓师，及时制作并留下一份优质全套甲骨拓本，作为"第二文物"存世，可能是一种新形式的、有效的文物抢救工作。为此，我们延请了上海博物馆资深拓片师谢海元先生，对全部甲骨制作了一套新的拓本。

本次对甲骨的拓印，在材料和做法上并无特别之处，全赖拓片师丰富的实践经验和娴熟的掌控技巧。拓片制作不是事务性的例行公事，不是每日每周定下"僵硬"的工作目标，枯燥无味地完成交差。谢海元先生如此描述他的工作状态：施拓的这一天，要天清气爽，拓工要有振奋、轻松的精神状态。某种意义上说，施拓工作是替古人"说话"，让古代遗物复活。历经半年时间，300余片甲骨的拓印工作顺利完成。（图版38）

比较新、旧拓本，慨叹文物不可逆的趋势。早年的甲骨表面光滑，字迹深刻清晰，拓本黑白鲜亮。而保存到今天的甲骨，表面已经欠落模糊，新拓之中白点散布，文字淹没其中。由此笔者体会到，文物遗产的信息应尽早、详细地记录保存，并且分阶段地展开记录与保存工作。这是文物收藏和保管机构应尽的、刻不容缓的工作。

第三，绘制摹本。

关于摹本的工作。表面漫漶的甲骨、彩色照片、拓片往往都无法清晰明确地反映文字。而如上述所说，随着时间的推移，甲骨表面剥落欠损严重，出现在新拓本上的白色点、线是否为甲骨文字的笔画，对于普通读者来说困难重重。所以即便有高清的彩色照片和优质的拓本，董作宾倡导的"影、拓、摹"三位一体的甲骨著录方法在今天依然有用。因此，为了便于读者的释读，葛亮对每一篇甲骨都重新绘制了一套摹本。

摹本是在电子显微镜观察的基础上，截取图像，勾勒字迹，绘制而成的，以补照片和拓片的不足。同时，还可利用电子显微镜观察甲骨，辨识钻凿形态，以类型学的方法对其进行总结、辨伪。这些方法同样有创新的意义。

第四，为全部甲骨文单字及部分特殊现象拍摄显微照片。

甲骨文字十分纤小，往往伴随磨损、剥落等状况，即便是高清照片加上墨拓，也有肉眼看不清的地方。数码显微镜技术可以突破人体目力的局限。这次整理中，我们为全部单字和部分特殊现象拍摄了显微照片。根据显微照片可以确定以往的漏识、误识，可以确定笔画、构型，可以观察到更多刻画形态方面的信息，比如，文字笔画的出入刀形态、边缘形态、粗细变化等。（图版39）这种运用显微镜观察和保留图像的方法，将是甲骨整理和出版的一个方向。

第五，全信息展现每一片甲骨。

《复旦大学藏甲骨集》将一个甲骨片的全部信息，包括多维形状、颜色、字形、刻画、钻凿的物理性信息，以及该甲骨的新照片（新拍摄的六面照片，包括部分放大照片、显微照片）、新拓本、新摹本和新释文，全部采录和展示到位。

同时还收录该片甲骨的所有旧著录，包括拓本、摹本、照片和释文等。这些信息排印在一个页面上，形成全息的数据库，以便于研究者的高效利用。

经过五年来本编辑小组所有成员的艰苦探索和工作，《复旦大学藏甲骨集》已经出版。此次出版新的甲骨著录，紧随学界最新的研究动态，采用全信息的采集方式，收录完整、数据齐备、形式丰富、准确度高，可为国内外的研究者提供高效、准确的资料。我们充分吸收前人的经验，尽可能利用现有精密优质的设备和技术，在今日文物保护的新理念下，希望建立一种新的甲骨著录范式，探索文物遗产记录形式的创新。

---

① 参见胡厚宣：《大陆现藏之甲骨》，《中央研究院历史语言研究所集刊》，1996年，第六十七本第四分；刘源：《甲骨学殷商史研究》，福建人民出版社，2006年。

② 陈梦家:《殷墟卜辞综述》,科学出版社,1956年,第48页。
③ 胡厚宣:《英国所藏甲骨集》上编,中华书局,1985年,"序"。
④ 董作宾:《殷墟文字编摹写本示例》,《中国文字》,1960年第1期。
⑤ 松丸道雄:《东京大学东洋文化研究所藏甲骨文字·图版篇》,东京大学出版会,1983年,"序",第ⅶ、ⅷ页。
⑥ 同上。
⑦ 同上。
⑧ 宋镇豪、郭富纯主编:《旅顺博物馆所藏甲骨》,上海古籍出版社,2014年;宋镇豪:《〈旅顺博物馆所藏甲骨〉介绍》,中国社会科学院历史研究所先秦史研究室网站,http://www.xianqin.org/blog/archives/4489.html。
⑨ 吕静主编、葛亮编:《复旦大学藏甲骨集》,上海古籍出版社,2019年。该"巨块甲骨"就是本集中第220号,上册第114—116页,摹本、拓片及释文在下册,第484—492页。
⑩ 上海地区收藏甲骨最多的三家博物馆机构,分别是上海博物馆(收藏5 002片)、复旦大学(368件)、华东师范大学(136件,目前有一些甲骨的真赝尚待鉴识)。

(作者:吕静,复旦大学文物与博物馆学系,教授)

写在《中国初期国家形成的考古学研究——陶器研究的新视角》出版之后

秦小丽

在2020年疫情略有缓和的4月,我的这本书的中文版在复旦大学出版社各位编辑的努力下出版并发行。这本书于我很重要,虽然它不是我的第一本专著,但是因为它是我的博士学位论文,全书研究方法是我整个学术生涯的奠基。1995年寒冬,当我首次登上西安—名古屋飞机时,只有忐忑不安、迷茫与对未来的一丝新奇。2个小时的飞行之后,我不知道自己还很蹩脚的日语能否将我顺利送到远离名古屋、位于古都京都的京都大学,更不知道在完全陌生的名古屋,迎接我的会是什么,总之听天由命吧。然而让我意外的是,在我办完所有出关手续走出去的那一刻,却见到一个只有一面之缘的人在充满笑意地迎接我,他就是我此后在京都大学学习的导师——岗村秀典先生。我在飞机上想了无数可能碰到导师的情形,却没有想到这一幕。可以说,此刻为我以后的8年京都大学留学生涯埋下了一颗正能量的种子,温暖与关怀随时都会在我想不到却很需要的时候降临到身边。这位能在日后对我严格要求,助我完成严苛审查博士学位论文的导师也正是我在北京大学的硕士导师严文明先生推荐的。我知道直到现在我自己都没有能拿得出手的研究来称道他们是我的恩师,但是几十年研究路程上的点滴收获却丰满骄人,这与他们的存在分不开。

2002年博士毕业后,笔者获得了在京都大学人文科学研究所做博士后的机会,原本应该及时出版的博士论文因为博士后课题研究以及就职转离日本等原因而搁置。2013年在金泽大学工作期间,这本被搁置10多年的博士论文再次被提起,承蒙时任金泽大学教育理事、副校长的中村慎一教授的全力支持,在六一书房社长八木先生的协助下,这本经过增补的博士论文终于在2017年出版发行。时隔15年后,担任各种职务、比较繁忙的岗村秀典先生还是为本书写了序文——除了正面评价,也指出论文不足的序文体现着岗村先生一贯的风格,也是他的真实想法。

根据出版社统计,截至2019年2月底,2017年由日本六一书房出版的日文版同名书(『中国初期国家形成の考古学的研究——土器からのアプローチ』 六一書房,2017年8月,日本東京),在日本的销售进入前1 000名的741位,位于六一书房出版社海外图书销售第7位,中国类图书销售第3位,是当时六一书房出版的中国类图书中具有社会影响力的书籍之一。这也间接反映了本专著在日本学术界引起的关注程度以及相关学者对本专著研究内容的兴趣。但是因为日文专著在中国考古学界并不为所知,笔者还是希望能与国内同行学者分享研究成果,也期待得到学术界的批评与反馈。虽然一些章节曾经改写并被翻译成中文,在国内杂志发表,但是这不能反映整本书籍的构思与文脉。感谢复旦大学科技考古研究院院长袁靖教授将本书列入复旦科技考古丛书,使得本书在经历一年多的增补、修改与翻译之后,终于能够完成出版。也要感谢复旦大学出版社史立丽和赵楚月编辑的精心编审及为后期出版付出的辛勤劳动。

本书日文版原由7章组成,5万余字的序章是为本次中文版出版新近撰写增补而成的。其目的是希望能将自己20多年来从事考古发掘和陶器研究的心得与体会,以及目前陶器研究方法的进展作一总结,以便梳理思路,寻求在考古学研究成果日新月异、研究方法多元化的今天,既能保持传统考古学的精髓,又能将大量科技考古研究方法纳入陶器研究,并从考古学理论的角度,在陶器研究思路与方法上有所突破与革新。将陶器这种无论是古代人还是现代人，无论是社会上层权贵还是平民百姓都离不开的器物，从宏观的理论方法与微观的具体分析两方面进行全方位的研究，以饮食器具这一特殊载体将古代与现在连接起来，让陶器告诉我们古代人类的饮食生活场景以及通过饮食器具用于祭祀与礼仪活动而由此形成的社会礼仪体系。通过陶器这一人类最初的发明，本书解读了陶器在制陶技术、陶艺创作、产品流通、生产运营、功能消费、宗教信仰等方面隐藏的内涵，试图在由陶器制作与使用而形成的社会结构体系之中了解因陶器而结成的社会集团和组织等，期待在看似静态的陶器组成形态分析中了解古代丰富多彩的日常生活，了解因陶器而产生的地域间交流关系、陶器与环境及动植物的关系，也为本书的中心内容——二里头文化和二里岗文化时期陶器的地域间动态——做理论上的铺垫。

第1章的研究史是在本书日文版2005年完成时的基础资料之上，加入近年来部分研究成果综合而成，虽然我深知这些内容无法做到完全涵盖所有二里头、二里岗文化时期的研究成果，特别是2005年之后的所有研究成果，但还是本着尊重前人研究成果的虔诚之心，尽力增补了研究史这一部分。

第2章到第4章，虽然增补了2005年之后的考古新发现，但是取舍了原书对每一个遗址进行谱系与器类的百分比数量分析，因此在谱系与器类等分析时，仍然维持原有资料的分析结果。第5章的一部分内容曾经纳入《早商城市文明的形成与发展》一书第4章，由于这部分内容原本就是日文版的内容，因而这里仍然保持原书的完整性，并把日文版的第6章与第5章合并，构成本书新的第5章。本书的第6章"礼仪性陶器与陶器的生产与流通"与第7章"二里岗文化都市文明与初期国家的成立"则是本次中文版改写与新增加的部分，以弥补原日文版在陶器研究方面的不足，也体现多年来作者对陶器研究的思考与展望。

关于陶器谱系与器类的百分比研究，在具体资料数据分析操作和测算上难以避免个人主观的成分，也往往会受制于资料限制而不能客观全面体现。2005年之前日文版研究当初所使用的所有公开发表资料的谱系与器类百分比的分析结果曾经列为45张表格作为参考资料，但是在日文版中并没有列入出版。趁此中文版出版之际，为了方便理解与参考本研究的分析数据以及谱系分析的内涵，这些资料表格一并列入出版，期待能为读者阅读本书提供参考。

回顾本书首次完成以来约20年间我的学术生涯，以及本书在学术界的反响，我以为其中至少有四项内容值得关注和讨论。

第一，陶器研究方法。本论应用数量统计分析方法，对陶器容积大小、陶器表面拍打绳文条数以及陶器谱系在遗址单位中所占百分比的历时性变迁等应用到自己发掘与整理的第一手考古资料研究中，并以建立的区分标准为出发点对其他遗址进行相同分析。将原本静态的陶器谱系以及制作技术特征置于大地域文化这样一个大的时空框架下。从动态的视点出发进行陶器在地域间交流状态的分析，可以说是本书在研究方法上的独特之处。由这一研究方法所取得的研究成果在中日考古学界以及北美相关研究者中有一定的影响力。虽然将数量分析方法应用于陶器研究的做法在目前的国内考古学界也开始出现，但是这在20年前的中国考古学研究中可以说是很少见的一种方法。

第二，本书是以公元前1900年前后在黄河中游地区崛起的二里头文化和二里岗文化的陶器分析为基础，对中国初期国家形成过程中陶器所显示的地域间关系从以前以类型学与文化因素分析形成的静态平面关系到以建立在数量分析数据支撑基础上的历时性动态关系转变的研究，这使得初期国家形成过程中的陶器谱系变化显示为形成过程的具体动态演变。这是本书在研究思路上的新颖之处。

因为我始终认为陶器这种人工制品尽管不适宜长距离搬运，但是制作它的工人是流动的，而身怀技术与造型技能的人的移动，就使得相似陶器在大范围内流动成为可能。同时陶器生产与流通所形成的集团组织是国家形成期上层社会非常重视的社会构成因素之一，也是其统治阶层需要加以控制的领域。这些社会背景便是中国初期国家形成过程中陶器交流与扩张的两种不同形式：恒常的一般地域间交流与受制于上层社会统治体系变化的据点性遗址的特殊陶器谱系构成。其具体内容如下。首先，黄河中游的二里头文化时期陶器谱系，可以划分为这样6大系统，即河南省中部的伊洛系、山西省西南部的东下冯系、山西省中部的东太堡系、河南省北部的辉卫系、河北省南部的漳河系、河南省东部到山东省西部的岳石系。传统观点认为，伊洛系是夏人的陶器风格，漳河系是商人的陶器风格，不同风格的陶器分别出自居住在不同地域的不同族裔集团。通过对每个遗址中各系统陶器比率变化的分析，本书认为这种变化反映了地域间交流的状态，主张陶器的风格不是固定不变的，而是通过人的移动而发生改变。作为中心地域的伊洛系位于二里头文化第2期，其陶器风格融入了东下冯系的要素。据发现，大型宫殿遗址、青铜器铸造作坊、以青铜器和玉器为随葬品的贵族墓葬多出现在二里头第2、3期，这一时期伊洛系陶器占了7成以上。在第4期，主要宫殿废弃，二里头遗址从政治中心变为一般聚落，伊洛地区的陶器风格逐渐从以伊洛系为主演变为漳河系居多，特别是到了第4期后半期，在一些重要遗址中漳河系部分取代伊洛系成为陶器的主要制作手法，形成了伊洛—郑州系陶器系统。另一方面，在周边地区的山西省西南部，以在地的东下冯系为主体，融入了南方的伊洛系和北方的东太堡系，形成了新的陶器风格。特别是二里头第3期之后，东下冯遗址的伊洛系所占比例超出在地系的东下冯系，但是其他遗址中的伊洛系所占比例与相距伊洛地区的远近呈反比，这呈现了地理环境距离对陶器谱系数量的影响。第3期以后，即使是在河南省北部，相比在地的辉卫系，南方的伊洛系和北方的漳河系占比增加，都显示出明显的地理位置对陶器谱系的影响。在河南省东部，前半期伊洛系占了85%以上，后半期漳河系增多，与伊洛系不相上下，但是始终未能超越伊洛系成为主体因素。河南省南部的一般遗址以在地的豫南系为主，而在诸如杨庄这样的重要遗址则以伊洛系占主体，越往东部的遗址，其岳石系陶器所占比例越高。本书认为，以上这种陶器风格的动态变化反映了伊洛地区的陶器群对周边地区的影响过程。一些特殊性遗址中伊洛系陶器比例较高，这反映了其与中心地区——伊洛系的特殊关联性，而一般遗址则呈现出地理位置的因素对陶器谱系数量的影响。

学术界一般认为，持有漳河系陶器的商人取代了持有伊洛系陶器的夏人，建立了二里岗文化。然而，陶器的风格并不是单纯地从伊洛系改变为漳河系那么简单。作为商朝王都的偃师城遗址和郑州商城遗址，在二里岗下层期前半期，伊洛系陶器及二里头文化第4期后半期出现的伊洛—郑州系陶器占了约8—9成，到了二里岗下层期后半期，伊洛系陶器在被一元化为伊洛—郑州系陶器的同时，也扩散到了周边地区，到了二里岗上层期，这种一元化的陶器组合范围进一步扩大。伊洛系陶器到了二里岗文化时代继续作为基本要素而存在，这种现象与随着朝代的更替，陶器的风格也随之变化的传统学说不符，也很难用以文献资料去复原历史的传统考古学研究方法去解释。但是，从中心与周边的视点来看，二里头文化时期到二里岗文化时期的地域间交流并不是地域间的对等交流，而是由中心向周边地区的持续扩大与蔓延。在中心地的伊洛—郑州地区，据点性遗址先是二里头文化时期的二里头遗址，到了二里岗文化时期则转变为偃师商城和郑州商城，在伊洛—郑州系陶器出现的二里岗下层期前半期，郑州商城和偃师商城遗址均营建了宏大而规划性的城址，到了二里岗下层期后半期，带有城墙的城郭遗址也开始出现在周边地区，比如山西省西南部的东下冯遗址、垣曲遗址，河南省北部的府城遗址和长江中游地区的盘龙城城址。这些地方性的城址不但在城市布局的设计和建造技术上与中心性都城的郑州、偃师商城一样，而且出土的青铜器、玉器，以及墓葬的特点等也与中心地区相似。此外，随着城址的出现，周围地区的一般聚落遗址与前期相比呈现减少趋势。这反映了郑州商城和偃师商城势力的扩张以及对周边地区的控制，也说明了二里岗文化时代的陶器风格从中心地的王都，到地方城址，再到一般聚落，通过这种不同性质遗址的阶段性影响力，得以对周边地区进行渐进性扩张与一元化统治。

比较二里头文化时期与二里岗文化时期陶器风格的地域变化动态,可以看出,其相同点是两个时期都是以伊洛—郑州地区为中心,陶器的风格也都是由中心地向周边扩张与蔓延。然而,与二里头文化时期从河南省东部、南部向河南省北部、山西省西南部的阶段性蔓延与扩张相比,在二里岗文化时期,中心地的陶器风格一旦确立,便开始向周边地区迅速蔓延与扩张,其影响的力度也较前期大很多:在地系陶器几乎消失,呈现二里岗文化陶器的一元化特征。因此与二里头文化时期相比,二里岗文化时期中心势力对地方的影响力更为强大,考虑到地方性城址的设置与规划,这可以解释为中央对地方的控制系统得到了极大的加强。因而本论认为,这是中国初期国家形成过程中的两个不同阶段。

第三,着眼于陶器生产技术和形态风格,专业化体系与消费体系在初期国家形成过程中的重要性,将陶器制作与消费体系纳入上层社会统治结构中来思考初期国家形成过程中以手工业为代表的经济因素的重要作用以及在早商城市文明形成中的意义。

第四,本书序章与第六、七章主要以陶器研究方法理论以及在这些理论方法框架下对二里头、二里岗文化陶器具体分析资料结果加以诠释,将切实的陶器理论方法与实践案例相结合。因而本书不仅是一部陶器研究的学术性书籍,还是一部适合学生使用的参考书。与目前本人开设的两门研究生课程"古代陶器研究"(硕士)和"陶器的生产与利用——陶器的社会学"(博士)相得益彰,本书作为学生的参考教材正发挥着非常重要的作用。而这样的书籍也许正是高校教师应该关注的教学与科研紧密结合的成果之一。

从大学毕业入职陕西省考古研究院,有幸全面参与陕西临潼康家遗址发掘之际开始,笔者就与陶器研究结下了不解之缘。从对传统考古学研究方法的困惑与反思,到对新的陶器研究方法的迷茫,跌跌撞撞20多年,始终在陶器研究的苦辣酸甜中感悟人生,构筑自己的学术足迹而没有犹豫,这是最为欣慰的。即使曾经出版的《中国古代装饰品研究——新石器时代-早期青铜时代》一书也是以陶环研究为契机而成的书籍。今天有复旦大学这个集科研与教学为一体的良好平台，我想我自己关于陶器研究的许多想法都将在教学、科研与田野调查的三点一线中，与我的同行和学生们一起去实现，也将会产生更多科研成果。虽然这本书只是我陶器研究开始阶段的一个成果，也不能反映目前正在进行中的陶器研究思路，但期待它能为此后陶器研究成果奠定一个平台与基础，使得这一课题产出更好的成果奉献给学术界。

（作者：秦小丽，复旦大学文物与博物馆学系/科技考古研究院，教授）

四大早期文明记数符号异同的比较

Olesia Volkova
（阿列霞）

一、引　　言

早期中国、美索不达米亚、古埃及及古中美洲，在古代世界这四个地区现存最早的文字资料中，记数符号都是与文字紧密结合的。美国浩斯顿（Stephen Houston）教授在《原初文字：文字发明的历史与演变过程》一书后记中说："记数符号应该是文字系统中最早出现的，它们的来源与发展路线有别于其他文字符号。"[①]目前多数早期文明专家认为，记数符号本来并不是文字，记数符号系统是独立发明的、与原始文字互补使用的另一种视觉符号系统。

史前时代，古代世界各地已出现多种储存信息的方式，其中普遍使用的是实物记数记事方式，如用小石子、陶制小物件记数记件等方式。这表明，人类从很早开始就具备计算能力。有学者曾推测，用于计算的实物与后来产生的数字符号之间应存在天然的联系。美国考古学家丹尼丝·施曼特-贝瑟拉（Denise Schmandt-Besserat）在《文字之前》一书中不仅把西亚地区出土的这类实物与数字符号直接联系在一起，而且把它们当成整个楔形文字系统的直系前身[②]。目前大多数学者认为，此理论所提出的文字发展路线那么简单，以至于让人难以接受,但是,它作为记数符号的起源论具有其合理性。

最近美国人类学家克里索马利斯(Stephen Chrisomalis)对世界不同地区不同时期发生的计算系统做过专门研究。根据克里索马利斯先生提出的意见,使用实物或者作记号这种计数方法远远早于记数符号(和文字)产生的时代,它们之间的历史关系仍旧有问题[3]。他特别强调,记数符号,即通过刻划或用笔书写方式来记录数量的符号,在用途上根本不同于实物计算方式,简单地说,为了识别两只鹿和三只鹿,古人并不需要复杂的记数法[4]。我们不能因为西亚地区的考古证据,就认为古代世界各种实物计数方法一定会演变成记数符号系统[5]。

我们将在本文中,从这个角度对四大早期文明最早的记数法作进一步讨论。

二、西亚美索不达米亚的记数符号

大约从公元前8500年起,从地中海地区到伊朗,为了进行计算,人们使用过形状各异的小物体。这种小物体大多数由黏土制成,拱玉书教授称之为"陶筹"[6]。这种小物体常被发现在空心的陶制球体里面,就是所谓的"封球"。这些封球的所属年代在公元前4000年代末。大多数封球表面有压印印迹,而这类压印印迹与存放在封球里面的小物体相同(图1A)。20世纪60年代法国考古学家皮埃尔·阿米耶(Pierre Amiet)推测,这种小物体应代表真实物品和它们的数量,古人把它们封存在封球里面,是为了保留物品交换结果。如果要知道交换物品的数目,只能打破封球,这种情况使古人把小物体的形状直接印于封球表面。这样,古代行政官员一看这种记录就可以知道封存下来的数目[7]。

大约从公元前3500年起,西亚地区开始出现带有压印符号的泥版(图1B)。施曼特-贝瑟拉女士认为,这些最早的泥版上面所见的楔形和圆形的压印符号与封球表面的陶筹印迹非常相近,两者之间

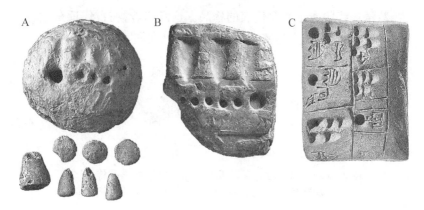

图1　A. 带有压印标记的封球和陶筹(约公元前3700—前3500年),法国巴黎卢浮宫古代东方部藏。B. 带有压印标记的早期泥版(约公元前3500—前3350年),伊朗苏萨(Susa)出土,卢浮宫古代东方部藏[10]。C. 乌鲁克Ⅳ时期的泥版(约公元前3250年),带有压印数字和刻写的象形符号,伊拉克乌鲁克(Uruk)遗址出土,美国芝加哥大学东方研究所博物馆藏[11]。

应存在传承关系[8]。根据她所提出的理论,在楔形文字形成与演变过程中,这些早期泥版是一个重要环节,它们表明:史前计算系统中的圆形封球变成了平面泥版,而三维陶筹变成了二维符号。这就可以看成是创造文字的阶段。伊拉克乌鲁克古城遗址出土的最早的刻有文字的泥版属于公元前3250年(图1C)。从这时起,泥版表面已有两种符号:第一种是压印符号,也就是记数符号;第二种是刻画的象形符号。从考古发现可见,记数符号的书写方式比象形符号出现早。

　　该理论一个关键的地方是,陶筹通过不同形状代表不同的物品或家畜,陶筹与物品之间是一一对应的关系。举个例子来说,一个卵形陶筹表示一个油罐,如要记录三个油罐,需要直接用三个这样的陶筹(图2)。根据施曼特-贝瑟拉女士的研究假设,压印符号(图1A-B)本来并不是单纯的抽象记数符号,它们"把数量概念和所要点数的物品的概念混在一起"[9]。公元前3250年,乌鲁克泥板上才出现记录单纯数量的数字和分别记录物品的刻画符号(图1C),也就是说,数量最终脱离了所要代表的物品。这意味着,在古代近东,抽象计数与楔形文字产生是密切关联的现象,处在同一时代。

图2 陶筹计算方式,陶筹所表达的内容根据施曼特-贝瑟拉的说法。卵形体藏于法国巴黎卢浮宫古代东方部。

目前学术界认同的一点是,原始楔文文献中的数字符号与更早使用的封球表面的压印符号有某种程度的联系,但史前压印符号的用法仍不明。至于带有压印符号的泥版是陶筹与文字泥版之间的环节,拱玉书先生指出,这些泥版所属的具体年代是存疑的,因此它们与原始楔文泥版之间并不一定有先后关系[12]。

关于抽象计数法形成的问题,德国学者戴培德(Peter Damerow)认为,这一问题值得进一步考虑。在乌鲁克Ⅳ-Ⅲ时期的记账管理中大概并存了十五个不同的计算系统,用来计算不同的实物。其中六十进位制的记数系统是使用频率最高的,用来记录人物、动物、奶制品、水果、纺织品等等[13]。根据戴培德的说法,在原始楔文阶段中,还没有形成抽象的数量概念。乌鲁克晚期的计算系统,各有自己的应用范围,每个数字符号所表达的数值只能在具体语境中才得到理解。因此,数量概念并不是完全脱离所要计算的物品。从记数原则来看,数符需要多次重复。比如,要记录"3",需要把三个表示"1"的数字合写在一起[14]。

根据克里索马利斯的观点,苏美尔人在记录方式上区分被计算的实物,这并不足以证明他们的数字概念不够抽象。具体地说,"三只羊"与"三个奶罐"在记录方式上的区别并不意味在苏美尔人头脑里"三只羊"与"三个奶罐"之间没有任何共同之处,否则他们无法进行复杂的计算。我们将这些记数符号系统与史前实物计算系统直接联系在一起,也是很危险的。陶筹计算方式完全不区分数值和被计算的实物,这表明,压印数字符号与陶筹没有对应关系。使用陶筹与封球的计算方式比记数符号出现得早,但后来这两个计算系统同时并存,这种情况说明两者服务于不同的需要。两河流域记数法的发展模式仍有很多问题,更不能看成是普遍的模式[15]。美索不达米亚多种记数符号系统并存的情况很特别,在其他早期文明中没有存在类似的现象。

三、古埃及最早的记数符号

古埃及最早的记数符号出现在骨制和象牙标签上面。这些标签是德国考古研究所在上埃及阿拜多斯 U-j 号墓出土的,它们所属的年代在公元前 3250 年左右,就是前王朝晚期。这些标签中,有的带有象形符号,但大多数刻有非象形符号。目前学术界普遍认同,它们是数字(图3)。

图3 上埃及阿拜多斯(Abydos)U-j 号墓出土的骨制和象牙标签(每件面积有 1.5×2.0 厘米左右)。标签上面刻有记数符号,刻后涂上颜料。标签属于涅迦达(Naqada)IIIA 时期(约公元前 3250 年),藏于德国考古研究所[18]。

在每个标签上角有一个小孔。根据发掘者君特·德雷耶(Günter Dreyer)的观点,当时它们被系到珍贵的随葬品上,如粮食、酒罐或油罐、存放在木箱子里面的纺织品等。标签上面的数符所记录的应是这类产品的数量或长度[16]。

从社会功能来看,德雷耶提出,这些标签表明当时已出现远超过阿拜多斯周边地区的贸易网络以及管理物品交换和运输的机构。标签上面的符号在这个交换系统中具有行政登记的功能。英国考古学家戴维·温格罗(David Wengrow)提出相反的观点:这种标签所属的物品都是珍贵的随葬品,在葬礼中具有重要作用,因此制成标签的过程与一般的物品交换活动无关。标签上面的记载不是一般物品的登记,而主要表现王室贵族的特权。也许,古埃及人正是通过登记随葬品的方式来指定王权范围[17]。

从符号形体来看,U-j 记数符号是用抽象线条——竖、横和螺线——构成的。它们是否与某种实物计算系统有联系,很难确定。从各种符号出现的频率来看,多数标签用 6 至 12 条横线或竖线来表示数目,如图 3 中最左边的标签刻有 10 条单线。少数标签用螺线,如图 3 中最右边的标签。从符号所表达的数值来看,横线和竖线是表示"1"至"9"的符号。螺线专门用来表示"100"。看上去,U-j 记数系统缺少表示"10"的符号[19]。

横线和竖线也可以同时出现在同一标签上面。它们是否代表不同的计数单位,学者们的意见不一致。有学者提出,这种情形很可能表明,当时书写者在标签上选择了最便于刻划的方向——竖向或横向[20]。

从早王朝初期(约公元前 3100 年)开始,记数法已包括大数值。这种记数法基于重复原则,每个数符最多可以重复九次。从表 1 可以看出,在这种成熟起来的记数系统中,数字符号在形体上都是象形性质的。其中只有表示"1"的竖线,也许表示"100"的螺线是从更早的 U-j 书写者的时代保留下来的。

表 1 古埃及象形文字中的记数符号[21]

1	10	100	1 000	10 000	100 000	1 000 000

四、古中美洲的两种记数法

(一) 点和条组成的记数法

由点和条组成的记数法(*bar-and-dot numeration*)常是和古典时期玛雅文化(约从公元 150 年起)联系在一起的。实际上,这种记数方式不限于玛雅文化圈,早在公元前 500 年(即前古典中期末)就出现在非玛雅石碑记载中。

从构形上来看,中美洲记数符号具有很简单的性质。在早期记载中,数字是一眼就能辨认出来的。表示"1"至"19"的数字是由两个几何形符号构成的:用点代表"1",用横条代表"5"(表2)。

表2 古中美洲地区普遍流行的记数法,以玛雅记数系统为代表

1	2	3	4	5	6	7	8	9	10
•	••	•••	••••	—	•̇	••̇	•••̇	••••̇	═
11	12	13	14	15	16	17	18	19	
•̄	••̄	•••̄	••••̄	≡	•̿	••̿	•••̿	••••̿	

从组合方式来看,数符的位置决定了它的数值大小,由下至上递增。换言之,为了表达大数值,古中美洲人没有创造新的数符,而有效地利用基本数字,这些数字不需要重复[22]。玛雅人所使用的记数系统是二十进位制的。表3 所示的是这种记数法的几个实例。此表中最下面的第一行数值为"1",第二行数值为"20",第三行数值为"400"等。

中美洲基本数符的形体十分抽象,很难说它们取象于何物。尽管如此,16 世纪西班牙主教弗雷·迭戈·德·兰达(Fray Diego de Landa)在他的笔记中最初提出了假设:数字起源于古代商人用以计数的具体事物,如可可豆或玉米粒。根据另一种假设,数字与用于占

表3　玛雅记录大数值的方式，贝壳之形表示"零"[23]

20	55	249	819	72 063

卜的种粒和小石子有一定的联系。目前有学者认为，数字起源于某种实物计算方式，这个可能性不能排除[24]。

从社会功能上来看，从前古典中期以来，数符的主要功能是记时。它们与表示时间单位的符号组合成一个意义和构形上的整体。

根据德国学者白瑞斯（Berthold Riese）的观点，中美洲记数法在王室占卜领域中使用，与两河流域"对于肉眼能看见的物体的记数方式"完全不同。从这个角度来看，如果我们把占卜情境看成记数符号的出发点的话，那么可以认为，中美洲很早就形成了抽象数字的概念[25]。

（二）图像记数法

古典时期玛雅书写者还使用一套很特殊的记数系统。这种记数系统只包括20个符号。在玛雅人心目中，"1"至"19"的数字和"零"各自都有其保护神。在日历记载中，保护神的头部图像可以代表点和条构成的抽象数字（图4）。根据美国学者玛莎·马克里（Martha Macri）的假设，这套图像符号的创作意图是记时，即日名[27]。

　1　　　　5　　　　9　　　　10　　　　19

图4　玛雅文字中以神头图像为形体的几个数字符号[28]

五、早期中国的记数符号

(一)甲骨文字中的记数符号

中国早期记数系统属于商代后期。在这一历史阶段中,记数符号已融入相当成熟的甲骨文字系统。甲骨文中,基本数字及大数值各自都有表现形式。基本数字出现在"10"之前,构成 10 的倍数。这些数字符号的来源不一,但商代晚期它们已组合成完整的记数系统。有学者曾推测,基本数字应是原始文字时代的回响。

"1"至"10"甲骨数字的构形方式不一致(表 4)。它们的外观很简单,形体的抽象程度很高。由"1"至"4"的古形体(还有偶尔出现的"5")是由直线造成的。它们跟某种用于计算的实物之间的联系即不能否定,也不能证实。由"6"至"9"的数字都是用两条线不同的组合方式而构成的。数字"9"是用象形字来记录的[28],也有学者认为它是抽象符号。数字"10"可能是把表示"1"的横笔竖起来而成的形式。

表 4 甲骨文字中的基本数字符号,以宾组字形为例[29]

1	2	3	4	5	6	7	8	9	10
一	二	三	亖	亖	X	∧	+	) (	𝄖	∫	│

葛英会先生在一系列文章中试图寻找类似于西亚地区陶筹记数系统的根据,并提出,古汉字中的基础数字不是古人随意刻画的记号,而是由用于记录筮数的筹策造型发展而来的,就是说,通过描绘原始记数工具,即后来所谓的象形手段,而造成的[30]。

目前绝大多数古文字学家坚持相反的看法。刘钊教授谈到古汉字的来源时强调,这类简单的抽象符号"不能确指所像为何物","完全没有必要枉费心机去寻觅其最早的形体之'源'"[31]。林沄先生说:"在文字形成之前,人们在长期实践中已约定俗成地使用一些人人都明白其意义的抽象记号，仍不失为一种合理的推想。在以形表义的造字法之中，把这类符号吸收到文字中来，也是完全可能的。例如数字一、二、三等就很可能是如此。"[32]同样，黄德宽先生在2015年出版的《古文字学》一书中将甲骨基本数字归为刻画指事类，即"不依靠象形字或某一字的声音附加指事符号，而是直接利用抽象符号的组合变化来构形"[33]。

与甲骨文数字外形相近的刻划符号出现在新石器时代多种考古文化遗址中出土的陶器上。目前我们对它们的用途一无所知，因此，我们不能因为外形上的相似性就认为这些刻符都是记数性质的符号。从使用频率、组合方式来看，无法和甲骨文中的数字直接联系起来[34]。简单的几何形状容易相似，古代世界不同地区、不同时代都可以见到。新石器时代刻符与殷商甲骨文的相似性可能只不过是一种巧合。

(二) 商周时期的数字卦

在商周遗址中出土的文物上，包括甲骨在内，常见有数列符号。根据目前学术界普遍接受的看法，这类符号组与揲蓍草这种占卜方式有关。当时占卜者揲蓍草得出数字，并根据所得到的数字变化判断祸福。数列符号就是这种占卜的结果。但这些筮数是怎么得出来的，仍不明。张政烺先生曾说过"卜筮人所用各种方法却都是人为的规定，没有客观规律和逻辑的必然性"，就像游戏一样，目前我们所发掘的只是工具，但谁也无法恢复游戏规则[35]。1978年张政烺先生第一次把甲骨上的筮数译成今本《周易》的卦形。他推测，虽然数字不同，但实际上都具有奇偶性质，可以与奇阳爻、偶阴爻相对应[36]。

目前学术界普遍认同，尽管早期筮数符号与战国以来的竹书、帛书中所见的筮数符号之间的关系还没完全弄清楚，但应该是反映出一种连续的发展：从商周到汉初，逐渐发展到使用两个数字，最后剩下的两个数字成了断连式的阴阳爻[37]。从这个角度来看，商周社会在实质上已具备与《周易》类似的观念，也有相关符号系统。学者们把这些符号称为"数字卦"。

数字卦之中,绝大多数是六个或三个一组,在结构上都类似于《周易》的八卦和重卦(图5A)。但是,四爻卦、五爻卦也存在。它们要如何解读？多数学者按张政烺先生提出的原则,把四爻卦看成重卦的省略形体。根据李宗焜先生的意见,按《周易》的读法完全不能说明选用数字的理由是什么。李先生在《数字卦与阴阳爻》一文中举一个例子来说明这一点。按"奇数为阳、偶数为阴"的原则,"一六八""五六八"和"一八六"这三组数字对应出来的都是同一卦,即"艮"。不过,这三个数字卦不可能没有任何差异[38]。

　　每个数列符号用不同的数字。但值得注意的是,在数占记录中"二""三""四"这三个与算筹排列之形最近似的数字完全没有出现。张政烺说,因为这三个数字的古文形体由几个横笔组成,如果写在一起难以分辨是哪几个数字[39]。每个数字的使用频率也不均衡[40]。这表明排列蓍草的程序有差异。李零先生指出,在前《周易》的发展时期已形成了几种筮占体系,都拥有一套自己的数字符号[41]。根据李学勤先生的说法,殷墟时期主要并存了两种揲蓍法：第一种容易出现"一""六""八",第二种容易出现"六""七""八",而有没有"七",是区别两种方法的标志[42]。

　　数列符号的载体较为丰富：甲骨、青铜器、陶器、玉器和石器。数字卦往往单独出现,也有与文字结合在一起的。比如,陕西周原遗址出土的筮数材料之中,有一片卜甲为我们研究数字卦与卜辞互补使用的现象提供了珍贵的实例,就是2003年陕西省扶风县齐家村出土的H90:79卜骨。此片刻辞分为六行三组,大意是表达某人的病情好转的愿望(图5B)[43]。刻辞的内容连贯一致,格式与商代甲骨有别,而占卜结果的吉凶如何,是由筮数易卦表达的[44]。

　　现有的材料还不足以推论,为何需要两种占卜方法结合在一起,把筮占得出的卦画记于卜甲。学者一般认为,两者之间是互相参照的关系[45]。根据美国汉学家爱德华·肖内西(Edward Shaughnessy)的看法,可能是为了使祈福的效果加倍[46]。

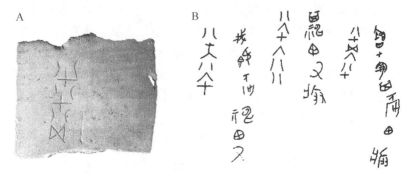

图5 A. 1977年陕西省岐山县凤雏村H11出土的卜甲（H11：7）[42]。此片周原卜甲上刻有数字卦："八七八七八五"。根据奇阳偶阴的规律是"离下坎上"。B. 西周时期牛胛骨上的刻辞摹本，2003年陕西省扶风县齐家村出土（H90：79）[43]。

六、结　　论

从构形特点来看，古埃及最初的U-j数字和古中美洲点和条组成的数字都具有抽象形体。中国甲骨文字中，基本数字的形体同样抽象。靠现有的考古材料，这三种早期文明中设计出来的数字符号跟算筹之间的渊源关系还无法证实。在我们看来，数字本来就是抽象的约定俗成的符号。它们的基本构形元素，即圆点和单线，可以用来代表任何物体。

史前时代用于计算的实物和记数符号是两个不同的符号系统。实物记数方式不能自然发展演变成复杂的记数符号系统。由此我们推断，两者之间可能不具有像美索不达米亚那样的继承关系，很可能有各自的来源。

在古代世界的四个地区，数符在组合方式上及具体社会功能上互不相同。三种早期文明的早期记数符号大体是为了以下目的而使用的：行政簿记（美索不达米亚）；王室贵族特权的表现（古埃及）；占卜日历（古中美洲）。这种差异很可能表明各地记数法的创造动力是有区别的。

　　商代晚期中国的数字符号什么都可以计算。这些数字符号作为文字系统的一部分来记录语言,但在一些特殊场合中它们的排列并不反映语序,且没有记录语言的功能。数字符号按特定的组合方式来表达吉凶祸福,即与一般计算无关的信息。这种符号系统的应用范围限于占卜领域。我们是否有理由考虑数字符号是独立发展起来的符号系统,专门用于占卜,后来与甲骨文字结合?

　　在我们看来,数字符号原来组成了独立的符号系统,这种可能性不能排除,但这些符号不会远早于原始文字。最初是否在占卜领域设计出来的,还很难说。筮数材料充分说明甲骨文数字具有特殊的用法、被赋予特殊的内涵,但并不能圆满解释数字符号的起源过程。这个问题的解答还有待于今后考古发掘出土的新材料。

---

① Houston, S. D., Final thoughts on first writing, in Houston, S. D., ed., *The First Writing: Script Invention as History and Process*, Cambridge: Cambridge University Press, 2004, p.351.

② Schmandt-Besserat, D., *Before Writing, Volume I: From Counting to Cuneiform*, Austin: University of Texas Press, 1992.

③ Chrisomalis, S., The cognitive and cultural foundations of numbers, in Robson E. and Stedall, J., eds., *The Oxford Handbook of History of Mathematics*, Oxford: Oxford University Press, 2009, pp.502-503, 506-507.

④ Chrisomalis, S., *Numerical Notation: A Comparative History*, Cambridge: Cambridge University Press, 2010, pp.3-4.

⑤ Chrisomalis, S., Six unresolved questions in the early history of numeration, Presented at Conference, "Signs of Writing: The Cultural, Social, and Linguistic Contexts of the World's First Writing Systems", *Neubauer Collegium for Culture and Society*, Chicago, IL, 2014, No.8; www.academia.edu.

⑥ 拱玉书:《楔形文字起源新论》,《世界历史》,1997年第4期,第59—66页。

⑦ 参见 Woods, C., The earliest mesopotamian writing, in Woods, C., ed., *Visible Language: Inventions of Writing in the Ancient Middle East and Beyond*, The Oriental Institute Museum Publications No. 32, University of Chicago, 2010, pp.45-46。拱玉书、颜海英、葛英会:《苏美尔、埃及及中国古文字比较研究》,科学出版社,2009 年,第 149—154 页。

⑧ Schmandt-Besserat, D., *Before Writing, Volume I: From Counting to Cuneiform*, pp. 110, 114.

⑨ 丹尼丝·施曼特-贝瑟拉:《文字起源》,王乐洋译,商务印书馆,2015 年,第 167—171、177—181 页。

⑩ 图片来源: http://www.cdli.ucla.edu, CDLI No. (A) P274841 (Museum No. Sb 01927); (B) P281731 (Museum No. Sb 02313)。

⑪ 图片来源: Woods, C., ed., Visible language: Inventions of writing in the ancient Middle East and beyond, *The Oriental Institute Museum Publications* No. 32, London: University of Chicago, 2010, p.73 (Catalog No. 45)。

⑫ 拱玉书、颜海英、葛英会:《苏美尔、埃及及中国古文字比较研究》,第 157—160 页。

⑬ Nissen, H. J., Damerow, P., and Englund, R. K., *Archaic Bookkeeping: Writing and Techniques of Economic Administration in the Ancient Near East*, Chicago, London: University of Chicago Press, 1993, pp.28-29.

⑭ Damerow, P., Englund, R. K. and Nissen, H. J., The first representations of numbers and the development of the number concept, in *Abstraction and Representation: Essays on the Cultural Evolution of Thinking*, by Peter Damerow, Translated from the German by Renate Hanauer, *Boston Studies in the Philosophy of Science*, vol. 175, Dordrecht, Boston, London: Kluwer Academic Publishers, 1996, pp.277, 291-294.

⑮ Chrisomalis, S., *Numerical Notation: A Comparative History*, pp. 235-238.

⑯ Dreyer, G., Tomb U-j: A royal burial of dynasty 0 at Abydos, in Teeter, E., ed., *Before the Pyramids: The Origins of Egyptian Civilization*, Oriental Institute Museum Publications 33, The Oriental Institute of the University of Chicago, 2011, pp.134-135.

⑰ Wengrow, D., Limits of decipherment: Object biographies and the invention of writing, in *Egypt at Its Origins*, Volume 2. Proceedings of the International

Conference "Origin of the State: Predynastic and Early Dynastic Egypt", Toulouse, France, 5–8 September 2005, Orientalia Lovaniensia Analecta 172, Leuven, Belgium: Peeters, 2008, pp.1025-1027.

⑱ 图片来源: Dreyer, G., Tomb U-j: A Royal Burial of Dynasty 0 at Abydos, p. 134, Figure 14.16.

⑲ Dreyer, G., *Umm el-Qaab I: Das prädynastische Königsgrab U-j und seine frühen Schriftzeugnisse*, Deutsches Archäologisches Institut, Abteilung Kairo, Archäologische Veröffentlichungen 86, Mainz am Rhein: Philipp von Zabern, 1998, S.113-118, 139-140.

⑳ Mattessich, R., The oldest writings, and inventory tags of Egypt, A Review Essay of Günter Dreyer's *Umm el-Qaab I: Das Prädynastische Königsgrab U-j und seine frühen Schriftzeugnisse*, The Accounting Historians Journal, 2002, 29（1）, pp.195-208. 又参见: 颜海英:《阿拜多斯 U-j 号墓发现的埃及早期文字》,《古代文明》第 2 卷,文物出版社,2003 年,第 382—383 页。

㉑ 字形来源: Gardiner, A., *Sign List*, in *Egyptian Grammar: Being an Introduction to the Study of Hieroglyphs*, Griffith Institute, Oxford, 1957（third edition, first published in 1927, reprinted in 2007）: C 11; D 50; I 8; M 12; V 1; V 20; Z 1。

㉒ Coe, M. D. and Houston, S., *The Maya* (9th edition), London: Thames and Hudson, 2015, p.259.

㉓ Coe, M. D. and Kerr, J., *The Art of the Maya Scribe*, New York: Harry N. Abrams, 1998, p.52（Figure 19）.

㉔ 王霄冰:《玛雅文字之谜》,上海古籍出版社,2006 年,第 72 页。

㉕ 白瑞斯:《中美洲地区文字的产生及演变》,王霄冰译,黄亚平、白瑞斯、王霄冰主编:《广义文字研究》,齐鲁书社,2009 年,第 203 页。

㉖ 字形来源: Coe, M. D., and Stone, M. V., *Reading the Maya Glyphs* (2nd edition), London: Thames and Hudson, 2005, pp.39, 120。

㉗ Macri, M., The numerical head variants and the Mayan numbers, *Anthropological Linguistics* 27（1）, 1985, pp.46-85.

㉘ "九"为"肘"之象形字,假为数名。参见季旭昇:《说文新证》,福建人民出版社,2010 年,第 991 页。

㉙ 字形来源为刘钊主编:《新甲骨文编(增订本)》,福建人民出版社,2014

年:"一"合 5289,"二"合 4896 正,"三"合 14929 正,"四"合 12550,"五"合 15662、17076,"六"合 13452,"七"合 6068 正,"八"合 10405 反,"九"合 11648,"十"合 15618。

㉚ 葛英会:《筹策、八卦、结绳与文字起源》,《古代文明》第 2 卷,文物出版社,2003 年,第 164—171 页;葛英会:《中国数字的产生与文字的起源》,《古代文明》,2007 年第 6 卷,第 153 页。

㉛ 刘钊:《古文字构形学》,福建人民出版社,2011 年,第 224—225 页。

㉜ 林沄:《古文字学简论》,中华书局,2012 年,第 27 页。

㉝ 黄德宽:《古文字学》,上海古籍出版社,2015 年,第 51 页。

㉞ 严文明:《半坡类型陶器刻划符号的分类和解释》,《文物天地》,1993 年第 6 期,第 40—42 页。

㉟ 张政烺:《张政烺论易丛稿》,李零等整理,中华书局,2015 年,第 15 页。

㊱ 张政烺:《试释周初青铜器铭文中的易卦》,《考古学报》,1980 年第 4 期。又收入李零等整理:《张政烺论易丛稿》,第 6—16 页。

㊲ 贾连翔:《出土数字卦材料研究综述》,《中国史研究动态》,2014 年第 4 期,第 39—43 页。

㊳ 李宗焜:《数字卦与阴阳爻》,台北中研院《历史语言研究所集刊》,2006 年第 2 期,第 285—287 页。

㊴ 张政烺:《张政烺论易丛稿》,李零等整理,第 12 页。

㊵ 近几年有学者做过全面统计,参见韩自强:《阜阳汉简〈周易〉研究》,《道家文化研究·第 18 辑》,生活·读书·新知三联书店,2000 年,第 65—66 页。

㊶ 李零:《跳出〈周易〉看〈周易〉——"数字卦"的再认识》,《传统文化与现代化》,1997 年第 6 期,第 22 页。

㊷ 李学勤:《周易溯源》,巴蜀书社,2005 年,第 231—233 页。

㊸ 曹玮:《周原新出西周甲骨文研究》,《考古与文物》,2003 年第 4 期,第 44—45 页。

㊹ 蔡运章:《周原新获甲骨卜筮文字略论》,《史海侦迹——庆祝孟世凯先生七十岁文集》,新世纪出版社,2005 年,第 36—38 页。

㊺ 参见李学勤:《周易溯源》,第 189、238—240 页。

㊻ Shaughnessy, Edward L.(夏含夷),*Unearthing the Changes: Recently Discovered Manuscripts of the Yi Jing and Related Texts*, New York:Columbia University Press, 2014, p.29.

㊼ 图片来源为曹玮编著:《周原甲骨文》,世界图书出版公司北京公司,2002年,第7页。

㊽ 图片来源为曹玮:《周原新出西周甲骨文研究》,《考古与文物》,2003年第4期,第45页。

[作者: OLESIA VOLKOVA(阿列霞),复旦大学出土文献与古文字研究中心,2015级博士研究生]

中国艺术品鉴定的现状及相关思考

顾小颖

我国是著名的"四大文明古国"之一,数千年来,先人用他们的辛勤和智慧给我们留下了无数的艺术珍品。艺术品与市场是密不可分的,自从艺术品具有市场价值的那一刻起,作伪便相应而生。经年至今,同朝代的仿品、后朝仿前朝的、当代的新仿品等累滞在一起,让文物和艺术品的鉴定成了一个愈发错综复杂的课题。新中国成立后,政府就一直致力于流散在民间和海外的各类文物的征集和馆藏工作;随着改革开放后人民生活水平的不断提升,上至精英阶层、下至普通百姓,对艺术品的收藏热情亦日趋升温。这些都对我们艺术品鉴定和评估的工作提出了更新和更高的要求。本文从中国艺术品鉴定的现状出发,梳理和分析其中存在的诸多问题,并尝试针对性地提出一些个人观点和改良方案。

严格来讲,"文物"和"艺术品"是两个不同的概念。文物是人类在社会活动中遗留下来的具有历史、艺术、科学价值的遗物和遗迹,是人类宝贵的历史文化遗产。而艺术品是艺术家智力劳动成果的结晶。文物和艺术品虽然是从不同的角度给出的定义,但两者有很多交集,可以说,比较珍贵的文物一般都是优秀的工匠或者艺术家的作品。艺术品在时空内含上,要比文物的范畴更为广泛,由于本文讨论的鉴定对象既包括有历史价值的文物,又包括有市场价值的现当代艺术家作品,故此在全文的描述中多以"艺术品"笼统概括之。

一、我国目前艺术品鉴定体系的概况

（一）现有艺术品鉴定体系的构成

我国目前的艺术品鉴定体系由公私两大板块构成，主要包括国有文物保护和管理机构、国营艺术品经营单位、行业协会以及民营艺术品经营和鉴定机构、有鉴定能力和业内声望的个人和工作室、画家家属等。此外，还有一些非正式的鉴定形式，比如各大媒体组织的专业鉴宝类节目，这些形式是对前述鉴定体系的有益补充。

（二）当前体系下各方的努力

据笔者多方了解，部分省市的国有文博单位和文物经营单位一直有针对民间收藏文物的鉴定活动。以上海为例，上海文物商店、上海市收藏协会、上海市社会文物行业协会、上海市文物保护研究中心、朵云轩等机构会定期根据文物局的安排对社会提供公益性质的文物鉴定服务。邻近的江苏省前些年也试行过类似的政策，由省文物局下属的文物出入境鉴定组对需要鉴定的民间文物进行口头鉴定，省内的其他一些公立单位，如扬州博物馆，也曾举办过公益性的民间藏品鉴定活动。这些公立单位的积极参与，为我们民间收藏品的发现、鉴定和保护提供了非常难得的机会，真正将党和政府"为人民服务"的精神落到了实处。

与公立单位公益性的鉴定服务相比，市场上各种类型的艺术品鉴定机构和名气大、口碑好的个人鉴定家则显得更为活跃。他们可以提供服务的时间更宽裕、方式更灵活，也可以在鉴定后留下一些证明，如鉴定证书、题跋、合影或视频等。单从体量上看，我国目前艺术品民间鉴定所占的比重是远远高于公立单位的。这些鉴定机构和个人也正在逐渐发展成为我国艺术品鉴定的主体力量。

近年来，随着收藏的盛行，各大实力雄厚的电视台也相继组织了鉴宝类节目。各类专家被请到节目中，对持宝者的物品进行较为专业的点评和估价，收视率很高。这些节目中，比较有名的有央视二套的《鉴宝》《艺术品投资》、北京卫视的《天下收藏》、凤凰卫视资讯台的《投资收藏》、湖南卫视的《艺术玩家》、河南卫视的《华豫之门》、山东卫视的《收藏天下》，等等。这些节目虽然经常因为专业度的问题受到一定的诟病，但是它们对于大众收藏的爱好、鉴定知识的普及和市场的推动都有着不可否认的作用。

（三）现行鉴定体系的不足和导致的问题

1. 国有机构顾虑重重，对公开鉴定有严格的限制，且大多不能出具书面意见

用老百姓的话讲，体制内的从业人员属于"吃皇粮"的群体，他们的一言一行不仅仅代表个人，在很多场合也代表着所任职机构乃至国家的水准和意愿。正因为如此，对于争议性比较大的文物和艺术品的鉴定，我国目前对于体制内人员的管控是较为严格的。国家对体制内人员有评定资质的机制，并将通过考核确有能力的人员记录在人才库，但是原则上不允许他们私自公开鉴定社会上的文物。即便对于定期开展的公益性鉴定活动，专家的做法也普遍比较保守，他们对于鉴定的结果一般只是给予口头建议，无论真伪几乎都不会开具书面的证明。这样做的目的无非是避免引起不必要的争论和纠纷。

2. 市场中的专业鉴定人员数量和能力均严重不足

我国艺术品市场的规模逐年扩大，对艺术品鉴定的需求随之增加，但是具备文物艺术品鉴定资历和能力的人才相对短缺，这是由多方面的原因造成的。

其一，艺术品包含的门类有很多，其鉴定需要庞大的人员体系。艺术品是一个笼统的概念，光是大的门类就有很多种，比如书画、油画、陶瓷、邮票、杂项，等等。倘若再往下细分，杂项大类包括国石、名家篆刻、竹木牙雕、玉器、青铜器、家具等，书画类可以分成古代、近现代、当代等小板块。就连成扇这个品种，光是扇骨的材料、形制、雕刻又是一门独立的学问。一般来讲，一个优秀的鉴定人才如果能精通细分板块中的一两个，就已经很了不起了。细分板块的数量多，直接导致对相关从业人员的数量要求成倍增加。

其二，鉴定需要了解相当多的相关知识。鉴定是一门综合性的学科，比如古代绘画的鉴定，在通晓画史画论的情况下，对历朝历代的绘画技法、装裱风格、作伪派别必须熟知。同时，也要旁通中国历史，对各个朝代的大事件以及避讳等也要有所了解。如果只是懂得其中的一两项，则容易盲人摸象，很难有所成就。

其三，艺术品鉴定学科新兴的时间比较短，而鉴定所需要的培养时间周期较长且不易成才。培养鉴定专业实用型的人才，光是照本宣科的"书呆子"是没有用的，在大量学习理论知识的前提下，要创造多种机会近距离观赏或上手大量的真伪两类实物，并在老师的正确指导和点拨下反复对比，形成自己的心得。此外，还需要在鱼目混珠的艺术品市场凭自己眼力买进卖出，接受真实市场的考验，并对不断升级的作伪技术保持高度的敏锐性。这样持之以恒，假以若干年的历练，才有可能培养出富有实战经验的艺术品鉴定人才。

3. 鉴定资质缺乏监管，假证书满天飞

目前市场上可以看到关于艺术品鉴定的证书可谓五花八门，其中不合格的证书和假证书占很大的比例。由于国家对鉴定主体的专业资质暂时还没有明确的限定和管理，各类号称是专业鉴定机构和鉴定家所出具的证书便纷至沓来，常见的诸如一些小型拍卖公司、艺术品经纪公司以及略有江湖名气的个人都会出各式各样的证书。另一类就是纯假证书，不法者会冒充故宫博物院等公立文博机构、知名艺术家工作室等开具带这些落款和公章的伪证书，还有一类落款是不法者纯粹捏造出来的机构，比如"中国艺术品鉴定联合会"。大量的没有含金量的证书的和伪证书的充斥，让我们市场的各方参与者对艺术品鉴定证书的可信度大打折扣。

4. 艺术品市场制假售假严重，金融机构和知名高校相继沦陷

由于文物的特殊性，我国现行法律对于艺术品成交后的真伪责任是保留一定的空间的，这一思路的本意是尊重艺术品鉴定的模糊度，把真假好坏的判定交给市场本身，是非常专业和人性化的，但是，这样的空间也给了不法者巨大的牟利和免责的可能。我们只要平日稍加走访，便可发现在形形色色的拍卖行、画廊、古玩店、摊位、网店等等，有大量的赝品充斥着艺术品市场。并且在稍有经验的行内人看来，这些仿品中的大多数连低仿都算不上，可谓触目惊心。

一件破绽百出的汉代"金缕玉衣"，就是请几个专家在展示柜前面转了一圈，就可以凭所谓的鉴定评估意见拿到银行的巨额贷款；一张已故名家的画稿，经人润色之后成了一件精彩的"成品"，瞬间身价百倍，并被运作成抵押物堂而皇之进入银行保险库；国内几家知名高校的博物馆曾经高调受赠的大批古代瓷器，一经曝光，可谓惨不忍睹……近年来，这样的"暴雷"在国内比比皆是。受艺术品作伪带来的巨额利益的驱使，金融机构、知名高校都无法抵抗，相继沦陷，很难想象如此下去，我们留给子孙后代的是怎样的艺术财富和市场环境。

二、存在问题的诸多因素

诸如此类的乱象层出不穷，背后必然有着深层次的原因。我们不妨从主观与客观两个层面进行简单的剖析，以便从纷乱的市场中梳理出解决问题的思路。

（一）艺术品鉴定是一门很复杂和高深的学科

首先，文物艺术品的历史久、学问深，很多知识一辈子也学不完。以书画为例，中国的书画史即便从最繁荣的唐宋两朝开始计算，也已经经历了1400多年。在这段漫长的岁月长河中，曾经诞生过的书画家如璀璨星月般不胜枚举。对某些艺术造诣很高的画家，我们到现在尚未完全摸清其生平，即便是对著名的书画家，不少名作的真伪学术界还存在争论。所以，对于一个合格的书画鉴定者来说，在其一生中能真正搞懂几个流派或者某一些画家就不容易了，想完全搞懂所有的中国书画乃至其他门类的艺术品，基本上是天方夜谭。

其次，艺术品鉴定是偏主观的学科，标准不好建立，很难量化或者完全依靠某一个标准。20世纪90年代,对于一件张大千的山水画,我国当代的两位鉴定大师谢稚柳先生和徐邦达先生竟然给出了截然相反的鉴定意见;对于美国大都会博物馆的个别藏品,张大千先生和谢稚柳先生又有不同观点。又比如谢老晚年曾经坦言,对某些画家作品的看法,在游历过台北和美国以后,较之从前会有不同的想法。略懂艺术品行业的人都知道,这些学术性的争论和修正是很正常的,但是在外行人看来,我们这个学科似乎标准很模糊,作为收藏者和投资者来说,有时候会变得无所适从。

(二) 鉴定体系内各方的交流合作远远不够

首先,公立机构专业人员与"市场派"群体经常存在意见上的分歧,甚至有抢夺话语权的现象。我国文物和艺术收藏品的归属可以分为公、私两类,因为专业人士的身份,也相应地使得公家单位的研究人员与私人藏家及爱好者慢慢聚集成两大阵营。客观地说,两类人群各有优势和短板:公家单位研究人员往往理论基础比较扎实,并且对本单位的馆藏品有更多近距离接触和学习的机会;市场派人士则见识面比较广,对作伪的特征尤其是新仿品的判断更敏锐,同时对艺术品价值的评估更为专业和精准。这两大人群各有优缺点,但是由于公家单位的管制相对比较严格,实际上体制内人员与市场的互动一直是比较少的。

其次,鉴定者水平参差,各立山头的情况比较常见,缺乏有效的沟通交流和相互学习的机制。艺术品鉴定本身是学术性工作,带有强烈的个人色彩,所以容易出现"文人相轻"的局面。再加上长期以来,由于市场和利益等因素形成的派系和个人之间的芥蒂,互相不服和"打枪"的情况便屡见不鲜。2013年,沪上某知名收藏家在海外斥巨资拍得苏轼的《功甫帖》,随即在国内引发了一场针对这件作品真伪的大争论。随着"看真"和"看伪"两大阵营的不断壮大,后续又引发了关于21世纪艺术品鉴定的权威究竟在博物馆体系还是在市场派中间的讨论。虽然对于作品真伪争论本身是无可厚非的,但是过程中暴露出来的从业者之间沟通合作的严重不足必然不利于我们整体鉴定水准的提升和综合体系的建设,值得我们深思。

(三)利益驱使,从业人员利用信息和知识的不对等牟取利益

艺术品鉴定是一门极其专业的学问,普通藏家很难对之有系统的学习和认识。理论上,鉴定的从业人员应该用自己的知识去服务藏家,藏家为此支付一定的费用,这才是一个合理的市场生态。但是有一些专业人士却利用藏家知识和信息的缺乏,把真品判做赝品,把珍品讲成普品,再想办法用低廉的价格从藏家手里买下来,从而牟取暴利。前段时间新闻报道的发生在某知名鉴宝节目专家身上的事例大体就属于这种性质。

此外还有一种依靠把假货判做真货来牟利的情况。我们目前的市场上充斥着很多不正规的拍卖公司,这些公司往往看不到他们组织过像样的拍卖会,但是也照样能生存很久,甚至"生意兴隆"。近几年不少媒体包括央视也曾经曝光过其中一些公司的运作方式,他们往往利用老年人想"捡漏"或者一夜暴富的心态,把这些人送拍的没有市场价值的物品说成是精品、奇品,在给出令人心动的高额的估价后,按比例向卖家先收取几千到几万元不等的"鉴定费",然后答应帮忙上拍和招商,卖家兴奋之余,一般都会乖乖支付这笔费用。最终的结果自然可想而知,卖家把流拍的物品取回,但是鉴定费用是不予退还的,这些不正规的拍卖公司就是靠这样的方式不断牟利。

以上两种都属于故意颠倒黑白的情形。"假作真时真亦假",这些主观上刻意把水搅浑的做法,客观上也加剧了艺术品鉴定的混乱局面。

(四)法律法规和监管的缺失

归根到底,鉴定行业诸多乱象的原因还在于相关法律法规的薄弱和监管的缺失。没有资质的乱鉴定、有资质的瞎鉴定,并且胡乱出证书,根本原因在于没有法律的监管和追责,所以给无能者和缺德者留下了非法牟利的机会。

三、对完善艺术品鉴定体系的方法的思考

针对以上的四点剖析，笔者认为，我们对艺术品鉴定的整顿和完善应该从法律、监管、教育、协作等几个方面着手，具体如下。

（一）立法和立规

我国目前针对艺术品市场已经有多部法律，比如《中华人民共和国文物保护法》《中华人民共和国拍卖法》《中华人民共和国消费者权益保护法》等等，这些法律若干年来指导和保护了我们的艺术品市场有序运行。但是随着艺术品市场的不断发展，新情况新问题的不断出现，原有的这些法律已经不能完全满足新形势下艺术品市场的需要，特别是对于艺术品鉴定这个特定的课题，我们目前与之匹配的法律还很薄弱，亟需增订。

近年来，在经济发达地区，一些比较有前瞻性的地方政府也已经为此付出了努力，并做出了必要尝试。在上海市人民政府官方网站上，一篇名为《关于〈上海市民间收藏文物经营管理办法〉的解读》的文章开头这样说道："近年来，民间文物收藏不断升温，文物价格持续攀升，文物流通领域也随之出现一些'乱象'：夹带文物经营活动的古玩旧货市场发展迅速，游走于监管的'灰色地带'；一些不法分子通过虚假鉴定、虚构拍卖等方式，骗取高额费用；网络文物交易活动日益活跃，亟待加强监管。因此，原有的《上海市文物经营管理办法》已经难以适应实践发展需要，亟须进行全面修订，进一步加强对民间收藏文物经营活动的管理，促进文物市场健康有序发展，助力打响'上海文化'品牌。"于是，2019 年 12 月 16 日，上海市政府第 74 次常务会议审议通过《上海市民间收藏文物经营管理办法》。目前，《办法》已经正式公布，并已于 2020 年 3 月 1 日起施行[1]。

新的管理办法对文物经营的主体、规范、相关服务与监管措施、相关法律责任等均做出了明确的说明与修正，特别是对于新兴的网

络销售文物以及古玩市场摊位的经营许可等做出了与时俱进的调整。应该说这个《办法》在很多方面从法律层面给了我们其他省市一个很好的先例，艺术品的鉴定作为艺术市场经营的一个板块，也受此制约和监管。同时，《办法》虽然不直接针对艺术品鉴定，却为相关法律的制定出台提供了可以借鉴的方向和方法。

（二）明确权责，职能部门加强科学的管理和监督

近年来，我们的文物管理部门已经在努力地进行各种尝试。比如江苏省从 2019 年开始试点，省内拍卖公司组织好每期的货源上报文物局批准的时候，由文物局组织专家对拍品进行逐一审核，凡是专家认为有问题的作品一律予以撤拍。这一改革的宗旨是为了清理赝品、仿品充斥的艺术品拍卖市场，给买家带来更放心的艺术消费体验。措施的执行也确实让很多拍卖公司更重视自身拍品的真伪品质，让真品率有了很大提升，售后的矛盾相应减少。可以说，积极效果是显而易见的。

但是这种比较严苛的做法也带来一些问题，比如有的行家就有不同看法。首先，《文物法》规定拍品的真伪由市场决定，拍卖公司本身只是经营单位，对作品的真伪有免责条款，故而这一举措有过严之嫌。其次，如果真伪都由文物局的专家把关，而买家还是买到了有疑问的作品，是否负责审核的专家们也要相应承担一些责任。再次，人们经常说"浑水摸鱼"，艺术品经营单位应该把真伪的尺度适度放宽，这样可以让眼力好的行家有漏可捡，若干年来，在拍卖市场里因为捡漏而获利者大有人在，也因此诞生了很多传奇故事，激励着众多从业者和行家打拼的斗志和学习的激情；而"水至清则无鱼"，如果艺术品市场真假好坏完全标识清楚，就变成了有财力的买家拼资本的场所，对于中小行家来说，也就失去了参与艺术品市场的乐趣和意义。

所以，对于艺术品鉴定这个特定的课题来说，职能部门既要严管，又不能"一刀切"，在方式方法的抉择和尺度的把握上，的确需要主管部门有更大的勇气和更高的智慧来处理好这个问题，最终形成

一套适合我国国情的科学的管理监督机制。

（三）用官方力量建立民间机构和个人鉴定资质的建档、准入和清退制度

上文提过，艺术品鉴定是一门复杂而科学的学科，门槛很高。相应地，对艺术品鉴定机构和个人资质的考核和发放应该是有很高的要求和非常严格的审批程序。事实上，我们目前对于这一块的管理基本上还处于比较放松的状态。

笔者认为，我们应该借助官方的力量建立艺术品鉴定资质的建档登记，对于经评定后确有实际能力的艺术品鉴定资质，由行政主管部门发放许可证。这既包括对经营单位资质的审核管理，也包括个人鉴定师资质的考核发放。由于鉴定门类很多，对于拥有相关资质的业务人员配备不全面的，要根据这家鉴定机构的实际鉴定能力标注其鉴定的经营范围。如果我们把社会上真正具有专业资质的鉴定机构和个人进行建档并公示，那么"骗子公司"就没有藏身之地，"江湖郎中"也无法浑水摸鱼。

有了官方建档登记制的管理形式，准入、奖惩和清退制度就有了实行的可能性。艺术品鉴定机构的日常管理完全可以参考其他类别的专业机构，在此不再赘述。笔者同时想提出的是，我们在准入机制上，除了官方的审批之外，可以增加由几家民间已经具有该资质一定年份并且信用良好的机构来推荐的环节，这一点有点类似日本传统拍卖的入会制度。这样新注册的机构，既符合官方的硬性要求，又得到民间的实际认可，可谓正本清源。

（四）加强专业人才的培养和引进，提升从业人员整体鉴赏水准

专业人员的培养不是一蹴而就的事情。他需要具备由绘画、历史等课程夯实的美学底蕴，也需要接受高校或专科院校里面相关专业的选拔和培养，最后还需要在广阔的市场中经受各种历练。长期以来，对于前面两个教育环节，我们从主观上重视的程度到客观上课程和院系的设置，都是远远不够的。近十年来，由于艺术品市场的井喷式发展，不少专科院校开始增加和扩展相关专业的设置，在日常生

活中，我们也发现不少父母开始更多地让小朋友参加如书法、绘画等艺术类课外课程的培训，这些都是很好的现象。另外，我国众多的公立博物馆和美术馆，也正在逐步取消或降低门票，并且在新生代专业人员越来越多的参与下，打破馆际和国界的限制，组织和策划了许多重要的大展，这些艺术的盛宴对国民艺术素养的普遍提高起到了十分积极的作用。

值得一提的是，对于已经拥有艺术或文博类专业设置的高校来说，我们原先的课程安排可能更多地偏向于考古学、器物学等传统理论方面的研究，而缺乏与博物馆等文物收藏机构和艺术品市场的互动，这在很大程度上造成了学生实践能力的缺失。高校的相关老师应该更多地组织学生参观博物馆和各大拍卖会，甚至可以让一些课程直接在博物馆的展厅里授课。让学生不再只是满足于死记硬背那些空洞的理论和应付学分制的考试，使其提升学习相关课程的兴趣。

艺术品的鉴定是一门综合的学科，即便是传统的目测鉴定的方式，其判定新老真伪的依据也是多方面的。以中国书画为例，其鉴定主要是根据作品的时代气息和书画家的笔墨风格，像我们比较熟知的谢稚柳、徐邦达先生等都是个中高手。但是对画面中一些元素的解读，可能有一些人更为专业，比如傅熹年先生本身是古建筑专家，他可以通过古代书画中一些建筑物的风格来判定书画作品的年代，后来也成为"全国书画鉴定七人小组"中重要的一员。又比如说中国书画离不开装裱，而一个有经验的裱画师，他对书画家创作时所用的材料、前人装裱的手法却有着更为深入和细腻的研究，如果有他们的参与，可以对我们古书画的鉴定带来不同角度的佐证。所以，对相关专业人员的引进，也不失为提升我们艺术品鉴定整体水平的行之有效的方法。

（五）把握好"区别鉴定"和"协同鉴定"

必须承认，同样是鉴定家，受时代、地域、经历、学识、智力等诸多因素的影响，个体的实际鉴定能力必然是有差异的。比如说，同样是中国书画领域，有的人擅长宋元，有的人擅长明清；再往下分，明代的

"浙派""吴门画派""松江派"等又都有不同的人进行着专项的研究;甚至于有人偏爱董其昌,又有人集中研究唐寅。一般来讲,对喜好和重视的特定领域投入精力越多,越容易有高于他人的深入领悟和独特见解,也更容易对该领域内的鉴定有更高的公信力。我们要树立和尊重各个细分板块的权威,让这些权威性的个体在其擅长领域的鉴定中掌握更多的话语权。这就是"区别鉴定"的概念。

当然,权威不是全能,人无完人,即便对于最熟悉的板块,一个人也有可能会犯错误;再者,由于文物鉴定本身的复杂性和特殊性,对于很多特定的作品,以我们目前的认知还很难形成公认的鉴定意见,启功先生曾经指出,"鉴定要有一定的模糊性",讲的就是这一点;另外,随着新资料的发现和新科技的发展,后人推翻前人结论的情况也屡见不鲜,清乾隆时期举国之力收集和编纂的《石渠宝笈》,是清宫鼎盛时期收藏书画作品的著录资料,极为权威,时至今日,其中许多作品在经过重新的审视后,已经被确认为古代的仿品。故而,一方面我们树立和依赖权威,另一方面,我们更要努力加强地域、团体之间的交流和合作,团队间相互的补充和制衡,可以有效地规避个人的片面性和不足。其实,对艺术品的"协同鉴定"就类似医生的会诊,我们不妨把它借鉴过来,为我所用。

据悉,江苏省文物局近年来建立了"馆藏文物定级专家库",其具体做法是把省内各大文博机构的专家集中起来,共同鉴定和品评省内各个单位的藏品。这个举措有效地打破了馆际的壁垒,集中力量去完成原先靠个体单位无法做到的事情。可以说,这正是"协同鉴定"的有益尝试。

(六)不断利用新科技中被广泛认可的量化指标来对主观的鉴定意见加以辅佐和修正

艺术品的鉴定在中国是一个传统行业,虽然人类文明较之前几个世纪已经有了天翻地覆的变化,但是这个行业到目前为止还是主要依靠目测来完成赏鉴的任务,最多也就是在此基础上增加一些文史和著录类的考证,我们统称为"经验鉴定"。经验鉴定的实质是鉴定者依据掌握的专业知识和对被鉴定物的感官综合评判的过程,并且越老道的鉴定者会发挥得愈加稳定,但不可否认这样的鉴定方式时常带着强烈的主观性,继而可能会因为鉴定发生的环境、鉴定者的学识局限、个人状态甚至人情世故等偶然因素影响到鉴定结果的准确性。

其实,现存多数种类的艺术品都不是孤品,不少科技人员和鉴定从业者已经把目光投向文物艺术品大数据库的建立,运用比对学来进行鉴定;碳十四和热释光对于文物年代的断定也变得越来越精确。另外,袖珍型紫光灯已经成为陶瓷鉴定者的标配,它可以让肉眼看不出的被修复过的部位无处遁形。诸如此类的科技手段,正在成为鉴定艺术品的有力的帮手,在很多情况下可以对主观的鉴定意见加以佐证或修正。

当然,机器终究是机器,不能越俎代庖。有人提出不如索性用高科技的手段来作为鉴定的最终依据,并且逐步替代传统的目测鉴定,坦率地说,这在文物艺术品的鉴定中是不切实际的。我们目前所要做的,还只是利用科技来给我们鉴定者一些数据的支持,譬如西医在诊断病人的过程中,会让他接受各种各样的检查,但是即使检查的数据再完备,终究还是要靠医生来进行综合的诊断和实际的治疗。其实,人类的主观判断和科技数据的结合,也是上文阐述的"协同鉴定"的另一种形式。

四、结　语

掐指算来,笔者从事艺术品经营行业已接近 20 年。在这 20 年里,我国经济腾飞,教育普及,我有幸目睹了艺术品市场井喷式的发展,但是随之而来的赝品堆积、伪"专家"当道等一些乱象也愈演愈烈,严重扰乱了艺术品市场乃至艺术品教育的正常发展。中国是经济大国,也是文化大国,中国艺术品市场发展的潜力是巨大的。我们时常会碰到一些高净值人群,他们对中国艺术品非常喜爱,也有心做一些收藏或者资产的配置,但是怵于这个行业"门槛太高水太深"而一直犹豫不决。另外,对于普通民间收藏者的藏品,除了送去正规拍卖行参加拍卖,让市场来检验它的真伪和价值之外,几乎没有一个可以信赖的途径来鉴定和评估自己的收藏品,这让他们十分困扰。即便是各大知名拍卖行,对于一些已经成交的作品,有时候也会出现买家因质疑其真伪而不予交割的状况,严重者甚至发展到双方对簿公堂。可是艺术品的真伪,就连专家都各执一词,我们的法院到底依据什么来判决呢?这又是令人头痛的问题。

有鉴于此,笔者在文中把目睹的我国艺术品鉴定的现状做了较为详实的阐述,从中抽丝剥茧,力求梳理出种种乱象背后的原因,并据此一一提出解决问题的方案。由于时间和视野的限制,对于种种现状的归纳和相关的思考之中必然有不少不周之处,也希望借此文可以抛砖引玉,引起方家的共鸣和思考。

① 节选自"上海市人民政府"官网"政务公开"栏目,《关于〈上海市民间收藏文物经营管理办法〉的解读》一文。详见链接:http://www.shanghai.gov.cn/nw2/nw2314/nw2319/nw41893/nw42231/u21aw1420296.html。

[作者:顾小颖,中贸圣佳(上海)拍卖有限公司,副总经理]

· 遗产论坛 ·

上海中心城区江南文化的挖掘和保护传承：
以普陀区为例的探索

钟经纬

上海在文化品牌建设中提出了全面打响"上海红色文化品牌、上海海派文化品牌、上海江南文化品牌"的总目标[①]，红色文化、海派文化和江南文化涵盖了"上海文化"品牌的各个面向，其中江南文化更是这三大文化中延续最长、最基本的历史底色和地理基因。一般认为，随着城市化进程，作为传统文化的江南文化，郊区比中心城区保存得更多一些。其实中心城区同样有着不少江南文化的历史遗存、物质载体、文化空间，值得我们去关注、挖掘和保护传承。

作为上海的中心城区之一、苏州河蜿蜒流经14公里、"因河而兴"的普陀区，既有江南特色的文物古迹，又有近现代城市特质的优秀历史建筑，地域特色鲜明的非物质文化遗产丰富。普陀的江南文化，与上海其他中心城区或郊区相比，可谓独树一帜，具有不可替代的独特性和价值。2016年，上海曾组织过"百个上海乡土文化符号"的征集，普陀有7项入选，其中至少有5项属于江南文化；而普陀评选出的十大乡土文化符号中则至少有8项属于江南文化的范畴。本文试就笔者从事普陀区文化遗产保护十余年的实践心得，对普陀江南文化的特质进行挖掘梳理,为普陀"苏河十八湾"文化品牌和"上海文化"品牌建设提供历史人文支撑和实践经验。

一、普陀区的江南文化内涵

普陀,既是上海的一个中心城区,又地处长江出海口的江南大地,属于河口滨海冲积平原。从大的地理背景而言,普陀的地域文化正是江南文化的一个组成部分。事实上,普陀的地域文化也正是由这种自然和历史地理所决定和孕育的。从历史地理、文化遗产、传统文化等角度考察,我们可以发现普陀至少有宋元文化、苏州河水文化、近现代工业文化和特色地域文化等四个方面的江南文化特质。

(一)以真如寺大殿和水闸遗址为代表的宋元文化

上海自西向东,从成陆到发展为村镇和城市,有一个历史过程。普陀的历史文化一定是上海地区历史文化的一部分。由于普陀位于上海中心城区的西北部,所以普陀的成陆相对于其他中心城区和浦东新区一定是更早的,这就决定了普陀的古代文化遗产相对比较丰富一些。现今普陀的这片土地,在唐代以前就已经成陆了,至宋元已成村镇,并初显繁华,虽至19世纪末普陀境内仍以农村景象为主,但仍留下了不少弥足珍贵的宋元时期的历史文化遗迹。

纵观整个上海,留存至今的宋元文化遗迹并不是很多,中心城区除了宋代龙华塔,最具代表性的上海宋元文化遗迹和要素基本保存在今天普陀境内。

1. 真如寺大殿和因寺成镇的真如古镇

古吴淞江"宋时阔九里",真如古镇正是其北岸宋元之后逐渐发展起来的江南水乡市镇,其因寺而兴,得名于元代真如寺,明代成镇,为"编氓鳞比,商贾麋聚"之地[②]。真如寺原在宝山大场,元延祐七年(1320)移建于此。今日的真如寺内仅存大殿为元代遗构,以及一株与大殿同时代的古银杏,已无其他古迹。真如寺大殿为单檐歇山顶建筑，清光绪年间重修时曾将其改建为双檐，但主体结构未变，1963年重修恢复元代面貌。大殿两前金柱间横梁上双钩阴刻"昔大元岁次庚申延祐七年癸未季夏月乙巳二十日巽时鼎建"的墨字清楚地记录了它的年龄。这座江南地区罕见、上海唯一的元代大殿（同时也是上海唯一的元代地面建筑），成为全国重点文物保护单位也是实至名归。真如古镇虽然目前已没有太多的历史古迹可寻，但水系脉络和基本的街巷格局依然保留至今，并传承下了"真如羊肉制作技艺""真如庙会"等非物质文化遗产。因此，时至今日，称其为江南水乡古镇，也丝毫不为过。

2. 著名水利家、画家任仁发的遗作志丹苑水闸遗址

任仁发，青浦人（即吴淞江畔人），元代水利家、画家。他作为画家留下的画作或藏于故宫博物院，或以天价现身于拍场，而他作为水利家留下的作品却一直没有被发现，直到志丹苑水闸遗址2001年的现世。据考古发现，志丹苑元代水闸位于古吴淞江支流赵浦故道，正是任仁发设计建造的、可与史料印证的唯一实例——赵浦闸[③]。此外，水闸遗址还发现了韩瓶、有八思巴文的木构件和瓷器等宋元遗物。水闸遗址于2006年被评为全国十大考古新发现之一，2013年直接升格为全国重点文物保护单位。这也是上海唯一的元代地下建筑遗存，如今已在遗址上方建成了博物馆，成为开展公共考古和乡土教学的重要窗口。

3. 桃浦地区的历史人文和文物古迹

桃浦地区南宋时期离海岸线尚较近，南宋建炎三年至绍兴三年（1129—1133）间韩世忠抗金时由苏州经海上移军设营屯兵于此[④]，今已消失的厂头镇即因驻兵厂头营而得名，这里留下不少史迹和传说。今仍有三处文物（塔、桥、井）与此有关，是桃浦地区历史文化的符号。一是古塔，即韩塔，原有南北两座，相距十里，相传乃韩世忠所筑的渡标，现存北塔，又称白塔，2003年重修。二是古桥，即绿杨桥，原名落阳桥，又名洛阳桥，相传始建于南宋，现存桥梁为清乾隆年间（1768）重修，为五跨平桥。三是古井相传为宋井，韩世忠所挖，虽无法考证,但确是一口历史久远的古井。此外,桃浦地区还出土了一些据信是韩世忠犒军用的酒器"韩瓶",已被有关博物馆收藏。

（二）以苏州河水岸文化为代表的江南水文化

江南大地,水系复杂,河网密布,素为鱼米之乡、富庶之地。因水而生、因水而兴是许多江南市镇共同的发展轨迹。因此,水文化是江南文化的重要标志和重要内容,江南水乡古镇则是江南水文化的重要节点,也是江南文化的典型代表和缩影。苏州河（吴淞江）"唐时阔二十里",随着经济发展,水流减速,泥沙淤积,"宋时阔九里",经明代的疏浚,汇入黄浦江,成为其支流,方才形成了今日所见之格局。因此苏州河（吴淞江）是上海名副其实的母亲河,也有人称其为上海的"祖母河",苏州河更是普陀的母亲河。今日普陀境内的苏州河自北新泾到长寿路桥,长达14公里,两岸岸线则有21公里。千百年来,"吴淞江水兴普陀",以苏州河为主干的河网自然资源孕育了普陀典型的江南水文化。

1. 河网水系组成的自然生态资源

苏州河在普陀境内九曲十八弯,岸线曲折、形态优美,被誉为"苏河十八湾",其独特的历史地理和人文内涵,成为普陀文化品牌的标识。如今的苏州河,水清鱼乐,生态优美,已经恢复到被污染前的状态,虽然枕水人家的状态已与旧时完全不同,但水岸生活依旧。苏州河普陀段经新中国成立的疏浚串联,如今尚有木渎港（东、西虬江）、丽娃河、真如港、彭越浦等支流,以前则更多。它们与苏州河共同构成了普陀的河网系统。这些支流在历史演进中也孕育了自己的水岸文化,最有代表性的是大夏大学和华东师范大学所在的丽娃河（故道东老河,目前已不直接与苏州河贯通）,曾经文人荟萃,风雅无比,而今也是一道亮丽的风景。苏州河和它的支流及其所孕育的水岸文化和生活方式,共同奠定了普陀江南水文化的基石。

2. 桥梁、渡口等水文化的人文要素

水文化的内涵丰富,除了历史地理、自然资源,还有因此而产生的桥梁、渡口及地名等人文要素。苏州河上桥梁众多,现在的普陀区就有各种桥梁达16座之多。虽然这些大多是现代桥梁,但也有一些历史悠久、文化内涵丰富。例如:今江宁路桥,又名造币厂桥、洋钿厂桥,原为1929年中央造币厂所建之木桥;今宝成桥,又称谈家渡桥,原为1931年由苏州河北岸的崇信纱厂杨杏堤等捐造的木桥;今华政桥,又名学堂桥、校园桥,原为1934年由横跨苏州河两岸的圣约翰大学修建的木桥。除了桥梁,苏州河上还有许多渡口,如小沙渡、谈家渡、曹家渡、新渡口等,如今虽无渡口,但大部分地名仍在使用。此外,因苏州河而产生的历史地名,如"三湾一弄""叉袋角"等,这些共同构成了苏州河江南水文化的人文内涵。

3. 以元代水闸遗址为代表的古代水利文化

志丹苑元代水闸遗址的发现为我们了解古代普陀地区水利文化提供了经典案例。水闸遗址面积1300余平方米,平面呈对称八字形,以青石闸门为中心,底部为过水石面,石面由铁锭榫嵌合的青石板铺就,下方依次为衬石木板和木梁、木桩,水闸两侧为石墙驳岸。这种建造方式基本符合宋代《营造法式》中水利工程的要求,也可见当时苏州河上的水利工程技术已相当成熟。对此,专家评价为"规模最大、做工最精、保存最好"⑤。志丹苑水闸也是我国第一座考古发现的古代水闸遗址,对于了解苏州河流域历史变迁、水利发展以及江南地区的水利文化具有重要意义。

(三)以苏州河工业遗产为载体的上海近现代工业文化

上海开埠之后,近现代工业在黄浦江和苏州河两岸发展起来,苏州河两岸近现代工业文化有其自身显著特征。除了外商和官办的工业企业外,这里积聚了一大批民族实业家在此创办企业,逆境自强,实业救国,是我们民族工业的发祥地之一。工厂鳞次栉比、商船往来繁忙、机器轰鸣、工人积聚,这曾是苏州河工业文明的真实写照。随着产业结构调整,如今的普陀区苏州河沿岸活着的工业企业已为数不多,但留存了十余处工业遗产,这些旧时的工业厂房和仓库,或是成了文化创业产业的园区,或是成了展示工业文明的博物场馆,或是成了绿树成荫的滨河公园,实现了"华丽转身"。

1. 铸就中国民族工业摇篮的苏州河民族工业遗存

苏州河两岸是上海近现代民族工业最集中的区域,而普陀段则是民族实业家创办的工厂最密集的地方。虽然大部分工厂旧址因为种种原因已不复存在,但依然留存相当一部分极具代表性的工业遗产。例如,十九世纪末由孙多森创办的阜丰机器面粉厂就在苏州河叉袋角,是苏州河畔最早的民族工业;被誉为"面粉大王""棉纱大王"的荣氏家族创办的福新面粉厂和申新纺织第九厂的部分建筑仍在普陀苏州河畔;"化工大王"吴蕴初创办的天利氮气制品厂不仅保存了20世纪30年代的厂房,连当年从国外引进的机器设备都十分完好;徽商周志俊创办的信和纱厂从青岛南迁至苏州河畔,如今是享誉中外的艺术文创园区M50创意园;中华书局印刷所澳门路厂旧址是我国唯一保留完整的出版机构旧址……九曲十八弯的苏州河普陀段,仿似一部近现代民族工业创业史的缩影。

2. 苏州河沿线其他众多的上海近现代工业遗产

虽然民族实业家纷纷在苏州河畔开厂创业,但最早占据苏州河畔的还是外来殖民者的工厂。例如:苏州河畔还保留着上海第一家化工企业、后来的江苏药水厂的办公楼;英商上海啤酒有限公司的厂房是匈牙利建筑师邬达克设计、保留至今的唯一一处工业建筑遗产;由德国人创设的、后来的上海被服厂旧址,有着标志性的塔楼;日资的上海麻袋厂旧址现为创意园区……官僚资本自然也不会放弃苏州河畔这一优越的地理区位,时至今日仍有一些重量级的企业旧址留存,包括中央造币厂和中央印制厂上海厂等,其中最负盛名的便是中央造币厂旧址,其主厂房是一栋新古典主义风格的建筑,可谓苏州河北岸最美的建筑之一。民族工业、官僚资本企业、外来殖民企业共同构成了苏州河沿线的上海近现代工业文明。

3. 由近现代工业文明所孕育的非物质文化遗产

工业文明在苏州河畔上百年的发展,一批与工业生产生活密切相关的非物质文化遗产也应运而生,与厂方仓库等物质的历史空间交相辉映。始建于1920年的中央造币厂是一家现代机制币厂,但也传承了中国传统的手雕模具技艺,形成了钱币生产的手工雕刻技艺这一非遗项目,并代代相传至今。苏州河畔的统益纱厂是众多的华商工厂之一,1926年其账房创办了"悦来芳茶食糖果号",这是一家典型的以周边工厂工人对服务对象的食品店,近百年来其独有的食品制作工艺已传承了七代,成为名副其实的非物质文化遗产。此外,苏州河沿线民族工业的商标文化也独具特色,其商标设计理念至今都有很深的影响。

(四) 以地域特色非遗为代表的江南民间文化

地处苏州河畔的江南大地,普陀同样保留了丰富的江南民间文化。这些文化根植于普陀的历史人文和自然环境,具有显著的地域特色,有的还是普陀本地所独有的。例如,传统的音乐戏曲多使用江浙一带的方言,具有典型的江南风味;当地的民俗风情和源自民俗的传统技艺,也多是江南地区的一种分支或流派。这种地域性的传统民间文化今日主要以非物质文化遗产的形式呈现,包括传统音乐戏曲、民间技艺美术以及传统民俗风情等类型。

1. 音乐戏曲类传统文化

"江南丝竹"是江南地区特有的民间音乐形式,既在私宅茶楼演奏,也在婚丧喜庆、节日庙会助兴,风格秀雅精细,是江南水乡文化的标志之一。民国后,上海成为江南丝竹传承的中心。普陀还衍生出了具有地域特色的"长征江南丝竹",起源于清代同治年间,成为上海江南丝竹的一个重要分支,桃浦地区的丝竹班也非常多。普陀作为江南丝竹重要的传承地,和其他区共享这一国家和市级非物质文化遗产。除了江南丝竹,普陀的宜川社区的淮剧、京剧、越剧等江南戏曲文化特别丰富,被评为中国民间艺术之乡。玉佛禅寺被誉为"江南名刹""沪上首刹",不仅拥有丰富的物质文物化遗产(包括文物建筑和佛教文物珍品),其梵呗艺术传承百多年,融江南丝竹、打击音乐与佛教仪轨和思想于一体,形成独特的"玉佛禅寺传统梵呗艺术",成为市级非物质文化遗产。

2. 民间技艺类传统文化

真如古镇的"真如羊肉制作技艺"成名于清乾隆年间,已有两百多年历史。据载,鼎盛时期,古镇一条街上有三十多家羊肉馆。羊肉如此风行,与当地人冬日食羊肉驱寒和伏天食羊肉养生的习俗息息相关。真如羊肉有红烧和白切两种,其中红烧最出名的有赵氏兄弟的摊位和李氏的余庆祥羊肉店,白切羊肉以王氏的阿桂羊肉店最独特。真如羊肉红烧和白切的技艺作为市级非遗在今日古镇都得到了较好的传承。宜川社区的"赵家花园菊花种植技艺"亦有两百多年的传承历史,已在此传承了九代。赵氏家族自清乾隆年间开始种植花卉,无论在拥有的苗圃面积还是在花市的份额上,都曾在上海地区首屈一指,并产生了"赵家花园"这一地名。其菊花种植技艺更是一绝,培育出了许多珍稀品种,屡创纪录。此外,普陀还有"长征纸艺",以及源自苏州、芜湖等其他江南地区的传统工艺美术类非遗,如"手绘彩蛋""海派铁制书画艺术"等。

3. 民俗风情类传统文化

普陀部分地区,尤其是原属嘉定的真如、桃浦、长征等地仍保留了一些传统民俗和仪式,虽然这些传统民俗原有的环境已经发生了变化,其传承空间受到了制约,但幸运的是,这些有着显著地域风情的习俗和传统以非遗的形式被记录和保护下来。例如,"十二朝"是江南地区传统的生育礼俗,桃浦地区仍不同程度的保存了该项民俗,即在婴儿出生的十二天举行献灶、领喜、寄名、报喜、贺生等"桃浦十二朝生育礼俗"活动。又如,真如古镇的庙会可上溯到元末明初,佛诞之日,真如寺前热闹非凡,新中国成立后虽然庙会的形式发生了很大的变化,但真如庙会作为一个区域文化的品牌得到了保存。再如,长征地区的"道教仪式美术"源于江南地区政一道美术体系南翔派,已有两百余年历史,有服饰、纸扎、雕塑、绘画、铺灯等美术形式,在日常的道教活动中呈现。

二、江南文化的保护传承

宋元文化、苏州河水文化、近现代工业文化和地域特色民间文化是普陀江南文化的主要内容和重要特质，也是上海江南文化不可替代的重要一环。保护和传承好这些弥足珍贵的历史文化遗产，对于普陀"苏河十八湾"文化品牌的打造具有十分重要的意义。如何将江南文化的内涵与表现形式、物质载体、传承空间充分利用起来，服务于今天的文化发展，满足人们精神需求，这是我们要探索和思考的重要课题。

江南文化是中华优秀传统文化的重要组成部分，具有历史性、传统性、地域性等特性，在数字时代的国际大都市保护这种文化，很容易成为一个悖论。因此，在一个国际化的中心城区要保护和传承江南文化，首先还是理念上的认识问题，即如何使其不淹没在现代大都市的物理环境和现实生活中，并提升识别度，得到传承和弘扬。这个理念，最基本的就是，要让人们深刻地意识到这是这个城市的底色和文脉，要让它融入现代都市生活中，有机地、自然地结合进去，而非机械的、刻意的、盆景化的保存，使其真正的与时代同行。有了这样的理念作为基础和指引，去探索和实践江南文化在城市中的保护传承将会更加有效。上海各区都十分重视文化品牌的打造和文化遗产的保护传承，但将江南文化作为一个专题来保护和打造的则较少，尤其是中心城区。城市中，尤其是中心城区的江南文化的保护传承和乡村的江南文化保护传承在路径上是有差异的。普陀区在多年的文化遗产保护中，虽然也未进行过专题研究和保护传承，但由于江南文化相对较为丰富，在结合自身特点的实践过程中也取得了一定的成果，笔者在探索实践中也形成了一些心得，大致有两大方面的路径。

（一）以苏州河这一地理要素作为文化传承的主轴

要论及普陀区江南文化的文化空间和自然环境，那一定是苏州河，大部分今日遗存的江南文化物质载体，都紧紧地依存于此。因此,做足苏州河的文化和研究、深挖苏州河底蕴和资源、打造苏州河文化品牌就是在保护和传承普陀的江南文化。

1."苏州河文化遗产"概念的提出

十余年前,笔者在对普陀区文化遗产调研后发现,普陀区大部分历史文化遗产,尤其是属于江南文化范畴的文化遗产都分布在苏州河(包括今日之苏州河和吴淞江故道)沿线。事实上,文化遗产分布在母亲河岸是必然的,因此笔者对普陀江南文化的研究也都是围绕着苏州河这条地理和文化主轴展开的,并由此提出了"苏州河文化遗产"这个概念。显然这是一个线性文化遗产的概念,那么其保护传承也要依据线性文化遗产的特点展开。在初步挖掘和研究基础上,笔者作为执行主编,于2009年出版了第一部以"苏州河文化遗产"命名的区域性文化遗产图志——《苏州河文化遗产图志(普陀段)》。该书不仅首先提出了苏州河文化遗产的概念,而且在全书编写体例上也以苏州河为线[6],包括苏州河沿岸工业遗产和其他文化遗产(涵盖民居宅邸、文教建筑和公共建筑及其他)。同时,苏州河也是上海的母亲河,穿越了多个中心城区,除了最长的普陀段之外,还有长宁、静安、原闸北、虹口、黄浦等区。顺着苏州河的东流,沿线文化遗产的特点也各不相同,但相同的是历史和地理底色——江南文化。而这本图志也只是起了个头,因为完整的苏州河文化遗产应该是全流域和全方位的。从理论研究着手,以苏州河统领沿线文化遗产的保护传承,是普陀实践江南文化挖掘和保护的第一步。

2. 以苏州河串联起博物馆群落

苏州河沿岸文化遗产的集聚,衍生了博物馆的集聚。20世纪90年代以来,随着上海产业结构转型,苏州河沿线很多工业企业逐渐退出生产领域,历史空间开始化身为创意产业园区、博物馆、公共绿地等。经过十多年的发展,普陀苏州河沿线陆续产生了利用上海啤酒厂旧址建成的梦清馆(上海苏州河展示中心)、利用申新九厂旧址建成的上海纺织博物馆、利用中央造币厂旧址建成的上海造币博物馆、利用吴淞江故道水闸遗址建成的上海元代水闸遗址博物馆等一大批有代表性和颇具特色的博物馆。在此背景下，笔者认为应该要将苏州河沿线的博物馆串联起来，以此来加强保护和宣传苏州河的历史文化遗产。对此，笔者大致做了三个方面的实践和探索。一是于2009年起开始与有关单位联手编制苏州河博物馆长廊规划，并不断更新版本，宏观指导和把握普陀苏州河沿线博物馆的发展和布局；二是悉心征集苏州河历史文物，尤其是以工业文化为重点，筹建博物馆，全貌式展示苏州河工业文明风雨历程和辉煌成就的苏州河工业文明展示馆于2014年在上海眼镜一厂旧址建成开放，使工业文化在河畔得到永久的留存和延续；三是牵头发起成立旨在联动沿线文博场馆的苏州河博物馆理事会，经过数年的酝酿和筹措，于2016年年初成立。通过以上三个手段，初步实现了苏州河沿线博物馆群落的形式并良性发展和互动，这对有赖于苏州河而产生和延续的江南文化的保护传承起到了积极作用。

3. 以苏州河为主题的文化艺术活动来传承江南文化

除了对江南文化历史遗存和物质载体的直接保护，以苏州河为主题开展各种文艺创作和文化活动也是传承江南文化的重要途径。普陀区的"苏州河文化艺术节"已举办十余届，以苏州河为元素的文艺作品更是数不胜数。以美术书法作品的艺术创作为例，笔者在区美术馆工作时，组织策划了多次邀请海上美术名家以苏州河文化为主题的美术创作，并形成了"墨香·河韵——馆藏苏州河主题作品展"，赴广东佛山、江苏常州、西藏日喀则、江西景德镇、浙江杭州、安徽芜湖以及美国硅谷、俄罗斯莫斯科等国内外城市巡展，传播上海和普陀的江南文化。以文学创作为例，笔者在区图书馆工作时，联合区作协，组建苏州河作家联盟，并组织苏州河为主题的文学创作，出版了《印象——苏州河作家联盟作品集》。尽管苏州河主题的文学艺术创作的作品并非完全是江南文化的范畴，但也占据了大部分，因此以苏州河为主题串联起普陀的江南文化，并开展宣传活动，对江南文化的保护传承起到了十分积极的作用。

(二) 将整体保护、融合保护的理念纳入江南文化保护传承

1. 注重载体和环境的同步保护

经济社会的飞速发展和数字时代的到来,对保护和传承属于传统文化范畴的江南文化带来了重大挑战,即在客观和主观上都带来了难度。在这种背景下,尤其是在上海的中心城区,即国际文化融合的大都市中来保护传承江南,将江南文化的要素、遗存、载体等与其赖以存在的环境、空间同步保护显得尤为重要。真如古镇是普陀江南文化一个很好的例子,它原是古吴淞江北岸的江南古镇,因水而兴,因寺成镇,旧时在上海江南古镇"金罗店、银南翔、铜真如、铁大场"的古谚中排行老三。这里有上海唯一的元代地面建筑真如寺大殿,也留存了部分街巷水系,还有真如羊肉、真如庙会等非物质文化遗产,江南文化基因深厚。在真如城市副中心建设中,也牢牢抓住了这一历史基因,在发展定位中不同于上海中心城区其他城市副中心的规划和发展,不仅突出了真如700年的历史底色,在涉及原古镇的核心区域的规划重致力于留存江南古镇的空间机理和文化要素。这是将江南文化在城市发展中,文物、非遗、空间、环境等各要素融合传承的一个案例。

2. 物质和非物质文化遗产的联动保护

物质和非物质文化遗产虽然以不同的形态存在于江南文化的面貌中,但它们都根植于其产生的土壤中。在普陀的江南文化中,有一部分物质文化遗产和非物质文化遗产是完全同源的,犹如同根所生的两朵奇葩,因此将物质和非物质文化遗产结合起来保护既有很大可能性,也非常有必要性。例如,玉佛禅寺是享有盛誉的江南古刹,与此同时,传统梵呗艺术也孕育和繁荣于此,现已传承四代,其文化空间一直未变。再如,中央造币厂旧址和钱币生产的手工雕刻技艺亦是类似的关系,这家苏州河畔的近现代造币工厂,不仅在城市工业化中发挥了积极作用,而且在传承传统的手工技艺也发挥了作用,在这里工业遗产得到了活态保护,非遗项目也得到了活态传承。又如,苏州河沿线的近现代工业文明还孕育了卢式心意拳、悦来芳食品加

工技艺等非遗项目,由于苏州河畔工厂和工人集聚,工人工作之余需要强身健体和休闲娱乐,卢式心意拳在工人里弄传承开来,一直延续至今;生活水准并不高的工人的饮食需求,纱厂衍生了"茶食糖果号","悦来芳"便是一个代表,其具有江南特色的糕点糖果至今仍颇受追捧。在这里,这些历史建筑既是这些非遗项目的历史渊源和见证者,也是历史记忆的共鸣点,两者在互动中得到了更有效的保护和传承。

无论是文化遗产的保护还是传统文化的保护,都要在实践中探索各种融合,除了上文所述的时空融合、有形和无形的融合,其他如文旅的融合、线上线下融合,在中心城区江南文化的保护传承中也都很大的探索空间和实践意义。

---

① 上海市委办公厅、市政府办公厅:《全力打响"上海文化"品牌,加快建成国际文化大都市三年行动计划(2018—2020年)》,2018年。

② 吴贵芳:"序一",真如镇人民政府编:《真如镇志》,上海社会科学院出版社,1994年。

③ 上海博物馆编著:《志丹苑上海元代水闸遗址考古报告》,科学出版社,2018年。

④ 上海市嘉定县《桃浦乡志》编写组:《桃浦乡志》,上海科学普及出版社,1995年。

⑤ 上海博物馆编著:《志丹苑上海元代水闸遗址研究文集》,科学出版社,2015年。

⑥ 上海市普陀区文化局编:《苏州河文化遗产图志(普陀段)》,上海辞书出版社,2009年。

(作者:钟经纬,上海市普陀区文化遗产保护管理委员会办公室副主任,普陀区文化馆书记、副馆长)

修复技艺类"非遗"项目的保护现状及相关问题的思考

俞 蕙

一、前　　言

2006—2014年,我国先后公布四批国家非物质文化遗产名录。其中传统技艺类项目中,修复技艺共计5项(可移动文物4项,不可移动文物1项)。自第二批起,修复技艺类项目进入国家级名录,第三批1项,第四批3项,可见我国对于传统修复技艺保护的日趋重视。

修复技艺类的"非遗"项目主要以"文物"为载体,是"物质文物遗产"与"非物质文化遗产"的结合。该类技艺的传承发展关系到我国各类珍贵文物的存亡,对其开展研究不仅能保存我国优秀传统技艺,而且能更好发挥其在文物保护方面的重要作用。

表1　国家级修复技艺类"非遗"项目

名　称	申报单位或地区	国家级非遗名录
装裱修复技艺(古字画装裱修复技艺、古籍修复技艺)	北京市荣宝斋、故宫博物院、国家图书馆、中国书店	第二批
青铜器修复及复制技艺	故宫博物院	第三批

续 表

名　称	申报单位或地区	国家级非遗名录
古陶瓷修复技艺	上海市长宁区、上海博物馆	第四批
古代钟表修复技艺	故宫博物院	第四批
古建筑修复技艺	甘肃省永靖县	第四批

在省级"非遗"项目名录中,修复技艺类"非遗"项目也以书画装裱修复、古籍修复、青铜器修复、古陶瓷修复技艺的项目为主。

1. 装裱修复

1）装裱修复技艺 河南省博物院　河南省第四批

2）古书画装裱修复技艺 上海交通大学海派文化研究所 上海市第四批

3）古书画装裱修复技艺（沈阳市） 辽宁省第五批

4）书画传统装裱与修复技艺 荣昌区 重庆市第五批

5）福建古籍修复技艺（古籍中心）福建省古籍保护中心 福建省第五批

6）裱修复技艺（古籍修复技艺）山东省图书馆　山东省第四批

7）装裱修复技艺（古籍修复技艺）武汉市、湖北省第五批

8）中国传统书画装裱修复技术 哈尔滨市、黑龙江省装裱艺术研究会 黑龙江省第三批

9）古籍修复技艺 黑龙江省图书馆　黑龙江省第四批

10）四川书画装裱修复技艺——蜀裱 四川省非物质文化遗产保护中心 四川省第四批

2. 青铜器修复

1）青铜器修复技艺（南派）安徽博物院 安徽省第四批

2）青铜器修复技艺 河南省博物院　河南省第四批

3）青铜器修复技艺 上海博物馆 上海市第四批

4）青铜器制作技艺（青铜镜修复及复制技艺、青铜编钟制作技

艺）鄂州市、随州市曾都区 湖北省第五批

5）青铜器修复与仿古技艺 南京博物院 江苏省第三批

3. 古陶瓷修复技艺

1）古陶瓷修复技艺 上海博物馆 上海市第三批

2）锔瓷技艺 抚顺市 辽宁省第五批

3）传统锔艺 威海市 山东省第四批

本文将对已列入国家"非遗"名录的"装裱修复技艺""青铜器修复及复制技艺""古陶瓷修复技艺"等三项技艺开展保护现状调研，并在此基础上探讨文物保护理念与现代科技不断发展的背景下，修复技艺的"非遗"保护工作现阶段面临的问题及思考。

二、修复技艺类"非遗"项目保护现状

（一）装裱修复技艺

1. 名录情况

国家级"非遗"项目"装裱修复技艺"包括：古字画装裱技艺、古籍修复技艺、苏州书画装裱修复技艺三项，涉及故宫博物院、苏州博物馆、国家图书馆、中国书店、荣宝斋等5家单位，现已公布5名国家级代表性传承人，具体情况见下表：

表2 国家级非遗项目"装裱修复技艺"一览表

	项目名称	单位	代表性传承人
1	装裱修复技艺（苏州书画装裱修复技艺）	江苏省苏州市（苏州博物馆）	范广畴
2	装裱修复技艺（古字画装裱修复技艺）	故宫博物院	徐建华
3	装裱修复技艺（古籍修复技艺）	国家图书馆	杜伟生

续表

	项目名称	单 位	代表性传承人
4	装裱修复技艺(古籍修复技艺)	中国书店	汪学军
5	装裱修复技艺(古字画装裱修复技艺)	荣宝斋	王辛敬

(1) 故宫博物院(古字画装裱修复技艺)[1][2][3][4]

明清时期,书画装裱基本形成以北京为中心的"京裱"和分别以苏杭、扬州为中心的"苏裱""扬裱"等流派。新中国成立后,张耀选、杨文彬、孙承枝等全国书画装裱修复高手进入故宫博物院修复书画文物,先后修复了张择端《清明上河图》、展子虔《游春图》、韩滉《五牛图》、马和之《唐风图》、顾闳中《韩熙载夜宴图》等一系列国宝级文物。

2012年,徐建华被评为国家级代表性传承人,为故宫博物院古字画装裱修复技艺的第二代传人。徐建华1951年生于北京,1974年进入故宫博物院修复厂裱画组工作,师从故宫第一代传承人杨文彬,曾参与修复《清明上河图》《游春图》《五牛图》等国宝级古代画卷。

2016年,故宫博物院书画装裱修复的工作团队共19人(3人为返聘人员),主要负责人为第三代传人杨泽华。

(2) 荣宝斋(古字画装裱修复技艺)[5][6][7]

1956年,荣宝斋成立装裱与修复车间,吸收当时身怀绝技的民间艺人,如有"装裱国手"之称的张贵桐、王家瑞。荣宝斋是北派装裱(京裱)的典型代表,追求庄重豪华、用料考究、制作精良,代表性装裱修复作品包括山西应县佛宫寺释迦塔内已有800多年历史的辽代经卷。

2008年,装裱修复技艺正式被国务院列为国家级"非遗"项目。2009年王辛敬被列为国家级"非遗"项目装裱修复技艺代表性传承人。1978年，王辛敬入行工作，恰逢文物修复专家张贵桐、王家瑞、李振东、冯鹏生等从事山西应县木塔内辽代残破经卷的抢救性修复，他跟随这几位装裱先辈们勤学苦练，从艺30年间，修复数以百计的珍贵书画作品。目前荣宝斋装裱修复室，共有高级技师4人，技师4人。

(3) 苏州博物馆（苏州书画装裱修复技艺）⑧

2008年，苏州博物馆成立书画装裱修复工作室，聘范广畴担任技术指导，负责培养修复人才、传承苏裱技艺、整理苏裱技艺历史资料，修复苏州博物馆馆藏破损古书画。2011年"苏州书画装裱修复技艺"入选国家级非遗扩展项目名录，苏州博物馆为责任保护单位。

2012年，范广畴被评为国家级代表性传承人。范广畴1956年参加工作，在苏州第一裱画生产合作小组拜苏裱名家谢根宝为师，从事苏裱艺术和古画修复工作近60年，获评高级工艺美术师。先后被文化工艺厂、苏裱合作社、吴门画苑、中国苏绣博物馆等聘为装裱师。2008年至今，被苏州博物馆聘为苏裱研究员。

苏州博物馆的古书画修复装裱工作团队还包括：从事古书画修复装裱30余年的工艺美术师连杏生、范广畴的徒弟张华、王嫣妮等。

(4) 中国书店（肄雅堂 古籍修复技艺）⑨

中国书店成立于1952年。由于收购回来的图书都要进行分类、清洁、修补等处理，因而中国书店自成立起就汇集了北京诸多私营古旧书店里最擅长古籍装订、修补技艺的老师傅，并由他们口传心授，培养古籍装帧修补专业技术人才。1958年，中国书店合并一百多家私营书店，由于肄雅堂装裱手艺名声最大，所以中国书店传承下来的古籍修复技艺以"肄雅堂"命名。

2008年，中国书店申报的肄雅堂古籍修复技艺被列入第二批国家级"非遗"名录。2012年，中国书店汪学军被列为国家级"非遗"古籍修复技艺传承人。汪学军1982年高中毕业后，接替父亲岗位进入中国书店工作，主要跟随父亲汪增仁、赵树枫、韩秀风等师父学习古籍修复技艺。汪学军祖孙三代均从事古籍修复工作，在裁切工艺上素有"大刀汪"美称。其祖辈为汪景熙,曾在原琉璃厂附近开过一家裁书作坊;其父汪增仁,随父学习裁切,后进入中国书店,从事古籍修复工作。

(5) 国家图书馆⑩⑪

国家图书馆古籍修复技艺历史悠久,1949年《赵城金藏》入藏北京图书馆(国家图书馆前身),肖振堂、肖振邦二兄弟牵头成立古籍部修书组,从北京琉璃厂吸收多位民间修复技师入组,其中即有被誉为"修复国手"的张士达。此后数十年,国家图书馆先后完成《赵城金藏》、《敦煌遗书》、《永乐大典》、西夏文献等国宝级纸质文献的修复工程,逐步形成一套示范全国的古籍修复技术规范,同时培养出杜伟生等业内知名的古籍修复专家。

2008年,国家图书馆古籍修复技艺入选第二批国家级"非遗"名录。2012年,杜伟生被选为第四批国家"非遗"项目古籍修复技艺传承人。杜伟生现为国家图书馆研究馆员,从事古籍修复工作三十多年,曾修复南北朝到唐末的敦煌遗书100余件、宋《文苑英华》、明《永乐大典》以及其他善本古籍数百册。1990年,赴英国修复整理敦煌遗书。2001年,执笔制定了《古籍修复技术规范与质量标准》,2013年,出版专著《中国古籍修复与装裱技术图解》。

综上所述,"装裱修复技艺"在所有修复技艺项目中数量最多,名录最为丰富,其社会影响力、社会知名度也更为突出。我国历朝历代的字画古籍数量庞大,一旦保存不善就容易受潮发霉,或遭虫咬鼠啮,有巨大的修复需求,从业人群数量也多。中国传统文人喜爱进行书画创作、出版、收藏、鉴赏、改装,这些均与修复装裱有着千丝万缕的关系。而且旧时舞文弄墨的文人都会基础的装裱技术,张大千、吴来成等收藏大家还在家里雇佣装裱工。由于文人士大夫阶层的广泛参与,装裱修复技艺得到了相当程度的保存与发展,相关此项技艺的文献记载也最为丰富。

虽身处北京,但是故宫博物院传承的是来自南方的"苏裱"技艺。故宫博物院的张耀选师从书画装裱名家刘定之,杨文彬原在上海刘定之装池店工作。新中国成立后,他们经中央批准进入故宫博物院从事古旧书画修复工作,并将苏裱的精湛技艺带到了故宫博物院。张耀选于1954年到1979年在故宫工作,经他修复书画文物达几百件,还曾负责十三陵定陵出土的丝织品、湖南长沙马王堆西汉一号墓帛书帛画的抢救修复。杨文彬曾修复宋张择端《清明上河图》,他在1974年重新揭裱时发现明末接笔错加驴身与大车,由此更正这一"百年之误"。他还和故宫著名书法篆刻家金禹民合作,全补装裱名闻遐迩的宋米芾《苕溪诗帖》,达到天衣无缝的境界[12]。

2. 装裱修复技艺及相关成果

装裱修复技艺包括两大类:一是古字画装裱修复,以故宫博物院、苏州博物馆为代表的"苏裱",以荣宝斋为代表的"北裱";二是古籍修复,如国家图书馆与中国书店(肄雅堂)。从中国装裱修复技艺的百年发展来看,该传统技艺兴盛于清末民国,受北京、苏州、扬州等地字画旧书买卖的市场需求。新中国成立后,民间修复高手在公私合营的社会背景下,进入博物馆、图书馆、国营裱画厂工作。他们技艺高超娴熟,与书画古籍研究人员通力合作,开展装裱保护修复工作,持续进行单位内部人才培养以及全国文博、图书馆系统内的短期专业培训,逐步创立具示范作用的装裱修复技术方法。

我国传统装裱修复技艺历史悠久、名家辈出,流传有序,专用工具、材料、技术体系相对丰富完备,如棕刷、排笔、裱墙、裱桌、绢绫、手工纸等,都是具有中国传统的手工制作产品。许多材料工具如"宣纸""丝绸""毛笔"制作技艺已是我国影响重大的"非遗"项目。目前故宫博物院、南京博物院、上海博物院等全国顶级古字画修复基地均继承的是"苏裱"技艺传统。并且,通过国家文物局举办的全国文博系统内部在职培训以及各地高等院校的人才培养,"苏裱"技艺已在全国乃至世界各地传播,是最具影响力的装裱修复流派。

(1)技艺流程(古字画装裱修复、古籍修复)

古字画装裱修复:我国传统书画装裱品式大致分为挂轴、手卷、册页等三大类,装裱过程分为托画心、镶覆、砑装等。旧书画的修复过程包括：原件揭取、洗除污霉、修补破洞、全色接笔、重新装裱[13]。

古籍修复：传统古籍装帧形式多样，包括卷装、折装、旋风装、梵夹装、粘叶装、缝丝贵装、龙鳞装、蝴蝶装、包背装、线装、毛装等。基本程序包括：检查制定修复方案、备料、拆书、书页修补、封面封底修复和重制、装帧[14]。

（2）非遗成果

当前国家级"非遗"项目"装裱修复技艺"的研究成果包括：一是传承人口述史，如《我在故宫修文物》《治画记忆苏裱国家级非遗传承人范广畴谈艺录》《北京非物质文化遗产传承人口述史 肆雅堂古籍修复技艺：汪学军》等；二是修复实例或技术操作，如《故宫博物院文物保护修复实录》《中国古籍修复与装裱技术图解》；三是修复技艺成果展览，如"妙笔神工——国家级非物质文化遗产古书画临摹复制技艺与装裱修复技艺展"（故宫博物院）、"故宫博物院文物保护修复技艺特展"（故宫博物院）、"苏裱精工传天下，名士妙手扬国学——苏州书画装裱技艺巡回展"（苏州市工艺美术学会苏裱技艺研究会）等，取得了一定的社会影响力。尤其是 2015 年故宫举办的"修复技艺特展"，展览内容包括书画装裱修复、古书画人工临摹复制、木器修复、实验室、纺织品修复、漆器修复、青铜器（金属文物）修复、陶瓷修复、囊匣制作、钟表修复和百宝镶嵌修复等单元，并已制作成虚拟展厅，可在故宫官网上浏览。

（二）青铜器修复及复制技艺

1. 名录情况[15][16][17]

2011 年，故宫博物院"青铜器修复及复制技艺"入选第三批国家级非物质文化遗产名录。2012 年，故宫博物院王有亮获批第四批国家级非物质文化遗产项目代表性传承人。

传统青铜器修复及复制技术是以京派（古铜张派）为基础的一项传统技艺。第一代传人为清光绪年间古铜匠人"歪嘴于"，他在北京前门内前府胡同庙内开设古铜作坊，以修理古铜器为业。第二代传人张泰恩是"歪嘴于"的徒弟，既能刻伪字又能做伪锈，技艺颇精，人称"古铜张"。第三代传人有张文普、贡茂林、王德山、张子英、张书林、赵同仁、刘俊声等,均为张泰恩的弟子。其中代表性人物为张文普,他技术高超,为琉璃厂古玩铺修过很多古代青铜器,培养的第四代传人包括张兰会、高英、赵振茂、李会生等修复名家。赵振茂、赵同仁、孟海泉等人先后进入故宫,后培养了包括王有亮在内的第五代传人。

王有亮,现为国家级代表性传承人,1983年从北京市鼓楼中学文物职业高中毕业后进入故宫工作,已经有三十多年的修复经验,师从赵振茂先生。赵振茂1952年进入故宫保管部修正组修复铜器,后成立修复厂并任铜器组组长。他不仅修复青铜器技艺高超,也从事陶瓷器、甲骨、玉器、铁器、壁画等多种门类的文物修复,且具有深厚的青铜器辨伪功底,晚年撰写的《青铜器修复技术》是第一部全面系统总结青铜器传统修复的专著。修复铜器不计其数,其中有传世珍品西周"班簋"、新中国成立后出土的立鹤方壶、"马踏飞燕"等国宝。

2. 修复技艺与相关成果

目前的国家级青铜器修复技艺可追溯到清末,当时只利用锡焊法焊接破裂铜器,并用胶水颜料作旧上色。张泰恩(古铜张)继承"歪嘴于"产业,开设"万隆合"古铜局,为琉璃厂古玩店修复青铜器。焊接、配补、锤铜等技艺在那个时期逐步成熟,但仍用胶水颜料作锈。张泰恩的徒弟王德山采用"漆地磨光"和"点土喷锈"两种方法,逼真仿制古铜器的假地子和假锈。张文普的徒弟高英、赵振茂,王德山的徒弟王荣达,继续完善商周青铜器花纹雕刻方法,自制一整套铜器修复专用的雕刻工具。我国青铜器修复一度依靠老师傅的手艺与经验。自20世纪60年代开始,故宫博物院、上海博物馆、北京科技大学冶金史研究所等单位开展青铜器保护与科技分析的研究,形成了一套适应我国青铜文物保护的科学方法[18]。

(1)修复技艺流程

1)分析:对青铜器的合金、锈层等进行科学分析。

2)清洗:清除青铜器表面灰尘、泥土等附着物。有时浸入去离子水浸泡脱盐。

3）去锈：清除有害锈和覆盖在纹饰与铭文上的无害锈。

4）加固：对裂化疏松的铜器进行局部加固。

5）整形：采用合适的矫形工具对变形器物进行整形，使其更接近原本形制。

6）焊接、粘结：对破裂的铜器碎片进行焊接或粘结；对缺失部分，在有参考依据的前提下进行补缺。

7）作色：对焊接和粘结部分进行上色，使之与器物更加和谐。

8）缓蚀：对修复后的铜器表面进行缓蚀处理，在器表形成耐蚀的保护膜。

9）封护：采用封护材料涂于器表面，保护器物使之不易受到外界环境的腐蚀。

（2）非遗成果

故宫博物院霍海俊等撰写的《京派古铜器修复技术百年发展脉络概述》对青铜修复技艺传承有详尽、完整的梳理与考据。2015年"故宫博物院文物保护修复技艺特展"对故宫的青铜修复与复制技艺师承关系、修复成果等进行了介绍。

经过半个多世纪青铜文物的化学技术和科学分析的发展，我国青铜器文物修复技艺已有了快速提升，与故宫修复大师赵振茂于上世纪80年代撰写的《青铜器修复技术》相比，现在采用的青铜文物修复流程、工艺材料、工具和方法都有了很大程度的改良与完善。青铜修复技艺不再仅仅是一门修复的"手艺"，而是需要与青铜分析与保护工作紧密结合的一项科学实践。修复技艺传承人群也是人才济济，"京派"技艺代表还有国家博物馆王赴朝、首都博物馆贾文熙、社科院考古所王浩天、中国农业博物馆贾文忠、故宫博物院贾文超。贾氏兄弟已经出版了近10本铜器修复和鉴赏的著作，王浩天已出版《文物保护修复理论与实践：金石匠学之路》等著作[⑩]。

（三）古陶瓷修复技艺

1. 名录情况

2014年"古陶瓷修复技艺"被批准为第四批国家级"非遗"项

目,2015年蒋道银被评为国家级代表性传承人。蒋道银是上海博物馆退休的古陶瓷修复大师。自1958年设立文物修复工场以来,上海博物馆的古陶瓷修复在我国文博界一直处于领先地位,目前的国家级和上海市级代表性传承人均来自上海博物馆。他们不仅修复了上博大量珍贵藏品,也为兄弟博物馆和境外博物馆修复文物[20]。

蒋道银,毕业于上海戏剧学校舞美设计专业,1973年调入上海博物馆,次年起从事古陶瓷修复工作,1992年被聘为副研究员、古陶瓷修复高级工艺师,现任中国文物学会修复委员会常务理事、上海古瓷修复中心主任、上海复旦大学视觉艺术学院特聘教授。著有《古陶瓷修复技艺》《古瓷艺术鉴赏与修复》,并在报刊上发表多篇古陶瓷修复相关论文。中央电视台及上海各大新闻媒体对蒋道银的古陶瓷修复技艺与事迹都有多次报道。他为修复技艺传承发展、"非遗"申请都做出过突出贡献,是业内认可的首屈一指的古陶瓷修复大师。

"古陶瓷修复技艺"自2010年在长宁区"非遗"立项到2014年国家级"非遗"项目申报成功,蒋道银一直起着至关重要的作用。据蒋老师介绍:修复技艺类"非遗"申报先是从北京故宫开始的。2010年在西安的某次会议上,他了解到故宫博物院的装裱修复技艺、青铜器修复及复制技艺已成功申为国家级非遗项目。蒋老师回来后立即着手申报,凭借过硬的修复技艺以及不懈努力,经区级、市级、国家级的层层审核选拔,2014年终于成功将"古陶瓷修复技艺"申报为国家级非遗项目。

2. 修复技艺及相关成果

古陶瓷修复技艺的发展历程中,曾出现过锔补、烧补、胶粘、金缮、蜡补、打磨、镶扣等多种修复方法[21][22]。上海博物馆的第一代陶瓷修复专家为姚鸿发,20世纪30年代曾经活跃于上海古董市场,1952年进入上海博物馆工作,可将破损文物修复得几乎"完美无缺"。第二代传人胡渐宜,1954年由上海模型厂调入上海博物馆,凭借早年从事的工艺模型制作与复制经验,采用喷枪喷涂与手工描绘相结合的古陶瓷修复上色方法，以性质更为稳定的丙烯酸快干喷漆替代传统漆料[23]，实现了更加理想的修复效果。蒋道银在继承前辈技艺的基础上，不断发展与改进，形成上海博物馆一脉相传的修复技艺。

(1) 修复技艺

1) 清洗（拆分）：指去除古陶瓷表面或内部的各类杂质或异物，拆分指清除古陶瓷器之前旧的修复材料。

2) 预拼：陶瓷器碎片在正式粘结之前必须要进行预拼（无需粘结剂），确定最佳的碎片拼接顺序。

3) 粘结：按照预拼确定的顺序，用粘合剂将古陶瓷器的碎片逐一拼合，恢复器物原本造型。

4) 补缺：采用石膏等材料填补在器物的缺失部分，以恢复器物的原貌。

5) 打底：在拼缝或补缺处涂上打底腻子，干燥后打磨至平整，为上色做准备。

6) 上色（仿釉）：指采用喷涂或笔绘等方法，对修复部分进行着色处理，令其纹饰、颜色、光泽与器物原部位一致。

(2) 非遗成果

学术成果方面，国家级代表性传承人蒋道银编著有《古陶瓷修复技艺》一书。该书整理记录古陶瓷修复所需的环境设备、工具与材料等信息，汇总三十多年间修复的各类珍贵古陶瓷文物资料，是保留和展示古陶瓷修复技艺以及传承人信息的重要成果[24]。

陈列展示方面，2013年长宁区非物质文化遗产传承体验中心开馆，其中《巧补残珍亦郎中——古陶瓷修复技艺》展示了古陶瓷修复的工具和材料实物，并用图片及视频图像生动介绍了传承人的代表性成果及古陶瓷修复的动态过程。（图3）2015年9月，上海虹桥当代艺术馆主办"珍贵的你——古陶瓷修复技艺"展览，展示了蒋道银及其学生的陶瓷修复作品实物及图片，并通过生动有趣的原创图画将古陶瓷修复技艺的流程与方法展示给观众。展览还涵盖了金缮、锔钉等多种类型的古陶瓷修复技术。

媒体宣传方面，2015年5月23日，中央十套"探索发现"栏目纪录片《手艺》第五季之《古瓷迎新》通过纪录蒋道银对一件建窑黑釉茶盏的修复过程，清晰详尽地介绍了古陶瓷修复的流程与操作方法，同时也讲述了传承人修复元青花扁壶、青花双系扁壶等陶瓷精品背后的精彩故事。

目前，古陶瓷修复技艺的主流是上海博物馆的师承传统，而且经过全国文博系统在职培训、院校培养或社会培训已传播全国。除此之外，我国一些地区还保留锔瓷、金缮等"非主流"的古陶瓷修复技艺，虽然具有鲜明的时代和地域特征，但是不符合现代的文物修复要求。传承人蒋道银2016年接受笔者调研时表示，锔瓷、金缮等古代修复技艺虽然对现代文物修复已无实用性，但可保留或重现这些传统技术，让后人知道古人还曾有过这段历史。

三、修复技艺类"非遗"项目特点

修复技艺类"非遗"项目有很明确的行业属性，与现代文物保护修复工作密切相关。因此与其他传统技艺相比，修复技艺类"非遗"项目具有以下显著特点：

第一，代表性传承人基本在国家级、省级博物馆图书馆工作、受训，遵循文物保护原则是最基本要求与底线，技艺的运用首先要符合文物保护的基本需求。纵观过去百年发展历程，修复传统技艺从未停滞不前，而是积极吸收先进保护科技成果，努力将传统工艺与现代科技相结合。例如，上海博物馆将传统古陶瓷修复与先进科技相结合，研发古陶瓷仿釉涂料、"瓷配瓷"修复方法、运用3D打印复制等。

第二，新中国成立后，由于国家对文化事业的重视与投入，我国文博事业持续发展，博物馆、图书馆、考古所等单位有实际工作需求，保证文物修复技艺的外部生存条件。尤其是我国社会经济整体水平提高后，无论是公共文化单位，还是文物艺术品市场，对修复技艺都有持续上升的需求，也能带来较为丰厚的经济效益。这与许多传统技艺在现代社会缺乏市场需求，经济收入低，后继无人的情况有所不同。所以，出于文博、考古、图情等专业单位对文物修复技术的刚性需求，从事古书画、古籍、青铜、陶瓷等文物修复的队伍虽然规模小，人才数量少，但技艺一直保持活态并持续发展着。

第三，文物修复技艺"非遗"类别丰富，许多蕴含历史、科技、艺术价值的技术内容有待发掘整理。例如，古陶瓷修复技艺中，锔瓷、金缮等传统修复技艺受到社会各界普遍关注；根据相关研究，清宫廷还有镶扣、粘结、蜡补、金补等工艺手法，而学界对这些修复技术的研究整理尚不充分。青铜修复方面，前辈修复大师精湛的传统凿刻工艺因难度大费工，已被石膏修刻、高分子材料或铸铅锡合金补配取代，技艺流失严重；修复经验所积累的对于青铜泥范铸造特点、锈蚀分布叠压规律的认识，可以成为鉴定青铜器真伪的重要依据[25]，深入发掘"非遗"价值对于技艺传承与发展有着非常重要的引领作用。

第四，文物修复技艺是文、理、艺的结合，不仅需要娴熟掌握绘画、雕刻、翻模等工艺美术基本功，也要具备文物保护科学与文物考古的理论知识，经多年操作训练才能有所小成，养成期长，成才率低。这是一项工作环境要求高，耗时长，需要耐心与细心的工种，缺乏表演性质。文物修复技艺不属于普通生产性活动，其首要目标是最后的修复效果，并非修复数量或效率，也不适用注重产量的生产性保护方式。

第五，目前修复技艺展示主要采用陈列展览的形式，但是传承人的代表性作品往往是博物馆或私人藏品，大多数珍贵的修复作品无法收集实物，只能保留图片和影像资料。展示实物主要为修复工具、设备、材料、图书、修复样品（陶瓷文物复制品或工艺品）等。可喜的是，古陶瓷修复技艺与普通百姓的日常生活虽然有一定距离，但这类主题却能激发民众的好奇心，从央视纪录片《我在故宫修文物》得到的社会热烈反响可见，借助民众对修复技艺的兴趣可以宣传我国文化遗产保护的理念与相关知识，发挥"非遗"的社会教育功能。

四、相关问题思考

（一）修复技艺类"非遗"项目的核心是科学保护文物（指导思想）

各项修复技艺须在保障文物安全的前提下，恢复文物原貌，发挥文物的研究、展示、教育、欣赏的功能。技艺的实施须遵守最小干预、真实性、可逆性等文物修复原则，技艺发展与传承须严格遵循文物保护的工作标准。

事实上，为满足文物保护的目标，修复技艺已不断吸收现代科学技术的新成果，例如，黏结剂采用高分子材料代替天然树脂，翻模采用硅橡胶材料代替石膏，利用超声波清洗仪、电动打磨机抛光机等高效率仪器工具，采用电脑识别技术拼接文物，3D扫描打印用于复制或配补等。在接受访问时，几乎所有传承人都强调技艺发展的目的必须是为了文物保护。苏州博物馆姚瑶表示，苏裱"注重如何保护文物，什么方法好就用什么方法，不会一成不变，改革是为了方便工作，为了保护文物"。蒋道银也提出古陶瓷技艺"不排斥先进材料，要尊重传统工艺，关键还是科学保护"。

（二）公立博物馆、图书馆担任修复技艺传承的重要责任（主导力量）

在公共博物馆、图书馆工作，修复师们才有机会接触一流文物的修复，在日常工作中磨练技术、丰富经验，并且逐步形成、完善修复工作流程。公共博物馆、图书馆、考古所等单位由政府财政拨款支持，工作严格遵守文物保护修复的要求与规范，不受人为或经济因素影响，起到行业的示范和引领作用。就如同苏州博物馆文保部主任姚瑶所指出的那样：博物馆为修复技艺传承提供土壤，好东西都在博物馆，只有在博物馆修好东西，才能增长技艺，民间机构或个人很难保证按照规范来传承，而且也缺乏配套的文物保护科学仪器设备。

以古书画修复为例，故宫博物院、上海博物馆、国家图书馆等单位，历史上修复名家聚集，新中国成立后吸收民间装裱修复高手，培养了几代优秀的传承人，目前许多博物馆现有岗位人员已经是第四代、第五代传人。受国家文物局委托，故宫博物院、上海博物馆等单位曾多次举办修复技术专题培训班，为各省市文博单位培养文物修复骨干人才。古籍修复方面，国家图书馆1962年、1964年先后举办两期培训班，学制2年，1989—2006年培训古籍修复人员100余名，2007年"中华古籍保护计划"开始执行，培训人员速度大大提高[26]。近十年来，高校文物修复专业高等人才培养发展迅猛，高校基本聘请博物馆在职或退休的修复专家授课或开设讲座。须强调的是，博物馆培养的修复高手已在世界各地博物馆发挥力量。上海交通大学海派文化研究所孙坚、沈维祝、戴家华（第五批上海市非遗项目代表性传承人），大英博物馆平山郁夫书画修复室邱锦仙、弗利尔美术馆的顾祥妹、日本汉和堂工作室陆宗润，都是来自上海博物馆的古字画修复高手。

（三）传统修复技艺包括"静态"保存和"活态"传承（实现路径）

传统修复技艺是从"物品"修补发展到"文物"修复或复原，技艺最初脱胎于新铜器制作、新书画装裱、日用陶瓷修补，铜作匠人、装池师、陶工等工种都为早期修复技艺形成做出贡献。同时，历史上受古董买卖的经济利益驱使，古董商人聘请匠人修补文物，在驱动修复技艺发展丰富的同时，却也产生了作伪造假的破坏性修复。这部分有悖文物保护的技艺内容，作为技艺"原貌"的一部分也应进行总结整理，虽然不会再用于现代文物修复中，但仍然可以应用于"非文物"，例如新书画装裱、青铜器复制、日用品工艺品修复等，也可以在工艺美术设计领域进行跨界应用，如：锔瓷、金缮、镶扣。

由于文物修复技艺的行业属性，传统修复技艺与现代科技的结合是未来技艺发展的大势所趋，技艺势必是与时俱进、"活态"传承。但目前来看，传统修复技艺相关的流程、工艺、材料还有待深入整理研究，尤其是那些体现技艺"原生态"面貌的传统工艺。总之，我们需要从修复技艺的经验性内容中提炼出更为明确精准的科学知识体系,然后加以保护传承。

(四)发挥修复技艺类"非遗"项目的教育宣传功能

修复技艺类项目包含了文物考古、科学技术、传统工艺的丰富信息,是内涵丰富、具有教育意义的主题。但在博物馆里面,修复工作往往是展览研究的辅助角色,文物修复工作大多停留在文博专业内部的交流,外界一度对于这门手艺感觉非常陌生,技艺及传承人群的辐射面和影响力也很有限。

但是近几年,央视拍摄的《大国工匠》《手艺》《我在故宫修文物》《国宝档案 妙手回春》等纪录片广受观众的好评,使冷门的"文物修复"进入大众视野。尤其是《我在故宫修文物》2016年在网上平台和央视同时播出,受到追捧,逐渐引发全社会的普遍热议,2016年底还上映了同名电影。与近年故宫博物院举办的专题展览相比,纪录片《我在故宫修文物》的影响力与受欢迎程度是毋庸置疑的,该片除展现了精湛的文物修复技艺之外,更重点刻画技艺传人的日常工作和环境,让观众体验到传承人踏实、耐心、精心的个人魅力,产生出温暖而亲切的触动。

因此,借助当下社会对"文物修复"的关注热度,我们要积极宣传修复技艺类的"非遗"项目,从对内的专业交流拓展到对外的展示传播,将单一的实体展览发展成多样的传播形式,通过娓娓讲述文物修复背后的人与故事,传播文化遗产保护价值与意义,传递精益求精的工匠精神,弘扬中国优秀传统文化。

---

① 萧寒主编:《我在故宫修文物》,广西师范大学出版社,2017年。
② 尤蕾:《故宫"家底儿"背后的古技与今术》,《小康》,2015年第19期。
③《文物医院与文物保护修复档案》,http://www.dpm.org.cn/forum_detail/99720.html。
④ 殷燕召:《徐建华:故宫"画医"》,《光明日报》,2013年6月5日。

⑤ 荣宝斋：《荣宝斋装裱修复技艺》，《时代经贸（北京老字号非物质文化遗产专刊）》，2008 年第 6 期。

⑥ 蔡运彬：《荣宝斋：美丽的中国故事》，《中华手工》，2011 年第 9 期。

⑦ 荣宝斋：《荣宝斋多举措促进双项"非遗"传承与发展》，《时代经贸（北京老字号专刊）》，2010 年第 6 期。

⑧ 苏州博物馆编：《治画记忆：苏裱国家级非遗传承人范广畴谈艺录》，文汇出版社，2015 年。

⑨ 苑利：《肄雅堂古籍修复技艺——汪学军——北京非物质文化遗产传承人口述史》，首都师范大学出版社，2015 年。

⑩ 杜伟生：《国家图书馆古籍修复工作 60 年》，《图书馆工作与研究》，2008 年第 9 期。

⑪ 杜伟生：《中国古籍修复与装裱技术图解》，中华书局，2013 年。

⑫ 杨新：《清明上河图 公案》，《中国文物报》，1991 年 8 月 18 日。

⑬ 故宫博物院修复厂裱画组编著：《书画的装裱与修复》，文物出版社，1981 年。

⑭ 潘美娣：《古籍修复与装帧》，上海人民出版社，1995 年。

⑮ 赵振茂：《青铜器的修复技术》，紫禁城出版社，1988 年。

⑯ 霍海峻、王五胜、李化元：《京派古铜器修复技术百年发展脉络概述》，《中国文物科学研究》，2006 年第 4 期。

⑰ 《故宫青铜器修复师王有亮：修文物修成网红》，新华网，2016 年 5 月 18 日。

⑱ 万俐：《青铜文物保护技术的传承与发展》，《东南文化》，2000 年第 1 期。

⑲ 周华、舒光、强顾军：《传统文物修复技术申遗现状与保护传承对策》，《艺术教育》，2015 年 11 期。

⑳ 肖舫：《上海博物馆文物修复引领全国半壁江山》，《新民晚报》，2013 年 8 月 10 日。

㉑ 俞蕙、张学津：《中国传统古陶瓷修复技艺探源》，《文化遗产研究集刊 6》，复旦大学出版社，2013 年。

㉒ 纪东歌：《乾隆时期宫廷瓷器修补》，《南方文物》，2014 年第 4 期。

㉓ 胡渐宜：《关于古代青花瓷器的修复》，《考古》，1990 年第 5 期。

㉔ 蒋道银编著：《古陶瓷修复技艺》，上海古籍出版社，2012 年。

㉕ 万俐:《青铜文物保护技术的传承与发展》,《东南文化》,2000 年第 1 期。
㉖ 同㉕。

（作者：俞蕙,复旦大学文物与博物馆学系,高级实验师）

乡村·遗产·阐释
——多学科融合的视角

赵晓梅

2021年5月29日,"乡村·遗产·阐释——多学科融合的视角"青年学者研讨会在复旦大学举行。来自考古学、历史学、人类学、社会学、经济学、地理学、建筑学、景观学、博物馆学、传播学等学科与专业的二十余位嘉宾,通过六场论坛的论文发表、评议以及圆桌讨论,就乡村研究与遗产阐释的视角、方法与路径等问题开展跨学科的对话。本文从会议筹划者的角度,对会议主题及主要内容进行综述[①]。

一、阐释·遗产阐释:
多学科的必然要求

阐释(interpret)也称诠释或解说,指通过表达(express)、解释(explain)或翻译(translate)而达到理解(understand)[②]。遗产领域的阐释最初来自实践层面。提尔顿(Freeman Tilden)在1957年于《解说我们的遗产》一书中提出遗产阐释的概念与原则,而书中所探讨的"遗产"更多指向以美国国家公园为主的自然遗产[③],其遗产阐释的理念多来自于20世纪上半叶兴起的环境阐释[④]。1980年代至90年代,遗产阐释被广泛应用于文化遗产领域。2008年国际古迹遗址理事会(ICOMOS)发布《文化遗产阐释与展示宪章》(The

Charter for the Interpretation and Presentation of Cultural Heritage Sites),引发国际广泛关注。在这一宪章中,阐释被定义为"一切可能的、旨在提高公众意识、增进公众对文化遗产理解的活动",而展示则是"文化遗产地通过对阐释信息的安排、直接的接触,以及展示设施等有计划地展现阐释内容"。

根据已有研究,文化遗产的阐释包括学术阐释、展示设计和公众解读三个环节[5]。其中第一个环节对应于博物馆学展览阐释的学术研究,即通过相关领域学者的专业分析对遗产价值开展学术解读;第二个环节是通过语言转换(翻译)而将学术研究成果转化为公众可理解的信息,因此这两个环节分别对应阐释的解释与转译两层含义;最终在第三个环节中借由遗产媒介而达到公众教育目的,最终实现"阐释—理解—欣赏—保护"的良性循环[6]。由此可见,遗产阐释不仅包含了遗产研究,需要考古学、建筑学、历史学、人类学等专业的参与[7];同时它也是一种遗产实践,仰赖传播学、博物馆学与经济学等学科的理论与方法。遗产阐释的工作范畴决定了其研究与实践中必须开展多学科合作,因此本次会议邀请来自各个学科的研究人员,通过学术分享、对话推动学科融合与实践创新。

二、乡村·乡村遗产:阐释的目标与策略

乡村遗产泛指存在于乡村地区的文化遗产,其概念与范畴随我国遗产理论与实践发展而不断变化。最初的乡村遗产局限于民居类的乡土建筑单体与建筑群,出现于1988年第三批全国重点文物保护单位名录之中。这一时期的乡村遗产仅指乡土建筑遗产,也随着1999年ICOMOS的《乡土建筑遗产宪章》而引发更多关注。因遗产构成要素所限,乡村遗产的学术研究局限于建筑学领域,其价值阐释类似于考古学领域的物质文化研究,解释建筑本身的技术、艺术与历史信息。时至今日,这种学术阐释策略仍在延续,其分析材料与解

释视角则大为拓展。

2000年,西递、宏村列入世界遗产名录,世界遗产的保护管理要求随之影响到我国遗产从业者对其构成要素的认知,乡村遗产不再局限于建筑本身,聚落的空间形态以及周边环境都被纳入考察范围。随之而来的是我国乡村遗产名录的出台——2003年公布首批中国历史文化名村。同年,联合国教科文组织(UNESCO)发布《保护非物质文化遗产公约》,"非遗"概念迅速与乡村遗产发生关联,被纳入2012年建立的中国传统村落评选标准之中。此外,2002年联合国粮食及农业组织(FAO)发起"全球重要农业文化遗产",列入其中的农业遗产普遍存在于我国乡村遗产地之中,2008年我国形成了《关于"村落文化景观保护与发展"的贵阳建议》,2013年哈尼梯田以文化景观类型列入世界遗产名录,2017年ICOMOS与国际风景园林师联合会(IFLA)联合发布《关于乡村景观遗产的准则》,这些重要事件都标志着景观学方法论在遗产研究中的兴起。

尽管新世纪的乡村遗产研究与实践领域发生了一系列转变,大大拓展了乡村遗产的范畴,从单纯的建筑拓展至聚落、民俗、技艺、生产方式与景观,乡村遗产不再是"凝固"的文物,而是活态的文化,涉及地理学、民俗学、农学与景观学等更多相关学科,然而其主要学术阐释策略并未发生本质变化。各个学科关注的对象仍是乡村时空范围内有形或无形的"物"以及由此构成的乡村社会系统,并根据正式遗产(official heritage)的价值评估要求来提炼相应的信息。这一阐释策略的目标止步于遗产阐释工作的学术阐释,偏重对其历史文化的解读,即阐释的"解释"之义,可简称为"乡村的阐释"。

近年来,乡村遗产成为文化遗产领域的热议对象,这无疑与"美丽乡村""乡村振兴"等一系列国家政策的出台密不可分。在这样的语境中,乡村遗产不再局限于官方遗产的价值分析框架之中,而更被视为一种可以促进地方发展的文化资源,直接对标遗产阐释的公众教育目标。在这一类研究与实践中,乡村的遗产身份被突显出来,它构成一种文化过程[8],利用这种身份来推动历史文化保护与传承,乡村本身只构成遗产实践的场域或媒介。这一阐释策略注重将将学术研究成果通过展示实践转译为公众可以理解的语言,即阐释的"翻译"之义,可概括为"乡村遗产的阐释"(图1)。

在本次研讨会中,这两种遗产阐释策略绝非泾渭分明,而是达成遗产阐释最终目标的两个相互关联的环节——在学术阐释的基础上,通过遗产实践达成公众教育、促进乡村发展。下面两个小节分别从这两种策略出发概述会议内容。值得注意的是,尽管遗产身份为乡村振兴提供了一种

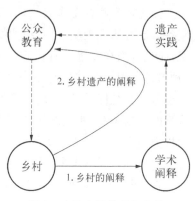

图1 本次会议学术包含的两种研究策略

可能的路径,但并非所有的乡村阐释都要服务于遗产实践,不是所有的乡村都要走上"遗产"这条发展之路。魏澜在广东乡村的公共空间研究表明,儒家传统和中庸之道尽管仍在乡村社会发挥效应,但这些文化传统未必能达成地方发展的良性模式。遗产,正如张力智所说,可以成为一种批判性的力量,这种力量可能不是存在于实践之中。

三、乡村的阐释:研究范式的发展

如前文所述,"乡村的阐释"经历了由要素到系统的发展过程,研究对象从建筑、技艺拓展为聚落。陈志华先生在其中贡献卓越,他的乡土建筑研究团队借鉴法国年鉴学派的"整体史"理念,自1990年代开展以村落为单位的乡村研究,将聚落变迁置于具体的社会历史情境中加以分析。这一研究范式致力于从聚落总体出发解读历史文化,但其缺陷也逐渐显露——缺乏微观个案与宏观历史之间的有效连接,地方社会与国家的互动展现不足。尽管深入的个案分析能

够全面、完整展现一个聚落的方方面面,但如何让访客在短时间内迅速理解"地方性知识"的内涵,仍存在较大的挑战。

作为遗产阐释工作的一环,乡村的学术阐释应考虑观众的知识储备。已有研究表明,公众在博物馆、遗产地的参观并不是学习新知识,而是巩固和完善已有认知框架[9]。遗产地的情境化学习在营造"地方感"的同时,也要与中华优秀传统文化的"系统"发生关联,建立地方社会与区域、国家的历史联系,形成超越村落的研究范式,施坚雅的市场关系、弗里德曼的宗族关系、黄宗智的经济关系、杜赞奇的权力关系乃至历史人类学经常采用的祭祀网络都为突破单一村落的乡村研究提供参考[10]。

在近年的发展中,区域社会史的研究范式尤其值得我们关注。社会史研究重视整体的历史[11],而区域社会史则从"时""空"两个维度拓展了乡村研究的可能性,提升了遗产阐释的可理解度。从空间来说,区域是多层次的动态观念[12],其地理范畴可以是村落,也可以是县域或省域乃至国家[13]。其核心要义是在特定的历史建构中理解地方社会与国家的互动,以丰富的地方性知识替代国家历史的宏大叙述,哪怕被阐释的对象只是一座房子或一个物件。因此它在时间上区别于忽略具体情境的历史代际划分事[14],最终形成具有"地方感"的区域历史。区域社会史从具体场景中解读国家与地方社会的互动[15],使得所谓的"国家—地方""大传统—小传统""普遍性知识—地方性知识"等概念不再彼此对立[16],乡村因之成为"理解中国"的重要媒介[17]。

在本次会议的诸多论文发表中,我们都可以看到这种区域社会史的研究视角,纵然每位学者所选择的研究对象、分析材料与研究方法不尽相同。建筑及其营造依然是非常重要的研究内容,而阐释的维度却大为拓展。仍以乡村书院与祠堂为对象,王晖却是从儒学思想影响下的乡土礼制出发,探寻金华学派理学家在家乡建筑实践的依据。其研究材料也不限于乡土建筑本身,更基于历史文献中礼制建筑的图像分析,与考古资料进行比较,揭示"凸"字形空间格局的特殊意涵与可能的原型。王晖选取的案例桐山后金村位于金华兰溪地区,这里正是鲁西奇所定义的"内地的边缘"[18],这种礼仪空间的溯源与延续体现出婺州(金华)在南宋政治、经济与文化格局中的特殊地位,以"物"的形态映射出"边缘"地方以独特方式与国家礼制建立关联的历史。

刘妍在闽浙山区编木拱桥营造技艺的研究领域颇有建树,而她这次的分享不再局限于技艺本身,而是通过桥梁墨书、地方族谱,试图还原营造技艺的传播过程与不同种类匠人的合作模式。其研究揭示出在以家族为主要社会单位与行业团体的闽浙山区,跨行业的合作机制能够突破原本的社群限制,实现技术传播。由此我们也可以联想到,这种跨社群的传播模式决不会仅限于营造技艺,移民通路上必然存在更为复杂而多样的文化传播,由此形成独特的地方社会历史情态。

巫能昌的田野地点石仓源也位于闽浙交界的山区,这一处浙南聚落群主要由清代中前期闽汀籍客家移民营建并居住至今。与刘妍关注技术传播不同,巫能昌通过对当地各类坛庙与祠堂的考察,结合科仪文书等民间文献,重建了该区域民间信仰的发展变迁,提出移民原生信仰"嵌合"于当地本土宗教文化框架之中的"复合"模式。尽管与王晖同样研究乡村仪式空间,巫能昌研究的却是宗教文化本身,而不是空间实体。这种解读或许更符合公众的理解预设,削弱了遗产的专业化、权威化色彩。

同样是移民社会,梁宇舒的研究区域为内蒙古西部的巴丹吉林嘎查。她以空间"观察法"记录融入汉族移民的日常景观,再现他们自20世纪初至今从"依附"到"独立"、再到"本土化"的民族互动。这一案例研究回归空间的物质层面,以物的变迁反观国家政策、自然灾害影响下移民的迁徙、融入与文化再创造。与历史学的客观观察不同,梁宇舒的空间志方法"存在着研究者对客体的阅读和转译",突出主体的体验与感知,这种主体与客体的交融也更有利于遗产地访客建立"地方感"。

在人口变迁之外，矿产资源的发现与开采也会显著改变一个地区的社会生活。侯实从滇南石屏县乡村中留存下来的精美宅院出发，试图从建筑营造与留存的历史中揭示个旧锡矿自清末以来的大规模开发影响下的区域社会。根据方志记载，个旧地区的锡矿早在元明时期即被发现，但直至19世纪末、20世纪初才因蒙自开关、滇越铁路建设而成为地方主导产业。这些中国近代史中的重大事件在当事地区产生的社会效力更为复杂，也使个旧卷入锡业的国际市场，将原本偏僻的乡村与全球史发生勾连，可以建立更为广阔的价值解读范畴。

此外，其他几位论文发表人也让我们意识到乡村研究的多元视角。董书音的云贵粮仓研究使用的主要材料就是消隐的解木过程，解读地方匠人"物尽其用"的生存策略；张力智则借鉴文学作品还原徽州住宅中日常生活的历史场景，以"不在场"的观众重新解读住宅内部的礼仪规范；齐晓瑾的空间网络研究也是从创造者的视角，建立理解地方环境的可能途径。以历史人物的视角思考历史问题、再现历史情境也是区域社会史所采用的阐释策略。

四、乡村遗产的阐释：实践与反思

学界普遍将现代文化遗产观念上溯至文艺复兴时期[19]，19世纪欧洲几种修复理念最终在20世纪中叶形成以《威尼斯宪章》为代表的"国际"共识。20世纪末，"学界"与"业界"都开始反思这种以欧洲传统为根基的遗产原则是否具有全球普适意义，"遗产思辨协会"（Association of Critical Heritage Studies）在新世纪应运而生。相比人文社会科学的研究范式，亦或遗产保护的"正统"原则，所谓的"思辨"还没有形成足以指导遗产实践的理论模型，而是更多借鉴话语分析、行动者网络等研究进路反思当下的遗产实践及其形成原因。国内学界在近十年内逐渐关注到国际上的遗产思辨浪潮，对我国遗产理论与实践的发展历程与现状进行回顾与反思，本次会议的学术分享从研究范式、方法以及实践等层面开展讨论。

对遗产保护稍有一点了解的人都知道,历史价值在当代遗产保护中的分量。这与遗产观念在欧洲的形成过程密不可分,最初的"遗产"更多指向有意为之的文物(intentional monument),从纪念性中逐渐产生了历史价值[20]。乡村遗产可以被划归为李格尔定义的非有意为之的文物(unintentional monument),因它呈现的人类活动历史与自然发展而具有了历史价值和年代价值。而自20世纪上半叶起,农村中国研究却呈现为一种无历史的倾向,这并非是对欧洲中心主义遗产研究的反思,而是源自早期燕京学派的乡村观念,他们以无历史的复杂农业社会的逻辑来研究边疆社区来达成中西方之间的文化转译。孙静通过查阅1936—1939年马林诺夫斯基、雷蒙德·弗斯、费孝通、吴文藻等人54封英文通信,重建了中英合作研究计划书曲折迂回的历史生产过程,揭示出这一初期乡村研究范式的形成原因。她对学术史的历史回顾也促使我们思考,当代面向全球的中国乡村遗产阐释中,如何通过多学科交融弥补民族志方法的历史深度不足,以促进面向更多元的公众而更有效的语言转化。

在这样的背景下,景观学被引入遗产研究与保护实践,最初体现在城市历史景观方法论(HUL approach)之中,强调时间在空间中的层层积淀。乡村与城市均为活态遗产,这一研究进路同样可以提升乡村遗产研究的历史深度。徐桐通过景观学理论的梳理,建构聚落结构、过程的景观人类学方法,将乡村的空间形态和文化意义视作结构要素历时性耦合过程的现时呈现,采用结构性与过程性的思维,解耦乡村聚落的历史过程。在以西南山地民族为代表的乡村遗产地,因为文献资料的相对缺乏,其遗产阐释偏于鲜活的民族文化而忽视解读聚落的历史形成过程。徐桐将景观人类学方法应用于粤北排瑶聚落,通过解耦分析以当下的空间映射展现历史过程与文化内涵,在遗产地的民俗体验中感知其历史深度。

乡村文化之所以得以延续,得益于人们对所处环境的适应与改造,表达于农田灌溉与游牧生活等生存策略之中。然而,随着时代变迁,这些传统的生存方式是否适应现代生活？遗产的保护管理限制与地方社会发展之间是否"步调"一致？石鼎对都江堰灌渠以及梁宇舒对阿拉善盟牧业聚落的研究都表达出乡村与遗产身份之间的张力。这些特定地理环境中的"传统"生存之道是否一定要符合当代的遗产价值标准乃至真实性要求？所谓的"传统"又是如何被创造出来的？针对不断变迁的乡村遗产,我们应当如何开展保护实践与价值阐释？齐晓瑾与黄华青指出,所有的遗产实践都是阐释,而阐释本身也是一种建构。当代乡村所需要的,或许是既传承历史、又面向未来的遗产实践。黄华青从风土理论出发的设计实践表明,当代的空间创新可以弥合传统技艺过程与场所特质两者之间的分离,达成观众的风土体验,也让遗产展示更好地介入社区。

"他者"的介入是乡村遗产绕不开的讨论话题。李耕基于永泰庄寨的遗产实践提出,乡贤与投资者两类"主动下乡"者分别代表了公共事业牵引和资本营收牵引的两类势力,形成"照护馈赠""占取替代"两种行为模式与实践逻辑,而又在乡村建设中彼此影响、互相渗透,以更健全的身份投入乡村振兴之中。永泰案例又可与魏澜的广东乡村形成对照,凸显出当代乡村遗产实践的普遍议题。不仅是他者,遗产身份也影响到当地人的价值认知,吴黔凤对侗族音乐类非遗及其传承人的田野考察表明,非遗的级别认定甚至会重新定义传承人的"社会身份"。蔡宣皓在家乡开展研究的双重身份也使其观察到,"遗产"的标签似乎加剧了"自我"与"他者"的边界,不同世界的语言转化以及研究者对主体与客体的认知、二者之间的互动也是乡村遗产阐释亟待探讨的话题。

以上的论文发表与讨论让我们意识到,在"乡村遗产的阐释"策略建构中,作为遗产的乡村相对于历史文物,其遗产本体的边界更为模糊,这一方面有利于价值阐释的拓展与延伸,而另一方面也因遗产与涉及人群的复杂性,由阐释泛滥而带来弊病。从绿认为遗产阐释就是价值传播,它对应于遗产及其价值生产的三个环节：首先是遗产的创造者把自己对现实世界的理解通过遗产而表现出来；其次是当它成为遗产之后,研究者对遗产本体进行学术阐释;最后则是遗产保护从业者在学术阐释的基础上添加自己的理解并向外传达,最终成为公众关注的对象。王晖和石鼎对后两个环节进行补充,他们认为不同的阐释人与受众在信息提取与理解中都会有各自的偏向,从事的领域、与遗产的关联乃至代际等自然因素,都会造成主体关注点的差异,也可能形成理解的壁垒。针对这一议题,孔达认为观众研究以及相关人群的故事挖掘十分必要,对标不同受众来传达信息、激发对遗产的关注正是遗产阐释工作的核心内容。

五、结　　语

乡村不仅是专业研究者的田野,更是公众"理解中国"的场域。无论是考古学的透物见人,还是历史学的整体视角,乡村遗产的学术研究需要借助"物"的思考来实现创造性转化[21]。张晓春认为,在乡村的社会空间中,研究者与实践者的互动是一个双向输出和学习的过程。巨浪指出,学术研讨会与乡村场域并无二致,都是通过"围炉共话"而达成信息交流与情绪共鸣。乡村亦或乡村遗产的阐释,正是将这种情感连接传达给更大的人群,无论是故事的讲述,还是问题的提出,都将激发公众的思考与理解,推动遗产保护与文化传承。

附:论文发表与评议

论坛1: 作为"物"的遗产	王晖:《桐山后金村——儒学传承与空间遗产》; 张力智:《徽州/浙西民居的横向布局及住宅的内部性问题》; 董书音:《物尽其用——翁丁佤寨与登岑侗寨的风土粮仓构造策略及其解木技术》 评议:陈淳
论坛2: 作为"空间"的遗产	巫能昌:《清代以来浙南石仓乡村的神圣空间》; 魏澜:《公共空间与公共领域——以白口新村地公共空间转型为例》; 张萌:《华北农村现代化的跌宕起伏——张过村的建筑与景观》; 评议:范丽珠

续 表

论坛3：作为"实践"的遗产	李耕：《乡贤回乡与资本下乡背景下的乡村遗产实践逻辑》； 黄华青：《技艺，风土，空间——遗产展示的建筑实践》； 评议：邓智团
论坛4：遗产还是遗产化？	石鼎：《都江堰灌区乡村遗产的特征与价值探析》； 梁宇舒：《不是遗产的"遗产"——一个沙漠牧业聚落的日常乡土景观解读》； 侯实：《个旧锡矿影响下的滇南乡村遗产初探》； 评议：安介生
论坛5：过程也是方法？	孙静：《早期燕京学派的乡村观点——基于吴文藻、费孝通和弗斯的中英合作计划书》； 徐桐：《研究乡村聚落结构、过程的景观人类学方法》； 评议：张晓春
论坛6：从客体到主体？	刘妍：《寻找李秀壹——遗落在历史角落的技术传播细节》； 齐晓瑾：《村落·市镇·山林——在空间网络中理解建筑遗产》； 评议：丛绿
圆桌讨论	蔡宣皓、陈文彬、丛绿、邓智团、郭博雅、侯实、黄华青、孔达、齐晓瑾、石鼎、孙静、王晖、王婷约、魏澜、吴黔凤、张力智、赵晓梅、周丹丹

---

① 文中对各位参会者发言的介绍完全出自笔者的个人解读，不完全与论文核心内容相符。

② [美]理查德·E. 帕尔默：《诠释学》，潘德荣译，商务印书馆，2012年，第26—27页。

③ 参见台译本 Freeman Tilden：《解说我们的袭产》，许世璋、高思明译，五南图书出版公司，2007年。

④ Ablett, P. and Dyer, P. K., Heritage and hermeneutics: towards a broader interpretation of interpretation, *Current Issues in Tourism*, 2009, 12(3).

⑤ 丛桂芹：《价值建构与阐释》，清华大学博士学位论文，2013年。

⑥ 同③，第51—62页。

⑦ Witcomb, A. and Buckley, K., Engaging with the future of "critical heritage studies": Looking back in order to look forward, *International Journal of Heritage*

Studies,2013,19(6).

⑧[澳]劳拉·简·史密斯:《遗产利用》,苏小燕、张朝枝译,科学出版社,2020年。

⑨[澳]劳拉简·史密斯:《遗产本质上都是非物质的:遗产批判研究和博物馆研究》,张煜译,《文化遗产》,2018年第3期。

⑩邓大才:《超越村庄的四种范式:方法论视角——以施坚雅、弗里德曼、黄宗智、杜赞奇为例》,《社会科学研究》,2010年第2期。

⑪乔志强、行龙:《从社会史到区域社会史》,《山西大学学报(哲学社会科学版)》,1998年第3期。

⑫黄国信、温春来、吴滔:《历史人类学与近代区域社会史研究》,《近代史研究》,2006年第5期。

⑬赵世瑜、梁勇:《政治史·社会史·历史人类学——赵世瑜教授访谈》,《学术月刊》,2005年第12期。

⑭赵世瑜:《社会史研究向何处去?》,《河北学刊》,2005年第1期。

⑮杨念群:《"地方性知识"、"地方感"与"跨区域研究"的前景》,《天津社会科学》,2004年第6期。

⑯同⑫。

⑰赵旭东:《从"问题中国"到"理解中国"——作为西方他者的中国乡村研究及其创造性转化》,《社会科学》,2009年第2期。

⑱鲁西奇:《内地的边缘:传统中国内部的"化外之区"》,《学术月刊》,2010年第5期。

⑲[芬兰]尤卡·尤基莱托:《建筑保护史》,郭旃译,《中华书局》,2011年,第12—22页。

⑳[奥]李格尔:《对文物的现代崇拜:其特点与起源》,陈平:《李格尔与艺术科学》,中国美术学院出版社,2002年。

㉑李德瑞:《中国乡村研究:如何"理解中国",怎样"创造性转化"》,《开放时代》,2009年第9期。

(作者:赵晓梅,复旦大学文物与博物馆学系,副教授)

图版 1　支烧具

图版2 三国时期龙窑炉

图版3　三足钉形间隔具

图版4　锯齿形间隔具

图版 5　承托具

图版 6　窑尾生烧器物

图版7　上林湖荷花芯唐代窑炉窑门

图版8　上林湖荷花芯唐代窑炉

图版 9　越窑 M 型匣钵

图版 10　法门寺出土的秘色瓷净瓶

图版11 康陵出土秘色瓷罐

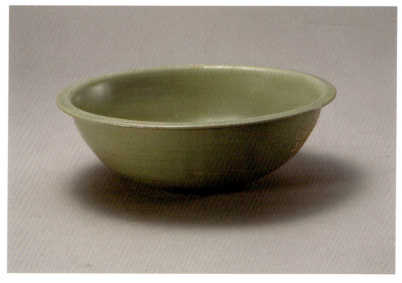

图版12 康陵出土秘色瓷盆

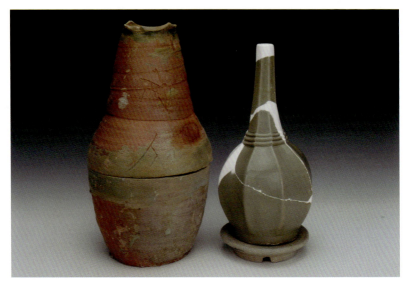

图版13　后司岙窑址秘色瓷净瓶与瓷质匣钵

图版14　上林湖后司岙窑址

图版15 龙泉窑黑胎青瓷尊

图版16 三国罐底部露胎

图版17　唐代越窑泥点痕

图版18　南宋龙泉窑足端刮釉

图版19　南宋龙泉窑瓷质垫饼垫烧

图版20　丘承墩出土的原始瓷礼乐器

图版21　南京周边出土的高质量虎子

图版22　上虞出土的虎子

图版23 东吴砚台

图版24 东吴水盂

图版25　东吴洗

图版26　唐代越窑茶则

图版27 唐代茶盒

图版28 唐代越窑茶碾

图版29　唐代越窑秘色瓷茶盏

图版30　唐代越窑秘色瓷盏托

图版31 北宋越窑炉

图版32 南宋龙泉窑鬲式炉

图版 33 北宋越窑砚滴

图版 34 荃庐旧藏图版二二(自松丸道雄编:《东京大学东洋文化研究所藏甲骨文字·图版篇》)

220正

图版35　巨块甲骨(《复旦大学藏甲骨集》上册220正,第113页)

图版36　校藏甲骨001673正面、反面

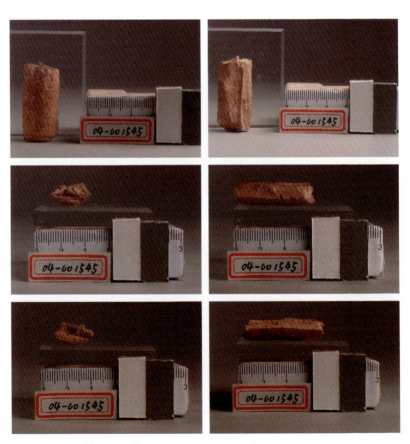

图版37　校藏甲骨001545正、反、上、下、两侧照片

图版38　谢海元制拓现场

图版39 显微照片(《复旦大学藏甲骨集》上册220正,第181页)

图书在版编目(CIP)数据

复旦大学文化遗产研究/复旦大学博物馆,复旦大学文物与博物馆学系编. —上海:复旦大学出版社, 2022.6
ISBN 978-7-309-16055-0

Ⅰ.①复… Ⅱ.①复…②复… Ⅲ.①博物馆学—文集②考古学—文集 Ⅳ.①G260-53 ②K85-53

中国版本图书馆 CIP 数据核字(2021)第 268535 号

复旦大学文化遗产研究
复旦大学博物馆　复旦大学文物与博物馆学系　编
责任编辑/方尚芩

复旦大学出版社有限公司出版发行
上海市国权路 579 号　邮编: 200433
网址: fupnet@ fudanpress.com　http://www.fudanpress.com
门市零售: 86-21-65102580　团体订购: 86-21-65104505
出版部电话: 86-21-65642845
江苏凤凰数码印务有限公司

开本 850×1168　1/32　印张 12　字数 323 千
2022 年 6 月第 1 版第 1 次印刷

ISBN 978-7-309-16055-0/G·2329
定价: 58.00 元

如有印装质量问题,请向复旦大学出版社有限公司出版部调换。
版权所有　侵权必究